权威·前沿·原创

皮书系列为
"十二五""十三五"国家重点图书出版规划项目

北京市哲学社会科学研究基地智库报告系列丛书

交通蓝皮书

BLUE BOOK OF TRANSPORTATION

中国城市交通绿色发展报告（2020）

ANNUAL REPORT ON GREEN DEVELOPMENT OF CHINA'S URBAN TRANSPORTATION(2020)

交通强国建设

主　编／林晓言
副主编／刘铁鹰　李　达

社会科学文献出版社
SOCIAL SCIENCES ACADEMIC PRESS (CHINA)

图书在版编目(CIP)数据

中国城市交通绿色发展报告.2020/林晓言主编
.--北京：社会科学文献出版社，2020.11
（交通蓝皮书）
ISBN 978-7-5201-7084-0

Ⅰ.①中… Ⅱ.①林… Ⅲ.①城市交通-交通运输业
-绿色经济-研究报告-中国-2020 Ⅳ.①F512.3

中国版本图书馆 CIP 数据核字（2020）第 255797 号

交通蓝皮书
中国城市交通绿色发展报告（2020）
交通强国建设

主　　编 / 林晓言
副 主 编 / 刘铁鹰　李　达

出 版 人 / 王利民
组稿编辑 / 恽　薇
责任编辑 / 冯咏梅
文稿编辑 / 王春梅

出　　版 / 社会科学文献出版社·经济与管理分社（010）59367226
　　　　　 地址：北京市北三环中路甲29号院华龙大厦　邮编：100029
　　　　　 网址：www.ssap.com.cn
发　　行 / 市场营销中心（010）59367081　59367083
印　　装 / 天津千鹤文化传播有限公司

规　　格 / 开　本：787mm×1092mm　1/16
　　　　　 印　张：30.25　字　数：463千字
版　　次 / 2020年11月第1版　2020年11月第1次印刷
书　　号 / ISBN 978-7-5201-7084-0
定　　价 / 188.00元

本书如有印装质量问题，请与读者服务中心（010-59367028）联系

▲ 版权所有 翻印必究

为贯彻落实中共中央和北京市委关于繁荣发展哲学社会科学的指示精神，北京市社科规划办和北京市教委自2004年以来，依托首都高校、科研机构的优势学科和研究特色，建设了一批北京市哲学社会科学研究基地。研究基地在优化整合社科资源、资政育人、体制创新、服务首都改革发展等方面发挥了重要作用，为首都新型智库建设进行了积极探索，做出了突出贡献。

围绕新时期首都改革发展的重点热点难点问题，北京市社科联、北京市社科规划办、北京市教委与社会科学文献出版社联合推出"北京市哲学社会科学研究基地智库报告系列丛书"，旨在推动研究基地成果深度转化，打造首都新型智库拳头产品。

本书为北京市社会科学基金基地项目"中国交通强国建设研究报告"(19JDYJA010)的最终成果

"交通蓝皮书" 编委会

编委会主任 张秋生

编委会成员 （按姓氏拼音顺序）

毕　颖　陈　松　葛新权　华国伟　康　君
李开孟　欧国立　潘浩然　荣朝和　佟　琼
王大树　吴　昊　武剑红　肖　星　叶　龙
于　立　张　力　赵　坚　周渝慧

主编简介

林晓言　北京交通大学教授、博士生导师。中国人民大学工业经济学、北京交通大学技术经济学、北京交通大学运输经济学专业经济学学士、硕士、博士。国家社科基金重大项目首席专家，北京交通大学应用经济学一级学科责任教授，北京市哲学社会科学重点研究基地北京交通发展研究基地主任，首都高端智库北京综合交通发展研究院副院长。兼任中国技术经济学会运输技术经济分会会长，中国铁道学会经济委员会秘书长。曾任北京交通大学经济管理学院经济分院院长、国家863重大专项"高速磁浮交通技术"总体组专家。

主持及参加过京沪高铁、京九铁路、兰新高铁、青藏铁路、上海高速磁浮机场线等铁路重大工程项目的技术经济论证。多次获得高等学校科学研究优秀成果奖、北京市哲学社会科学优秀成果奖、中国铁道学会科学技术奖、中国技术经济学会优秀成果奖等科研奖项。主持在研国家社科基金重大项目"中国高铁经济理论解析框架及演化路径研究"。代表著作有《高速铁路与经济社会发展新格局》《轨道交通公益性与经营性平衡新模式》《高速铁路服务质量与市场竞争》《铁路的民营化改革与市场融资》等。

摘　要

党的十九大报告明确提出建设社会主义现代化强国，我国将建设交通强国作为重要的国家发展战略。交通强国建设是建设社会主义现代化强国的重要支撑与总抓手之一，为统筹推进交通强国建设，2019年9月，中共中央、国务院印发《交通强国建设纲要》。建设交通强国是满足人民需求、为人民服务的需要，是保障国民经济发展的需要，是抢抓世界科技革命机遇、占据交通发展制高点的需要，是促进交通建设高质量发展的需要。

2019年，交通运输经济平稳发展，完成交通固定资产投资32164亿元，同比增长2.2%。高铁运营里程、高速公路运营里程、内河航道里程等均保持世界第一的水平。截至2019年底，铁路运营里程为13.9万公里，位居世界第二；高铁运营里程达3.5万公里，约占世界高铁总里程的2/3；公路里程为501.25万公里，仅次于美国，高速公路里程达14.96万公里，位居世界第一；内河航道通航里程为12.73万公里，位居世界第一。民用航空机场为238个，机场密度达0.248个/万公里^2。我国一共拥有机场507个，世界排名第14。

客运市场方面，高铁、民航和轨道交通吸引力持续增强，2019年共完成营业性客运周转量35349.06亿人公里，其中，铁路客运周转量占比为41.6%，较上年增长4%；民航客运周转量占比为33.1%，较上年增长9.3%；公路客运周转量较上年下降4.6%。轨道交通客运周转量为238.78亿人次，占城市客运周转总量的18.7%。

货运市场方面，初步形成绿色高效的现代物流体系。2019年完成营业性货运周转量194044.56亿吨公里，其中，水路货运周转量占比为53.6%，较上年增长5%；公路货运周转量占比为30.7%，较上年有所下降。2019

年实现铁路货运周转量30071亿吨公里,较上年增长4.4%;民航货运周转量为263.2亿吨公里,较上年增长0.3%。此外,传统货运与现代物流业融合发展,2019年实现快递业务收入7498亿元,快递业务量为635.2亿件,较上年增长25.3%,其中广东、浙江、江苏三个省份的快递业务发展水平位居全国前三。

改革开放40多年来,中国交通建设取得了长足的发展,交通建设成果显著。交通基础设施网络加速完善,运输服务水平进一步提升,交通科技创新水平显著提升,管理体系逐渐完善,治理能力显著提升,交通安全管理与处理效率提升,交通拥堵现象得到有效缓解。无论是交通基础设施,还是交通运输服务质量,抑或是交通运输行业的科技创新能力与管理治理能力,中国交通发展都已经处于世界前列,中国已经成为交通大国,但距离成为交通强国的目标还有一定差距。

本书分为四部分:第一部分为总报告,第二部分为指数篇,第三部分为首都发展篇,第四部分为借鉴篇。总报告概述了《交通强国建设纲要》提出的背景和战略意义,总结了改革开放以来中国交通运输业在设施、技术、管理和服务等方面的建设成果,研究发现,传统交通运输行业对于宏观经济的边际贡献趋于下降,智能技术驱动的新型交通将发挥宏观经济的新引擎作用。

指数篇以《交通强国建设纲要》中提出的交通强国建设的九大发展目标为基础,构建了中国交通强国指数,包括9个一级指标和47个二级指标,并对中国交通强国指数进行综合研究、测度研究、分类指数研究、区域比较研究,进行群众满意度报告调查。研究发现,基础设施指数排名靠前的两个省份是上海和天津;交通装备指数排名靠前的两个省份是北京和黑龙江;运输服务指数排名靠前的两个省份是广东和浙江;科技创新指数排名靠前的两个省份是北京和江苏;交通安全指数排名靠前的两个省份是云南和江苏;绿色发展指数排名靠前的两个省份是江苏和上海;开放合作指数排名靠前的两个省份是江苏和山东;人才队伍指数排名靠前的两个省份是辽宁和四川;治理水平指数排名靠前的两个省份是云南和北京。

首都发展篇从设施、技术、管理、服务四个方面系统阐述北京市作为首都，在交通强国建设各领域的进展、存在的问题以及对策。研究发现，北京交通设施的现代化主要体现在北京市基础设施和交通装备的规模与质量上；北京交通技术创新朝着现代化、车路智行、清洁化和优质服务的可持续方向发展；北京交通强国建设的综合治理能力有待提升，应进一步运用信息技术提升城市交通管理水平；北京市交通服务实现了供给的多样化和个性化，整体服务水平有效提升。

借鉴篇梳理了日本、英国和美国的交通规划发展历程与发展特征，并总结了主要交通运输方式的发展现状和未来发展趋势，进一步聚焦高质量构建海南省铁路网，以服务海南自贸港建设，为中国交通强国建设提供思路和建议。

关键词： 交通强国　交通强国指数　区域发展　城市交通

序

2020年,北京交通发展研究基地成立15周年。

北京交通发展研究基地成立于2005年,是经北京市哲学社会科学规划办公室和北京市教育委员会批准建立的北京市哲学社会科学重点研究基地之一,挂靠北京交通大学。研究基地自成立以来,三次验收均被评为"优秀",第四次获得"免检"。

基地首席专家荣朝和教授,入选国家百千万人才工程支持计划,是全国高等学校教学名师、高校铁路特色专业教学指导委员会委员、国务院学位委员会学科评议组成员、北京市学位委员会学科评议组成员、产业经济学国家级重点学科学术带头人。

北京交通发展研究基地创建了"北京交通发展研究基地"和"北京交大运输与时空经济论坛"两个微信公众号,加强对外宣传,合计发布推文百余篇,产生了广泛的社会影响力;有品牌年度学术会议"运输与时空经济论坛国际会议"(TSTE),迄今为止已成功举办七届。

2016年12月17日,"2016中国智库治理论坛"在南京大学召开。由南京大学中国智库研究与评价中心和光明日报中国智库研究与发布中心联合研发的我国首个智库垂直搜索引擎和数据管理平台——中国智库索引(CTTI)完成数据采集工作,公布来源智库名录并发布效能测评报告。北京交通发展研究基地成为首批入选智库。北京交通大学在"211"高校智库指数测评中排名第二。

2018年底,在由南京大学和光明日报社联合主办的中国智库索引高校智库百强榜单中,北京交通发展研究基地成功入选,并获评A级智库。为北京交通大学成功入选首都高端智库首批14家试点单位奠定重要基础。

"交通蓝皮书"是北京市哲学社会科学规划办公室启动支持优秀基地研究报告的获批项目，第一期连续资助三年。《中国城市交通绿色发展报告（2020）》是第三年的成果，相比2018年和2019年，在数据新颖度、框架完善度、分析对比度等多个维度上均有较大提升。其中新增首都发展篇，从设施、技术、管理、服务四个方面系统阐述北京市作为首都，在交通强国建设各领域的进展、存在的问题以及对策。

15年来，北京交通发展研究基地对经济学、管理学、交通运输工程学等相关学科的师资队伍建设、高水平人才培养、科研成果转化等发挥了重要的平台作用。

"交通蓝皮书"编写团队

2020年8月2日

目 录

Ⅰ 总报告

B.1 中国交通强国建设趋势与展望（2020）……… 林晓言 李 达 / 001
    一 总论 …………………………………………………… / 002
    二 2019年中国交通运输行业总体呈现提质增效发展态势
       ………………………………………………………… / 004
    三 2020年中国交通强国建设呈现智能化升级趋向………… / 010
    四 交通运输行业与宏观经济之间的关系呈现新旧动能更替
       转换趋势 ………………………………………………… / 014

Ⅱ 指数篇

B.2 中国交通强国指数综合研究………………… 刘铁鹰 李 达 / 017
B.3 中国交通强国指数测度研究………… 刘铁鹰 吴晓峰 李 达 / 036
B.4 中国交通强国分类指数研究……………… 刘铁鹰 张贵喜 / 113
B.5 中国交通强国区域比较研究……………… 刘铁鹰 赵 薇 / 158
B.6 中国交通强国建设群众满意度研究
    ………… 刘铁鹰 李明真 孙 宁 张贵喜 赵 薇 李 达 / 197

Ⅲ 首都发展篇

B.7 北京交通基础设施建设报告

　　………… 周渝慧　朱子璇　樊东萱　伊力扎提·艾热提 / 229

B.8 北京交通技术建设报告………………… 周渝慧　樊东萱 / 259

B.9 北京交通管理建设报告………… 吴　昊　朱子璇　樊东萱 / 279

B.10 北京交通服务建设报告

　　………… 吴　昊　周　青　许金兰　伊力扎提·艾热提 / 330

Ⅳ 借鉴篇

B.11 日本交通发展对中国的启示 ………… 陈　娟　李明真 / 379

B.12 英国交通发展对中国的启示 ………… 陈　娟　孙　宁 / 399

B.13 美国交通发展对中国的启示 ………… 陈　娟　张贵喜 / 419

B.14 构建高质量铁路网　服务海南自贸港建设 ……… 高明明 / 435

Abstract ………………………………………………………… / 445
Contents ………………………………………………………… / 449

总 报 告

General Report

B.1 中国交通强国建设趋势与展望（2020）

林晓言 李达*

摘　要： 本报告概述了《交通强国建设纲要》提出的背景和战略意义，总结了改革开放以来中国交通运输业在设施、技术、管理和服务等方面的建设成果，研究发现，2019年中国交通运输业总体呈现提质增效的发展态势；2020年中国交通强国建设呈现智能化升级趋势；传统交通运输行业对于宏观经济的边际贡献趋于下降，智能技术驱动的新型交通将发挥宏观经济的新引擎作用。

关键词： 交通强国　交通运输业　智能化

---

* 林晓言，北京交通大学经济管理学院教授，博士生导师，研究方向为产业经济、技术经济。李达，北京交通大学经济管理学院博士研究生，研究方向为运输经济、产业经济。

一　总论

党的十九大报告明确提出建设社会主义现代化强国，我国将建设交通强国作为重要的国家发展战略。交通强国建设是建设社会主义现代化强国的重要支撑与总抓手之一，为统筹推进交通强国建设，2019年9月，中共中央、国务院印发《交通强国建设纲要》。交通运输部部长李小鹏强调建设交通强国是满足人民需求、为人民服务的需要，是保障国民经济发展的需要，是抢抓世界科技革命机遇、占据交通发展制高点的需要，是促进交通建设高质量发展的需要。中国工程院院士傅志寰在《关于交通强国战略的若干认识》中提出，中国交通强国发展战略既要借鉴国际经验，又要结合自身实际。中国交通强国建设分"三步走"，第一个阶段是到2020年进入新时代，从侧重提高运输能力过渡到侧重改善服务质量和效率；第二个阶段是到2030年现代化综合交通体系基本形成，基本完成"一带一路"的交通服务网络建设；第三个阶段是2045年进入交通强国的前列，完成全球化交通服务网络的体系建设。经过40多年的大规模、高强度、持续性的交通建设投资，中国交通运输形态发生了颠覆性的变化，由交通基础设施供应不足、交通运输工具行驶缓慢、交通运输服务低效逐渐向设施完备、技术先进、管理高效、服务优质的运输形态转变；交通运输发展由追求速度规模向注重质量和效益转变；交通方式由单一运输方式独立发展向一体化融合发展转变；交通发展动力引擎由单纯依靠传统要素驱动向注重创新驱动转变，中国已经初步形成了完整的综合交通运输系统。中国交通运输业的发展过程可以分为三个主要阶段：第一个阶段是追求总量增长的大规模建设阶段；第二个阶段是对现有交通存量和新建交通的提质增效阶段；第三个阶段是全面建成设施一流、技术一流、管理一流、服务一流的现代综合交通体系阶段。

改革开放40多年来，中国交通建设取得了长足的发展，交通建设成果显著。交通基础设施网络加速完善，并逐渐完成从量变到质变的转型，截至2019年，中国高铁运营里程超过3.5万公里、高速公路运营里程超过14.96万公里、内河航道里程超过12.73万公里,均保持世界第一的水平。运输服务水平进一步提升,高铁、民航和轨道交通吸引力逐渐增强,2019年,铁路运输客运量超过36.6亿人次,较上年增长8.4%,其中动车组客运量超过22.9亿人次,较上年增长14.1%;民航旅客运输总量超过6.6亿人次,较上年增长7.9%;轨道交通运输客运量超过238.78亿人次,较上年增长1.8%。交通科技创新水平显著提升,截至2019年,中国交通发明专利数已经突破7129个,聚焦新能源、新材料、新一代信息技术等前沿科技,加强交通运输业的前瞻性技术研究更显重要。交通管理建设呈现多规融合的发展特点,管理体系逐渐完善,治理能力显著提升,交通安全管理与处理效率提升,交通拥堵现象得到有效缓解。无论是交通基础设施,还是交通运输服务质量,抑或是交通运输行业的科技创新能力与管理治理能力,中国交通发展都已经处于世界前列,中国已经成为交通大国,但与实现交通强国的目标还有一定距离。

  本报告根据中共中央、国务院于2019年9月印发的《交通强国建设纲要》中提出的交通强国建设的九大发展目标,构建了中国交通强国指数指标体系,包括9个一级指标和47个二级指标。从中国交通强国指数综合排名来看,江苏省、北京市和云南省排在全国前三名;从九大指数来看,基础设施指数排名前三的省份[①]为上海市、天津市和北京市;交通装备指数排名前三的省份为北京市、黑龙江省和山东省;运输服务指数排名前三的省份为广东省、浙江省和江苏省;科技创新指数排名前三的省份为北京市、江苏省和上海市;交通安全指数排名前三的省份为云南省、江苏省和福建省;绿色发展指数排名前三的省份为江苏省、上海市和浙江省;开放合作指数排名前三的省份为江苏省、山东省和浙江省;人才队伍指数排名前三的省份为辽宁省、四川省和北京市;治理水平指数排名前三的省份为云南省、北京市和新疆维吾尔自治区。另外,本报告从基础设备完备性、智能环保绿色化、治理体系现代化三个角度出发,以问卷调查的形式,测算了中国交通强国建设的群众满意度。研究发现,基础设施完备性满意度排名前5的省份是云南省、

---

① 本书中的省份包括省、自治区、直辖市。

江苏省、广西壮族自治区、浙江省和北京市；智能环保绿色化满意度排名前5的省份是云南省、江苏省、广西壮族自治区、浙江省和北京市；治理体系现代化满意度排名前5的省份是云南省、青海省、江苏省、广西壮族自治区和新疆维吾尔自治区；综合满意度排名前5的省份是云南省、江苏省、广西壮族自治区、浙江省和北京市。2019年10月15日，交通运输部发布了《交通运输部关于公布第一批交通强国建设试点单位的通知》，交通强国建设综合满意度排在前五名中的三个省份入选，分别为江苏省、浙江省和广西壮族自治区。

传统交通运输业追求交通基础设施网络的规模化、资源与资金的大规模投入，更多地关注交通运输系统的自身发展，传统交通运输业对经济增长的作用呈现边际报酬递减规律。世界范围内暴发的新冠肺炎疫情严重冲击了传统交通运输业。根据交通运输业的统计数据，2020年1~4月，客运量同比下降58.8%，货运量同比下降13.7%，公共交通客运量同比下降54.9%。传统交通运输业对中国宏观经济的拉动作用再次陷入瓶颈约束的困境，智能技术驱动的新型交通业态将成为推动经济社会发展的新引擎。随着信息化和智能化的发展，中国交通建设逐渐从传统交通运输到"互联网+交通"，再到"智能驱动"的新型交通发展模式转变。新时代下赋予交通运输发展的功能日趋复杂化，从满足旅客和货物的基本位移需求朝着更加多元化、包容性、可持续性的方向转变。得益于中国庞大的互联网用户群体，共享单车、网约车、共享汽车等"互联网+交通"新业态快速发展，有效盘活了交通存量，提升了运输效率。智能技术驱动的新型交通是交通运输信息化向数字化、智能化、网络化发展的新业态，智能技术驱动的新型交通建设将成为主流发展趋势。

二 2019年中国交通运输行业总体呈现提质增效发展态势

改革开放40多年来，中国进行了大规模的交通固定资产投资，中国交通运输业从国民经济的"瓶颈"制约转变为可以促进经济社会协调发展。中国交通运输业在规模上已经达到世界第一的水平，同时不断推进设施建设、技术创新、管理体制完善、运输服务等方面的提质增效，交通基础设施的立体网络化、装备技术的自主创新、运输管理的多规融合、出行服务的便捷高效的趋势加快。

（一）中国交通强国设施建设总体呈现立体网络化发展态势

改革开放以来，中国交通基础设施网络进一步完善，通达性进一步提升，交通设施建设总体呈现立体网络化趋势。2019年，交通运输经济平稳发展，完成交通固定资产投资32164亿元，同比增长2.2%。加速完善交通基础设施网络，高铁运营里程、高速公路运营里程、内河航道里程等均保持世界第一的水平。截至2019年底，铁路运营里程为13.9万公里，位居世界第二；高铁运营里程达3.5万公里，约占世界高铁总里程的2/3；公路里程为501.25万公里，仅次于美国，高速公路里程达14.96万公里，位居世界第一；内河航道通航里程为12.73万公里，位居世界第一。民用航空机场为238个，机场密度达0.248个/万公里^2。我国一共拥有机场507个，世界排名第14。

从省份间比较分析的角度看，基础设施指数排名靠前的三个省份上海、天津和北京具有高度发达的轨道交通网络和大密度的人口优势，基础设施建设的共同特征是铁路运营密度、高铁运营密度、高速公路网密度、通航机场密度以及居民对所在省份城市与城市之间交通网顺畅程度满意度均高于其他省份，但交通基础设施投资比例有所下降。从区域比较分析的角度看，基础设施建设水平由高到低分别为东部地区、中部地区、东北地区和西部地区。由此可以看出，基础设施建设水平与区域经济发展水平高度相关，其中东部地区10个省份中的9个的基础设施指数超过全国基础设施指数平均值，占比为90%。经济发达区域的高铁运营密度、铁路运营密度、高速公路网密度、通航机场密度、内河航道运营密度以及交通固定资产投资比重都比较高，各省份内部城市与城市之间的交通网络畅通性也显著高于其他区域。

中国交通基础设施在总量增长的同时，高效配置地上、地下和空中的立体空间资源，构建立体交通网络布局，并更加关注不同运输方式之间的衔接性，提高换乘、中转和配送等环节的运输效率。城际铁路、市郊铁路、城市轨道交通融合发展，城市群快速公路网、城区内高架桥打造的空中快速路网不断完善，城市轨道交通与其他运输方式的衔接程度逐渐提高，交通基础设施实现互联互通，加速推进城市群交通网一体化建设。"十三五"时期是中国交通基础设施快速发展的关键时期，基础设施存量和运输总量迅速增加。随着信息技术进步，传统交通运输与城市经济、产业转型加快融合发展，交通设施不仅带动区域经济发展，而且更多地促进了区域间的经济联系、产业关联、贸易流通和人才流动。综合交通运输不仅可以充分发挥各种运输方式的技术经济优势，而且以多式联运和一体化为核心，综合各种运输方式与系统的优势功能，实现多领域、多产业协同发展。

（二）中国交通强国技术建设总体呈现自主创新发展态势

交通科技创新水平显著提高，中国交通强国技术建设总体呈现自主创新的发展态势。聚焦新能源、新材料、新一代信息技术等前沿科技，鼓励交通运输业创新主体成立创新联盟，建设具有国际影响力的科研实验室与创新中心，加强交通运输业的前瞻性技术研究。截至2019年底，中国交通发明专利数已经突破7129个，其中交通装备研发专利数超过3550个，交通运输行业重点实验室和研发中心数量超过125个，交通运输类院校超过50所。从省份间的比较分析看，交通运输装备指数排名靠前的三个省份是北京市、黑龙江省和山东省，这些省份交通运输装备建设的共同特征是，机场起降架次、载客汽车保有量、交通装备专利数等多于其他省份，但公路货运车辆分布占比①相对来说越来越低，这在一定程度上与鼓励发展铁路运输有关。科技创新指数排名靠前的三个省份是北京市、江苏省和上海市，其中北京市交通发明专利数量远远多于其他省份，这与北京市人才聚集、科技创新中心的

---

① 表示某省份的公路货运车拥有量占比（某省份的公路货运车数量/全国公路货运车总数）。

定位有关，并且排名前三的省份的车联网企业数量也多于其他省份。这些省份对科技创新企业都有积极的扶持政策，交通运输行业重点实验室和研发中心数量也较多，居民对所在城市的智慧交通系统满意度较高。从区域比较分析的角度看，交通装备建设水平由高到低分别为东部地区、东北地区、中部地区和西部地区。我国的东部地区和东北地区各省份机场起降架次、载客汽车保有量、公路货运车辆保有量和交通装备专利数均超过全国平均水平。科技创新水平由高到低分别为东部地区、西部地区、中部地区和东北地区，其中只有东部地区的科技创新指数平均值高于全国科技创新指数平均值。东部地区科技创新投入较大，高水平人才较为密集，对国家相关政策的实施力度较大，因此交通发明专利数量、车联网企业数量、交通运输行业重点实验室和研发中心数量都显著多于其他区域。

交通强国技术建设表现为基础设施建设的技术升级、交通移动装备的技术创新、交通管理系统的智能化等三个方面。交通基础设施的技术标准不断提高，使超大型桥梁、高海拔隧道、高寒、冻土、高原等复杂环境的基础设施工程成为可能，多项攻关项目创世界纪录。交通装备技术持续升级，呈现更加大型化、专业化、绿色化、智能化的发展特点，一些关键装备技术实现首次突破。例如，2019年1月，中国中铁研发的海宏号盾构机在大连始发，是世界上现有功能最全的盾构机，核心部件设计全球领先；2019年5月时速600公里的高速磁浮试验样车在青岛下线，实现了我国在高速磁浮技术领域的重大突破。截至2019年底，大型载客汽车达1334.35万客位，占全部营业性载客汽车的比重为66.6%。公路专用载货汽车吨位数达592.77万吨，较上年增长8.3%；全国城市公共电汽车中绿色能源车辆占比为80.6%。特别地，中国的高铁技术已经占据世界领先地位，拥有自主知识产权的高速动车组技术成为中国"走出去"的新名片。中国自主研制的C919大型客机交付使用，中国成为世界上少数能够自主研发大飞机的国家之一。

另外，随着新一代信息技术的发展，物联网、云计算、人工智能等信息技术逐渐与传统交通深度融合，例如，自动驾驶技术的应用、高速公路ETC

联网运行、城市公交系统的信息化等。交通管理系统智能化升级，呈现数据赋能交通发展的新趋势。

（三）中国交通强国管理建设总体呈现多规融合发展态势

交通管理体系和治理能力现代化是实现交通强国的重要标志，中国交通强国管理建设总体呈现多规融合的发展态势。中国交通运输业不仅在交通设施网络、科技创新水平与运输服务质量等方面取得了显著的进步，而且中国交通的管理水平和治理能力也得到逐步提升。中国交通管理建设水平的提升包括综合交通管理体系的完善、交通安全管制效果的改善、交通应急救援能力的提高以及交通拥堵问题的缓解等多方面，由此，多规融合的交通管理建设成为影响中国交通强国管理水平的主要因素。

综合交通管理体系逐渐完善，截至2019年，综合交通法规体系中政策数量超过1272个。随着区域经济一体化进程加快，城市群和都市圈的交通形态成为综合交通运输系统的重要组成部分，围绕城市群和都市圈的交通一体化管理体制逐渐完善。2019年12月印发的《长江三角洲区域一体化发展规划纲要》指出，目标之一是"基础设施互联互通基本实现。轨道上的长三角基本建成，省际公路通达能力进一步提升，世界级机场群体系基本形成，港口群联动协作成效显著"。随着城镇化进程的加快，城乡经济趋向一体化发展，逐渐形成城乡道路一体化的城乡交通管理体制机制。交通治理能力有所提升，本报告在2020年的最新调查显示，65.6%的出行者对2019年城市交通应急救援能力比较满意；67.5%的出行者对2019年城市交通事故处理能力比较满意。其中上海、浙江、广东三个省份的交通安全管制效果较为突出。春运和黄金周时期的客运难题得到缓解，交通拥堵状况大幅改善，本报告在2020年的最新调查显示，60.9%的出行者对2019年城市交通拥堵治理能力比较满意。从省份间比较分析的角度看，交通治理水平排名靠前的三个省份是云南、北京和新疆，其中云南省的治理水平指数远远高于其他省份，其交通决策机制的公众参与度、交通领域监督机制的透明度均较高，云南、北京和新疆的"车让人"发生频率都很高，这与广泛的文明交通宣传活动有关。从区域比较分析的角度看,交通治理水平由高到低分别为西部地区、东部地区、东北地区和中部地区。西部地区和东部地区治理水平指数平均值高于全国平均值,其中涉及综合交通法规体系、优化营商环境政策数量等相对较多,交通决策机制的公众参与度提升程度较高,交通领域监督机制的透明度也较高。

(四)中国交通强国服务建设总体呈现便捷高效发展态势

运输服务水平进一步提升,客货运市场活力得到空前释放,多种运输方式协调发展,中国交通服务建设总体呈现便捷高效的发展态势。客运市场方面,高铁、民航和轨道交通吸引力持续增强,2019年共完成营业性客运周转量35349.06亿人公里,其中,铁路客运周转量占比为41.6%,较上年增长4%;民航占比为33.1%,较上年增长9.3%;公路客运周转量较上年下降4.6%;轨道交通客运周转量为238.78亿人次,占城市客运周转总量的18.7%。客运服务质量和服务效率稳步提升,中国客运服务已经从最初的"出行难"到"行得易",并逐渐发展为"行得好"。货运市场方面,初步形成绿色高效的现代物流体系。运输结构优化调整,"公转铁"政策推行,大宗货物和中长距离运输向铁路和水路转移,充分发挥公路的"门到门"优势,完善航空运输网络,大力推动不同运输方式的联运发展。2019年完成营业性货运周转量194044.56亿吨公里,其中,水路货运周转量占比为53.6%,较上年增长5%;公路货运周转量占比为30.7%,较上年有所下降。2019年实现铁路货运周转量30071亿吨公里,较上年增长4.4%;民航货运周转量为263.2亿吨公里,较上年增长0.3%。此外,传统货运与现代物流业融合发展,2019年实现快递业务收入7498亿元,快递业务量为635.2亿件,较上年增长25.3%,其中广东、浙江、江苏三个省份的快递业务发展水平位居全国前三。

从省份间比较分析的角度看,运输服务指数排名靠前的三个省份包括广东、浙江和江苏,这些省份的交通运输服务水平的共同特征是铁路客运周转量、航空旅客吞吐量以及航空货邮吞吐量均较大,快递业务量较多,

居民对城市物流业智能网络服务满意度较高，这可能是与东部省份物流业等第三产业快速发展有关，因此运输服务质量较好。从区域比较分析的角度看，运输服务水平由高到低的区域分别为东部地区、中部地区、西部地区和东北地区，其中东部地区和中部地区的平均值均高于全国平均值，我国的东部地区和中部地区人口密度较大，经济发展较好，就业岗位较多，因此，各省份铁路客运周转量和航空旅客吞吐量都较大，货物运输结构比值相对较大，航空货邮吞吐量、快递业务量、汽车自驾运动营地数量均显著高于其他区域。

三 2020年中国交通强国建设呈现智能化升级趋向

《交通强国建设纲要》明确提出，到2020年，完成决胜全面建成小康社会交通建设任务和"十三五"现代综合交通运输体系发展规划各项任务，为交通强国建设奠定坚实基础。2020年是中国从交通大国走向交通强国的关键一年，决定未来中国交通强国建设发展走向的正确性、科学性以及引领性，是实现交通强国的重要开局年。通过交通强国设施、技术、管理和服务四大要素协调发展与联动指引，完善涉及规模化、多式联运、分布式运输等多种运输需求结构的交通基础设施网络，创新发展具有引领性和产业撬动升级功能的先进交通技术，建立联动管理、精准治理和智能管理的交通管理体制机制，提供个性化、即时性和临近性的运输服务，全面聚焦智能化升级，加快推进交通强国建设目标的实现。

（一）中国交通强国设施建设将呈现规模化、多式联运、分布式运输并存的趋势

多式联运通过智能化进一步实现了规模化运输与分散化需求的高效率匹配，是中国交通强国设施建设高质量发展的趋势之一。新时代下交通强国战略的实施，对中国交通基础设施的建设提出了更高的要求，一方面是

对既有基础设施存量的综合性、整体性优化升级；另一方面提高新建设施的技术标准和质量，注重与既有设施网络的连通性。在传统交通基础设施智能化转型升级的背景下，多式联运发展进一步深化了不同运输方式之间的关系，实现了规模化运输和分散化需求的高效结合，多式联运通过人工智能、云计算、大数据等"互联网+平台"的支持，为货物和人员提供了更加高效、快速、精准的"门到门""手到手"一体化运输服务链条。交通强国设施建设需要将基础设施整体的发展纳入高质量发展的轨道上，依托新型智能化技术，进一步推动公铁联运、铁水联运、空陆联运等现代化多式联运发展。

互联网等信息技术的分布式运输供给，提高了运输供给方和需求方快速、精准的匹配效率，是中国交通强国设施建设高质量发展的趋势之二。高质量的交通基础设施是交通得以发展并实现转型升级的载体。改革开放以来，随着交通建设的大规模投资，中国交通基础设施初步形成多中心、多层次、立体化、规模化的网络布局。传统上，规模经济是大规模交通设施网络提高经济性的基础，因此，超大型货轮、重载货运列车、大型客机和高密度高铁等满足了人和货物的集中化需求。然而随着信息技术水平的提高，特别是互联网经济的发展，消费者对出行的需求逐渐趋向小规模化、分散化，对产品的需求正逐渐由少品种、大批量、低频次向多品种、小批量、高频次转变，产品运输订单需求趋向碎片化。由此，面向分散化需求的分布式运输应运而生。分布式运输不再聚焦扩张运输实体网络，而是以互联网信息技术为基础，构建运输信息与组织网络，带动传统运输向分布式转型，推动互联网共享出行等新业态形成。

智能时代的到来与"新基建"的提出，进一步助推中国交通基础设施技术升级和智能化进程。物联网、云计算、人工智能等新一代信息技术支撑传统交通基础设施转型升级，智能城市、智能高铁与智能轨道交通等对既有交通设施进行智能化赋能的过程广泛开展。特别地，交通设施的智能化拉动货运或物流业发展，推动网络物流平台形成货运经营新模式，聚焦智能仓储、智能物流领域，提升货物运输组织效率，降低物流成本。2016年以来，快递业迅速发展①，中通、申通、韵达、顺丰、圆通等大批快递企业纷纷上市，物流信息化、互联网物流平台得到空前发展。在新冠肺炎疫情的倒逼之下，现代物流业的城市智能配送、无人机配送、机器人配送等轮番上阵，交通基础设施的智能化在疫情抗击一线发挥了重要的作用。

（二）中国交通强国技术发展将呈现驱动创新、撬动产业升级趋势

改革开放40多年来，通过不断的技术积累、技术研发与实践，中国的高速铁路、高寒铁路、铁路桥梁、重载铁路等基础设施技术进入世界前列，并迈入领跑阶段。青藏铁路的建设创造了世界上海拔最高的冻土隧道、海拔最高的铺架基地等多项世界之最；2020年6月，川藏铁路拉林段的藏木雅鲁藏布江双线特大桥如期合龙，创造了世界同类型铁路桥梁海拔最高、钢管拱跨度最大、主拱钢管直径最大、钢管拱单根管内混凝土顶升方量最多的"四项世界第一"；中国高速铁路建设和运营成为世界标杆，自主创新了时速300~350公里动车组制造技术，掌握了各种复杂地质及气候条件的高铁建设技术，克服了高寒、冻土、高温、沙漠等恶劣环境的施工难题，初步构建了智能铁路技术体系，成功研制智能型"复兴号"动车组，在世界上首次掌握时速350公里自动驾驶技术。中国交通强国建设，正逐渐从"中国制造"向"中国智造"转变，从"中国标准"向"世界标准"转变，实现中国交通运输发展从跟跑到并跑再到领跑的转型。

交通强国建设的技术变革，极大地推动了产业转型升级，成为促进新兴产业发展的新动能。信息化的发展，移动互联网、大数据等技术在交通领域的应用和创新，极大地促进了餐饮业、旅游业等产业的转型升级；智能化的发展，特别是人工智能、无人驾驶等技术在交通领域的实践，极大地促进了高端制造业、现代物流业和新兴产业的发展，进一步拉动上下游产业链发展，占领新一轮经济增长的制高点。

---

① 《民营快递上市竞跑　电商作力下的快递业一片红火》，新浪网，https://tech.sina.com.cn/i/2018-01-04/doc-ifyqkarr7100224.shtml。

(三)中国交通强国管理建设将呈现联动管理、精准治理与智能管理趋势

随着新一代信息技术的发展,大数据技术为实现交通运输的联动管理和精准治理提供了基础性条件。大数据成为交通运输管理的不可或缺的有效资源,互联网、5G等信息基础设施发挥大数据的信息整合功能,将城市产生的数据资源进行整合,对城市交通数据进行实时分析,通过整体预判和精准施策对城市交通进行联动管控与调度。

交通运输系统的智能化,从根本上改变了城市交通治理模式,能更加精准、快速地发现交通运行隐患,并对可能发生的交通事故或城市路况进行预判,为解决"城市病"、提高政府治理效率提供新的思路。例如,杭州的"城市大脑"建设成为全国智能交通管理的领先者。在"城市大脑"的精准管控下,交通信号灯根据即时的大数据流量调整路口的时间分配;依靠计算机视觉技术,实时监控城市交通路况;运用大数据分析技术进行城市交通网的规划,实现杭州市的精准治堵成效,2019年,杭州市在全国城市拥堵程度排名中由第3名降到了第35名[①]。

(四)中国交通强国服务建设将呈现个性化、即时性和临近性服务趋势

中国交通强国服务建设所助推的分布式运输供给加快发展将满足消费者个性化、即时性、临近性的出行需求。传统交通运输从供给者的生产决策出发,消费者只能根据既有的交通运输产品进行出行决策,造成分散化的需求与既定供给之间的缺口,增加了交通运输的实现成本,如乘客等待的时间成本以及由于无法实现"门到门"服务而产生的交通衔接成本等。建立在移动互联网基础上的分布式运输,使需求响应式供给成为可能,平台企业能实

---

① 《杭州"城市大脑"创造美好生活》,新华网,http://www.xinhuanet.com/info/2020-04/11/c_138966046.htm。

时掌握分散化的运输需求并进行高效的资源匹配，为消费者提供"门到门"、全链条的运输服务。

随着B2C、C2C等电子商务模式的迅速发展，消费者对产品的个性化、碎片化的需求得到满足。美团、饿了么等外卖平台，闪送、达达等跑腿平台，盒马生鲜、京东生鲜等生鲜配送平台这些"即时临近物流业"在中国大中小城市得到空前发展。2019年，快递业务量为635.2亿件，日均为1.74亿件，较上年增长25.3%，预计2020年快递业务量将达到740亿件。即时配送订单量从2013年的9.5亿单增长至2019年的184.9亿单，日平均订单量达0.50亿单，较2018年增长37.6%，预计2020年即时配送订单量将达到243亿单。

以大数据、人工智能、云计算等新一代信息技术为基础，涌现出滴滴出行、神州租车、首汽约车等一批网约车平台企业，推动形成了共享交通、自动驾驶、智能交通等新业态，为出行者提供更加安全、舒适、便捷的"门到门"服务，满足了出行者个性化的出行服务需求。

四 交通运输行业与宏观经济之间的关系呈现新旧动能更替转换趋势

与我国工业化发展历程相适应，长期以来，铁路、公路、民航、水路、管道等传统运输行业，以追求速度和规模为主要目标，以要素驱动模式适应宏观经济发展，在从瓶颈制约到基本适应的艰难阶段转换的过程中，不可避免地出现边际报酬下降的趋势，难以发挥经济高质量发展新引擎的作用。新冠肺炎疫情更是对传统交通运输业的发展敲响了警钟，单纯以增量增速为目标的交通建设无法满足交通强国战略的需要。工业社会的信息化和智能化变革，以及新型城镇化进入后半场，迫切要求交通运输业逐渐向智能技术驱动转变，实现交通运输业对宏观经济作用机制的动能转换。

（一）传统交通运输行业对宏观经济的边际贡献趋于下降

新中国成立以来，中国交通运输发展严重滞后，到改革开放之初，薄弱的交通基础设施一直是国民经济发展的"瓶颈"。改革开放以后，特别是20世纪90年代中后期以来，随着国家经济实力的增强，交通运输业进入了快速发展的新时期，交通运输网络规模持续扩大，运输服务能力显著增强，技术装备水平明显提高，在这个时期，中国交通建设的主要目标是提升交通运输的运能与运量水平，并已初步满足了社会经济发展的需求。党的十九大以来，我国社会的主要矛盾从人民日益增长的物质文化需要同落后的社会生产之间的矛盾，转变为人民日益增长的美好生活需要和不平衡不充分的发展之间的矛盾。在新时代背景下，中国交通运输业的发展所面临的主要矛盾也发生了变化。随着人民对美好生活需求的日益增长，人民对于交通运输的需求也不再停留于"人便其行，货畅其流"，对出行的安全性、舒适度、服务保障、便捷性、多样性等提出了更高的要求。交通运输发展的矛盾也从单纯解决供给短缺向提高交通运输效率和实现交通发展的可持续性转变。

铁路、水路、公路、机场、港口等传统基础设施投资支撑中国改革开放40多年以来的高速增长，但是从统计数据来看，2010~2018年，经济增长率从10.6%下降到6.7%，全社会资本投资对经济增长的贡献率从66.3%下降到32.4%，对经济增长的拉动作用从7.1%下降到2.2%[①]，均表明随着我国进入工业化、城镇化、信息化新阶段，传统基础设施投资对于经济增长的边际贡献率已不可避免地趋于递减，急需转换发展模式。

（二）智能技术驱动的新型交通将发挥宏观经济新引擎作用

21世纪的第四次产业革命，以5G、人工智能、云计算等为代表的数字基础设施推动智能生产、人机交互、新能源等应用与发展，世界全面进入智

---

① 陈维宣、吴绪亮：《新型基建促进经济发展的作用与路径》，《经济日报》2020年5月8日第11版。

能化时代。在新的技术时代背景下，智能技术驱动的新型交通得到高速发展。传统交通运输业对经济增长的作用服从边际报酬递减规律，智能技术"赋能"新型交通，增强对传统基础设施的数字化、网络化与智能化改造能力，降本增效效果显著，对经济增长的作用具有边际报酬递增的特点，从而推动经济长期包容性发展。

新冠肺炎疫情暴发期间，第三产业的零售业、交通运输业、旅游业、住宿餐饮和影视娱乐等行业受到的冲击较大。例如，2020年1~4月的交通运输业统计情况显示，完成营业性客运量24.2亿人次，同比下降58.8%；完成货运量116.6亿吨，同比下降13.7%；36个中心城市公共交通客运量为96亿人次，同比下降54.9%。2020年1~4月，第一季度国内生产总值同比下降6.8%，但信息传输、软件和信息技术服务业增加值反而增长13.2%，互联网和相关服务的营收增长10.1%；全国规模以上工业企业实现利润总额12597.9亿元，同比下降27.4%，计算机、通信和其他电子设备制造业利润总额反而增长15%。可见，由互联网、云计算等新一代信息技术驱动的新型基础设施建设有助于降低经济下滑风险，促进经济稳定增长。

随着新一代信息技术与实体经济的深度融合，互联网、云计算、人工智能等信息技术成为驱动经济发展的新动能。由智能技术驱动的新型交通将信息技术与传统交通深度融合，提升交通运输的服务水平和管理能力，为消费者提供智能化和精准化的运输服务。网约车、共享单车等交通新业态的出现，铁路与民航等全国联网售票服务能力的提升，自动驾驶、智能交通等人工智能技术的应用，在培育产业、扩大就业、降本增效等方面成效显著。利用互联网技术，提升交通基础设施、交通装备、交通管理系统的智能化发展水平，可以有效促进共享交通和高效物流的发展。交通运输服务也因新技术赋能实现高层次的跨越，成为宏观经济发展的重要增长极。

指 数 篇
Index Section

B.2 中国交通强国指数综合研究

刘铁鹰 李 达*

摘 要： 本报告阐述了与交通强国发展相关的理论基础和交通强国指数的评价方法。交通与经济发展关系理论、运输经济理论、系统论等是研究中国交通强国发展的理论基础，指数评价方法被直接应用于对交通强国指数的构建与评价。此外，本报告详细介绍了指标体系，包括基础设施指数、交通装备指数、运输服务指数、科技创新指数、交通安全指数、绿色发展指数、开放合作指数、人才队伍指数与治理水平指数9个一级指标以及47个二级指标。

关键词： 交通强国 指数评价 交通强国指数

---

* 刘铁鹰，北京交通大学经济管理学院副教授，硕士生导师，研究方向为区域经济、产业经济。李达，北京交通大学经济管理学院博士研究生，研究方向为运输经济、产业经济。

一 中国交通强国发展的理论基础与中国交通强国指数的评价方法

（一）中国交通强国发展的理论基础

1. 交通与经济发展关系理论

交通与经济发展的相互作用理论可以分为以下三类。其一，交通推动经济发展。随着社会经济的迅速发展，人民生活水平的不断提升，消费者对交通出行有了更高层次的需求，但这些初期需求可以在既有的运输系统内得到满足。随着消费者对运输需求的进一步提升，既有运输方式和运输条件已经不足够实现，这个时期自然而然地促进新型运输方式和运输工具发展，进一步带动了与交通运输业相关联的上下游产业链的发展。其二，交通与经济的相互作用。一方面，交通运输决定了区域之间联系的数量强度、速度强度以及客货运量的流向，促进资源合理配置与经济快速发展。另一方面，经济发展对经济结构、社会分工协作及生产专业化程度有不同的要求。经济结构的变化与调整将引发各产业生产要素的重新配置，进而引起运输需求的变化，推动交通运输发展（林晓言等，2015）。在交通强国背景下，不仅要求交通基础设施、运输服务水平、科技创新能力以及管理体系现代化等走在世界前列，还要求通过交通建设实现中国的社会主义现代化强国目标。因此，交通强国战略不仅是一种目标，也是交通促国强的手段，交通在国民经济发展过程中起到"先行官"的作用，交通建设与社会主义现代化强国的建设互为前提，相辅相成。

2. 运输经济理论

运输经济理论以微观经济学为基础，融合产业经济学分析框架和交通运输行业特征，在完全竞争模型中加入交易成本、进入壁垒、政府管制等因素，进而使模型更加符合现实。运输经济理论能够为综合交通运输的发展在国家经济社会发展中的基础性作用提供强有力的理论支撑。运输经济理论的发展历史可以划分成两大阶段，分别为运输经济的特殊研究阶段和运输经济的系统研究阶段（荣朝和，1993）。运输经济的特殊研究阶段是运输经济发展的初期，以交通运输工具的发展变化为主；交通经济的系统研究阶段涉及广义的交通经济理论，不再关注交通工具的使用，更多地从交通运输产业的整体出发，综合研究与之相关的产业的关系。运输经济理论能够为研究中国交通强国建设提供强有力的理论支持。例如，对于交通运输业的产业组织研究，交通运输业已经成为与国民经济相关产业之间关联效应最显著的产业之一，通过降低成本、提高效率，促进产业集聚，从而带动创新发展；交通运输业的企业行为研究，包括对相同运输市场内的竞争效应，不同运输市场间的合作效应以及交通运输业的产业政策和竞争政策的研究等。

3. 系统论

系统论中的所谓系统，一般是指由若干相互联系、相互作用的要素构成的且具有特定功能和运动规律的有机整体（冯·贝塔朗菲，1987）。系统论的研究范式具有系统对象的整体性、关联性、目的性、动态性、有序性及能动适应环境性等基本特征。其中系统的整体性涉及各部分功能的有机结合整体，功能是系统在特定的内外部环境中发挥的作用，整体功能有可能大于也有可能小于各部分功能的简单相加。结构是系统中各种要素的组织形式，具有不同组织状态的要素与系统、环境形成有机的统一体，相互联系并彼此制约。中国交通强国建设及其所涉及的区域范围，是指在国家经济社会发展的大环境中，由需要实现位移的人员、物资，交通基础设施、通信信号系统、移动运载工具以及运营维护人员等若干相互制约的要素构成的具有特定功能的有机整体。因此，从系统论的角度研究交通建设在实现社会主义现代化强国中的作用，是现代运输经济的一个主要问题。

（二）中国交通强国指数的评价方法[①]

指数评价方法是采用效益评价的方法将事实和数据转化为定量指标。现有

[①] 本报告直接沿用《中国城市交通绿色发展报告（2019）》中使用的可拓学分析法和模糊综合评价法。

的效益评价方法主要包括11种，按照方法之间的相似程度，可以分为传统方法、交叉方法两类。传统方法均在综合评分方法的基础上衍生而来，包括综合评分法、满意度评价法、模糊综合评价法（胡淑礼，1994）、灰色综合评价法、层次分析法、能值分析方法。交叉方法分别为系统动力学法、数据包络分析（成刚，2014）、人工神经网络、可拓学分析法（杨春燕、蔡文，2014）、格序决策理论，交叉方法在综合评分方法的基础上，往往结合其他理论方法，这样，指标计算更烦琐，模型假设更严谨，适用于更加具体的研究领域与研究问题。本报告主要采用的是可拓学分析法和模糊综合评价法（林晓言，2020）。

1. 可拓学

（1）确定经典域和节域

根据可拓学理论中对物元的定义，我们设交通强国指数的评价指标有 m 个，在此基础上，将所有待评价指标分别划分为 n 个等级，将它们统一为以下定性、定量综合评价物元模型。每个指标等级划分的区间设置统称为"经典域"：

$$R_{0j} = (N_{0j}, C, V_{0jk}) = \begin{bmatrix} N_{0j} & c_1 & v_{0j1} \\ & \cdots & \cdots \\ & c_m & v_{0jm} \end{bmatrix} = \begin{bmatrix} N_{0j} & c_1 & <a_{0j1}, b_{0j1}> \\ & \cdots & \cdots \\ & c_m & <a_{0jm}, b_{0jm}> \end{bmatrix} \quad (1)$$

其中，R_{0j} 代表第 j 级交通强国指数的物元；N_{0j} 表示第 j 级交通强国指数发展水平；V_{0jk} 表示第 j 级发展水平省份的第 k 个评价指标归于不同等级的区间范围，即经典域。

综合评价各指标的允许取值范围（称为"节域"）形成的物元模型：

$$R_p = (N_p, C_k, V_{pk}) = \begin{bmatrix} N_p & c_1 & v_{p1} \\ & \cdots & \cdots \\ & c_m & v_{pm} \end{bmatrix} = \begin{bmatrix} N_p & c_1 & <a_{p1}, b_{p1}> \\ & \cdots & \cdots \\ & c_m & <a_{pm}, b_{pm}> \end{bmatrix} \quad (2)$$

其中，R_p 代表交通强国评价指标允许取值范围的物元；N_p 表示交通强国评价指标发展水平的全体评价等级；V_{pk} 表示 N_p 中指标 C_k 的允许取值范围，即节域。

（2）确定评价物元

把待评价单元所收集到的评价信息用物元 R_0 表示：

$$R_0 = (N_0, C_k, V_m) = \begin{bmatrix} N_0 & c_1 & v_1 \\ & \cdots & \cdots \\ & c_m & v_m \end{bmatrix} \quad (3)$$

其中，N_0 表示待评交通强国指数发展水平；V_m 表示所收集到待评单元第 m 个指标的具体取值。

（3）确定权重系数

本报告通过层次分析法来确定指标的权重系数。首先，我们采用 1~9 级标度法让专家对指标进行两两比较，得出判断矩阵。其次，综合各位专家的判断矩阵，通过对各组计算结果进行几何平均，得到各层指标的各级权重。

（4）确定各指标的关联函数值

在构建起交通强国指数的物元模型之后，我们便根据模型对该省份的交通发展状况进行综合评价，即计算待评物元与物元模型经典域的"接近度"。本报告选择初等关联函数法进行计算。

令：

$$\rho(V_k, V_{0jk}) = \left| v_k - \frac{1}{2}(a_{0jk} + b_{0jk}) \right| - \frac{1}{2}(b_{0jk} - a_{0jk}) \quad (4)$$

$$\rho(V_k, V_{pk}) = \left| v_k - \frac{1}{2}(a_{pk} + b_{pk}) \right| - \frac{1}{2}(b_{pk} - a_{pk})$$

$$(j = 1, 2, \cdots, n; k = 1, 2, \cdots, m) \quad (5)$$

两个公式分别代表点 V_k 与区间 V_{0jk} 与 V_{pk} 的接近度，当 $\rho(V_k, V_{0jk})$ 大于等于 0 时，其不在区间 V_{0jk} 中，当 $\rho(V_k, V_{0jk})$ 小于等于 0 时，其在区间 V_{0jk} 中。

接着，计算各指标 C_k 的关联函数。

当 $V_k \in [a_{jk}, b_{jk}]$，则：

$$K_j(V_k) = \frac{-\rho(v_k, V_{0jk})}{|V_{jk}|} \quad (6)$$

当 $V_k \notin [a_{jk}, b_{jk}]$，则：

$$K_j(V_k) = \begin{cases} \dfrac{\rho(V_k, V_{0jk})}{\rho(V_k, V_{pk}) - \rho(V_k, V_{0jk})}, & \rho(V_k, V_{pk}) \neq \rho(V_k, V_{0jk}) \\ -\rho(V_k, V_{0jk}) - 1, & \rho(V_k, V_{pk}) = \rho(V_k, V_{0jk}) \end{cases}$$

$$(j = 1, 2, \cdots, n; k = 1, 2, \cdots, m) \tag{7}$$

式（6）中，$K_j(V_k)$ 表示待评物元的第 k 个评价指标。C_k 是关于第 j 级交通强国指数发展水平的关联度。

（5）确定关联度，进行综合评价

首先，计算交通强国指数发展水平关于各个评价等级的关联度，即反映所有评价指标符合其对应的各个评价等级的程度：

$$K_i(p) = \sum_{i=1}^{m} w_i k_j(v_i) \tag{8}$$

$K_j = \max K_j(p) > 0$，则该交通强国指数发展水平属于等级 j，反之，则不在所对应的等级之内。

其次，求解评价等级的特征值：

$$\overline{K_j(p)} = \frac{K_j(p) - \min_j K_j(p)}{\max_j K_j(p) - \min_j K_j(p)} \tag{9}$$

$$j^* = \frac{\sum_{j=1}^{m} j \times \overline{K_j(p)}}{\sum_{j=1}^{m} \overline{K_j(p)}} \tag{10}$$

j^* 为关于评价等级的特征值，由此特征值我们可以得到交通强国指数发展水平偏向某一级别的程度。

根据上述计算过程，可分别得出其他省份的综合评价结果。

2. 模糊综合评价

（1）评判集及其标准

根据不同省份交通的发展状况，将每个指标的发展水平从高到低划分为五个等级标准，形成评判集 $V = \{v_1, v_2, v_3, v_4, v_5\}$，$v_1$、$v_2$、$v_3$、$v_4$、$v_5$

依次对应好、较好、一般、较差、差这5个评判等级。

（2）计算指标的隶属度

指标的无量纲化。在对交通强国指数发展水平进行综合评价的过程中，由于各个指标的度量单位大多不同，因此，就有必要将各指标进行无量纲化处理，只有这样，之后的计算才有实际意义。本报告构建的评价体系中包含部分负向指标，在此统一将负向指标正向化，随后选用直线型无量纲化方法中的临界值法来对各指标进行处理：

$$\overline{x_i} = \frac{x_i - \min x_i}{\max x_i - \min x_i}, i = 1, 2, \cdots, n \tag{11}$$

其中，$\overline{x_i}$是经过无量纲化处理后的指标数值，$\min x_i$表示第i个指标所能实现的最小值，$\max x_i$表示第i个指标所能达到的最大值。所有经过无量纲化处理的指标的取值范围均为[0，1]。

指标的隶属度函数。经过梳理已有研究成果和对专家进行咨询，在评判集量化方面，本书采用1分制等级区间划分的方法，即区间（0.8，1）对应等级为"好"，区间（0.6，0.8）对应等级为"较好"，区间（0.4，0.6）对应等级为"一般"，区间（0.2，0.4）对应等级为"较差"，区间（0，0.2）对应等级为"差"。在此基础上，将各个等级的理想得分具体化，取各区间的中位数作为具体得分，如"好"的理想得分为0.9。本报告选择梯形分布计算定量指标的隶属度［如公式（12）至公式（16）所示］。

X隶属于"好"等级的隶属函数为：

$$A(x) = \begin{cases} 1, & \overline{x_i} \geq 0.9 \\ \frac{\overline{x_i} - 0.7}{0.2}, & 0.7 \leq \overline{x_i} < 0.9 \\ 0, & \overline{x_i} < 0.7 \end{cases} \tag{12}$$

X隶属于"较好"等级的隶属函数为：

$$A(x) = \begin{cases} 0, & \overline{x_i} \geq 0.9 \\ \dfrac{0.9 - \overline{x_i}}{0.9 - 0.7}, & 0.7 \leq \overline{x_i} < 0.9 \\ \dfrac{\overline{x_i} - 0.5}{0.7 - 0.5}, & 0.5 \leq \overline{x_i} < 0.7 \\ 0, & \overline{x_i} < 0.5 \end{cases} \quad (13)$$

X 隶属于"一般"等级的隶属函数为：

$$A(x) = \begin{cases} 0, & \overline{x_i} \geq 0.7 \\ \dfrac{0.7 - \overline{x_i}}{0.7 - 0.5}, & 0.5 \leq \overline{x_i} < 0.7 \\ \dfrac{\overline{x_i} - 0.3}{0.5 - 0.3}, & 0.3 \leq \overline{x_i} < 0.5 \\ 0, & \overline{x_i} < 0.3 \end{cases} \quad (14)$$

X 隶属于"较差"等级的隶属函数为：

$$A(x) = \begin{cases} 0, & \overline{x_i} \geq 0.5 \\ \dfrac{0.5 - \overline{x_i}}{0.5 - 0.3}, & 0.3 \leq \overline{x_i} < 0.5 \\ \dfrac{\overline{x_i} - 0.1}{0.3 - 0.1}, & 0.1 \leq \overline{x_i} < 0.3 \\ 0, & \overline{x_i} < 0.1 \end{cases} \quad (15)$$

X 隶属于"差"等级的隶属函数为：

$$A(x) = \begin{cases} 0, & \overline{x_i} \geq 0.3 \\ \dfrac{0.3 - \overline{x_i}}{0.2}, & 0.1 \leq \overline{x_i} < 0.3 \\ 1, & \overline{x_i} < 0.1 \end{cases} \quad (16)$$

将定量指标的无量纲化值代入各个评价等级的隶属度函数，计算出各个指标的隶属度。

3. 确定各指标的权重矩阵

本报告通过层次分析法来确定指标的权重系数，与可拓学分析法相同。

4.建立模糊判断矩阵，进行综合评价

综合定量指标隶属度可以得到九大指数的评判矩阵以及各省份交通强国指数整体发展状况的评判矩阵。根据上述计算过程，可分别得出其他省份的综合评价结果。

二 中国交通强国指数指标体系的构建

为统筹推进交通强国建设，中共中央、国务院于2019年9月印发了《交通强国建设纲要》。根据《交通强国建设纲要》中提出的九个方面的发展目标，本报告从"基础设施布局完善、立体互联""交通装备先进适用、完备可控""运输服务便捷舒适、经济高效""科技创新富有活力、智慧引领""安全保障完善可靠、反应快速""绿色发展节约集约、低碳环保""开放合作面向全球、互利共赢""人才队伍精良专业、创新奉献""完善治理体系，提升治理能力"九个方面评价我国31个省份的交通强国发展。本报告进一步根据《交通强国建设纲要》对九个方面发展目标的细分要点概括，以及指标选取的客观性、全面性、科学性，构建了中国交通强国指数指标体系（如表1所示）。

表1 中国交通强国指数指标体系

中国交通强国指数	具体指标
基础设施指数	交通固定资产投资比重(C_1)；铁路运营密度(C_2)；高铁运营密度(C_3)；高速公路网密度(C_4)；通航机场密度(C_5)；内河航道运营密度(C_6)；城市群交通网一体化(C_7)
交通装备指数	机场起降架次(C_8)；载客汽车保有量(C_9)；公路货运车辆保有量(C_{10})；交通装备专利数(C_{11})
运输服务指数	铁路客运周转量(C_{12})；航空旅客吞吐量(C_{13})；货物运输结构比值(C_{14})；公路货运周转量(C_{15})；航空货邮吞吐量(C_{16})；快递业务量(C_{17})；汽车自驾运动营地数量(C_{18})；数字化转型(C_{19})
科技创新指数	交通发明专利数量(C_{20})；车联网企业数量(C_{21})；ETC车道建设改造力度(C_{22})；交通运输行业重点实验室和研发中心数量(C_{23})；智慧交通系统建设(C_{24})
交通安全指数	交通安全法规数(C_{25})；交通安全专利数(C_{26})；交通安全行政处罚数(C_{27})；应急救援满意度(C_{28})；交通安全法规满意度(C_{29})

续表

中国交通强国指数	具体指标
绿色发展指数	新能源汽车政策数量(C_{30});绿色交通专利数(C_{31});快递包装绿色化政策数(C_{32});公共充电桩数(C_{33});交通噪声处理满意度(C_{34})
开放合作指数	是否为"一带一路"省份(C_{35});中国500强企业中交通运输企业的个数(C_{36});是否为中欧班列运输协调委员会成员(C_{37});国际机场数量(C_{38})
人才队伍指数	交通学校数量(C_{39});交通部门领导数量(C_{40});交通业就业人员比例(C_{41})
治理水平指数	综合交通法规体系(行业改革)(C_{42});优化营商环境政策数量(营商环境)(C_{43});交通决策机制的公众参与度(公众决策机制)(C_{44});交通领域监督机制的透明度(公众监督机制)(C_{45});交通精神宣传力度(交通文化宣传)(C_{46});"车让人"发生频率(文明交通环境)(C_{47})

（一）基础设施指数

1.交通强国基础设施指数的内涵

《交通强国建设纲要》中提出的交通强国建设的发展目标之一是"基础设施布局完善、立体互联"。在该发展目标下，进一步提出了建设现代化高质量综合立体交通网络、构建便捷顺畅城市交通网、形成广覆盖的农村交通基础设施网以及构筑多层级、一体化的综合交通枢纽体系等四个层面的发展要求。因此本报告在《交通强国建设纲要》对交通基础设施发展要求的基础上构建了"基础设施指数"。

2.基础设施指数评价指标的确定

遵循指标体系构建和指标选取的独立性原则、科学性原则、系统性原则、可操作性原则、可得到性原则，在《交通强国建设纲要》对交通基础设施的阐述基础上，借鉴了孙家庆等（2019）、李连成（2020）等对交通强国指标体系的研究，确定了本报告的基础设施指数评价指标体系。

基础设施指数评价指标体系如下所示。

（1）交通固定资产投资比重

本报告选取交通固定资产投资占总产值比重来表示。

（2）铁路运营密度

本报告选取铁路运营里程与区域面积的比值来表示。

（3）高铁运营密度

本报告选取高铁运营里程与区域面积的比值来表示。

（4）高速公路网密度

本报告选取高速公路运营里程与区域面积的比值来表示。

（5）通航机场密度

本报告选取通航机场数量与区域面积的比值来表示。

（6）内河航道运营密度

本报告选取内河航道运营里程与区域面积的比值来表示。

（7）城市群交通网一体化

该项指标数据通过问卷调查的形式获得。问卷设计为"您认为所在省份城市与城市之间的交通网是否畅通？"

本部分的指标测算原始数据主要通过2019年各省份国民经济和社会发展统计公报、交通运输部官网、网络数据整理等方式获得。

（二）交通装备指数

1. 交通强国交通装备指数的内涵

《交通强国建设纲要》中提出的交通强国建设的发展目标之二是"交通装备先进适用、完备可控"。在该发展目标下，进一步提出了加强新型载运工具研发、加强特种装备研发以及推进装备技术升级等三个层面的发展要求。因此本报告在《交通强国建设纲要》对交通装备发展要求的基础上构建了"交通装备指数"。

2. 交通装备指数评价指标的确定

遵循指标体系构建和指标选取的独立性原则、科学性原则、系统性原则、可操作性原则、可得到性原则，在《交通强国建设纲要》对交通装备阐述的基础上，确定了本报告的交通装备指数评价指标体系。

交通装备指数评价指标体系如下所示。

(1) 载客汽车保有量

本报告选取私人汽车保有量与年末人口数的比值来表示。

(2) 公路货运车辆保有量

本报告选取公路货运车辆的分布比例来表示。

(3) 机场起降架次

本报告选取机场起降架次与年末人口数的比值来表示。

(4) 交通装备专利数

本报告选取交通装备专利数量与年末人口数的比值来表示。

本部分的指标测算原始数据主要通过2019年各省份国民经济和社会发展统计公报、交通运输部官网、Soopat专利数据库、网络数据整理等方式获得。

（三）运输服务指数

1. 交通强国运输服务指数的内涵

《交通强国建设纲要》中提出的交通强国建设的发展目标之三是"运输服务便捷舒适、经济高效"。在该发展目标下，进一步提出了推进出行服务快速化、便捷化，打造绿色高效的现代物流系统，加速新业态新模式发展等三个层面的发展要求。因此，本报告在《交通强国建设纲要》对运输服务发展要求的基础上构建了"运输服务指数"。

2. 运输服务指数评价指标的确定

遵循指标体系构建和指标选取的独立性原则、科学性原则、系统性原则、可操作性原则、可得到性原则，在《交通强国建设纲要》对运输服务阐述的基础上，确定了本报告的运输服务指数评价指标体系。

运输服务指数评价指标体系如下所示。

(1) 铁路客运周转量

本报告选取铁路客运周转量指标来表示。

(2) 航空旅客吞吐量

本报告选取航空旅客吞吐量指标来表示。

(3) 货物运输结构比值

本报告选取铁路货运量与公路货运量的比值来表示。

(4) 公路货运周转量

本报告选取公路货运周转量指标来表示。

(5) 航空货邮吞吐量

本报告选取航空货邮吞吐量指标来表示。

(6) 快递业务量

本报告选取快递业务量指标来表示。

(7) 汽车自驾运动营地数量

本报告选取汽车自驾运动营地数量指标来表示。

(8) 数字化转型

该项指标数据通过问卷调查的形式获得。问卷设计为"您对所在城市物流业的智能收投服务（如智能快递柜）和网络服务平台（如快递企业公众号等）是否满意?"

本部分的指标测算原始数据主要通过 2019 年各省份国民经济和社会发展统计公报、交通运输部官网、网络数据整理等方式获得。

（四）科技创新指数

1. 交通强国科技创新指数的内涵

《交通强国建设纲要》中提出的交通强国建设的发展目标之四是"科技创新富有活力、智慧引领"。在该发展目标下，进一步提出了强化前沿关键科技研发、大力发展智慧交通、完善科技创新机制等三个层面的发展要求。因此，本报告在《交通强国建设纲要》对科技创新发展要求的基础上构建了"科技创新指数"。

2. 科技创新指数评价指标的确定

遵循指标体系构建和指标选取的独立性原则、科学性原则、系统性原则、可操作性原则、可得到性原则，在《交通强国建设纲要》对科技创新阐述的基础上，确定了本报告的科技创新指数评价指标体系。

科技创新指数评价指标体系如下所示。

（1）交通发明专利数

本报告选取包含"交通"的发明专利数指标来表示。

（2）车联网企业数量

本报告选取各省份的车联网企业数量指标来表示。

（3）ETC车道建设改造力度

本报告选取ETC车道建设改造力度指标来表示。

（4）交通运输行业重点实验室和研发中心数量

本报告选取交通运输行业重点实验室和研发中心数量指标来表示。

（5）智慧交通系统建设

该项指标数据通过问卷调查的形式获得。问卷设计为"您认为所在城市的智慧交通系统（如电子站牌、网站、手机客户端等）能够提供有用的公共电汽车运行状况和实时位置等信息吗？"

本部分的指标测算原始数据主要通过2019年各省份国民经济和社会发展统计公报、交通运输部官网、Soopat专利数据库、网络数据整理等方式获得。

（五）交通安全指数

1. 交通强国交通安全指数的内涵

《交通强国建设纲要》中提出的交通强国建设的发展目标之五是"安全保障完善可靠、反应快速"。在该发展目标下，进一步提出了提升本质安全水平、完善交通安全生产体系、强化交通应急救援能力等三个层面的发展要求。因此，本报告在《交通强国建设纲要》对交通安全发展要求的基础上构建了"交通安全指数"。

2. 交通安全指数评价指标的确定

遵循指标体系构建和指标选取的独立性原则、科学性原则、系统性原则、可操作性原则、可得到性原则，在《交通强国建设纲要》对交通安全阐述的基础上，确定了本报告的交通安全指数评价指标体系。

交通安全指数评价指标体系如下所示。

（1）交通安全法规数

本报告选取交通安全法规数指标来表示。

（2）交通安全专利数

本报告选取交通安全专利数指标来表示。

（3）交通安全行政处罚数

本报告选取交通安全行政处罚数指标来表示。

（4）应急救援满意度

该项指标数据通过问卷调查的形式获得。问卷设计为"您对所在城市交通应急救援能力是否满意？"

（5）交通安全法规满意度

该项指标数据通过问卷调查的形式获得。问卷设计为"您对所在城市的交通安全法规制度和标准规范是否满意？"

本部分的指标测算原始数据主要通过2019年各省份国民经济和社会发展统计公报、交通运输部官网、Soopat专利数据库、网络数据整理等方式获得。

（六）绿色发展指数

1. 交通强国绿色发展指数的内涵

《交通强国建设纲要》中提出的交通强国建设的发展目标之六是"绿色发展节约集约、低碳环保"。在该发展目标下，进一步提出了促进资源节约集约利用、强化节能减排和污染防治、强化交通生态环境保护修复等三个层面的发展要求。因此，本报告在《交通强国建设纲要》对交通绿色发展要求的基础上构建了"绿色发展指数"。

2. 绿色发展指数评价指标的确定

遵循指标体系构建和指标选取的独立性原则、科学性原则、系统性原则、可操作性原则、可得到性原则，在《交通强国建设纲要》对绿色发展阐述的基础上，确定了本报告的绿色发展指数评价指标体系。

绿色发展指数评价指标体系如下所示。

（1）新能源汽车政策数量

本报告选取截至 2019 年政府出台的新能源汽车政策数量来表示。

（2）绿色交通专利数

本报告选取绿色交通专利数量与年末人口数的比值来表示。

（3）快递包装绿色化政策数

本报告选取截至 2019 年政府出台的快递包装绿色化政策数来表示。

（4）公共充电桩数

本报告选取公共充电桩数指标来表示。

（5）交通噪声处理满意度

该项指标数据通过问卷调查的形式获得。问卷设计为"您对所在城市居民区周边交通噪声处理设施（如降噪板）的覆盖程度是否满意？"

本部分的指标测算原始数据主要通过 2019 年各省份国民经济和社会发展统计公报、交通运输部官网、Soopat 专利数据库、网络数据整理等方式获得。

（七）开放合作指数

1. 交通强国开放合作指数的内涵

《交通强国建设纲要》中提出的交通强国建设的发展目标之七是"开放合作面向全球、互利共赢"。在该发展目标下，进一步提出了构建互联互通、面向全球的交通网络，加大对外开放力度，深化交通国际合作等三个层面的发展要求。因此本报告在《交通强国建设纲要》对交通开放合作发展要求的基础上构建了"开放合作指数"。

2. 开放合作指数评价指标的确定

遵循指标体系构建和指标选取的独立性原则、科学性原则、系统性原则、可操作性原则、可得到性原则，在《交通强国建设纲要》对开放合作阐述的基础上，确定了本报告的开放合作指数评价指标体系。

开放合作指数评价指标体系如下所示。

（1）是否为"一带一路"敲定省份

本报告设定是否为"一带一路"敲定省份指标为"0－1"变量，是为

1，否则为0。

（2）是否为中欧班列运输协调委员会成员

本报告设定是否为中欧班列运输协调委员会成员指标为"0-1"变量，是为1，否则为0。

（3）中国500强企业中交通运输企业的个数

本报告选取中国500强企业中交通运输企业的个数来表示。

（4）国际机场数量

本报告选取国际机场数量来表示。

本部分的指标测算原始数据主要通过2019年各省份国民经济和社会发展统计公报、交通运输部官网、网络数据整理等方式获得。

（八）人才队伍指数

1. 交通强国人才队伍指数的内涵

《交通强国建设纲要》中提出的交通强国建设的发展目标之八是"人才队伍精良专业、创新奉献"。在该发展目标下，进一步提出了培育高水平交通科技人才、打造素质优良的交通劳动者大军、建设高素质专业化交通干部队伍等三个层面的发展要求。因此，本报告在《交通强国建设纲要》对交通人才队伍发展要求的基础上构建了"人才队伍指数"。

2. 人才队伍指数评价指标的确定

遵循指标体系构建和指标选取的独立性原则、科学性原则、系统性原则、可操作性原则、可得到性原则，在《交通强国建设纲要》对人才队伍阐述的基础上，确定了本报告的人才队伍指数评价指标体系。

人才队伍指数评价指标体系如下所示。

（1）交通学校数量

本报告选取交通类院校的数量来表示。

（2）交通部门领导数量

本报告选取交通部门公布的领导数量来表示。

（3）交通业就业人员比例

本报告选取交通运输业就业人数与年末就业总人数的比值来表示。

本部分的指标测算原始数据主要通过2019年各省份国民经济和社会发展统计公报、交通运输部官网、网络数据整理等方式获得。

（九）治理水平指数

1. 交通强国治理水平指数的内涵

《交通强国建设纲要》中提出的交通强国建设的发展目标之九是"完善治理体系，提升治理能力"。在该发展目标下，进一步提出了深化行业改革、优化营商环境、扩大社会参与、培育交通文明等四个层面的发展要求。因此，本报告在《交通强国建设纲要》对交通治理水平发展要求的基础上构建了"治理水平指数"。

2. 治理水平指数评价指标的确定

遵循指标体系构建和指标选取的独立性原则、科学性原则、系统性原则、可操作性原则、可得到性原则，在《交通强国建设纲要》对治理水平阐述的基础上，确定了本报告的治理水平指数评价指标体系。

治理水平指数评价指标体系如下所示。

（1）行业改革

本报告选取综合交通法规体系指标来表示。

（2）营商环境

本报告选取优化营商环境政策数量指标来表示。

（3）公众决策机制

本报告选取交通决策机制的公众参与度指标来表示。该项指标数据通过问卷调查的形式获得。问卷设计为"您认为您所在城市近五年交通决策机制的公众参与度是否有所提升？"

（4）公众监督机制

本报告选取交通领域监督机制的透明度指标来表示。该项指标数据通过问卷调查的形式获得。问卷设计为"您认为您所在城市在交通领域监督机制的透明度如何？"

（5）交通文化宣传

本报告选取交通精神宣传力度指标来表示。该项指标数据通过问卷调查的形式获得。问卷设计为"您是否听过/看过'两路'精神、青藏铁路精神、民航英雄机组等为代表的交通精神的宣传/电视/广播？"

（6）文明交通环境

本报告选取"车让人"发生频率指标来表示。该项指标数据通过问卷调查的形式获得。问卷设计为"您觉得您所在城市'车让人'发生频率怎么样？"

本部分的指标测算原始数据主要通过各省份交通运输管理部门网站、人民政府官网等方式获得。

参考文献

［1］〔美〕冯·贝塔朗菲：《一般系统论基础、发展和应用》，林康义、魏宏森等译，清华大学出版社，1987。

［2］杨春燕、蔡文：《可拓学》，科学出版社，2014。

［3］林晓言等：《高速铁路与经济社会发展新格局》，社会科学文献出版社，2015。

［4］林晓言：《中国城市交通绿色发展报告（2019）》，社会科学文献出版社，2020。

［5］胡淑礼编著《模糊数学及其应用》，四川大学出版社，1994。

［6］荣朝和：《论运输化》，中国社会科学出版社，1993。

［7］成刚：《数据包络分析方法与 MaxDEA 软件》，知识产权出版社，2014。

［8］孙家庆、李晓媛、韩朝阳：《交通强国评价指标体系》，《大连海事大学学报》2019 年第 2 期。

［9］李连成：《交通强国的内涵及评价指数体系》，《北京交通大学学报》（社会科学版）2020 年第 2 期。

B.3
中国交通强国指数测度研究

刘铁鹰 吴晓峰 李 达*

摘 要: 本报告介绍了交通强国指数的计算方法以及各个指数所包含指标的统计情况,利用层次分析法来计算各个指标的权重;利用可拓学分析法和模糊综合评价法分别计算交通强国指数;为提升结果的科学性与可靠性,将通过两种方法计算的分值结果分别转化为百分制得分,通过加权平均得出综合评价结果。最后,本报告对基础设施、交通装备、运输服务、科技创新、交通安全、绿色发展、开放合作、人才队伍和治理水平九大指数进行描述性分析,并对每个指标进行省份类比分析,以为下一步分析交通强国发展状况提供依据。

关键词: 交通强国 交通强国指数 层次分析法 可拓学分析法 模糊综合评价法

一 中国交通强国指数评价测算

根据本报告的研究需要,选定模糊综合评价法和可拓学分析法作为计算

---

* 刘铁鹰,北京交通大学经济管理学院副教授,硕士生导师,研究方向为区域经济、产业经济。吴晓峰,北京交通大学经济管理学院博士研究生,研究方向为数量经济、技术经济。李达,北京交通大学经济管理学院博士研究生,研究方向为运输经济、产业经济。

方法。首先利用层次分析法计算各个指标的相对权重，通过模糊综合评价法和可拓学分析法对中国交通强国指数分别进行计算，随后将通过两种方法得出的计算结果进行结合，从而得出综合评价结果。

（一）评价指标权重的确定

1. 构造判断矩阵

我们采用1~9级标度法让专家对指标进行两两比较，得出判断矩阵。在对专家做出的判断矩阵进行计算之后，通过几何平均，得出最终结果。在此以第一位专家的判断矩阵为例进行计算。

首先，对基础设施、交通装备、运输服务、科技创新、交通安全、绿色发展、开放合作、人才队伍和治理水平这九大准则层指标进行权重确定（见表1）。

表1 准则层指标权重

交通强国指标体系	基础设施	交通装备	运输服务	科技创新	交通安全	绿色发展	开放合作	人才队伍	治理水平	W_i
基础设施	1	5	0.1429	1	0.1250	2	3	6	1	0.0778
交通装备	0.2	1	0.1111	0.2	0.1111	0.3333	0.5	2	0.2	0.0217
运输服务	7	9	1	7	1	3	5	9	3	0.2619
科技创新	1	5	0.1429	1	0.1111	2	3	6	1	0.0768
交通安全	8	9	1	9	1	9	9	9	9	0.3725
绿色发展	0.5	3	0.3333	0.5	0.1111	1	2	5	0.5	0.0549
开放合作	0.3333	2	0.2	0.3333	0.1111	0.5	1	2	0.3333	0.0335
人才队伍	0.1667	0.5	0.1111	0.1667	0.1111	0.2	0.5	1	0.1667	0.0165
治理水平	1	5	0.3333	1	0.1111	2	3	6	1	0.0844

一致性检验：$\lambda_{max} = 9.6837$；$CR = 0.0589 < 0.1$，满足一致性要求。

其次，对九大准则层指标所包含的指标分别进行权重确定，表2以基础设施指标权重为例。

表2　基础设施指标权重

基础设施	交通固定资产投资比重	铁路运营密度	高铁运营密度	高速公路网密度	通航机构密度	内河航道运营密度	城市群交通网一体化	W_i
交通固定资产投资比重	1	2	1	2	3	2	0.2	0.1512
铁路运营密度	0.5	1	0.5	1	1	1	0.3333	0.0847
高铁运营密度	1	0.5	1	1	3	2	0.5000	0.1281
高速公路网密度	0.5	1	0.5	1	2	1	0.5000	0.0991
通航机场密度	0.3333	3	0.3333	0.5	1	0.5	0.1111	0.0619
内河航道运营密度	0.5	1	0.5	1	2	1	0.1429	0.0829
城市群交通网一体化	5	3	2	2	9	7	1	0.3920

一致性检验：$\lambda_{max} = 7.5101$；$CR = 0.0805 < 1$，满足一致性要求。

类似地，可以得到其他准则层指标所包含的指标的权重以及同理得到其他专家判断矩阵的计算结果。

2. 层次排序

综合各位专家的判断矩阵，通过对各组计算结果进行几何平均，得到各层指标的各级权重（见表3）。

表3　各层指标的各级权重

指标	一级权重(U_i)	子指标	二级权重(V_i)	目标权重(W_i)
基础设施	0.1003	交通固定资产投资比重(C_1)	0.1495	0.0150
		铁路运营密度(C_2)	0.1307	0.0131
		高铁运营密度(C_3)	0.1451	0.0145
		高速公路网密度(C_4)	0.1435	0.0144
		通航机场密度(C_5)	0.0818	0.0082
		内河航道运营密度(C_6)	0.1232	0.0124
		城市群交通网一体化(C_7)	0.2262	0.0227
交通装备	0.0955	机场起降架次(C_8)	0.0954	0.0091
		载客汽车保有量(C_9)	0.2630	0.0251
		公路货运车辆保有量(C_{10})	0.2693	0.0257
		交通装备专利数(C_{11})	0.3722	0.0356

续表

指标	一级权重(U_i)	子指标	二级权重(V_i)	目标权重(W_i)
运输服务	0.1696	铁路客运周转量(C_{12})	0.1457	0.0247
		航空旅客吞吐量(C_{13})	0.0771	0.0131
		货物运输结构比值(C_{14})	0.0935	0.0159
		公路货运周转量(C_{15})	0.1170	0.0198
		航空货邮吞吐量(C_{16})	0.0727	0.0123
		快递业务量(C_{17})	0.1793	0.0304
		汽车自驾运动营地数量(C_{18})	0.0985	0.0167
		数字化转型(C_{19})	0.2163	0.0367
科技创新	0.1057	交通发明专利数量(C_{20})	0.1194	0.0126
		车联网企业数量(C_{21})	0.1534	0.0162
		ETC车道建设改造力度(C_{22})	0.1918	0.0203
		交通运输行业重点实验室和研发中心数量(C_{23})	0.2949	0.0312
		智慧交通系统建设(C_{24})	0.2405	0.0254
交通安全	0.2356	交通安全法规数(C_{25})	0.2878	0.0678
		交通安全专利数(C_{26})	0.0414	0.0097
		交通安全行政处罚数(C_{27})	0.1181	0.0278
		应急救援满意度(C_{28})	0.2128	0.0501
		交通安全法规满意度(C_{29})	0.3400	0.0801
绿色发展	0.0644	新能源汽车政策数量(C_{30})	0.3086	0.0199
		绿色交通专利数(C_{31})	0.3551	0.0229
		快递包装绿色化政策数(C_{32})	0.0580	0.0037
		公共充电桩数(C_{33})	0.1779	0.0115
		交通噪声处理满意度(C_{34})	0.1004	0.0065
开放合作	0.0643	是否为"一带一路"敲定省份(C_{35})	0.0646	0.0042
		中国500强企业中交通运输企业的个数(C_{36})	0.1301	0.0084
		是否为中欧班列运输协调委员会成员(C_{37})	0.1819	0.0117
		国际机场数量(C_{38})	0.6235	0.0401
人才队伍	0.0691	交通学校数量(C_{39})	0.3058	0.0211
		交通部门领导数量(C_{40})	0.2349	0.0162
		交通业就业人员比例(C_{41})	0.4594	0.0317

续表

指标	一级权重(U_i)	子指标	二级权重(V_i)	目标权重(W_i)
治理水平	0.0956	行业改革(C_{42})	0.0683	0.0065
		营商环境(C_{43})	0.1413	0.0135
		公众决策机制(C_{44})	0.1651	0.0158
		公众监督机制(C_{45})	0.2554	0.0244
		交通文化宣传(C_{46})	0.1721	0.0164
		文明交通环境(C_{47})	0.1978	0.0189

（二）综合得分结果

为了提升结果的科学性与可靠性，故将可拓学分析法的计算结果与模糊综合评价法的计算结果进行结合，从而得出综合评价结果。将可拓学分析的分值结果与模糊综合评价的分值结果分别转化为百分制得分[①]，然后将两种计算结果的权重都取 0.5，计算综合得分及排名（见表 4）。

表 4　2019 年全国 31 个省份交通强国指数综合得分及排名

排名	省份	综合得分	排名	省份	综合得分
1	江苏	50.89776	11	湖北	32.76947
2	北京	48.23945	12	河北	32.30352
3	云南	43.86372	13	甘肃	31.98065
4	浙江	40.83161	14	青海	31.90713
5	上海	38.18624	15	陕西	31.86636
6	广东	36.70037	16	辽宁	31.54472
7	广西	34.44179	17	内蒙古	30.92459
8	山东	33.90306	18	安徽	30.31925
9	福建	33.77367	19	山西	30.26929
10	天津	33.27069	20	重庆	30.12947

---

① 采用可拓学分析法计算的初始得分采用"5 分"制，因此以"3 分"为基准对应百分制的"50 分"进行转化，同时将得分正向化，具体过程为 $S_{百分制} = 100 - S_{初始} \times 50/3$；通过模糊综合评价法计算的初始得分采用"9 分"制，直接采用计算分数占比的方法进行转化，具体过程为 $S_{百分制} = S_{初始}/9 \times 100$。

续表

排名	省份	综合得分	排名	省份	综合得分
21	新疆	29.79002	27	黑龙江	27.17728
22	海南	29.78254	28	江西	26.04702
23	河南	29.53278	29	吉林	25.47913
24	四川	29.25093	30	贵州	25.18406
25	湖南	28.25936	31	西藏	25.10673
26	宁夏	27.47277			

经过对比分析31个省份交通强国指数综合得分及排名发现，排前2名的省份依次为江苏和北京，表明这两个省份在交通强国指数评价方面表现相对较好。

江苏省的交通强国指数在全国排名第一，可以从以下层面探究原因。国家发展层面，江苏位于"一带一路"、长江经济带、长三角一体化发展的叠加区域，2019年入选首批交通强国建设试点单位；基础设施建设层面，江苏综合交通运输基础设施总体上达到世界先进水平，截至2019年，江苏内河航道总里程为2.4万公里，机场密度为0.9个/万公里^2，均居全国各省份首位，江苏省累计7个城市开通运营轨道交通线路，运营里程达747公里，总里程居全国第二；科技创新层面，交通科技平台数量和质量均居全国各省份第一，绿色交通示范省建设率先高分通过交通运输部验收，江苏是交通运输部办公厅推进新一代国家交通控制网和智慧公路试点省份之一；运输服务层面，2019年，江苏港口完成货物吞吐量28.3亿吨，完成集装箱吞吐量1877.2万标箱，港口货物通过能力、万吨级以上泊位数、货物吞吐量、亿吨大港数等多项指标排全国第一。江苏省已经具备中国建设交通强国的设施、技术、管理和服务基础，是中国交通强国建设的领头羊。

北京市的交通强国指数位居全国第二。北京已经初步建成安全、经济、绿色和开放的现代化综合交通体系，开创首都交通事业的新局面，为中国交通强国建设奠定了省际基础。交通基础设施实现跨越式发展，2019年末，北京公路里程为22350公里，其中，高速公路里程为1167公里。2019年

末，公共电汽车运营线路为1158条，运营线路长度为27632公里；年末轨道交通运营线路为22条，运营线路长度为699公里。交通服务能力大幅提升。2019年，公交客运总量为31.7亿人次，轨道交通客运总量为39.6亿人次，居全国第一。交通治理成效显著，《关于北京市交通委员会发布的北京2019年度交通综合治理效果评价情况的通告》显示，2019年，中心城区高峰时段平均道路交通指数为5.48，处于轻度拥堵等级，同比下降1.08%，综合出行时间指数为4.25分钟/公里，同比下降1.62%，拥堵状况和出行效率均有大幅度的改善。

二　中国交通强国指数统计分析

（一）基础设施指数统计分析

1. 描述性分析

为了从整体上反映基础设施指数具体的量化情况，分别选取指标的最大值、最小值、中位数、平均值以及标准差这五个统计量来描述不同指数指标（见表5）。

表5　基础设施指数各指标描述性统计

	最大值	最小值	中位数	平均值	标准差
交通固定资产投资比重(%)	25.6	0.3	2.4	3.6	4.7
铁路运营密度(公里/万公里^2)	1139.823	6.401	337.904	346.246	253.782
高铁运营密度(公里/万公里^2)	280.531	0.000	86.659	89.907	66.215
高速公路网密度(公里/万公里^2)	1325.397	5.065	365.387	361.472	285.132
内河航道运营密度(公里/万公里^2)	3333.333	0.000	88.496	366.510	714.755
通航机场密度(个/万公里^2)	3.175	0.041	0.377	0.549	0.597
城市群交通网一体化	4.18	3.27	3.75	3.75	0.17

2. 省份类比分析

（1）交通固定资产投资比重

①省份排名

经过对比分析31个省份交通固定资产投资比重的数据及排名发现，有8

个省份该指标的数据在平均值以上，占比为25.8%，23个省份该指标的数据在平均值以下，占比为74.2%。其中，排前2名的省份依次是西藏和云南，具体数据依次为25.6%和9.7%，表明这两个省份的交通固定资产投资比重较大。2019年，西藏的交通固定资产投资为4340036万元，交通固定资产投资比重为25.6%，居全国之首；云南省的交通固定资产投资为22498940万元，交通固定资产投资比重为9.7%，居全国第二，表明2019年西藏和云南对交通建设给予高度重视，并进行了大规模的投资建设（见表6）。

表6　交通固定资产投资比重指标数据及排名

单位：%

排名	省份	数据	排名	省份	数据
1	西藏	25.6	17	湖北	2.4
2	云南	9.7	18	内蒙古	2.4
3	甘肃	8.9	19	安徽	2.0
4	贵州	6.7	20	河北	2.0
5	青海	6.3	21	山东	1.7
6	新疆	4.6	22	黑龙江	1.7
7	广西	4.3	23	福建	1.7
8	宁夏	3.7	24	广东	1.5
9	四川	3.2	25	湖南	1.3
10	山西	3.1	26	河南	1.1
11	海南	2.7	27	江苏	0.9
12	浙江	2.7	28	天津	0.7
13	吉林	2.6	29	上海	0.4
14	江西	2.6	30	北京	0.4
15	陕西	2.5	31	辽宁	0.3
16	重庆	2.4			

②区域比较

经过对比分析四大区域交通固定资产投资比重的差异发现，从平均值来看，西部地区最大，接着是中部地区，东北地区和东部地区较小，表明西部地区在该指标方面较其他地区表现良好，而东北地区和东部地区的表现欠佳。从标准差来看，西部地区高于其他地区，表明西部地区各省份之间在该指标方面的相对差距较大,而中部地区最小,表明中部地区各省份之间在该指标方面的发展相对较为均衡(见表7)。

表7 交通固定资产投资比重指标区域比较

单位:%

指标	东部地区	中部地区	西部地区	东北地区
最大值	2.7	3.1	25.6	2.6
最小值	0.4	1.1	2.4	0.3
中位数	1.6	2.2	4.4	1.7
平均值	1.5	2.1	6.7	1.5
标准差	0.9	0.8	6.4	1.1

(2)铁路运营密度

①省份排名

经过对比分析31个省份铁路运营密度的数据及排名发现,有14个省份该指标的数据在平均值以上,占比为45.2%,17个省份的数据在平均值以下,占比为54.8%。其中,排前2名的省份依次是天津和上海。2019年,天津市的铁路运营里程为1288公里,铁路运营密度高达1139.823公里/万公里^2,居全国第一;上海市的铁路运营里程为578公里,铁路运营密度高达917.460公里/万公里^2,居全国第二(见表8)。

表8 铁路运营密度指标数据及排名

单位:公里/万公里^2

排名	省份	数据	排名	省份	数据
1	天津	1139.823	9	重庆	399.757
2	上海	917.460	10	海南	396.176
3	北京	911.905	11	安徽	385.970
4	辽宁	490.953	12	福建	377.164
5	山东	449.155	13	浙江	374.216
6	河南	421.617	14	山西	369.930
7	河北	414.651	15	广东	340.111
8	江苏	412.671	16	江西	337.904

续表

排名	省份	数据	排名	省份	数据
17	湖北	305.003	25	黑龙江	157.168
18	湖南	304.155	26	四川	115.351
19	吉林	280.790	27	云南	104.096
20	广西	275.890	28	内蒙古	90.465
21	陕西	261.673	29	新疆	37.241
22	宁夏	226.054	30	青海	33.130
23	贵州	210.909	31	西藏	6.401
24	甘肃	185.849			

②区域比较

经过对比分析四大区域铁路运营密度的差异发现，从平均值来看，东部地区最大，接着是中部地区、东北地区，西部地区最小，表明东部地区在该指标方面较其他地区表现良好，而西部地区表现最为欠佳。从标准差来看，东部地区高于其他地区，表明东部地区各省份之间在该指标方面的相对差距较大，而中部地区最小，表明中部地区各省份之间在该指标方面的发展相对较为均衡（见表9）。

表9 铁路运营密度指标区域比较

单位：公里/万公里^2

指标	东部地区	中部地区	西部地区	东北地区
最大值	1139.823	421.617	399.757	490.953
最小值	340.111	304.155	6.401	157.168
中位数	413.661	353.917	150.600	280.790
平均值	573.333	354.096	162.235	309.637
标准差	295.200	46.887	118.140	168.752

（3）高铁运营密度

①省份排名

经过对比分析31个省份高铁运营密度的数据及排名发现，有14个省份该指标的数据在平均值以上，占比为45.2%，17个省份的数据在平均值以

下，占比为54.8%。其中，排前2名的省份依次是天津和海南。截至2019年，天津市的高铁运营里程为317公里，共有5条高铁线路，包括京津城际铁路、京沪高铁、津秦高铁、京津城际延伸线和津保铁路，高铁运营密度高达280.531公里/万公里^2，居全国第一；海南省的高铁运营里程为653公里，共有2条高铁线路，包括海南东环铁路和海南西环铁路，高铁运营密度高达192.059公里/万公里^2，居全国第二（见表10）。

表10 高铁运营密度指标数据及排名

单位：公里/万公里^2

排名	省份	数据	排名	省份	数据
1	天津	280.531	17	河北	81.513
2	海南	192.059	18	贵州	76.080
3	上海	179.365	19	广西	74.958
4	江苏	151.657	20	山西	51.312
5	福建	149.711	21	陕西	41.634
6	北京	147.024	22	吉林	39.594
7	浙江	144.118	23	四川	32.759
8	辽宁	139.342	24	宁夏	31.928
9	安徽	131.997	25	云南	28.020
10	山东	122.172	26	甘肃	26.739
11	广东	116.389	27	黑龙江	24.824
12	江西	116.228	28	新疆	4.331
13	河南	110.240	29	内蒙古	4.024
14	重庆	108.870	30	青海	3.710
15	湖南	89.330	31	西藏	0.000
16	湖北	86.659			

②区域比较

经过对比分析四大区域高铁运营密度的差异发现，从平均值来看，东部地区最大，接着是中部地区、东北地区，西部地区最小，表明东部地区在该指标方面较其他地区表现良好，而西部地区表现最为欠佳。从标准差来看，东北地区高于其他地区，表明东北地区各省份之间在该指标方面的相对差距较大，而中部地区最小，表明中部地区各省份之间在该指标方面的发展相对较为均衡（见表11）。

表 11　高铁运营密度指标区域比较

单位：公里/万公里^2

指标	东部地区	中部地区	西部地区	东北地区
最大值	280.531	131.997	108.870	139.342
最小值	81.513	51.312	0.000	24.824
中位数	148.368	99.785	29.974	39.594
平均值	156.454	97.627	36.088	67.920
标准差	53.639	28.357	34.386	62.292

（4）高速公路网密度

①省份排名

经过对比分析 31 个省份高速公路网密度的数据及排名发现，有 16 个省份该指标的数据在平均值以上，占比为 51.6%，15 个省份的数据在平均值以下，占比为 48.4%。其中，排前 2 名的省份依次是上海和天津。2019 年，上海市的高速公路里程为 835 公里，高速公路网密度高达 1325.397 公里/万公里^2，居全国第一；天津市的高速公路里程为 1295 公里，高速公路网密度高达 1146.018 公里/万公里^2，居全国第二（见表 12）。

表 12　高速公路网密度指标数据及排名

单位：公里/万公里^2

排名	省份	数据	排名	省份	数据
1	上海	1325.397	12	贵州	397.981
2	天津	1146.018	13	重庆	392.831
3	北京	694.643	14	湖北	369.033
4	广东	527.500	15	江西	367.904
5	江苏	474.172	16	山西	365.387
6	福建	456.333	17	安徽	349.105
7	浙江	455.196	18	湖南	321.152
8	河南	417.171	19	辽宁	296.875
9	山东	416.125	20	陕西	272.033
10	海南	402.353	21	宁夏	263.102
11	河北	398.279	22	广西	255.339

续表

排名	省份	数据	排名	省份	数据
23	吉林	191.224	28	内蒙古	56.069
24	云南	156.614	29	青海	47.778
25	四川	156.230	30	新疆	31.530
26	黑龙江	99.208	31	西藏	5.065
27	甘肃	97.975			

②区域比较

经过对比分析四大区域高速公路网密度的差异发现，从平均值来看，东部地区最大，接着是中部地区、东北地区，西部地区最小，表明东部地区在该指标方面较其他地区表现良好，而西部地区表现最为欠佳。从标准差来看，东部地区高于其他地区，表明东部地区各省份之间在该指标方面的相对差距较大，而中部地区最小，表明中部地区各省份之间在该指标方面的发展相对较为均衡（见表13）。

表13 高速公路网密度指标区域比较

单位：公里/万公里^2

指标	东部地区	中部地区	西部地区	东北地区
最大值	1325.397	417.171	397.981	296.875
最小值	398.279	321.152	5.065	99.208
中位数	465.252	366.646	156.422	191.224
平均值	629.602	364.959	177.712	195.769
标准差	333.466	31.375	137.222	98.911

（5）内河航道运营密度

①省份排名

经过对比分析31个省份内河航道运营密度的数据及排名发现，有8个省份该指标的数据在平均值以上，占比为25.8%，23个省份的数据在平均值以下，占比为74.2%。其中，排前2名的省份依次是上海和江苏。2019年，上海市内河航道里程为0.21万公里，内河航道运营密度高达3333.333公里/万公里², 居全国第一; 江苏省内河航道里程为 2.44 万公里, 内河航道运营密度高达 2378.168 公里/万公里², 居全国第二 (见表 14)。2019 年, 上海市沿海港口的货物吞吐量达 66351 万吨, 内河港口的货物吞吐量达 5326 万吨; 江苏省沿海港口包括连云港和盐城两个港口, 货物吞吐量达 31575 万吨, 内河港口包括南京、镇江等 17 个港口, 货物吞吐量达 251539 万吨。

表14 内河航道运营密度指标数据及排名

单位: 公里/万公里²

排名	省份	数据	排名	省份	数据
1	上海	3333.333	17	海南	88.235
2	江苏	2378.168	18	河南	83.832
3	浙江	960.784	19	吉林	80.043
4	广东	672.222	20	山东	71.521
5	湖南	542.965	21	陕西	53.502
6	重庆	534.629	22	山西	31.990
7	湖北	457.235	23	辽宁	27.416
8	安徽	400.859	24	内蒙古	20.287
9	江西	335.329	25	甘肃	19.806
10	福建	263.809	26	宁夏	15.060
11	广西	241.525	27	青海	9.691
12	四川	224.346	28	北京	0.000
13	贵州	210.227	29	河北	0.000
14	黑龙江	112.137	30	西藏	0.000
15	云南	104.357	31	新疆	0.000
16	天津	88.496			

②区域比较

经过对比分析四大区域内河航道运营密度的差异发现, 从平均值来看, 东部地区最大, 接着是中部地区、西部地区, 东北地区最小, 表明东部地区在该指标方面较其他地区表现良好, 而东北地区表现最为欠佳。从标准差来看, 东部地区高于其他地区, 表明东部地区各省份之间在该指标方面的相对差距较大, 而东北地区最小, 表明东北地区各省份之间在该指标方面的发展相对较为均衡 (见表 15)。

表15　内河航道运营密度指标区域比较

单位：公里/万公里^2

指标	东部地区	中部地区	西部地区	东北地区
最大值	3333.333	542.965	534.629	112.137
最小值	0.000	31.990	0.000	27.416
中位数	176.152	368.094	36.895	80.043
平均值	785.657	308.702	119.453	73.199
标准差	1157.562	206.533	160.210	42.773

（6）通航机场密度

①省份排名

经过对比分析31个省份通航机场密度的数据及排名发现，有8个省份该指标的数据在平均值以上，占比为25.8%，23个省份的数据在平均值以下，占比为74.2%。其中，排前2名的省份依次是上海和北京。2019年，上海市通航机场为2个，通航机场密度高达3.175个/万公里^2，居全国第一；北京市通航机场为3个，通航机场密度高达1.786个/万公里^2，居全国第二（见表16）。

表16　通航机场密度指标数据及排名

单位：个/万公里^2

排名	省份	数据	排名	省份	数据
1	上海	3.175	13	广东	0.444
2	北京	1.786	14	云南	0.391
3	海南	1.176	15	湖南	0.378
4	天津	0.885	16	湖北	0.377
5	江苏	0.780	17	江西	0.359
6	贵州	0.739	18	安徽	0.358
7	浙江	0.686	19	吉林	0.320
8	山东	0.585	20	河北	0.320
9	辽宁	0.548	21	宁夏	0.301
10	福建	0.495	22	广西	0.297
11	重庆	0.486	23	四川	0.291
12	山西	0.448	24	黑龙江	0.286

续表

排名	省份	数据	排名	省份	数据
25	陕西	0.243	29	新疆	0.127
26	河南	0.240	30	青海	0.097
27	甘肃	0.198	31	西藏	0.041
28	内蒙古	0.161			

②区域比较

经过对比分析四大区域通航机场密度的差异发现，从平均值来看，东部地区最大，接着是东北地区、中部地区，西部地区最小，表明东部地区在该指标方面较其他地区表现良好，而西部地区表现最为欠佳。从标准差来看，东部地区高于其他地区，表明东部地区各省份之间在该指标方面的相对差距较大，而中部地区最小，表明中部地区各省份之间在该指标方面的发展相对较为均衡（见表17）。

表17 通航机场密度指标区域比较

单位：个/万公里^2

指标	东部地区	中部地区	西部地区	东北地区
最大值	3.175	0.448	0.739	0.548
最小值	0.320	0.240	0.041	0.286
中位数	0.733	0.368	0.267	0.320
平均值	1.033	0.360	0.281	0.385
标准差	0.864	0.068	0.191	0.143

(7) 城市群交通网一体化

①省份排名

经过对比分析31个省份城市群交通网一体化的数据及排名发现，有17个省份该指标的数据大于或等于平均值，占比为54.8%，14个省份的数据在平均值以下，占比为45.2%。其中，排前2名的省份依次是云南和江苏（见表18）。2019年，云南省的交通基础设施进一步完善，推动城市群交通网一体化建设，2019年8月，云南省自然资源厅发布《玉溪市城市综合交

通体系规划（2018—2035年）》，推动昆玉同城化和滇中城市群一体化建设，构筑"369"交通圈，新增3条高铁、3条城际铁路、6条普铁，云南省会昆明往返周边城市更加快捷，实现30分钟中心城区内部出行，60分钟到达市域其他主要城镇与昆明中心城区，90分钟到达滇中其他主要城市中心区域。江苏省是长江三角洲的主要省份，江苏省沿江城市群综合交通网络布局逐渐完善。根据《江苏省沿江城市群城际铁路建设规划（2019—2025年）》，加速推进构建区域城际铁路主骨架（包括南京都市圈和苏锡常都市圈城际铁路网），构建南京至江苏省内其他设区市1.5小时、江苏省沿江地区内1小时、沿江地区中心城市与毗邻城市0.5~1小时交通圈，基本实现对20万人口以上城市的覆盖。

表18 城市群交通网一体化指标数据及排名

排名	省份	数据	排名	省份	数据
1	云南	4.18	17	黑龙江	3.75
2	江苏	4.10	18	山东	3.73
3	湖北	3.93	19	海南	3.72
4	北京	3.93	20	江西	3.70
5	浙江	3.84	21	内蒙古	3.69
6	山西	3.84	22	广东	3.69
7	河北	3.84	23	安徽	3.68
8	青海	3.82	24	新疆	3.67
9	陕西	3.82	25	重庆	3.66
10	天津	3.82	26	湖南	3.64
11	广西	3.81	27	甘肃	3.63
12	上海	3.78	28	宁夏	3.57
13	河南	3.78	29	贵州	3.53
14	四川	3.78	30	吉林	3.47
15	福建	3.75	31	西藏	3.27
16	辽宁	3.75			

②区域比较

经过对比分析四大区域城市群交通网一体化的差异发现，从平均值来看，东部地区最大，接着是中部地区、西部地区，东北地区最小，表明东部地区在该指标方面较其他地区表现良好，而东北地区表现最为欠佳。从标准差来看，西部地区高于其他地区，表明西部地区各省份之间在该指标方面的相对差距较大，而中部地区最小，表明中部地区各省份之间在该指标方面的发展相对较为均衡（见表19）。

表19 城市群交通网一体化指标区域比较

指标	东部地区	中部地区	西部地区	东北地区
最大值	4.10	3.93	4.18	3.75
最小值	3.69	3.64	3.27	3.47
中位数	3.80	3.74	3.68	3.75
平均值	3.82	3.76	3.70	3.66
标准差	0.12	0.11	0.22	0.16

（二）交通装备指数统计分析

1. 描述性分析

为了从整体上反映交通装备指数具体的量化情况，分别选取指标的最大值、最小值、中位数、平均值以及标准差这五个统计量来描述不同指数指标（见表20）。

表20 交通装备指数各指标描述性统计

指标	最大值	最小值	中位数	平均值	标准差
载客汽车保有量（辆/百万人）	23.368	0.001	14.057	14.568	4.524
公路货运车辆保有量	0.1185	0.0022	0.0234	0.0368	0.8480
机场起降架次（次/百万人）	3.532	0.206	0.900	1.120	0.848
交通装备专利数（个/百人）	23.780	0.000	0.764	3.291	5.928

2. 省份类比分析

（1）载客汽车保有量

①省份排名

经过对比分析31个省份载客汽车保有量的数据及排名发现，有13个省

份该指标的数据在平均值以上,占比为41.9%,18个省份的数据在平均值以下,占比为58.1%。其中,排前2名省份依次是浙江和北京。2019年,浙江载客汽车保有量为1367万辆,每百万人拥有量高达23.368辆,居全国第一;北京市载客汽车保有量为497.4万辆,每百万人拥有量高达23.092辆,居全国第二(见表21)。

表21 载客汽车保有量指标数据及排名

单位:辆/百万人

排名	省份	数据	排名	省份	数据
1	浙江	23.368	17	上海	13.999
2	北京	23.092	18	山东	13.552
3	宁夏	20.692	19	内蒙古	13.020
4	江苏	20.399	20	重庆	12.907
5	河北	20.242	21	四川	12.673
6	广东	17.686	22	安徽	12.540
7	辽宁	17.312	23	海南	12.503
8	山西	17.273	24	广西	12.402
9	天津	16.569	25	黑龙江	12.378
10	青海	16.444	26	西藏	12.060
11	河南	15.354	27	甘肃	11.764
12	吉林	15.208	28	湖南	11.748
13	福建	14.885	29	湖北	11.655
14	新疆	14.412	30	江西	7.100
15	陕西	14.317	31	贵州	0.001
16	云南	14.057			

②区域比较

经过对比分析四大区域载客汽车保有量的差异发现,从平均值来看,东部地区最大,接着是东北地区、西部地区,中部地区最小,表明东部地区在该指标方面较其他地区表现良好,而中部地区表现最为欠佳。从标准差来看,西部地区高于其他地区,表明西部地区各省份之间在该指标方面的相对差距较大,而东北地区最小,表明东北地区各省份之间在该指标方面的发展相对较为均衡(见表22)。

表22 载客汽车保有量指标区域比较

单位：辆/百万人

指标	东部地区	中部地区	西部地区	东北地区
最大值	23.368	17.273	20.692	17.312
最小值	12.503	7.100	0.001	12.378
中位数	17.128	12.144	12.963	15.208
平均值	17.630	12.612	12.896	14.966
标准差	3.972	3.501	4.744	2.476

（2）公路货运车辆保有量

①省份排名

经过对比分析31个省份公路货运车辆保有量的数据及排名发现，有10个省份该指标的数据在平均值以上，占比为32.3%，21个省份的数据在平均值以下，占比为67.7%。其中，排前2名的省份依次是山东和河北。2019年，山东的公路货运车辆保有量数据为0.1185，居全国第一，河北的公路货运车辆保有量数据为0.1014，居全国第二（见表23）。

表23 公路货运车辆保有量指标数据及排名

排名	省份	数据	排名	省份	数据
1	山东	0.1185	14	陕西	0.0244
2	河北	0.1014	15	重庆	0.0239
3	河南	0.0735	16	新疆	0.0234
4	江苏	0.0699	17	上海	0.0233
5	安徽	0.0602	18	黑龙江	0.0232
6	广东	0.0482	19	湖南	0.0214
7	山西	0.0473	20	云南	0.0214
8	辽宁	0.0406	21	吉林	0.0197
9	四川	0.0395	22	内蒙古	0.0151
10	江西	0.0379	23	甘肃	0.013
11	浙江	0.0321	24	福建	0.0127
12	湖北	0.0298	25	北京	0.0125
13	广西	0.0286	26	天津	0.0109

续表

排名	省份	数据	排名	省份	数据
27	宁夏	0.0106	30	青海	0.0037
28	贵州	0.0069	31	海南	0.0022
29	西藏	0.0043			

②区域比较

经过对比分析四大区域公路货运车辆保有量的差异发现，从平均值来看，中部地区最大，接着是东部地区、东北地区，西部地区最小，表明中部地区在该指标方面较其他地区表现良好，而西部地区表现最为欠佳。从标准差来看，东部地区高于其他地区，表明东部地区各省份之间在该指标方面的相对差距较大，而西部地区和东北地区较小，表明西部地区和东北地区各省份之间在该指标方面的发展相对较为均衡（见表24）。

表24 公路货运车辆保有量指标区域比较

指标	东部地区	中部地区	西部地区	东北地区
最大值	0.1185	0.0735	0.0395	0.0406
最小值	0.0022	0.0214	0.0037	0.0197
中位数	0.0277	0.0426	0.01825	0.0232
平均值	0.04	0.05	0.02	0.03
标准差	0.04	0.02	0.01	0.01

（3）机场起降架次

①省份排名

经过对比分析31个省份机场起降架次的数据及排名发现，有9个省份该指标的数据在平均值以上，占比为29.0%，22个省份的数据在平均值以下，占比为71.0%。其中，排前2名的省份依次是上海和海南。2019年，上海市机场起降架次为857594次，每百万人起降架次高达3.532次，居全国第一；海南省机场起降架次为307813次，每百万人起降架次高达3.257次，居全国第二（见表25）。

表25 机场起降架次指标数据及排名

单位：次/百万人

排名	省份	数据	排名	省份	数据
1	上海	3.532	17	四川	0.812
2	海南	3.257	18	贵州	0.765
3	北京	3.013	19	湖北	0.699
4	内蒙古	2.125	20	江苏	0.653
5	宁夏	1.895	21	山东	0.634
6	新疆	1.766	22	甘肃	0.632
7	西藏	1.513	23	广西	0.613
8	青海	1.204	24	山西	0.538
9	云南	1.151	25	湖南	0.526
10	重庆	1.102	26	吉林	0.516
11	陕西	1.100	27	黑龙江	0.507
12	天津	1.075	28	河南	0.502
13	福建	0.964	29	江西	0.387
14	辽宁	0.958	30	河北	0.255
15	广东	0.930	31	安徽	0.206
16	浙江	0.900			

②区域比较

经过对比分析四大区域机场起降架次的差异发现，从平均值来看，东部地区最大，接着是西部地区、东北地区，中部地区最小，表明东部地区在该指标方面较其他地区表现良好，而中部地区表现最为欠佳。从标准差来看，东部地区高于其他地区，表明东部地区各省份之间在该指标方面的相对差距较大，而中部地区最小，表明中部地区各省份之间在该指标方面的发展相对较为均衡（见表26）。

表26 机场起降架次指标区域比较

单位：次/百万人

指标	东部地区	中部地区	西部地区	东北地区
最大值	3.532	0.699	2.125	0.958
最小值	0.255	0.206	0.613	0.507
中位数	0.947	0.514	1.127	0.516
平均值	1.521	0.476	1.223	0.660
标准差	1.233	0.166	0.503	0.258

（4）交通装备专利数

①省份排名

经过对比分析31个省份交通装备专利数的数据及排名发现，有8个省份该指标的数据在平均值以上，占比为25.8%，23个省份的数据在平均值以下，占比为74.2%。其中，排前2名的省份依次是黑龙江和北京。2019年，黑龙江省的交通装备专利数为892个，每百人交通装备专利数高达23.780个，居全国第一；北京市的交通装备专利数为434个，每百人交通装备专利数高达20.149个，居全国第二（见表27）。黑龙江省的交通装备专利主要集中在铁路、船舶和航空航天等技术领域，铁路装备专利机构主要是轨道交通设备制造公司，如中车齐齐哈尔车辆有限公司和齐齐哈尔四达铁路设备有限责任公司等，航空航天领域的专利产出以大学为主，其中哈尔滨工程大学在2018年的交通装备专利数高达54个。北京市的交通装备专利产出以大学为主，2018年，北京交通大学在城市轨道交通领域的专利数达160个，占比在5%以上，居全国第一。

表27 交通装备专利数指标数据及排名

单位：个/百人

排名	省份	数据	排名	省份	数据
1	黑龙江	23.780	17	甘肃	0.680
2	北京	20.149	18	湖南	0.650
3	天津	14.725	19	广东	0.495
4	陕西	9.365	20	河北	0.421
5	山东	5.998	21	河南	0.197
6	山西	4.907	22	广西	0.161
7	江西	3.922	23	云南	0.144
8	江苏	3.866	24	福建	0
9	湖北	2.176	25	海南	0
10	安徽	2.136	26	内蒙古	0
11	辽宁	2.068	27	重庆	0
12	吉林	1.932	28	贵州	0
13	上海	1.524	29	西藏	0
14	浙江	1.179	30	青海	0
15	新疆	0.793	31	宁夏	0
16	四川	0.764			

②区域比较

经过对比分析四大区域交通装备专利数的差异发现,从平均值来看,东北地区最大,接着是东部地区、中部地区,西部地区最小,表明东北地区在该指标方面较其他地区表现良好,而西部地区表现最为欠佳。从标准差来看,东北地区高于其他地区,表明东北地区各省份之间在该指标方面的相对差距较大,而中部地区最小,表明中部地区各省份之间在该指标方面的发展相对较为均衡(见表28)。

表28 交通装备专利数指标区域比较

单位:个/百人

指标	东部地区	中部地区	西部地区	东北地区
最大值	20.149	4.907	9.365	23.780
最小值	0	0.197	0	1.932
中位数	1.352	2.156	0.072	2.068
平均值	4.836	2.332	0.992	9.260
标准差	7.024	1.823	2.656	12.575

(三)运输服务指数统计分析

1. 描述性分析

为了从整体上反映运输服务指数具体的量化情况,分别选取指标的最大值、最小值、中位数、平均值以及标准差这五个统计量来描述不同指数指标(见表29)。

表29 运输服务指数各指标描述性统计

指标	最大值	最小值	中位数	平均值	标准差
铁路客运周转量(亿人公里)	1099.00	18.08	396.25	474.41	339.61
航空旅客吞吐量(万人/百万人)	502.363	19.276	96.551	131.858	127.822
货物运输结构比值	0.784	0.012	0.055	0.140	0.189
公路货运周转量(亿吨公里)	8027.16	84.55	1814.95	2183.33	1931.89
航空货邮吞吐量(万吨/百万人)	16.71	0.07	0.80	1.61	3.25
快递业务量(万件/万人)	22670.98	249.09	1770.88	3623.10	5087.85
汽车自驾运动营地数量(个)	81	2	16	20.00	16.81
数字化转型	4.17	3.35	3.73	3.74	0.17

2. 省份类比分析

（1）铁路客运周转量

①省份排名

经过对比分析31个省份铁路客运周转量的数据及排名发现，有13个省份该指标的数据在平均值以上，占比为41.9%，18个省份的数据在平均值以下，占比为58.1%。其中，排前2名的省份依次是河南和河北。2019年，河南省铁路客运发送量达17709万人，铁路客运周转量达1099.00亿人公里，居全国第一；河北省铁路客运发送量达13013万人，铁路客运周转量达1089.54亿人公里，居全国第二（见表30）。

表30 铁路客运周转量指标数据及排名

单位：亿人公里

排名	省份	数据	排名	省份	数据
1	河南	1099.00	17	贵州	353.97
2	河北	1089.54	18	新疆	303.15
3	广东	1023.05	19	黑龙江	289.37
4	湖南	1006.05	20	吉林	276.15
5	江苏	863.90	21	重庆	239.24
6	山东	831.04	22	山西	236.69
7	安徽	824.33	23	内蒙古	211.61
8	湖北	803.51	24	天津	208.52
9	浙江	743.26	25	云南	187.92
10	江西	739.72	26	北京	158.90
11	辽宁	656.85	27	上海	117.69
12	陕西	523.62	28	青海	78.09
13	广西	481.29	29	海南	52.61
14	四川	433.20	30	宁夏	40.93
15	甘肃	419.11	31	西藏	18.08
16	福建	396.25			

②区域比较

经过对比分析四大区域铁路客运周转量的差异发现，从平均值来看，中部地区最大，接着是东部地区、东北地区，西部地区最小，表明中部地区在该指标方面较其他地区表现良好，而西部地区表现最为欠佳。从标准差来看，东部地区高于其他地区，表明东部地区各省份之间在该指标方面的相对差距较大，而西部地区最小，表明西部地区各省份之间在该指标方面的发展相对较为均衡（见表31）。

表31　铁路客运周转量指标区域比较

单位：亿人公里

指标	东部地区	中部地区	西部地区	东北地区
最大值	1089.54	1099.00	523.62	656.85
最小值	52.61	236.69	18.08	276.15
中位数	569.76	813.92	271.20	289.37
平均值	548.48	784.88	274.18	407.46
标准差	402.38	300.68	173.11	216.08

（2）航空旅客吞吐量

①省份排名

经过对比分析31个省份航空旅客吞吐量的数据及排名发现，有11个省份该指标的数据在平均值以上，占比为35.5%，20个省份的数据在平均值以下，占比为64.5%。其中，排前2名的省份依次是北京和上海。2019年，北京市航空旅客吞吐量达10820.9万人，平均每百万人为502.363万人，居全国第一；上海市航空旅客吞吐量达12179.1万人，平均每百万人为501.610万人，居全国第二（见表32）。

表32　航空旅客吞吐量指标数据及排名

单位：万人/百万人

排名	省份	数据	排名	省份	数据
1	北京	502.363	6	天津	152.452
2	上海	501.610	7	新疆	148.969
3	海南	476.296	8	重庆	148.688
4	西藏	163.818	9	云南	145.159
5	宁夏	161.439	10	青海	133.635

续表

排名	省份	数据	排名	省份	数据
11	广东	132.830	22	山东	62.260
12	陕西	131.811	23	吉林	61.260
13	福建	130.216	24	湖北	59.573
14	浙江	119.916	25	广西	58.544
15	内蒙古	108.425	26	山西	54.629
16	辽宁	96.551	27	湖南	48.585
17	贵州	83.657	28	江西	39.556
18	四川	80.162	29	河南	33.789
19	江苏	72.414	30	安徽	23.864
20	甘肃	68.954	31	河北	19.276
21	黑龙江	66.881			

②区域比较

经过对比分析四大区域航空旅客吞吐量的差异发现，从平均值来看，东部地区最大，接着是西部地区、东北地区，中部地区最小，表明东部地区在该指标方面较其他地区表现良好，而中部地区表现最为欠佳。从标准差来看，东部地区高于其他地区，表明东部地区各省份之间在该指标方面的相对差距较大，而中部地区最小，表明中部地区各省份之间在该指标方面的发展相对较为均衡（见表33）。

表33 航空旅客吞吐量指标区域比较

单位：万人/百万人

指标	东部地区	中部地区	西部地区	东北地区
最大值	502.363	59.573	163.818	96.551
最小值	19.276	23.864	58.544	61.260
中位数	131.523	44.071	132.723	66.881
平均值	216.963	43.333	119.438	74.897
标准差	194.885	13.441	37.753	18.962

(3) 货物运输结构比值

①省份排名

经过对比分析31个省份货物运输结构比值的数据及排名发现，有

10个省份该指标的数据在平均值以上，占比为32.3%，21个省份的数据在平均值以下，占比为67.7%。其中，排前2名的省份依次是内蒙古和山西。2019年，内蒙古的货物运输结构比值高达0.784，居全国第一；山西省的货物运输结构比值高达0.714，居全国第二（见表34）。山西省工业和信息化厅制定出台了《山西省进一步推进2020年"公转铁"工作实施方案》，提出了"公转铁"硬要求，山西省大宗货物运输以铁路为主的格局基本形成，出省煤炭、焦炭基本上全部采用铁路运输。内蒙古是全国产能大区，2019年，规模以上工业企业生产原煤达10.9亿吨，居全国第一。为提高铁路承担大宗货物运输的比重，内蒙古加快蒙华等重点干线铁路和铁路货运专线建设，2019年完成铁路货运量8.7亿吨。

表34 货物运输结构比值指标数据及排名

排名	省份	数据	排名	省份	数据
1	内蒙古	0.784	17	河南	0.055
2	山西	0.714	18	四川	0.047
3	陕西	0.408	19	福建	0.047
4	天津	0.269	20	江苏	0.042
5	黑龙江	0.261	21	湖北	0.038
6	宁夏	0.237	22	江西	0.037
7	新疆	0.219	23	安徽	0.034
8	青海	0.200	24	广东	0.026
9	海南	0.167	25	浙江	0.025
10	吉林	0.153	26	北京	0.024
11	辽宁	0.110	27	湖南	0.021
12	云南	0.098	28	重庆	0.019
13	甘肃	0.078	29	河北	0.018
14	山东	0.064	30	西藏	0.014
15	广西	0.059	31	上海	0.012
16	贵州	0.055			

②区域比较

经过对比分析四大区域货物运输结构比值的差异发现，从平均值来看，西部地区最大，接着是东北地区、中部地区，东部地区最小，表明西部地区在该指标方面较其他地区表现良好，而东部地区表现最为欠佳。从标准差来看，中部地区高于其他地区，表明中部地区各省份之间在该指标方面的相对差距较大，而东北地区最小，表明东北地区各省份之间在该指标方面的发展相对较为均衡（见表35）。

表35 货物运输结构比值指标区域比较

指标	东部地区	中部地区	西部地区	东北地区
最大值	0.269	0.714	0.784	0.261
最小值	0.012	0.021	0.014	0.110
中位数	0.034	0.038	0.088	0.153
平均值	0.069	0.150	0.185	0.175
标准差	0.084	0.276	0.222	0.078

（4）公路货运周转量

①省份排名

经过对比分析31个省份公路货运周转量的数据及排名发现，有13个省份该指标的数据在平均值以上，占比为41.9%，18个省的数据在平均值以下，占比为58.1%。其中，排前2名的省份依次是河北和山东。2019年，河北省的公路货运周转量为8027.16亿吨公里，居全国第一；山东省的公路货运周转量为6859.68亿吨公里，居全国第二（见表36）。

表36 公路货运周转量指标数据及排名

单位：亿吨公里

排名	省份	数据	排名	省份	数据
1	河北	8027.16	4	广东	3890.32
2	山东	6859.68	5	安徽	3267.59
3	河南	5893.92	6	江苏	3234.82

续表

排名	省份	数据	排名	省份	数据
7	湖南	3114.85	20	贵州	1146.51
8	江西	3040.32	21	甘肃	1118.97
9	湖北	2955.53	22	福建	962.48
10	山西	2691.60	23	上海	839.18
11	广西	2683.05	24	新疆	801.76
12	辽宁	2662.54	25	黑龙江	795.15
13	陕西	2301.37	26	天津	599.36
14	浙江	2082.11	27	宁夏	437.39
15	内蒙古	1954.51	28	北京	275.68
16	四川	1814.95	29	青海	126.33
17	云南	1489.23	30	西藏	116.84
18	吉林	1262.77	31	海南	84.55
19	重庆	1152.75			

②区域比较

经过对比分析四大区域公路货运周转量的差异发现，从平均值来看，中部地区最大，接着是东部地区、东北地区，西部地区最小，表明中部地区在该指标方面较其他地区表现良好，而西部地区表现最为欠佳。从标准差来看，东部地区高于其他地区，表明东部地区各省份之间在该指标方面的相对差距较大，而西部地区最小，表明西部地区各省份之间在该指标方面的发展相对较为均衡（见表37）。

表37 公路货运周转量指标区域比较

单位：亿吨公里

指标	东部地区	中部地区	西部地区	东北地区
最大值	8027.16	5893.92	2683.05	2662.54
最小值	84.55	2691.60	116.84	795.15
中位数	1522.30	3077.59	1149.63	1262.77
平均值	2685.53	3493.97	1261.97	1573.49
标准差	2816.15	1191.16	824.36	971.70

(5) 航空货邮吞吐量

①省份排名

经过对比分析31个省份航空货邮吞吐量的数据及排名发现，有4个省份该指标的数据在平均值以上，占比为12.9%，27个省的数据在平均值以下，占比为87.1%。其中，排前2名的省份依次是上海和北京。2019年，上海市航空货邮吞吐量为405.8万吨，平均每百万人达16.71万吨，居全国第一；北京市航空货邮吞吐量为197.8万吨，平均每百万人达9.18万吨，居全国第二（见表38）。

表38　航空货邮吞吐量指标数据及排名

单位：万吨/百万人

排名	省份	数据	排名	省份	数据
1	上海	16.71	17	青海	0.77
2	北京	9.18	18	河南	0.54
3	海南	2.92	19	山东	0.48
4	广东	2.86	20	湖北	0.43
5	浙江	1.54	21	黑龙江	0.38
6	天津	1.45	22	吉林	0.35
7	福建	1.35	23	贵州	0.35
8	重庆	1.32	24	广西	0.34
9	西藏	1.25	25	内蒙古	0.32
10	陕西	1.01	26	甘肃	0.29
11	云南	0.95	27	江西	0.28
12	宁夏	0.89	28	湖南	0.26
13	新疆	0.86	29	山西	0.18
14	辽宁	0.85	30	安徽	0.15
15	四川	0.83	31	河北	0.07
16	江苏	0.80			

②区域比较

经过对比分析四大区域航空货邮吞吐量的差异发现，从平均值来看，东部地区最大，接着是西部地区、东北地区，中部地区最小，表明东部地区在该指标方面较其他地区表现良好，而中部地区表现最为欠佳。从标准差来看，东部地区高于其他地区，表明东部地区各省份之间在该指标方面的相对差距较大，而中部地区最小，表明中部地区各省份之间在该指标方面的发展相对较为均衡（见表39）。

表39 航空货邮吞吐量指标区域比较

单位：万吨/百万人

指标	东部地区	中部地区	西部地区	东北地区
最大值	16.71	0.54	1.32	0.85
最小值	0.07	0.15	0.29	0.35
中位数	1.49	0.27	0.85	0.38
平均值	3.74	0.31	0.77	0.52
标准差	5.25	0.15	0.36	0.28

（6）快递业务量

①省份排名

经过对比分析31个省份快递业务量的数据及排名发现，有7个省份该指标的数据在平均值以上，占比为22.6%，24个省份的数据在平均值以下，占比为77.4%。其中，排前2名的省份依次是浙江和广东。2019年，浙江省的快递业务量达132.62亿件，平均每万人为22670.98万件，居全国第一；广东省的快递业务量达168亿件，平均每万人为14587.22万件，居全国第二（见表40）。快递业务的大规模发展，与网络购物和电商平台的快速发展密切相关，截至2019年6月，全国电商产业园有近2000个，主要分布在浙江、广东、上海、江苏等沿海省份，其中浙江省电商产业园数量超过400个，居全国第一。

表40 快递业务量指标数据及排名

单位：万件/万人

排名	省份	数据	排名	省份	数据
1	浙江	22670.98	5	江苏	7113.51
2	广东	14587.22	6	福建	6593.29
3	上海	12904.70	7	天津	4464.34
4	北京	10618.22	8	河北	3034.68

续表

排名	省份	数据	排名	省份	数据
9	山东	2868.48	21	山西	976.50
10	湖北	2842.92	22	黑龙江	935.45
11	安徽	2427.63	23	云南	888.45
12	河南	2189.76	24	海南	861.74
13	四川	2138.57	25	宁夏	703.83
14	陕西	1880.60	26	贵州	678.56
15	辽宁	1827.11	27	内蒙古	561.54
16	重庆	1770.88	28	新疆	392.49
17	江西	1665.66	29	甘肃	391.81
18	湖南	1490.02	30	青海	311.86
19	吉林	1139.43	31	西藏	249.09
20	广西	1136.82			

②区域比较

经过对比分析四大区域快递业务量的差异发现，从平均值来看，东部地区最大，接着是中部地区、东北地区，西部地区最小，表明东部地区在该指标方面较其他地区表现良好，而西部地区表现最为欠佳。从标准差来看，东部地区高于其他地区，表明东部地区各省份之间在该指标方面的相对差距较大，而东北地区最小，表明东北地区各省份之间在该指标方面的发展相对较为均衡（见表41）。

表41 快递业务量指标区域比较

单位：万件/万人

指标	东部地区	中部地区	西部地区	东北地区
最大值	22670.98	2842.92	2138.57	1827.11
最小值	861.74	976.50	249.09	935.45
中位数	6853.40	1927.71	691.20	1139.43
平均值	8571.72	1932.08	925.37	1300.66
标准差	6695.59	681.34	659.89	467.18

(7) 汽车自驾运动营地数量

①省份排名

经过对比分析31个省份汽车自驾运动营地数量的数据及排名发现，有11个省份该指标的数据在平均值以上，占比为35.5%，20个省份的数据在平均值以下，占比为64.5%。其中，排前2名的省份依次是山东和安徽。2019年，山东省的汽车自驾运动营地数量为81个，居全国第一；安徽省的汽车自驾运动营地数量为56个，居全国第二（见表42）。安徽省利用自然资源和人文资源禀赋，依托"四纵八横"的高速公路网，已经初步形成布局合理、功能完善的汽车自驾运动营地体系，截至2019年已经建成80个专业性强、基础设施完善的汽车自驾运动营地，计划2025年力争建成300个汽车自驾运动营地，重点培育5个全国五星级汽车自驾运动营地以与旅游、农业、文化和健康等产业融合发展，积极发挥其在新型城镇化建设和精准扶贫方面的推动作用。

表42 汽车自驾运动营地数量指标数据及排名

单位：个

排名	省份	数据	排名	省份	数据
1	山东	81	17	重庆	15
2	安徽	56	18	青海	15
3	云南	44	19	浙江	14
4	广东	42	20	山西	11
5	内蒙古	30	21	宁夏	11
6	河北	28	22	辽宁	11
7	湖南	25	23	黑龙江	10
8	四川	25	24	北京	9
9	甘肃	25	25	广西	9
10	新疆	23	26	吉林	8
11	江西	21	27	天津	7
12	贵州	19	28	上海	5
13	福建	18	29	海南	4
14	江苏	17	30	西藏	2
15	河南	17	31	陕西	2
16	湖北	16			

②区域比较

经过对比分析四大区域汽车自驾运动营地数量的差异发现，从平均值来看，中部地区最大，接着是东部地区、西部地区，东北地区最小，表明中部地区在该指标方面较其他地区表现良好，而东北地区表现最为欠佳。从标准差来看，东部地区高于其他地区，表明东部地区各省份之间在该指标方面的相对差距较大，而东北地区最小，表明东北地区各省份之间在该指标方面的发展相对较为均衡（见表43）。

表43 汽车自驾运动营地数量指标区域比较

单位：个

指标	东部地区	中部地区	西部地区	东北地区
最大值	81	56	44	11
最小值	4	11	2	8
中位数	15.5	19	17	10
平均值	22.50	24.33	18.33	9.67
标准差	23.63	16.22	12.07	1.53

（8）数字化转型

①省份排名

经过对比分析31个省份数字化转型的数据及排名发现，有13个省份该指标的数据大于或等于平均值，占比为41.9%，18个省份的数据在平均值以下，占比为58.1%。其中，排前2名的省份依次是云南和江苏（见表44）。云南省的交通数字化转型主要表现为智慧高速公路建设的稳步推进和道路监控系统的升级改造。2019年，云南在全国首创了"ETC+无感支付"快速支付模式，实现3000多公里高速公路BIM化，居全国第一；道路动态监控系统汇聚了1万多公里高速公路、国道省道干线、港口码头等的监控视频，这些数据资源在云南省交通运输数字监管建设方面发挥重要作用。2020年，江苏省交通运输厅印发《江苏省智能交通建设实施方案》，重点推进交通基础设施数字化，推动BIM和地理信息系统技术的融合应用，继续深化大数据在路网拥堵、超载治理等方面的应用，全面支撑交通强省建设。

表44 数字化转型指标数据及排名

排名	省份	数据	排名	省份	数据
1	云南	4.17	17	青海	3.72
2	江苏	4.10	18	天津	3.72
3	广西	3.94	19	山东	3.71
4	上海	3.93	20	江西	3.68
5	浙江	3.93	21	内蒙古	3.67
6	北京	3.86	22	陕西	3.67
7	海南	3.86	23	四川	3.67
8	山西	3.82	24	新疆	3.66
9	河北	3.80	25	河南	3.62
10	湖北	3.80	26	贵州	3.57
11	广东	3.74	27	重庆	3.57
12	辽宁	3.74	28	安徽	3.57
13	黑龙江	3.74	29	宁夏	3.53
14	湖南	3.73	30	吉林	3.52
15	甘肃	3.73	31	西藏	3.35
16	福建	3.73			

②区域比较

经过对比分析四大区域数字化转型的差异发现，从平均值来看，东部地区最大，接着是中部地区、西部地区，东北地区最小，表明东部地区在该指标方面较其他地区表现良好，而东北地区表现最为欠佳。从标准差来看，西部地区高于其他地区，表明西部地区各省份之间在该指标方面的相对差距较大，而中部地区最小，表明中部地区各省份之间在该指标方面的发展相对较为均衡（见表45）。

表45 数字化转型指标区域比较

指标	东部地区	中部地区	西部地区	东北地区
最大值	4.10	3.82	4.17	3.74
最小值	3.71	3.57	3.35	3.52
中位数	3.83	3.70	3.67	3.74
平均值	3.84	3.70	3.69	3.66
标准差	0.13	0.10	0.21	0.13

（四）科技创新指数统计分析

1. 描述性分析

为了从整体上反映科技创新指数具体的量化情况，分别选取指标的最大值、最小值、中位数、平均值以及标准差这五个统计量来描述不同指数指标（见表46）。

表46 科技创新指数各指标描述性统计

指标	最大值	最小值	中位数	平均值	标准差
交通发明专利数量（个/百万人）	43.45	0.24	3.12	5.24	8.08
车联网企业数量（个/百万人）	48.209	3.95	10.41	15.19	11.60
ETC车道建设改造力度	0.892	0	0.070	0.160	0.210
交通运输行业重点实验室和研发中心数量（个）	38	0	2	4.03	6.79
智慧交通系统建设	4.06	3.51	3.75	3.75	0.13

2. 省份类比分析

（1）交通发明专利数量

①省份排名

经过对比分析31个省份交通发明专利数量的数据及排名发现，有9个省份该指标的数据在平均值以上，占比为29.0%，22个省份的数据在平均值以下，占比为71.0%。其中，排前2名的省份依次是北京和上海。2019年，北京市交通发明专利数量为936个，平均每百万人为43.45个，居全国第一；上海市的交通发明专利数量为411个，平均每百万人为16.93个，居全国第二（见表47）。

表47 交通发明专利数量指标数据及排名

单位：个/百万人

排名	省份	数据	排名	省份	数据
1	北京	43.45	5	广东	7.08
2	上海	16.93	6	天津	6.98
3	江苏	14.66	7	重庆	6.21
4	浙江	9.09	8	湖北	5.97

续表

排名	省份	数据	排名	省份	数据
9	陕西	5.65	21	河南	1.71
10	安徽	4.89	22	黑龙江	1.65
11	四川	4.24	23	青海	1.48
12	福建	3.83	24	广西	1.25
13	辽宁	3.77	25	内蒙古	0.94
14	吉林	3.27	26	甘肃	0.94
15	山东	3.23	27	贵州	0.94
16	湖南	3.12	28	宁夏	0.86
17	西藏	2.56	29	海南	0.85
18	江西	2.38	30	云南	0.64
19	山西	1.90	31	新疆	0.24
20	河北	1.86			

②区域比较

经过对比分析四大区域交通发明专利数量的差异发现，从平均值来看，东部地区最大，接着是中部地区、东北地区，西部地区最小，表明东部地区在该指标方面较其他地区表现良好，而西部地区表现最为欠佳。从标准差来看，东部地区高于其他地区，表明东部地区各省份之间在该指标方面的相对差距较大，而东北地区最小，表明东北地区各省份之间在该指标方面的发展相对较为均衡（见表48）。

表48 交通发明专利数量指标区域比较

单位：个/百万人

指标	东部地区	中部地区	西部地区	东北地区
最大值	43.45	5.97	6.21	3.77
最小值	0.85	1.71	0.24	1.65
中位数	7.03	2.75	1.10	3.27
平均值	10.80	3.33	2.16	2.90
标准差	12.63	1.73	2.06	1.11

(2) 车联网企业数量

①省份排名

经过对比分析31个省份车联网企业数量的数据及排名发现，有11个省份该指标的数据在平均值以上，占比为35.5%，20个省份的数据在平均值以下，占比为64.5%。其中，排前2名的省份依次是广东和上海。车联网企业主要分布在东部沿海的珠三角和长三角地区，其中广东、上海、江苏、浙江车联网企业数量居前5名，人均车联网企业数量广东和上海较多。2019年，广东省的车联网企业数量为5553个，平均每百万人为48.20个，居全国第一；上海市的车联网企业数量为1143个，平均每百万人为47.08个，居全国第二（见表49）。

表49 车联网企业数量指标数据及排名

单位：个/百万人

排名	省份	数据	排名	省份	数据
1	广东	48.20	17	吉林	9.59
2	上海	47.08	18	甘肃	9.18
3	天津	28.87	19	辽宁	8.82
4	江苏	28.59	20	广西	8.71
5	浙江	27.78	21	新疆	7.61
6	海南	24.34	22	贵州	7.15
7	福建	23.74	23	山西	6.97
8	北京	22.84	24	西藏	6.84
9	重庆	22.41	25	河南	6.42
10	安徽	16.09	26	黑龙江	6.37
11	陕西	15.66	27	江西	6.22
12	山东	14.46	28	内蒙古	5.87
13	宁夏	14.10	29	河北	4.68
14	湖南	12.79	30	云南	4.57
15	四川	10.59	31	青海	3.95
16	湖北	10.41			

②区域比较

经过对比分析四大区域车联网企业数量的差异发现，从平均值来看，东部地区最大，接着是中部地区、西部地区，东北地区最小，表明东部地区在该指标方面较其他地区表现良好,而东北地区表现最为欠佳。从标准差来看,东部地区高于其他地区,表明东部地区各省份之间在该指标方面的相对差距较大,而东北地区最小,表明东北地区各省份之间在该指标方面的发展相对较为均衡(见表50)。

表50　车联网企业数量指标区域比较

单位:个/百万人

指标	东部地区	中部地区	西部地区	东北地区
最大值	48.20	16.09	22.41	9.59
最小值	4.68	6.22	3.95	6.37
中位数	26.06	8.69	8.16	8.82
平均值	27.06	9.82	9.72	8.26
标准差	13.12	4.03	5.32	1.68

(3) ETC车道建设改造力度

①省份排名

经过对比分析31个省份ETC车道建设改造力度的数据及排名发现,有11个省份该指标的数据在平均值以上,占比为35.5%,20个省份的数据在平均值以下,占比为64.5%。其中,排前2名的省份依次是江苏和甘肃。按照交通运输部方案,到2019年底,全国ETC用户数量突破1.8亿户,其中江苏省是全国第二个ETC用户规模迈入千万级的省份,2019年,江苏省的ETC车道建设改造力度数据高达0.892,居全国第一;甘肃省于2019年底实现超过250万辆车全部安装ETC,ETC车道建设改造力度数据高达0.673,居全国第二(见表51)。

表51　ETC车道建设改造力度指标数据及排名

排名	省份	数据	排名	省份	数据
1	江苏	0.892	6	湖南	0.292
2	甘肃	0.673	7	青海	0.25
3	河南	0.459	8	湖北	0.228
4	贵州	0.368	9	辽宁	0.213
5	福建	0.317	10	吉林	0.204

续表

排名	省份	数据	排名	省份	数据
11	天津	0.166	22	宁夏	0.018
12	安徽	0.144	23	江西	0.011
13	广西	0.139	24	新疆	0.006
14	上海	0.113	25	黑龙江	0.006
15	四川	0.106	26	河北	0
16	广东	0.072	27	海南	0
17	云南	0.072	28	山西	0
18	山东	0.065	29	内蒙古	0
19	重庆	0.041	30	西藏	0
20	浙江	0.025	31	陕西	0
21	北京	0.02			

②区域比较

经过对比分析四大区域ETC车道建设改造力度的差异发现，从平均值来看，中部地区最大，接着是东部地区，西部地区和东北地区较小，表明中部地区在该指标方面较其他地区表现良好，而西部地区和东北地区表现较为欠佳。从标准差来看，东部地区高于其他地区，表明东部地区各省份之间在该指标方面相对差距较大，而东北地区最小，表明东北地区各省份之间在该指标方面的发展相对较为均衡（见表52）。

表52　ETC车道建设改造力度指标区域比较

指标	东部地区	中部地区	西部地区	东北地区
最大值	0.892	0.459	0.673	0.213
最小值	0	0	0	0.006
中位数	0.0685	0.186	0.0565	0.204
平均值	0.17	0.19	0.14	0.14
标准差	0.27	0.18	0.20	0.12

（4）交通运输行业重点实验室和研发中心数量

①省份排名

经过对比分析31个省份交通运输行业重点实验室和研发中心数量的数

据及排名发现,有 8 个省份该指标的数据在平均值以上,占比为 25.8%,23 个省份的数据在平均值以下,占比为 74.2%。其中,排前 2 名的省份依次是北京和江苏。截至 2019 年,北京市交通运输行业重点实验室和研发中心数量高达 38 个,居全国第一;江苏省交通运输行业重点实验室和研发中心数量为 9 个,居全国第二(见表 53)。

表 53　交通运输行业重点实验室和研发中心数量指标数据及排名

单位:个

排名	省份	数据	排名	省份	数据
1	北京	38	17	吉林	2
2	江苏	9	18	黑龙江	2
3	上海	8	19	福建	1
4	湖北	8	20	江西	1
5	陕西	7	21	山西	1
6	重庆	6	22	内蒙古	1
7	辽宁	6	23	广西	1
8	广东	5	24	贵州	1
9	天津	4	25	云南	1
10	河南	4	26	西藏	1
11	浙江	3	27	甘肃	1
12	山东	3	28	青海	1
13	湖南	3	29	新疆	1
14	河北	2	30	海南	0
15	安徽	2	31	宁夏	0
16	四川	2			

②区域比较

经过对比分析四大区域交通运输行业重点实验室和研发中心数量的差异发现,从平均值来看,东部地区最大,接着是东北地区、中部地区,西部地区最小,表明东部地区在该指标方面较其他地区表现良好,而西部地区表现最为欠佳。从标准差来看,东部地区高于其他地区,表明东部地区各省份之间在该指标方面相对差距较大,而西部地区最小,表明西部地区各省份之间在该指标方面的发展相对较为均衡(见表 54)。

表54 交通运输行业重点实验室和研发中心数量指标区域比较

单位：个

指标	东部地区	中部地区	西部地区	东北地区
最大值	38	8	7	6
最小值	0	1	0	2
中位数	3.5	2.5	1	2
平均值	7.30	3.17	1.92	3.33
标准差	11.16	2.64	2.19	2.31

（5）智慧交通系统建设

①省份排名

经过对比分析31个省份智慧交通系统建设的数据及排名发现，有16个省份该指标的数据大于或等于平均值，占比为51.6%，15个省份的数据在平均值以下，占比为48.4%。其中，排前2名的省份依次是云南和广西（见表55）。2019年10月，云南公路联网收费管理有限公司与华为技术有限公司共同打造的智慧交通联合创新实验室，一方面推动构建自由流虚拟站智慧站点以及云计算大数据平台，实现"自由流收费一张网"；另一方面规划建设综合交通大数据平台，提升高速公路运营技术水平和管理能力。广西在2019年1月成立"交通大数据工程实践基地"，重点推进智慧指挥中心大脑体系建设、5G交通创新应用等，着力构建智慧交通管理新模式。

表55 智慧交通系统建设指标数据及排名

排名	省份	数据	排名	省份	数据
1	云南	4.06	9	陕西	3.80
2	广西	3.99	10	内蒙古	3.79
3	河北	3.96	11	湖北	3.77
4	浙江	3.92	12	山东	3.76
5	江苏	3.91	13	湖南	3.76
6	北京	3.87	14	福建	3.75
7	上海	3.87	15	山西	3.75
8	广东	3.86	16	重庆	3.75

续表

排名	省份	数据	排名	省份	数据
17	甘肃	3.73	25	青海	3.64
18	新疆	3.73	26	江西	3.64
19	四川	3.72	27	天津	3.63
20	宁夏	3.70	28	吉林	3.57
21	贵州	3.70	29	西藏	3.55
22	海南	3.70	30	安徽	3.54
23	黑龙江	3.70	31	河南	3.51
24	辽宁	3.66			

②区域比较

经过对比分析四大区域智慧交通系统建设的差异发现，从平均值来看，东部地区最大，接着是西部地区、中部地区，东北地区最小，表明东部地区在该指标方面较其他地区表现良好，而东北地区表现最为欠佳。从标准差来看，西部地区高于其他地区，表明西部地区各省份之间在该指标方面的相对差距较大，而东北地区最小，表明东北地区各省份之间在该指标方面的发展相对较为均衡（见表56）。

表56 智慧交通系统建设指标区域比较

指标	东部地区	中部地区	西部地区	东北地区
最大值	3.96	3.77	4.06	3.70
最小值	3.63	3.51	3.55	3.57
中位数	3.86	3.69	3.73	3.65
平均值	3.82	3.66	3.76	3.64
标准差	0.11	0.12	0.14	0.07

（五）交通安全指数统计分析

1. 描述性统计

为了从整体上反映交通安全指数具体的量化情况，分别选取指标的最大值、最小值、中位数、平均值以及标准差这五个统计量来描述不同指数指标（见表57）。

表57 交通安全指数各指标描述性统计

指标	最大值	最小值	中位数	平均值	标准差
交通安全法规数(个)	391	8	86	94.42	67.28
交通安全专利数(个/百万人)	7.24	0	0.880	1.40	1.77
交通安全行政处罚数(个)	1387	0	0	72.58	253.10
应急救援满意度	4.17	3.59	3.76	3.77	0.13
交通安全法规满意度	4.24	3.63	3.82	3.85	0.15

2. 省份类比分析

（1）交通安全法规数

①省份排名

经过对比分析31个省份交通安全法规数的数据及排名发现，有15个省份该指标的数据在平均值以上，占比为48.4%，16个省的数据在平均值以下，占比为51.6%。其中，排前2名的省份依次是福建和四川。2019年，福建省的交通安全法规数为391个，居全国第一；四川省的交通安全法规数为167个，居全国第二（见表58）。

表58 交通安全法规数指标数据及排名

单位：个

排名	省份	数据	排名	省份	数据
1	福建	391	13	江苏	104
2	四川	167	14	浙江	104
3	陕西	137	15	湖北	104
4	山东	134	16	广东	86
5	贵州	124	17	江西	78
6	安徽	123	18	辽宁	77
7	湖南	122	19	内蒙古	75
8	山西	121	20	甘肃	74
9	云南	121	21	黑龙江	59
10	河南	120	22	河北	52
11	广西	105	23	北京	51
12	重庆	105	24	新疆	46

续表

排名	省份	数据	排名	省份	数据
25	吉林	45	29	天津	36
26	上海	43	30	海南	34
27	宁夏	43	31	西藏	8
28	青海	38			

②区域比较

经过对比分析四大区域交通安全法规数的差异发现，从平均值来看，中部地区最大，接着是东部地区、西部地区，东北地区最小，表明中部地区在该指标方面较其他地区表现良好，而东北地区表现最为欠佳。从标准差来看，东部地区高于其他地区，表明东部地区各省份之间在该指标方面相对差距较大，而东北地区最小，表明东北地区各省份之间在该指标方面的发展相对较为均衡（见表59）。

表59　交通安全法规数指标区域比较

单位：个

指标	东部地区	中部地区	西部地区	东北地区
最大值	391	123	167	77
最小值	34	78	8	45
中位数	69	120.5	90	59
平均值	103.50	111.33	86.92	60.33
标准差	106.64	17.80	47.33	16.04

（2）交通安全专利数

①省份排名

经过对比分析31个省份交通安全专利数的数据及排名发现，有8个省份该指标的数据在平均值以上，占比为25.8%，23个省份的数据在平均值以下，占比为74.2%。其中，排前2名的省份依次是北京和上海。2019年，北京市交通安全专利数为216个，平均每百万人为7.24个，居全国第一；上海市交通安全专利数为122个，平均每百万人为7.04个，居全国第二（见表60）。

表60 交通安全专利数指标数据及排名

单位：个/百万人

排名	省份	数据	排名	省份	数据
1	北京	7.24	17	江西	0.66
2	上海	7.04	18	湖南	0.65
3	天津	4.03	19	山西	0.56
4	江苏	3.02	20	河北	0.47
5	浙江	2.24	21	河南	0.47
6	重庆	1.86	22	吉林	0.45
7	四川	1.68	23	内蒙古	0.39
8	广东	1.49	24	广西	0.36
9	陕西	1.37	25	贵州	0.33
10	青海	1.32	26	云南	0.33
11	辽宁	1.29	27	宁夏	0.29
12	山东	1.22	28	新疆	0.24
13	安徽	1.05	29	甘肃	0.23
14	湖北	1.05	30	海南	0.21
15	福建	0.93	31	西藏	0.00
16	黑龙江	0.88			

②区域比较

经过对比分析四大区域交通安全专利数的差异发现，从平均值来看，东部地区最大，接着是东北地区、中部地区，西部地区最小，表明东部地区在该指标方面较其他地区表现良好，而西部地区表现最为欠佳。从标准差来看，东部地区高于其他地区，表明东部地区各省份之间在该指标方面的相对差距较大，而中部地区最小，表明中部地区各省份之间在该指标方面的发展相对较为均衡（见表61）。

表61 交通安全专利数指标区域比较

单位：个/百万人

指标	东部地区	中部地区	西部地区	东北地区
最大值	7.24	1.05	1.86	1.29
最小值	0.21	0.47	0.00	0.45
中位数	1.87	0.66	0.35	0.88
平均值	2.79	0.74	0.70	0.87
标准差	2.57	0.25	0.65	0.42

(3) 交通安全行政处罚数

①省份排名

经过对比分析31个省份交通安全行政处罚数的数据及排名发现，有5个省份该指标的数据在平均值以上，占比为16.1%，26个省份的数据在平均值以下，占比为83.9%。其中，排前2名的省份依次是浙江和海南。2019年，浙江省的交通安全行政处罚数为1387个，居全国第一；海南省的交通安全行政处罚数为310个，居全国第二（见表62）。

表62 交通安全行政处罚数指标数据及排名

单位：个

排名	省份	数据	排名	省份	数据
1	浙江	1387	17	山东	0
2	海南	310	18	安徽	0
3	广东	175	19	江西	0
4	上海	150	20	内蒙古	0
5	河南	85	21	广西	0
6	四川	45	22	贵州	0
7	江苏	40	23	云南	0
8	湖南	34	24	西藏	0
9	北京	6	25	陕西	0
10	河北	6	26	甘肃	0
11	重庆	5	27	青海	0
12	宁夏	3	28	新疆	0
13	湖北	2	29	辽宁	0
14	山西	2	30	吉林	0
15	天津	0	31	黑龙江	0
16	福建	0			

②区域比较

经过对比分析四大区域交通安全行政处罚数的差异发现，从平均值来看，东部地区最大，接着是中部地区、西部地区，东北地区的数值为0。从标准差来看，东部地区高于其他地区，表明东部地区各省份之间在该指标方面的相对差距较大，而东北地区无该项指标（见表63）。

表63　交通安全行政处罚数指标区域比较

单位：个

指标	东部地区	中部地区	西部地区	东北地区
最大值	1387	85	45	0
最小值	0	0	0	0
中位数	23	2	0	0
平均值	207.40	20.50	4.42	0
标准差	427.46	34.26	12.88	0

（4）应急救援满意度

①省份排名

经过对比分析31个省份应急救援满意度的数据及排名发现，有15个省份该指标的数据大于或等于平均值，占比为48.4%，16个省份的数据在平均值以下，占比为51.6%。其中，排前2名的省份依次是云南和江苏（见表64）。

表64　应急救援满意度指标数据及排名

排名	省份	数据	排名	省份	数据
1	云南	4.17	17	广东	3.76
2	江苏	4	18	河南	3.73
3	青海	3.91	19	福建	3.72
4	湖北	3.89	20	山西	3.70
5	北京	3.88	21	内蒙古	3.70
6	河北	3.87	22	山东	3.69
7	广西	3.86	23	吉林	3.68
8	天津	3.85	24	新疆	3.67
9	宁夏	3.83	25	重庆	3.67
10	浙江	3.82	26	安徽	3.63
11	甘肃	3.81	27	湖南	3.62
12	上海	3.79	28	贵州	3.61
13	四川	3.79	29	陕西	3.61
14	辽宁	3.79	30	海南	3.60
15	西藏	3.77	31	江西	3.59
16	黑龙江	3.76			

②区域比较

经过对比分析四大区域应急救援满意度的差异发现,从平均值来看,东部地区最大,接着是西部地区、东北地区,中部地区最小,表明东部地区在该指标方面较其他地区表现良好,而中部地区表现最为欠佳。从标准差来看,西部地区高于其他地区,表明西部地区各省份之间在该指标方面的相对差距较大,而东北地区最小,表明东北地区各省份之间在该指标方面的发展相对较为均衡(见表65)。

表65 应急救援满意度指标区域比较

指标	东部地区	中部地区	西部地区	东北地区
最大值	4	3.89	4.17	3.79
最小值	3.60	3.59	3.61	3.68
中位数	3.80	3.67	3.78	3.76
平均值	3.80	3.70	3.79	3.75
标准差	0.11	0.11	0.15	0.06

(5)交通安全法规满意度

①省份排名

经过对比分析31个省份交通安全法规满意度的数据及排名发现,有12个省份该指标的数据在平均值以上,占比为38.7%,19个省份的数据在平均值以下,占比为61.3%。其中,排前2名的省份依次是云南和青海(见表66)。

表66 交通安全法规满意度指标数据及排名

排名	省份	数据	排名	省份	数据
1	云南	4.24	8	广西	3.95
2	青海	4.10	9	福建	3.89
3	江苏	4.09	10	宁夏	3.89
4	甘肃	4.03	11	广东	3.87
5	北京	4.01	12	河北	3.86
6	西藏	3.98	13	安徽	3.84
7	新疆	3.97	14	浙江	3.84

续表

排名	省份	数据	排名	省份	数据
15	内蒙古	3.84	24	陕西	3.74
16	天津	3.81	25	上海	3.74
17	山西	3.80	26	河南	3.74
18	吉林	3.80	27	辽宁	3.72
19	山东	3.79	28	海南	3.68
20	重庆	3.78	29	四川	3.67
21	湖北	3.75	30	江西	3.64
22	黑龙江	3.75	31	湖南	3.63
23	贵州	3.74			

②区域比较

经过对比分析四大区域交通安全法规满意度的差异发现，从平均值来看，西部地区最大，接着是东部地区、东北地区，中部地区最小，表明西部地区在该指标方面较其他地区表现良好，而中部地区表现最为欠佳。从标准差来看，西部地区高于其他地区，表明西部地区各省份之间在该指标方面的相对差距较大，而东北地区最小，表明东北地区各省份之间在该指标方面的发展相对较为均衡（见表67）。

表67　交通安全法规满意度指标区域比较

指标	东部地区	中部地区	西部地区	东北地区
最大值	4.09	3.84	4.24	3.80
最小值	3.68	3.63	3.67	3.72
中位数	3.85	3.74	3.92	3.75
平均值	3.86	3.74	3.92	3.76
标准差	0.12	0.08	0.17	0.04

（六）绿色发展指数统计分析

1. 描述性统计

为了从整体上反映绿色发展指数具体的量化情况，分别选取指标的最大值、最小值、中位数、平均值以及标准差这五个统计量来描述不同指数指标（见表68）。

表68 绿色发展指数各指标描述性统计

指标	最大值	最小值	中位数	平均值	标准差
新能源汽车政策数量（个）	76	0	19	22.35	19.46
绿色交通专利数（个/百万人）	0.62	0.00	0.067	0.125	0.154
快递包装绿色化政策数（个）	13	0	3	3.42	2.60
公共充电桩数（个/公里^2）	6.58	0.00	0.04	0.38	1.25
交通噪声处理满意度	3.99	3.30	3.6	3.62	0.17

2. 省份类比分析

（1）新能源汽车政策数量

①省份排名

经过对比分析31个省份新能源汽车政策数量的数据及排名发现，有10个省份该指标的数据在平均值以上，占比为32.3%，21个省份的数据在平均值以下，占比为67.7%。其中，排前2名的省份依次是江苏和福建。2019年，江苏省的新能源汽车政策数量为76个，居全国第一；福建省的新能源汽车政策数量为70个，居全国第二（见表69）。江苏省着力推进新能源汽车产业的高质量发展，2019年7月印发《关于促进新能源汽车产业高质量发展的意见的通知》，规划到2021年，新能源汽车产量超过30万辆，到2025年，新能源汽车产量超过100万辆，打造具有国际竞争力的新能源汽车产业集聚基地。福建省逐渐扩大新能源汽车的服务范围和规模，计划到2020年累计推广新能源汽车35万辆，福建省城市公交车更新为新能源汽车。

表69 新能源汽车政策数量指标数据及排名

单位：个

排名	省份	数据	排名	省份	数据
1	江苏	76	4	广东	58
2	福建	70	5	河南	35
3	浙江	59	6	山东	31

续表

排名	省份	数据	排名	省份	数据
7	安徽	29	20	四川	14
8	江西	28	21	辽宁	14
9	贵州	27	22	吉林	14
10	海南	25	23	内蒙古	13
11	河北	22	24	黑龙江	8
12	上海	21	25	天津	6
13	湖北	21	26	北京	5
14	陕西	21	27	甘肃	5
15	重庆	20	28	青海	3
16	云南	19	29	宁夏	2
17	广西	16	30	新疆	2
18	湖南	15	31	西藏	0
19	山西	14			

②区域比较

经过对比分析四大区域新能源汽车政策数量的差异发现，从平均值来看，东部地区最大，接着是中部地区、东北地区，西部地区最小，表明东部地区在该指标方面较其他地区表现良好，而西部地区表现最为欠佳。从标准差来看，东部地区高于其他地区，表明东部地区各省份之间在该指标方面的相对差距较大，而东北地区最小，表明东北地区各省份之间在该指标方面的发展相对较为均衡（见表70）。

表70 新能源汽车政策数量指标区域比较

单位：个

指标	东部地区	中部地区	西部地区	东北地区
最大值	76	35	27	14
最小值	5	14	0	8
中位数	28	24.5	13.7	14
平均值	37.30	23.67	11.83	12.00
标准差	26.20	8.38	9.11	3.46

（2）绿色交通专利数

①省份排名

经过对比分析31个省份绿色交通专利数的数据及排名发现，有9个省份该指标的数据在平均值以上，占比为29.0%，22个省份的数据在平均值以下，占比为71.0%。其中，排前2名的省份依次是上海和北京。2019年，上海市绿色交通专利数为11个，平均每百万人为0.62个，居全国第一；北京市绿色交通专利数为20个，平均每百万人为0.42个，居全国第二（见表71）。

表71　绿色交通专利数指标数据及排名

单位：个/百万人

排名	省份	数据	排名	省份	数据
1	上海	0.62	17	河南	0.06
2	北京	0.42	18	江西	0.04
3	浙江	0.34	19	广西	0.04
4	江苏	0.33	20	内蒙古	0.04
5	安徽	0.33	21	重庆	0.03
6	天津	0.32	22	山西	0.03
7	陕西	0.23	23	河北	0.03
8	新疆	0.20	24	海南	0.00
9	辽宁	0.18	25	贵州	0.00
10	山东	0.11	26	云南	0.00
11	湖南	0.10	27	西藏	0.00
12	福建	0.10	28	甘肃	0.00
13	四川	0.10	29	青海	0.00
14	广东	0.09	30	宁夏	0.00
15	黑龙江	0.08	31	吉林	0.00
16	湖北	0.07			

②区域比较

经过对比分析四大区域绿色交通专利数的差异发现，从平均值来看，东部地区最大，接着是中部地区、东北地区，西部地区最小，表明东部地区在该指标方面较其他地区表现良好，而西部地区表现最为欠佳。从标准差来看，东部地区高于其他地区，表明东部地区各省份之间在该指标方面的相对差距较大，而西部地区最小，表明西部地区各省份之间在该指标方面的发展相对较为均衡（见表72）。

表72 绿色交通专利数指标区域比较

单位：个/百万人

指标	东部地区	中部地区	西部地区	东北地区
最大值	0.62	0.33	0.23	0.18
最小值	0.00	0.03	0.00	0.00
中位数	0.21	0.06	0.02	0.08
平均值	0.24	0.11	0.05	0.09
标准差	0.20	0.11	0.08	0.09

（3）快递包装绿色化政策数

①省份排名

经过对比分析31个省份快递包装绿色化政策数的数据及排名发现，有11个省份该指标的数据在平均值以上，占比为35.5%，20个省份的数据在平均值以下，占比为64.5%。其中，排前2名的省份依次是云南和江西。随着快递业务量的逐年增加，快递纸箱、塑料泡沫等包装废弃物大规模出现，我国平均一年消耗纸箱328亿个，有关快递包装的绿色化问题亟待解决。2019年，云南省的快递包装绿色化政策数为13个，居全国第一；江西省的快递包装绿色化政策数为7个，居全国第二（见表73）。国家邮政局提出"9792"工程，即到2020年底力争实现胶带封装比例达90%，电商快件不再二次包装率达70%，循环中转袋使用率达90%，新增2万个设置标准包装废弃物回收装置的邮政快递网点。

表73 快递包装绿色化政策数指标数据及排名

单位：个

排名	省份	数据	排名	省份	数据
1	云南	13	4	福建	6
2	江西	7	5	内蒙古	6
3	江苏	6	6	黑龙江	6

续表

排名	省份	数据	排名	省份	数据
7	北京	5	20	辽宁	3
8	安徽	5	21	山东	2
9	上海	4	22	海南	2
10	湖北	4	23	陕西	2
11	青海	4	24	甘肃	2
12	河北	3	25	宁夏	2
13	浙江	3	26	吉林	2
14	广东	3	27	天津	1
15	河南	3	28	山西	0
16	湖南	3	29	贵州	0
17	广西	3	30	西藏	0
18	重庆	3	31	新疆	0
19	四川	3			

②区域比较

经过对比分析四大区域快递包装绿色化政策数的差异发现，从平均值来看，中部地区和东北地区较大，接着是东部地区，西部地区最小，表明中部地区和东北地区在该指标方面较其他地区表现良好，而西部地区表现最为欠佳。从标准差来看，西部地区高于其他地区，表明西部地区各省份之间在该指标方面的相对差距较大，而东部地区最小，表明东部地区各省份之间在该指标方面的发展相对较为均衡（见表74）。

表74　快递包装绿色化政策数指标区域比较

单位：个

指标	东部地区	中部地区	西部地区	东北地区
最大值	6	7	13	6
最小值	1	0	0	2
中位数	3	3.5	2.5	3
平均值	3.50	3.67	3.17	3.67
标准差	1.72	2.34	3.56	2.08

（4）公共充电桩数

①省份排名

经过对比分析31个省份公共充电桩数的数据及排名发现，有4个省份该指标的数据在平均值以上，占比为12.9%，27个省份的数据在平均值以下，占比为87.1%。其中，排前2名的省份依次是上海和北京。截至2019年，上海市的公共充电桩数为41478个，平均每平方公里为6.58个，居全国第一；北京市的公共充电桩数为41574个，平均每平方公里为2.47个，居全国第二（见表75）。

表75 公共充电桩数指标数据及排名

单位：个/公里^2

排名	省份	数据	排名	省份	数据
1	上海	6.58	17	辽宁	0.03
2	北京	2.47	18	湖南	0.02
3	天津	1.11	19	江西	0.02
4	江苏	0.39	20	四川	0.01
5	广东	0.22	21	贵州	0.01
6	浙江	0.19	22	云南	0.01
7	山东	0.13	23	广西	0.01
8	福建	0.09	24	宁夏	0.00
9	河北	0.08	25	甘肃	0.00
10	重庆	0.08	26	吉林	0.00
11	安徽	0.08	27	黑龙江	0.00
12	海南	0.06	28	内蒙古	0.00
13	山西	0.05	29	青海	0.00
14	湖北	0.05	30	新疆	0.00
15	陕西	0.04	31	西藏	0.00
16	河南	0.04			

②区域比较

经过对比分析四大区域公共充电桩数的差异发现，从平均值来看，东部地区最大，接着是中部地区，西部地区和东北地区较小，表明东部地区在该指标方面较其他地区表现良好，而西部地区和东北地区表现较为欠佳。从标准差来看,东部地区高于其他地区,表明东部地区各省份之间在该指标方面的相对差距较大,而东北地区最小,表明东北地区各省份之间在该指标方面的发展相对较为均衡(见表76)。

表76 公共充电桩数指标区域比较

单位:个/公里^2

指标	东部地区	中部地区	西部地区	东北地区
最大值	6.58	0.08	0.08	0.03
最小值	0.06	0.02	0.00	0.00
中位数	0.21	0.04	0.00	0.00
平均值	1.13	0.04	0.01	0.01
标准差	2.06	0.02	0.02	0.01

(5)交通噪声处理满意度

①省份排名

经过对比分析31个省份交通噪声处理满意度的数据及排名发现,有14个省份该指标的数据在平均值以上,占比为45.2%,17个省份的数据在平均值以下,占比为54.8%。交通噪声处理满意度排前2名的省份依次是青海和云南(见表77)。

表77 交通噪声处理满意度指标数据及排名

排名	省份	数据	排名	省份	数据
1	青海	3.98	11	湖北	3.69
2	云南	3.89	12	宁夏	3.69
3	西藏	3.88	13	浙江	3.67
4	江苏	3.84	14	上海	3.64
5	广西	3.84	15	福建	3.61
6	新疆	3.79	16	重庆	3.60
7	海南	3.79	17	甘肃	3.59
8	吉林	3.71	18	安徽	3.58
9	北京	3.70	19	内蒙古	3.56
10	广东	3.70	20	天津	3.55

续表

排名	省份	数据	排名	省份	数据
21	贵州	3.55	27	陕西	3.41
22	湖南	3.51	28	河南	3.41
23	黑龙江	3.48	29	辽宁	3.39
24	河北	3.48	30	山东	3.37
25	山西	3.47	31	江西	3.30
26	四川	3.46			

②区域比较

经过对比分析四大区域交通噪声处理满意度的差异发现，从平均值来看，西部地区最大，接着是东部地区、东北地区，中部地区最小，表明西部地区在该指标方面较其他地区表现良好，而中部地区表现最为欠佳。从标准差来看，西部地区高于其他地区，表明西部地区各省份之间在该指标方面的相对差距较大，而东部地区、中部地区较小，表明东部地区、中部地区各省份之间在该指标方面的发展相对较为均衡（见表78）。

表78 交通噪声处理满意度指标区域比较

指标	东部地区	中部地区	西部地区	东北地区
最大值	3.84	3.69	3.98	3.71
最小值	3.37	3.30	3.41	3.39
中位数	3.66	3.49	3.64	3.48
平均值	3.64	3.50	3.69	3.53
标准差	0.14	0.14	0.19	0.16

（七）开放合作指数统计分析

1. 描述性统计

为了从整体上反映开放合作指数具体的量化情况，分别选取指标的最大值、最小值、中位数、平均值以及标准差这五个统计量来描述不同指数指标（见表79）。

表79 开放合作指数各指标描述性统计

指标	最大值	最小值	中位数	平均值	标准差
是否为"一带一路"敲定省份	1	0	1	0.58	0.50
中国500强企业中交通运输企业的个数（个）	15	0	1	1.61	3.42
是否为中欧班列运输协调委员会成员	1	0	0	0.23	0.43
国际机场数量（个）	7	0	2	1.90	1.40

2. 省份类比分析

（1）是否为"一带一路"敲定省份

①省份排名

经过对比分析31个省份是否为"一带一路"敲定省份的数据及排名发现，有18个省份该指标的数据在平均值以上，占比为58.1%，13个省份的数据在平均值以下，占比为41.9%。"一带一路"倡议中，新疆是"丝绸之路经济带"的核心区，福建是"21世纪海上丝绸之路"的核心区（见表80）。

表80 是否为"一带一路"敲定省份指标数据及排名

排名	省份	数据	排名	省份	数据
1	上海	1	17	吉林	1
2	浙江	1	18	黑龙江	1
3	福建	1	19	北京	0
4	广东	1	20	天津	0
5	海南	1	21	河北	0
6	内蒙古	1	22	江苏	0
7	广西	1	23	山东	0
8	重庆	1	24	安徽	0
9	云南	1	25	江西	0
10	西藏	1	26	河南	0
11	陕西	1	27	湖北	0
12	甘肃	1	28	湖南	0
13	青海	1	29	山西	0
14	宁夏	1	30	四川	0
15	新疆	1	31	贵州	0
16	辽宁	1			

②区域比较

经过对比分析四大区域是否为"一带一路"敲定省份的差异发现,从平均值来看,东北地区最大,接着是西部地区、东部地区,中部地区数值为0,表明东北地区在该指标方面较其他地区表现良好,而中部地区表现最为欠佳。从标准差来看,东部地区高于其他地区,表明东部地区各省份之间在该指标方面的相对差距较大,而中部地区、东北地区无该项指标(见表81)。

表81 是否为"一带一路"敲定省份指标区域比较

指标	东部地区	中部地区	西部地区	东北地区
最大值	1	0	1	1
最小值	0	0	0	1
中位数	0.5	0	1	1
平均值	0.50	0.00	0.83	1.00
标准差	0.53	0.00	0.39	0.00

(2)中国500强企业中交通运输企业的个数

①省份排名

经过对比分析31个省份中国500强企业中交通运输企业的个数的数据及排名发现,有5个省份该指标的数据在平均值以上,占比为16.1%,26个省份的数据在平均值以下,占比为83.9%。其中,排前2名的省份依次是北京和上海。截至2019年,北京市中国500强企业中交通运输企业的个数为15个,居全国第一;上海市中国500强企业中交通运输企业的个数为13个,居全国第二(见表82)。

表82 中国500强企业中交通运输企业的个数指标数据及排名

单位:个

排名	省份	数据	排名	省份	数据
1	北京	15	6	江苏	1
2	上海	13	7	福建	1
3	广东	4	8	山东	1
4	河北	2	9	海南	1
5	浙江	2	10	安徽	1

续表

排名	省份	数据	排名	省份	数据
11	江西	1	22	内蒙古	0
12	河南	1	23	广西	0
13	湖北	1	24	贵州	0
14	山西	1	25	云南	0
15	重庆	1	26	西藏	0
16	四川	1	27	甘肃	0
17	陕西	1	28	青海	0
18	辽宁	1	29	宁夏	0
19	吉林	1	30	新疆	0
20	天津	0	31	黑龙江	0
21	湖南	0			

②区域比较

经过对比分析四大区域中国500强企业中交通运输企业的个数的差异发现，从平均值来看，东部地区最大，接着是中部地区、东北地区，西部地区最小，表明东部地区在该指标方面较其他地区表现良好，而西部地区表现最为欠佳。从标准差来看，东部地区高于其他地区，表明东部地区各省份之间在该指标方面的相对差距较大，而中部地区最小，表明中部地区各省份之间在该指标方面的发展相对较为均衡（见表83）。

表83 中国500强企业中交通运输企业的个数指标区域比较

单位：个

指标	东部地区	中部地区	西部地区	东北地区
最大值	15	1	1	1
最小值	0	0	0	0
中位数	1.5	1	0	1
平均值	4.00	0.83	0.25	0.67
标准差	5.40	0.41	0.45	0.58

（3）是否为中欧班列运输协调委员会成员

①省份排名

经过对比分析31个省份是否为中欧班列运输协调委员会成员的数据及排

名发现，有7个省份该指标的数据在平均值以上，占比为22.6%，24个省份的数据在平均值以下，占比为77.4%（见表84）。2017年，中国铁路总公司与7个省份的班列平台共同发起成立中欧班列运输协调委员会，2019年，中欧班列开行8225列，同比增长29%，发运72.5万标箱，同比增长34%，综合重箱率达到94%，其中陕西的中欧班列长安号共开行2133列，运送货物总重达180.2万吨，开行量、重箱率、货运量等核心指标均居全国前列。

表84 是否为中欧班列运输协调委员会成员指标数据及排名

排名	省份	数据	排名	省份	数据
1	江苏	1	17	江西	0
2	浙江	1	18	湖南	0
3	河南	1	19	山西	0
4	湖北	1	20	内蒙古	0
5	重庆	1	21	广西	0
6	四川	1	22	贵州	0
7	陕西	1	23	云南	0
8	北京	0	24	西藏	0
9	天津	0	25	甘肃	0
10	河北	0	26	青海	0
11	上海	0	27	宁夏	0
12	福建	0	28	新疆	0
13	山东	0	29	辽宁	0
14	广东	0	30	吉林	0
15	海南	0	31	黑龙江	0
16	安徽	0			

②区域比较

经过对比分析四大区域是否为中欧班列运输协调委员会成员的差异发现，从平均值来看，中部地区最大，接着是西部地区、东部地区，东北地区数值为0，表明中部地区在该指标方面较其他地区表现良好，而东北地区表现最为欠佳。从标准差来看，中部地区高于其他地区，表明中部地区各省份之间在该指标方面的相对差距较大，东北地区无该项指标（见表85）。

表85 是否为中欧班列运输协调委员会成员指标区域比较

指标	东部地区	中部地区	西部地区	东北地区
最大值	1	1	1	0
最小值	0	0	0	0
中位数	0	0	0	0
平均值	0.20	0.33	0.25	0.00
标准差	0.42	0.52	0.45	0.00

（4）国际机场数量

①省份排名

经过对比分析31个省份国际机场数量的数据及排名发现，有16个省份该指标的数据在平均值以上，占比为51.6%，15个省份的数据在平均值以下，占比为48.4%。其中，排前2名的省份依次是江苏和山东。截至2019年，江苏省国际机场数量为7个，居全国第一；山东省国际机场数量为5个，居全国第二（见表86）。

表86 国际机场数量指标数据及排名

单位：个

排名	省份	数据	排名	省份	数据
1	江苏	7	17	天津	1
2	山东	5	18	河北	1
3	广东	4	19	江西	1
4	浙江	3	20	河南	1
5	福建	3	21	湖北	1
6	云南	3	22	山西	1
7	北京	2	23	重庆	1
8	上海	2	24	四川	1
9	海南	2	25	贵州	1
10	安徽	2	26	西藏	1
11	湖南	2	27	陕西	1
12	内蒙古	2	28	甘肃	1
13	广西	2	29	宁夏	1
14	辽宁	2	30	新疆	1
15	吉林	2	31	青海	0
16	黑龙江	2			

②区域比较

经过对比分析四大区域国际机场数量的差异发现,从平均值来看,东部地区最大,接着是东北地区、中部地区,西部地区最小,表明东部地区在该指标方面较其他地区表现良好,而西部地区表现最为欠佳。从标准差来看,东部地区高于其他地区,表明东部地区各省份之间在该指标方面的相对差距较大,而东北地区无该项指标(见表87)。

表87 国际机场数量指标区域比较

单位:个

指标	东部地区	中部地区	西部地区	东北地区
最大值	7	2	3	2
最小值	1	1	0	2
中位数	2.5	1	1	2
平均值	3.00	1.33	1.25	2.00
标准差	1.89	0.52	0.75	0.00

(八)人才队伍指数统计分析

1. 描述性统计

为了从整体上反映人才队伍指数具体的量化情况,分别选取指标的最大值、最小值、中位数、平均值以及标准差这五个统计量来描述不同指数指标(见表88)。

表88 人才队伍指数各指标描述性统计

指标	最大值	最小值	中位数	平均值	标准差
交通学校数量(个)	4	0	1	1.65	1.08
交通部门领导数量(个)	16	7	10	10.55	2.55
交通业就业人员比例(%)	8	3	5	5.1	1.4

2.省份类比分析

(1) 交通学校数量

①省份排名

经过对比分析31个省份交通学校数量的数据及排名发现,有14个省份该指标的数据在平均值以上,占比为45.2%,17个省份的数据在平均值以下,占比为54.8%。其中,排前2名的省份依次是四川和陕西。截至2019年,四川省和陕西省的交通学校数量均为4个,居全国前两名(见表89)。

表89 交通学校数量指标数据及排名

单位:个

排名	省份	数据	排名	省份	数据
1	四川	4	17	浙江	1
2	陕西	4	18	福建	1
3	北京	3	19	广东	1
4	江西	3	20	安徽	1
5	河南	3	21	山西	1
6	甘肃	3	22	内蒙古	1
7	辽宁	3	23	广西	1
8	河北	2	24	贵州	1
9	上海	2	25	青海	1
10	山东	2	26	新疆	1
11	湖北	2	27	吉林	1
12	湖南	2	28	黑龙江	1
13	重庆	2	29	海南	0
14	云南	2	30	西藏	0
15	天津	1	31	宁夏	0
16	江苏	1			

②区域比较

经过对比分析四大区域交通学校数量的差异发现,从平均值来看,中部地区最大,接着是西部地区、东北地区,东部地区最小,表明中部地区在该指标方面较其他地区表现良好,而东部地区表现最为欠佳。从标准差来看,西部地区高于其他地区,表明西部地区各省份之间在该指标方面的相对差距较大,而东部地区最小,表明东部地区各省份之间在该指标方面的发展相对较为均衡(见表90)。

表90 交通学校数量指标区域比较

单位：个

指标	东部地区	中部地区	西部地区	东北地区
最大值	3	3	4	3
最小值	0	1	0	1
中位数	1	2	1	1
平均值	1.40	2.00	1.67	1.67
标准差	0.84	0.89	1.37	1.15

（2）交通业就业人员比例

①省份排名

经过对比分析31个省份交通业就业人员比例的数据及排名发现，有11个省份该指标的数据在平均值以上，占比为35.5%，20个省份的数据在平均值以下，占比为64.5%。其中，排前2名的省份依次是上海和海南。2019年，上海市的交通业就业人员数量为505838人，交通业就业人员比例为8%；海南省的交通业就业人员数量为76296人，交通业就业人员比例为8%（见表91）。

表91 交通业就业人员比例指标数据及排名

单位：%

排名	省份	数据	排名	省份	数据
1	上海	8	17	广西	5
2	海南	8	18	四川	5
3	内蒙古	7	19	河北	4
4	北京	7	20	江西	4
5	青海	7	21	广东	4
6	辽宁	7	22	山东	4
7	黑龙江	6	23	安徽	4
8	甘肃	6	24	河南	4
9	重庆	6	25	云南	4
10	宁夏	6	26	湖南	4
11	陕西	6	27	贵州	4
12	新疆	5	28	福建	3
13	湖北	5	29	江苏	3
14	吉林	5	30	浙江	3
15	天津	5	31	西藏	3
16	山西	5			

② 区域比较

经过对比分析四大区域交通业就业人员比例的差异发现，从平均值来看，东北地区最大，接着是东部地区、西部地区，中部地区最小，表明东北地区在该指标方面较其他地区表现良好，而中部地区表现最为欠佳。从标准差来看，东部地区高于其他地区，表明东部地区各省份之间在该指标方面的相对差距较大，其他地区各省份之间在该指标方面的发展均相对较为均衡（见表92）。

表92 交通业就业人员比例指标区域比较

单位：%

指标	东部地区	中部地区	西部地区	东北地区
最大值	8	5	7	7
最小值	3	4	3	5
中位数	4	4	5	6
平均值	5	4	5	6
标准差	2	1	1	1

（九）治理水平指数统计分析

1. 描述性统计

为了从整体上反映治理水平指数具体的量化情况，分别选取指标的最大值、最小值、中位数、平均值以及标准差这五个统计量来描述不同指数指标（见表93）。

表93 治理水平指数各指标描述性统计

指标	最大值	最小值	中位数	平均值	标准差
行业改革（个）	159	6	32	41.03	34.80
营商环境（个）	26	0	6	7.39	5.90
公众决策机制	4.15	3.35	3.61	3.66	0.18
公众监督机制	4.19	3.52	3.72	3.73	0.15
交通文化宣传	4.03	3.32	3.66	3.65	0.17
文明交通环境	3.95	3.25	3.59	3.60	0.18

2.省份类比分析

（1）行业改革

①省份排名

经过对比分析31个省份行政改革的数据及排名发现，有11个省份该指标的数据在平均值以上，占比为35.5%，20个省份的数据在平均值以下，占比为64.5%。其中，排前2名的省份依次是福建和北京。截至2019年，福建省的行业改革数据为159个，居全国第一；北京市的行业改革数据为140个，居全国第二（见表94）。

表94 行业改革指标数据及排名

单位：个

排名	省份	数据	排名	省份	数据
1	福建	159	17	山西	27
2	北京	140	18	广西	27
3	天津	89	19	广东	26
4	山东	67	20	重庆	24
5	安徽	59	21	浙江	22
6	河南	56	22	云南	22
7	江苏	55	23	内蒙古	19
8	吉林	55	24	甘肃	19
9	江西	52	25	四川	17
10	河北	44	26	青海	15
11	宁夏	42	27	海南	14
12	湖南	40	28	辽宁	14
13	贵州	38	29	上海	11
14	湖北	36	30	新疆	10
15	黑龙江	35	31	西藏	6
16	陕西	32			

②区域比较

经过对比分析四大区域行政改革的差异发现，从平均值来看，东部地区最大，接着是中部地区、东北地区，西部地区最小，表明东部地区在该指标方面较其他地区表现良好，而西部地区表现最为欠佳。从标准差来看，东部地区高于其他地区，表明东部地区各省份之间在该指标方面的相对差距较大，而西部地区最小，表明西部地区各省份之间在该指标方面的发展相对较为均衡（见表95）。

表95 行业改革指标区域比较

单位：个

指标	东部地区	中部地区	西部地区	东北地区
最大值	159	59	42	55
最小值	11	27	6	14
中位数	49.5	46	20.5	35
平均值	62.70	45.00	22.58	34.67
标准差	52.09	12.62	10.76	20.50

（2）营商环境

①省份排名

经过对比分析31个省份营商环境的数据及排名发现，有12个省份该指标的数据在平均值以上，占比为38.7%，19个省份的数据在平均值以下，占比为61.3%。其中，排前2名的省份依次是陕西和上海。截至2019年，陕西省的营商环境数据为26个，居全国第一；上海市的营商环境数据为22个，居全国第二（见表96）。

表96 营商环境指标数据及排名

单位：个

排名	省份	数据	排名	省份	数据
1	陕西	26	7	贵州	11
2	上海	22	8	青海	11
3	山东	13	9	天津	10
4	安徽	13	10	河南	10
5	北京	11	11	内蒙古	10
6	江苏	11	12	吉林	10

续表

排名	省份	数据	排名	省份	数据
13	海南	7	23	宁夏	4
14	广东	6	24	西藏	3
15	江西	6	25	甘肃	3
16	重庆	6	26	湖南	2
17	新疆	6	27	黑龙江	2
18	河北	5	28	湖北	1
19	浙江	5	29	辽宁	1
20	福建	5	30	广西	0
21	四川	5	31	云南	0
22	山西	4			

②区域比较

经过对比分析四大区域营商环境的差异发现，从平均值来看，东部地区最大，接着是西部地区、中部地区，东北地区最小，表明东部地区在该指标方面较其他地区表现良好，而东北地区表现最为欠佳。从标准差来看，西部地区高于其他地区，表明西部地区各省份之间在该指标方面的相对差距较大，而中部地区最小，表明中部地区各省份之间在该指标方面的发展相对较为均衡（见表97）。

表97 营商环境指标区域比较

单位：个

指标	东部地区	中部地区	西部地区	东北地区
最大值	22	13	26	10
最小值	5	1	0	1
中位数	8.5	5	5.5	2
平均值	9.50	6.00	7.08	4.33
标准差	5.30	4.69	7.05	4.93

（3）公众决策机制

①省份排名

经过对比分析31个省份公众决策机制的数据及排名发现，有14个省份该指标的数据大于或等于平均值，占比为45.2%，17个省份的数据在平均值以下，占比为54.8%。其中，排前2名的省份依次是云南和青海（见表98）。

表98　公众决策机制指标数据及排名

排名	省份	数据	排名	省份	数据
1	云南	4.15	17	湖北	3.60
2	青海	4.06	18	陕西	3.59
3	广西	3.87	19	河北	3.58
4	江苏	3.82	20	天津	3.57
5	新疆	3.81	21	广东	3.57
6	西藏	3.81	22	四川	3.56
7	北京	3.81	23	吉林	3.55
8	浙江	3.80	24	宁夏	3.53
9	内蒙古	3.77	25	安徽	3.50
10	上海	3.75	26	湖南	3.49
11	海南	3.71	27	贵州	3.47
12	辽宁	3.67	28	山东	3.45
13	甘肃	3.66	29	江西	3.40
14	重庆	3.66	30	黑龙江	3.39
15	福建	3.65	31	河南	3.35
16	山西	3.61			

②区域比较

经过对比分析四大区域公众决策机制的差异发现，从平均值来看，西部地区最大，接着是东部地区、东北地区，中部地区最小，表明西部地区在该指标方面较其他地区表现良好，而中部地区表现最为欠佳。从标准差来看，西部地区高于其他地区，表明西部地区各省份之间在该指标方面的相对差距较大，而中部地区最小，表明中部地区各省份之间在该指标方面的发展相对较为均衡（见表99）。

表99　公众决策机制指标区域比较

指标	东部地区	中部地区	西部地区	东北地区
最大值	3.82	3.61	4.15	3.67
最小值	3.45	3.35	3.47	3.39
中位数	3.68	3.5	3.72	3.55
平均值	3.67	3.50	3.75	3.54
标准差	0.13	0.11	0.21	0.14

（4）公众监督机制

①省份排名

经过对比分析31个省份公众监督机制的数据及排名发现，有13个省份该指标的数据大于或等于平均值，占比为41.9%，18个省份的数据在平均值以下，占比为58.1%。其中，排前2名的省份依次是云南和浙江（见表100）。

表100　公众监督机制指标数据及排名

排名	省份	数据	排名	省份	数据
1	云南	4.19	17	黑龙江	3.69
2	浙江	4.01	18	四川	3.68
3	北京	3.97	19	山东	3.65
4	广西	3.87	20	江西	3.65
5	江苏	3.84	21	河南	3.65
6	新疆	3.81	22	上海	3.64
7	青海	3.80	23	福建	3.64
8	湖北	3.79	24	辽宁	3.64
9	湖南	3.77	25	甘肃	3.63
10	内蒙古	3.76	26	重庆	3.61
11	天津	3.75	27	陕西	3.59
12	吉林	3.73	28	宁夏	3.53
13	河北	3.73	29	西藏	3.53
14	海南	3.72	30	贵州	3.53
15	广东	3.72	31	安徽	3.52
16	山西	3.71			

②区域比较

经过对比分析四大区域公众监督机制的差异发现,从平均值来看,东部地区最大,接着是西部地区,东北地区和中部地区较小,表明东部地区在该指标方面较其他地区表现良好,而东北地区和中部地区表现较为欠佳。从标准差来看,西部地区高于其他地区,表明西部地区各省份之间在该指标方面的相对差距较大,而东北地区最小,表明东北地区各省份之间在该指标方面的发展相对较为均衡(见表101)。

表101 公众监督机制指标区域比较

指标	东部地区	中部地区	西部地区	东北地区
最大值	4.01	3.79	4.19	3.73
最小值	3.64	3.52	3.53	3.64
中位数	3.72	3.68	3.65	3.69
平均值	3.77	3.69	3.71	3.69
标准差	0.13	0.10	0.19	0.05

(5)交通文化宣传

①省份排名

经过对比分析31个省份交通文化宣传的数据及排名发现,有16个省份该指标的数据在平均值以上,占比为51.6%,15个省份的数据在平均值以下,占比为48.4%。其中,排前2名的省份依次是新疆和云南(见表102)。2019年,新疆和平解放70周年,新疆交通人在新疆70年的发展中发挥了先行官的作用,新疆交通建设不断刷新纪录,"铺路石精神"、"新藏公路精神"、"雪歌精神"和"胡曼精神"等一系列交通精神深入人心。云南省高度重视交通文化品牌建设,积极打造"服务至上 美在交通"的文化品牌和"谦诚厚德、交融通达"的文化价值理念,2019年,交通运输文化品牌建设与新闻宣传培训班暨交通运输优秀文化品牌推选展示活动在云南昆明启动,云南的交通文化宣传积极性不断提高。

表102 交通文化宣传指标数据及排名

排名	省份	数据	排名	省份	数据
1	新疆	4.03	17	福建	3.63
2	云南	3.97	18	四川	3.61
3	海南	3.88	19	山西	3.60
4	江苏	3.85	20	甘肃	3.59
5	广西	3.81	21	山东	3.53
6	上海	3.78	22	宁夏	3.53
7	浙江	3.77	23	河北	3.51
8	北京	3.76	24	安徽	3.51
9	西藏	3.73	25	广东	3.51
10	陕西	3.72	26	江西	3.5
11	青海	3.72	27	河南	3.5
12	重庆	3.70	28	黑龙江	3.45
13	湖北	3.68	29	湖南	3.42
14	辽宁	3.67	30	吉林	3.37
15	天津	3.67	31	贵州	3.32
16	内蒙古	3.66			

②区域比较

经过对比分析四大区域交通文化宣传的差异发现,从平均值来看,西部地区最大,接着是东部地区、中部地区,东北地区最小,表明西部地区在该指标方面较其他地区表现良好,而东北地区表现最为欠佳。从标准差来看,西部地区高于其他地区,表明西部地区各省份之间在该指标方面的相对差距较大,而中部地区最小,表明中部地区各省份之间在该指标方面的发展相对较为均衡(见表103)。

表103 交通文化宣传指标区域比较

指标	东部地区	中部地区	西部地区	东北地区
最大值	3.88	3.68	4.03	3.67
最小值	3.51	3.42	3.32	3.37
中位数	3.72	3.50	3.71	3.45
平均值	3.69	3.54	3.70	3.50
标准差	0.14	0.09	0.19	0.15

(6) 文明交通环境

①省份排名

经过对比分析31个省份文明交通环境的数据及排名发现，有14个省份该指标的数据在平均值以上，占比为45.2%，17个省份的数据在平均值以下，占比为54.8%。其中，排前2名的省份依次是云南和新疆（见表104）。云南省以"全国交通安全日"为契机，从2012年开始，每年12月2日开展文明交通出行的宣传活动，不断提升出行者的文明交通素养。新疆立足创建文明交通城市，连续多年开展"文明交通行动"，它是新疆四大文明行动的主要内容之一。

表104 文明交通环境指标数据及排名

排名	省份	数据	排名	省份	数据
1	云南	3.95	17	湖南	3.54
2	新疆	3.91	18	贵州	3.54
3	西藏	3.89	19	湖北	3.52
4	北京	3.84	20	辽宁	3.52
5	青海	3.81	21	山东	3.51
6	广西	3.80	22	广东	3.51
7	江苏	3.79	23	陕西	3.46
8	宁夏	3.77	24	河北	3.46
9	甘肃	3.69	25	四川	3.46
10	浙江	3.64	26	天津	3.43
11	山西	3.64	27	安徽	3.43
12	重庆	3.64	28	黑龙江	3.41
13	内蒙古	3.63	29	福建	3.40
14	上海	3.62	30	江西	3.34
15	吉林	3.58	31	河南	3.25
16	海南	3.58			

②区域比较

经过对比分析四大区域文明交通环境的差异发现，从平均值来看，西部地区最大，接着是东部地区、东北地区，中部地区最小，表明西部地区在该指标方面较其他地区表现良好，而中部地区表现最为欠佳。从标准差来看，西部地区高于其他地区，表明西部地区各省份之间在该指标方面的相对差距较大，而东北地区最小，表明东北地区各省份之间在该指标方面的发展相对较为均衡（见表105）。

表105 文明交通环境指标区域比较

指标	东部地区	中部地区	西部地区	东北地区
最大值	3.84	3.64	3.95	3.58
最小值	3.40	3.25	3.46	3.41
中位数	3.55	3.47	3.73	3.52
平均值	3.58	3.46	3.72	3.51
标准差	0.15	0.14	0.17	0.09

B.4 中国交通强国分类指数研究

刘铁鹰 张贵喜[*]

摘 要: 本报告分别测算九大指数并得出排名,进一步明确不同省份和区域的指数存在差异的原因并提出相关改进对策。研究发现,基础设施指数排名靠前的省份主要集中于上海、北京等经济较发达的东部地区;交通装备指数的特征与之类似;运输服务指数的地区差距较小,广东、浙江等排名领先的省份在运输服务质量方面整体表现突出;科技创新指数仍然是东部地区的北京、江苏等省份的排名领先,但东部地区内部省份间差距较大;交通安全指数方面,排名领先的省份大都在交通安全法规数、交通安全专利数等方面领先于其他省份;绿色发展指数方面,江苏、上海、浙江等东部省份排名领先;开放合作指数方面,各地区差距较大,东部地区远远领先于其他地区;人才队伍指数方面,东北地区表现较好;治理水平指数方面,西部地区领先于其他地区。

关键词: 交通强国 分类指数 省际差异

---

[*] 刘铁鹰,北京交通大学经济管理学院副教授,硕士生导师,研究方向为区域经济、产业经济。张贵喜,北京交通大学经济管理学院硕士研究生,研究方向为运输经济、产业经济。

一 基础设施指数

(一) 基础设施指数测算结果分析

基础设施指数指的是交通固定资产投资比重、铁路运营密度、高铁运营密度、高速公路网密度、通航机场密度、内河航道运营密度以及城市群交通网一体化指标的可拓学分析与模糊综合评价加权平均的结果。经测算，31个省份基础设施指数见表1。

表1 31个省份基础设施指数

排名	省份	基础设施指数	排名	省份	基础设施指数
1	上海	69.44	17	山西	33.90
2	天津	63.34	18	江西	33.58
3	北京	57.12	19	广西	32.41
4	江苏	52.84	20	湖南	31.01
5	海南	41.19	21	陕西	30.50
6	浙江	41.00	22	贵州	30.17
7	福建	37.37	23	青海	27.59
8	辽宁	37.06	24	四川	26.87
9	山东	36.77	25	甘肃	26.45
10	湖北	36.56	26	黑龙江	26.38
11	河南	36.08	27	宁夏	25.54
12	广东	35.84	28	新疆	24.95
13	河北	35.52	29	内蒙古	24.90
14	云南	34.59	30	吉林	23.64
15	安徽	34.35	31	西藏	23.22
16	重庆	34.05			

由表1可知，基础设施指数最高的为上海，达到69.44；60以上的还有天津市，北京的基础设施指数达到57.12；50以上的省份共有4个，除上述3个省份外，还有江苏，各省份间差距相对较大。在40与50之间的省份只有海南和浙江；在30与40之间的省份最多，达到16个，且各省份间差距

不大；在20与30之间的省份有9个，基础设施指数较低的5个省份分别为宁夏、新疆、内蒙古、吉林和西藏，依次为25.54、24.95、24.90、23.64和23.22。

另外，31个省份基础设施指数的平均值为35.62，中位数为34.05，略低于平均值。最大值和最小值分别为69.44和23.22，标准差为11.22。基础设施指数高于平均值的省份共有12个，除40以上的6个省份外，还有福建、辽宁、山东、湖北、河南及广东，依次为37.37、37.06、36.77、36.56、36.08和35.84。其余19个省份的基础设施指数在平均值以下。

（二）基础设施指数区域比较分析

将31个省份按照区域分为东部地区、中部地区、西部地区和东北地区，并汇总四大区域的基础设施指数特征统计情况（如表2所示）。

表2　四大区域基础设施指数特征统计情况

指标	东部地区	中部地区	西部地区	东北地区
最大值	69.44	36.56	34.59	37.06
最小值	35.52	31.01	23.22	23.64
中位数	41.09	34.13	27.23	26.38
平均值	47.04	34.25	28.44	29.02
标准差	12.61	1.99	3.81	7.09

由表2可知，基础设施指数平均值由高到低的地区依次为东部地区、中部地区、东北地区、西部地区，对应的基础设施指数平均值依次为47.04、34.25、29.02、28.44。其中仅东部地区的基础设施指数平均值高于31个省份基础设施指数平均值（35.62），其余三个地区的基础设施指数平均值均低于此平均值。由此可以得出，基础设施指数排名与地区经济发展状况存在一定正相关关系。在我国，东部地区经济最为发达，经济的发展与交通基础设施的建设密切相关，经济发达省份高铁运营密度、铁路运营密度、高速公路网密度、通航机场密度、内河航道运营密度以及交通固定资产投资比重都

比较高，与之相对应，省份内部城市与城市之间的交通网也比较通畅。

东部地区10个省份中基础设施指数在区域平均值以上的有4个，占比为40%；有9个省份的基础设施指数超过全国基础设施指数平均值，占比为90%。东部地区雄厚的经济基础为交通基础设施的不断完善提供了强有力的保障。中部地区6个省份中基础设施指数在区域平均值以上的有3个，占比为50%；基础设施指数超过全国基础设施指数平均值的省份仅有2个，依次为湖北和河南，占比为33.33%，说明中部地区省份交通基础设施建设水平稍逊于全国平均水平。西部地区12个省份中基础设施指数在区域平均值以上的有5个，占比为41.67%；没有基础设施指数超过全国基础设施指数平均值的省份，说明西部地区基础设施指数与全国平均水平仍有一定差距。东北地区3个省份中基础设施指数在区域平均值以上的有1个，占比为33.33%；只有辽宁省的基础设施指数超过了全国平均值。

（三）典型省份分析

首先分析不同省份在基础设施指数方面所展现的不同优势与不足，选择对31个省份基础设施指数所包含的各项指标进行综合比较（如表3所示）。为直观反映某个省份的基础设施指数受哪些指标的影响更大，我们将各指标的平均值作为界线，运用公式测算某个指标相对平均值的幅度变化。具体公式如下：

$$f_{ij} = k \frac{x_{ij} - \bar{x}_j}{\bar{x}_j}$$

其中，f_{ij}表示i省份的第j个指标相对于31个省份平均值的幅度变化。x_{ij}代表i省份的第j个指标的具体数值，$\bar{x}_j$表示31个省份j指标的平均值。其中，$i = 1, 2, 3, \cdots, 31$，$j = 1, 2, 3, \cdots, 7$。$j = 1, 2, 3, 4, 5, 6, 7$分别表示交通固定资产投资比重、铁路运营密度、高铁运营密度、高速公路网密度、通航机场密度、内河航道运营密度以及城市群交通网一体化。7个指标均与基础设施指数具有正相关关系，所以$k = 1$。

表3 基础设施指数及各指标变化幅度

排名	省份	基础设施指数	变化幅度(%)						
			交通固定资产投资比重	铁路运营密度	高铁运营密度	高速公路网密度	通航机场密度	内河航道运营密度	城市群交通网一体化
1	上海	69.44	-0.876	1.650	0.995	2.667	4.784	8.095	0.009
2	天津	63.34	-0.815	2.292	2.120	2.170	0.612	-0.759	0.018
3	北京	57.12	-0.895	1.634	0.635	0.922	2.253	-1.000	0.048
4	江苏	52.84	-0.763	0.192	0.687	0.312	0.421	5.489	0.095
5	海南	41.19	-0.257	0.144	1.136	0.113	1.143	-0.759	-0.006
6	浙江	41.00	-0.266	0.081	0.603	0.259	0.250	1.621	0.025
7	福建	37.37	-0.540	0.089	0.665	0.262	-0.099	-0.280	0.000
8	辽宁	37.06	-0.912	0.418	0.550	-0.179	-0.001	-0.925	0.000
9	山东	36.77	-0.524	0.297	0.359	0.151	0.066	-0.805	-0.004
10	湖北	36.56	-0.335	-0.119	-0.036	0.021	-0.314	0.248	0.048
11	河南	36.08	-0.705	0.218	0.226	0.154	-0.564	-0.771	0.009
12	广东	35.84	-0.589	-0.018	0.295	0.459	-0.190	0.834	-0.016
13	河北	35.52	-0.436	0.198	-0.093	0.102	-0.418	-1.000	0.023
14	云南	34.59	1.682	-0.699	-0.688	-0.567	-0.287	-0.715	0.115
15	安徽	34.35	-0.434	0.115	0.468	-0.034	-0.348	0.094	-0.018
16	重庆	34.05	-0.331	0.155	0.211	0.087	-0.115	0.459	-0.023
17	山西	33.90	-0.133	0.068	-0.429	0.011	-0.184	-0.913	0.025
18	江西	33.58	-0.292	-0.024	0.293	0.018	-0.345	-0.085	-0.013
19	广西	32.41	0.181	-0.203	-0.166	-0.294	-0.460	-0.341	0.016
20	湖南	31.01	-0.643	-0.122	-0.006	-0.112	-0.312	0.481	-0.029
21	陕西	30.50	-0.308	-0.244	-0.537	-0.247	-0.557	-0.854	0.019
22	贵州	30.17	0.851	-0.391	-0.154	0.101	0.346	-0.426	-0.058
23	青海	27.59	0.737	-0.904	-0.959	-0.868	-0.823	-0.974	0.019
24	四川	26.87	-0.103	-0.667	-0.636	-0.568	-0.470	-0.388	0.009
25	甘肃	26.45	1.471	-0.463	-0.703	-0.729	-0.639	-0.946	-0.030
26	黑龙江	26.38	-0.530	-0.546	-0.724	-0.726	-0.479	-0.694	0.000
27	宁夏	25.54	0.032	-0.347	-0.645	-0.272	-0.451	-0.959	-0.049
28	新疆	24.95	0.281	-0.892	-0.952	-0.913	-0.770	-1.000	-0.020
29	内蒙古	24.90	-0.346	-0.739	-0.955	-0.845	-0.707	-0.945	-0.014
30	吉林	23.64	-0.280	-0.189	-0.560	-0.471	-0.417	-0.782	-0.073
31	西藏	23.22	6.077	-0.982	-1.000	-0.986	-0.926	-1.000	-0.128

由表 3 可知各个省份的基础设施指数变化幅度排名高低的具体原因，现就部分典型省份进行分析。对于基础设施指数排名前 3 的上海、天津和北京，普遍特征是铁路运营密度、高铁运营密度、高速公路网密度、通航机场密度以及城市群交通网一体化的变化幅度较大。这些省份具有高度发达的轨道交通网络和巨大的人口优势，因此对交通基础设施的要求较高，但同时可以看到，目前，这些省份对交通基础设施投资比例有所下降，反而是西藏、甘肃、广西、贵州、青海等发展水平较低的省份对交通基础设施的投资越来越多，这从侧面表明交通基础设施能够拉动经济增长，促进经济快速发展。

以排名靠前的上海、天津为例，2019 年，上海市对外旅客发送量为 2.11 亿人次，客运结构进一步优化，铁路对外旅客发送量呈稳步上升态势；机场旅客吞吐量为 1.22 亿人次，增长 3.5%；公路、水路对外旅客发送量占比继续下降，分别为 15.0% 和 0.5%[①]。上海市交通基础设施不断完善。国际航运中心建设取得重大突破，虹桥、浦东两大机场建成 4 座航站楼、6 条跑道。轨道交通基本成网。城市道路容量增加，新城和重点地区交通基础设施的发展得到了支撑，国际旅游度假区、国家会展中心等重点地区的交通配套设施陆续建成并投入运营。"十三五"期间，上海从国内外环境发展的新趋势和影响交通体系建设的内外诸多新因素、新特点出发，充分认识综合交通发展面临的新形势、新要求和带来的新机遇、新挑战，进一步完善交通基础设施，促进交通强国建设。

2019 年，天津市全年货运量达到 56940.61 万吨，其中，铁路为 9887.42 万吨，水路为 8954.91 万吨。货物周转量为 2244.03 亿吨公里。客运量为 1.96 亿人次，增长 1.9%；旅客周转量为 585.11 亿人公里，增长 5.7%。港口货物吞吐量为 4.92 亿吨，增长 4.1%；集装箱吞吐量为 1730.07 万标准箱，增长 8.1%。机场旅客吞吐量为 2381.33 万人次，增长 0.9%。交通基础设施建设方面，津石、塘承高速公路全面开工，对符合条件的国际标准集装箱货车实行高速公路差异化收费政策；京滨、京唐高铁加

---

① 《2019 年上海交通运行监测年度报告》。

快建设,3条市域(郊)铁路被纳入京津冀协同发展交通一体化规划修编,天津滨海国际机场新增加密航线26条①。交通基础设施完善使上海、天津的基础设施指数较高。

二 交通装备指数

(一)交通装备指数测算结果分析

交通装备指数指的是机场起降架次、载客汽车保有量、公路货运车辆保有量以及交通装备专利数指标的可拓学分析与模糊综合评价加权平均的结果。经测算,31个省份交通装备指数见表4。

表4 31个省份交通装备指数

排名	省份	交通装备指数	排名	省份	交通装备指数
1	北京	68.74	17	四川	27.21
2	黑龙江	46.35	18	浙江	26.87
3	山东	41.79	19	宁夏	26.56
4	天津	41.00	20	重庆	26.29
5	河北	40.94	21	云南	26.24
6	上海	39.80	22	西藏	25.83
7	海南	38.53	23	江西	25.67
8	陕西	36.29	24	青海	24.88
9	江苏	32.96	25	湖北	24.66
10	山西	31.45	26	广西	23.84
11	河南	31.38	27	福建	23.24
12	新疆	30.48	28	吉林	22.34
13	广东	30.40	29	湖南	21.78
14	内蒙古	29.86	30	甘肃	20.62
15	辽宁	29.40	31	贵州	17.31
16	安徽	29.14			

① 《2019年天津市国民经济和社会发展统计公报》,国家统计局天津调查总队网站,http://tjzd.stats.gov.cn/xxgk/system/2020/07/27/010004034.shtml。

由表4可知，交通装备指数最高的为北京，达到68.74，这也是唯一一个交通装备指数超过50的省份，其余均在50以下，差距较大；黑龙江的交通装备指数达到46.35；在40以上的省份共有5个，除上述2个省份外，还有山东、天津和河北，除北京外，各省份间的交通装备指数的差距相对较小。在30与40之间的省份有8个；在20与30之间的省份最多，有17个，20以下的只有贵州省，为17.31。

31个省份的交通装备指数的平均值为31.03，中位数为29.14，略低于平均值。最大值和最小值分别为68.74和17.31，标准差为9.91。交通装备指数高于平均值的省份共有11个，除40以上的5个省份外，还有上海、海南、陕西、江苏、山西和河南，依次为39.80、38.53、36.29、32.96、31.45和31.38。其余20个省份的交通装备指数在平均值以下。

（二）交通装备指数区域比较分析

将31个省份按照区域分为东部地区、中部地区、西部地区和东北地区，并汇总四大区域交通装备指数特征统计情况（如表5所示）。

表5 四大区域交通装备指数特征统计情况

指标	东部地区	中部地区	西部地区	东北地区
最大值	68.74	31.45	36.29	46.35
最小值	23.24	21.78	17.31	22.34
中位数	39.16	27.41	26.26	29.40
平均值	38.43	27.35	26.28	32.70
标准差	12.49	3.93	4.79	12.34

由表5可知，交通装备指数平均值由高到低的地区依次为东部地区、东北地区、中部地区、西部地区，对应的交通装备指数平均值依次为38.43、32.70、27.35、26.28。其中东部地区和东北地区的交通装备指数平均值均高于31个省份交通装备指数平均值（31.03），其余两个地区的交通装备指数平均值均低于此平均值。在我国，东部地区和东北地

区机场起降架次、载客汽车保有量、公路货运车辆保有量和交通装备专利数都比较高。

东部地区10个省份的交通装备指数在区域平均值以上的有6个，占比为60%；有7个省份的交通装备指数超过全国交通装备指数平均值，占比为70%。东部地区不断加强交通装备建设。中部地区6个省份中交通装备指数在区域平均值以上的有3个，占比为50%；交通装备指数超过全国交通装备指数平均值的仅有2个，依次为山西和河南，占比为33.33%，说明中部地区省份交通装备建设水平稍逊于全国平均水平。西部地区12个省份中交通装备指数在区域平均值以上的有6个，占比为50%；交通装备指数超过全国交通装备指数平均值的有1个，占比为8.33%，说明西部地区交通装备指数与全国平均水平仍有一定差距。东北地区3个省份中交通装备指数在区域平均值以上的有1个，占比为33.33%；只有黑龙江省的交通装备指数超过全国平均值。

（三）典型省份分析

交通装备指数及各指标变化幅度见表6。

表6 交通装备指数及各指标变化幅度

排名	省份	交通装备指数	变化幅度(%)			
			机场起降架次	载客汽车保有量	公路货运车辆保有量	交通装备专利数
1	北京	68.74	1.69	0.585	-0.613	5.121
2	黑龙江	46.35	-0.55	-0.150	-0.281	6.225
3	山东	41.79	-0.43	-0.070	2.673	0.822
4	天津	41.00	-0.04	0.137	-0.662	3.474
5	河北	40.94	-0.77	0.389	2.143	-0.872
6	上海	39.80	2.15	-0.039	-0.278	-0.537
7	海南	38.53	1.91	-0.142	-0.932	-1.000
8	陕西	36.29	-0.02	-0.017	-0.244	1.845
9	江苏	32.96	-0.42	0.400	1.167	0.175

续表

排名	省份	交通装备指数	变化幅度(%)			
			机场起降架次	载客汽车保有量	公路货运车辆保有量	交通装备专利数
10	山西	31.45	-0.52	0.186	0.466	0.491
11	河南	31.38	-0.55	0.054	1.278	-0.940
12	新疆	30.48	0.58	-0.011	-0.275	-0.759
13	广东	30.40	-0.17	0.214	0.494	-0.850
14	内蒙古	29.86	0.90	-0.106	-0.532	-1.000
15	辽宁	29.40	-0.14	0.188	0.258	-0.372
16	安徽	29.14	-0.82	-0.139	0.866	-0.351
17	四川	27.21	-0.28	-0.130	0.224	-0.768
18	浙江	26.87	-0.20	0.604	-0.005	-0.642
19	宁夏	26.56	0.69	0.420	-0.671	-1.000
20	重庆	26.29	-0.02	-0.114	-0.259	-1.000
21	云南	26.24	0.03	-0.035	-0.337	-0.956
22	西藏	25.83	0.35	-0.172	-0.867	-1.000
23	江西	25.67	-0.65	-0.513	0.175	0.192
24	青海	24.88	0.07	0.129	-0.885	-1.000
25	湖北	24.66	-0.38	-0.200	-0.076	-0.339
26	广西	23.84	-0.45	-0.149	-0.113	-0.951
27	福建	23.24	-0.14	0.022	-0.606	-1.000
28	吉林	22.34	-0.54	0.044	-0.389	-0.413
29	湖南	21.78	-0.53	-0.194	-0.337	-0.802
30	甘肃	20.62	-0.44	-0.192	-0.597	-0.793
31	贵州	17.31	-0.32	-1.000	-0.786	-1.000

由表6可知各个省份的交通装备指数变化幅度排名高低的具体原因，现就部分典型省份进行分析。对于交通装备指数排名前3的北京、黑龙江和山东，普遍特征是机场起降架次、载客汽车保有量、交通装备专利数变化幅度较大。这些省份的公路货运车辆保有量变化幅度相对较小，与这些省份发展铁路运输有关。

以北京市为例，"十三五"时期，北京市注重扩展交通服务范围、提升交通服务品质、转变交通发展模式，交通服务范围由市域向都市圈、城市群扩展，一体化运输效率和水平逐渐提升，不断促使交通运输行业转型升级。

同时，北京市加快公众信息服务系统和道路运输信息采集系统建设，建立共享机制，提供"一站式"公众信息服务。除此之外，北京市推动建立京津冀区域一体化综合交通运行协调指挥平台，致力于实现对区域综合交通运输的统筹、协调和联动。推动京津冀城市群协同出行决策实施与仿真评估平台建设，实现区域联控，降低机动车使用强度，支撑区域公交都市群发展和现代化综合交通运输体系建设①。

黑龙江省交通装备指数仅次于北京市，但总体而言两者差距较大。2019年，黑龙江省各种运输方式共完成货物周转量2020.4亿吨公里，完成旅客周转量866.6亿人公里，增长2.5%。客货运输量持续增长，服务结构不断优化。黑龙江省新建、改造铁路的步伐加快，公路客运车辆向高档化、舒适化发展，货运车辆重载化、专业化发展趋势明显，交通信息化水平不断提高，公路交通量调查系统等一批智慧交通系统逐步建设完成，相关技术水平大幅提升，运输装备水平持续提高，可持续发展能力明显提高②。

三 运输服务指数

（一）运输服务指数测算结果分析

运输服务指数指的是铁路客运周转量、航空旅客吞吐量、货物运输结构比值、公路货运周转量、航空货邮吞吐量、快递业务量、汽车自驾运动营地数量和数字化转型指标的可拓学分析与模糊综合评价加权平均的结果。经测算，31个省份运输服务指数见表7。

---

① 《北京市"十三五"时期交通发展建设规划》，北京市人民政府网站，http://www.beijing.gov.cn/gongkai/guihua/wngh/sjzdzxgh/201907/t20190701_100237.html。
② 数据整理自《2019年黑龙江省国民经济和社会发展统计公报》，中国经济网，http://district.ce.cn/newarea/roll/202004/16/t20200416_34702654.shtml。

表7　31个省份运输服务指数

排名	省份	运输服务指数	排名	省份	运输服务指数
1	广东	52.87	17	福建	31.41
2	浙江	50.00	18	内蒙古	30.76
3	江苏	45.59	19	山西	30.56
4	上海	43.77	20	甘肃	28.74
5	河北	43.65	21	天津	28.69
6	山东	39.13	22	四川	28.67
7	北京	37.02	23	新疆	28.18
8	云南	35.55	24	黑龙江	27.34
9	湖北	35.25	25	海南	26.81
10	湖南	35.21	26	青海	25.78
11	安徽	34.43	27	贵州	24.54
12	广西	33.58	28	重庆	23.64
13	江西	32.82	29	宁夏	22.07
14	陕西	32.74	30	吉林	21.91
15	辽宁	32.19	31	西藏	16.39
16	河南	31.92			

由表7可知，运输服务指数最高的为广东，达到52.87，50及以上的还有浙江，其余均在50以下；在40与50之间的省份共有3个，包括江苏、上海和河北，各省份间运输服务指数的差距相对较小；在30与40之间的省份有14个，数量最多；在20与30之间的省份有11个；20以下的只有西藏，为16.39。

31个省份运输服务指数的平均值为32.62，中位数为31.92，略低于平均值。最大值和最小值分别为52.87和16.39，标准差为8.23。运输服务指数高于平均值的省份共有14个，除50及以上的2个省份外，还有江苏、上海、河北、山东、北京、云南、湖北、湖南、安徽、广西、江西和陕西，依次为45.59、43.77、43.65、39.13、37.02、35.55、35.25、35.21、34.43、33.58、32.82和32.74。其余17个省份的运输服务指数在平均值以下。

(二)运输服务指数区域比较分析

将 31 个省份按照区域分为东部地区、中部地区、西部地区和东北地区,并汇总四大区域运输服务指数特征统计情况(如表 8 所示)。

表 8 四大区域运输服务指数特征统计情况

指标	东部地区	中部地区	西部地区	东北地区
最大值	52.87	35.25	35.55	32.19
最小值	26.81	30.56	16.39	21.91
中位数	41.39	33.63	28.43	27.34
平均值	39.89	33.37	27.55	27.15
标准差	8.88	1.92	5.42	5.14

由表 8 可知,运输服务指数平均值由高到低的地区依次为东部地区、中部地区、西部地区、东北地区,对应的运输服务指数平均值依次为 39.89、33.37、27.55、27.15。其中东部地区和中部地区的运输服务指数平均值均高于 31 个省份运输服务指数平均值(32.62),其余两个地区的运输服务指数平均值均低于此平均值。在我国,东部地区和中部地区人口密度较大,经济发展较好,就业岗位较多,因此,铁路客运周转量和航空旅客吞吐量都较大,货物运输结构比值相对较大,航空货邮吞吐量较大、快递业务量较多、汽车自驾运动营地数量相对较多。

东部地区 10 个省份中运输服务指数在区域平均值以上的有 5 个,占比为 50%;有 7 个省份的运输服务指数超过全国运输服务指数平均值,占比为 70%。东部地区发达的经济不断促使运输服务水平提高。中部地区 6 个省份中运输服务指数在区域平均值以上的有 3 个,占比为 50%;运输服务指数超过全国运输服务指数平均值的省份有 4 个,依次为湖北、湖南、安徽和江西,占比为 66.67%,说明中部地区省份的运输服务设施的建设水平相对较高。西部地区 12 个省份中运输服务指数在区域平均值以上的有 7 个,占比为 58.33%;运输服务指数超过全国运输服务指数平均值的省份有 3

个，占比为25%，说明西部地区运输服务指数与全国平均水平仍有一定差距。东北地区3个省份中运输服务指数在区域平均值以上的有2个，占比为66.67%；没有运输服务指数超过全国运输服务指数平均值的省份，差距依然较大。

（三）典型省份分析

运输服务指数及各指标变化幅度见表9。

表9 运输服务指数及各指标变化幅度

排名	省份	运输服务指数	变化幅度（%）							
			铁路客运周转量	航空旅客吞吐量	货物运输结构比值	公路货运周转量	航空货邮吞吐量	快递业务量	汽车自驾运动营地数量	数字化转型
1	广东	52.87	1.156	0.01	-0.817	0.782	0.775	3.026	1.1	0.001
2	浙江	50.00	0.567	-0.09	-0.821	-0.046	-0.046	5.257	-0.3	0.051
3	江苏	45.59	0.821	-0.45	-0.700	0.482	-0.507	0.963	-0.15	0.098
4	上海	43.77	-0.752	2.80	-0.913	-0.616	9.366	2.562	-0.75	0.051
5	河北	43.65	1.297	-0.85	-0.875	2.677	-0.954	-0.162	0.4	0.018
6	山东	39.13	0.752	-0.53	-0.539	2.142	-0.700	-0.208	3.05	-0.007
7	北京	37.02	-0.665	2.81	-0.832	-0.874	4.696	1.931	-0.55	0.034
8	云南	35.55	-0.604	0.10	-0.300	-0.318	-0.409	-0.755	1.2	0.116
9	湖北	35.25	0.694	-0.55	-0.727	0.354	-0.735	-0.215	-0.2	0.018
10	湖南	35.21	1.121	-0.63	-0.851	0.427	-0.840	-0.589	0.25	-0.001
11	安徽	34.43	0.738	-0.82	-0.757	0.497	-0.909	-0.330	1.8	-0.046
12	广西	33.58	0.015	-0.56	-0.579	0.229	-0.790	-0.686	-0.55	0.053
13	江西	32.82	0.559	-0.70	-0.733	0.393	-0.827	-0.540	0.05	-0.016
14	陕西	32.74	0.104	0.00	1.917	0.054	-0.371	-0.481	-0.9	0.018
15	辽宁	32.19	0.385	-0.27	-0.211	0.219	-0.476	-0.496	-0.45	0.001
16	河南	31.92	1.317	-0.74	-0.607	1.700	-0.663	-0.396	-0.15	-0.032
17	福建	31.41	-0.165	-0.01	-0.665	-0.559	-0.160	0.820	-0.1	-0.002
18	内蒙古	30.76	-0.554	-0.18	4.604	-0.105	-0.800	-0.845	0.5	-0.017
19	山西	30.56	-0.501	-0.59	4.102	0.233	-0.889	-0.730	-0.45	0.023

续表

排名	省份	运输服务指数	变化幅度(%)							
			铁路客运周转量	航空旅客吞吐量	货物运输结构比值	公路货运周转量	航空货邮吞吐量	快递业务量	汽车自驾运动营地数量	数字化转型
20	甘肃	28.74	-0.117	-0.48	-0.439	-0.487	-0.822	-0.892	0.25	-0.002
21	天津	28.69	-0.560	0.16	0.926	-0.725	-0.103	0.232	-0.65	-0.005
22	四川	28.67	-0.087	-0.39	-0.661	-0.169	-0.482	-0.410	0.25	-0.018
23	新疆	28.18	-0.361	0.13	0.567	-0.633	-0.467	-0.892	0.15	-0.02
24	黑龙江	27.34	-0.390	-0.49	0.865	-0.636	-0.767	-0.742	-0.5	0.001
25	海南	26.81	-0.889	2.61	0.197	-0.961	0.811	-0.762	-0.8	0.033
26	青海	25.78	-0.835	0.01	0.431	-0.942	-0.521	-0.914	-0.25	-0.004
27	贵州	24.54	-0.254	-0.37	-0.604	-0.475	-0.783	-0.813	-0.05	-0.044
28	重庆	23.64	-0.496	0.13	-0.865	-0.472	-0.180	-0.511	-0.25	-0.045
29	宁夏	22.07	-0.914	0.22	0.696	-0.800	-0.447	-0.806	-0.45	-0.055
30	吉林	21.91	-0.418	-0.54	0.091	-0.422	-0.781	-0.686	-0.6	-0.059
31	西藏	16.39	-0.962	0.24	-0.901	-0.946	-0.223	-0.931	-0.9	-0.103

由表9可知各个省份的运输服务指数变化幅度排名高低的具体原因，现就部分典型省份进行分析。对于运输服务指数排名前3的广东、浙江和江苏，普遍特征是铁路客运周转量、航空旅客吞吐量较大，快递业务量较多。这可能与发展较好的东部省份的物流业等发展较快、第三产业发展迅速有关。

2019年，广东省旅客运输总量为155770万人，增长0.7%。旅客运输周转量为4764.82亿人公里，增长5.8%。公路通车里程为22.0万公里，其中，高速公路里程为9495公里，增长5.5%。高铁客运量占全部铁路客运量的比重为83.0%。民用汽车保有量为2326.95万辆，增长9.9%，其中，私人汽车保有量为2037.66万辆，增长9.5%；民用轿车保有量为1365.39万辆，增长9.9%。基础设施投资增长22.3%，道路运输业投资增长15.5%。广东省发布综合交通运输体系"十三五"规划，运输发展水平显著提升，一体化运输加快发展，机场、大型火车站及客运站等综合交通枢纽

换乘衔接服务水平进一步提升，公铁水联运、江海联运得到稳步推广，公路甩挂运输网络基本建成。城乡交通服务水平提升，广东省公交运营规模居全国第一，21个地级以上市全面开通"公交一卡通"，并与港澳地区实现互通；农村客运飞速发展，运输信息化水平进一步提高，广东省实现高速公路联网收费"一张网"，初步建成数字航道、交通运输物流公共信息平台、航运公共信息服务平台、交通电子口岸分中心等，省内运输体系进一步完善①。

2019年，浙江省运输服务指数很高，交通运输、仓储和邮政业增加值为1962亿元，增长6.0%。公路总里程达到12万公里，其中高速公路里程为4643公里。共有民航机场7个，旅客吞吐量为7015万人，其中发送量为3600万人。铁路、公路和水路完成货物周转量12391亿吨公里，增长7.4%；旅客周转量为1129亿人公里，增长2.3%。浙江省规模以上港口完成货物吞吐量17.2亿吨，增长11.0%，其中，沿海港口完成13.5亿吨，增长8.3%。宁波—舟山港完成11.2亿吨，增长7.9%，集装箱吞吐量稳居全球第三，达2753万标箱，增长4.5%②。

四 科技创新指数

（一）科技创新指数测算结果分析

科技创新指数指的是交通发明专利数量、车联网企业数量、ETC车道建设改造力度、交通运输行业重点实验室和研发中心数量以及智慧交通系统建设指标的可拓学分析与模糊综合评价加权平均的结果。经测算，31个省份科技创新指数见表10。

---

① 《2019年广东省国民经济和社会发展统计公报》，中国经济网，http://district.ce.cn/newarea/roll/202003/10/t20200310_34454908.shtml。
② 《2019年浙江省国民经济和社会发展统计公报》，中国经济网，http://district.ce.cn/newarea/roll/202003/09/t20200309_34446503.shtml。

表10 31个省份科技创新指数

排名	省份	科技创新指数	排名	省份	科技创新指数
1	北京	66.72	17	海南	26.42
2	江苏	57.01	18	山东	26.07
3	上海	38.01	19	辽宁	24.55
4	浙江	35.00	20	内蒙古	24.46
5	福建	32.57	21	四川	23.70
6	甘肃	32.02	22	宁夏	23.60
7	云南	31.90	23	河南	23.11
8	广西	31.48	24	山西	23.05
9	湖北	31.34	25	青海	22.89
10	广东	30.95	26	新疆	22.19
11	陕西	30.12	27	黑龙江	21.50
12	重庆	29.61	28	安徽	20.42
13	湖南	29.47	29	吉林	19.98
14	河北	29.30	30	江西	19.33
15	天津	27.47	31	西藏	15.95
16	贵州	26.90			

由表10可知，科技创新指数最高的为北京，达到66.72，50以上的还有江苏，其余均在50以下，差距较大。没有在40与50之间的省份；在30与40之间的省份有9个；在20与30之间的省份有17个；20以下的省份有3个，分别为吉林、江西和西藏，为19.98、19.33、15.59。

31个省份科技创新指数的平均值为28.94，中位数为26.90，低于平均值。最大值和最小值分别为66.72和15.95，标准差为10.20。科技创新指数高于平均值的省份共有14个，除50以上的2个省份外，还有上海、浙江、福建、甘肃、云南、广西、湖北、广东、陕西、重庆、湖南和河北，依次为38.01、35.00、32.57、32.02、31.90、31.48、31.34、30.95、30.12、29.61、29.47和29.30。其余17个省份的科技创新指数在平均值以下。

（二）科技创新指数区域比较分析

将31个省份按照区域分为东部地区、中部地区、西部地区和东北地区，并汇总四大区域科技创新指数特征统计情况（见表11）。

表11 四大区域科技创新指数特征统计情况

指标	东部地区	中部地区	西部地区	东北地区
最大值	66.72	31.34	32.02	24.55
最小值	26.07	19.33	15.95	19.98
中位数	31.76	23.08	25.68	21.50
平均值	36.95	24.45	26.24	22.01
标准差	13.85	4.88	4.95	2.33

由表11可知，科技创新指数平均值由高到低的地区依次为东部地区、西部地区、中部地区、东北地区，对应的科技创新指数平均值依次为36.95、26.24、24.45、22.01。其中只有东部地区的科技创新指数平均值高于31个省份科技创新指数平均值（28.94），其余三个地区的科技创新指数平均值均低于此平均值，且较小。我国长期以来发展的是劳动密集型和资本密集型产业，对科技等核心要素关注不够，近几年才开始大力发展与科技相关的产业。相对来说，东部地区对科技创新的投入较多，人才较多，对国家相关政策的实施力度较大，因此，交通发明专利数量、车联网企业数量、交通运输行业重点实验室和研发中心数量都相对较多，ETC车道建设改造力度较大。

东部地区10个省份中科技创新指数在区域平均值以上的有3个，占比为30%；有7个省份的科技创新指数超过全国科技创新指数平均值，占比为70%；东部地区发达的经济加快科技创新。中部地区6个省份中科技创新指数在区域平均值以上的有2个，占比为33.33%；科技创新指数超过全国科技创新指数平均值的省份也有2个，分别为湖北和湖南，占比为33.33%，说明中部地区省份的科技创新设施建设水平相对较低。西部地区

12 个省份中科技创新指数在区域平均值以上的有 6 个，占比为 50.00%；科技创新指数超过全国科技创新指数平均值的省份有 5 个，占比为 41.67%。东北地区 3 个省份中科技创新指数在区域平均值以上的有 1 个，占比为 33.33%；没有科技创新指数超过全国科技创新指数平均值的省份，差距依然较大。

（三）典型省份分析

科技创新指数及各指标变化幅度见表 12。

表 12 科技创新指数及各指标变化幅度

排名	省份	科技创新指数	变化幅度（%）				
			交通发明专利数量	车联网企业数量	ETC 车道建设改造力度	交通运输行业重点实验室和研发中心数量	智慧交通系统建设
1	北京	66.72	7.286	0.50	-0.873	8.424	0.033
2	江苏	57.01	1.795	0.88	4.643	1.232	0.042
3	上海	38.01	2.228	2.10	-0.285	0.984	0.031
4	浙江	35.00	0.734	0.83	-0.842	-0.256	0.044
5	福建	32.57	-0.271	0.56	1.006	-0.752	0.000
6	甘肃	32.02	-0.820	-0.40	3.258	-0.752	-0.005
7	云南	31.90	-0.878	-0.70	-0.544	-0.752	0.084
8	广西	31.48	-0.762	-0.43	-0.121	-0.752	0.064
9	湖北	31.34	0.139	-0.31	0.442	0.984	0.006
10	广东	30.95	0.351	2.17	-0.544	0.240	0.029
11	陕西	30.12	0.077	0.03	-1.000	0.736	0.013
12	重庆	29.61	0.184	0.48	-0.741	0.488	-0.001
13	湖南	29.47	-0.405	-0.16	0.847	-0.256	0.003
14	河北	29.30	-0.646	-0.69	-1.000	-0.504	0.056
15	天津	27.47	0.331	0.90	0.050	-0.008	-0.032
16	贵州	26.90	-0.821	-0.53	1.328	-0.752	-0.013
17	海南	26.42	-0.839	0.60	-1.000	-1.000	-0.013

续表

排名	省份	科技创新指数	变化幅度(%)				
			交通发明专利数量	车联网企业数量	ETC车道建设改造力度	交通运输行业重点实验室和研发中心数量	智慧交通系统建设
18	山东	26.07	-0.385	-0.05	-0.589	-0.256	0.003
19	辽宁	24.55	-0.281	-0.42	0.348	0.488	-0.028
20	内蒙古	24.46	-0.820	-0.61	-1.000	-0.752	0.010
21	四川	23.70	-0.192	-0.30	-0.329	-0.504	-0.008
22	宁夏	23.60	-0.835	-0.07	-0.886	-1.000	-0.013
23	河南	23.11	-0.674	-0.58	1.904	-0.008	-0.065
24	山西	23.05	-0.637	-0.54	-1.000	-0.752	0.000
25	青海	22.89	-0.718	-0.74	0.582	-0.752	-0.030
26	新疆	22.19	-0.955	-0.50	-0.962	-0.752	-0.006
27	黑龙江	21.50	-0.685	-0.58	-0.962	-0.504	-0.014
28	安徽	20.42	-0.068	0.06	-0.089	-0.504	-0.057
29	吉林	19.98	-0.376	-0.37	0.291	-0.504	-0.049
30	江西	19.33	-0.546	-0.59	-0.930	-0.752	-0.031
31	西藏	15.95	-0.511	-0.55	-1.000	-0.752	-0.054

由表12可知各个省份的科技创新指数变化幅度排名高低的具体原因，现就部分典型省份进行分析。对于科技创新指数排名前3的北京、江苏和上海，北京市交通发明专利数量远远多于其他省份，这与北京市人才聚集，是政治和文化中心有关，除此之外，这三个省份的车联网企业数量多于其他省份，这些省份针对科技创新企业有积极的扶持政策，鼓励吸引科技人才，另外，这些省份的交通运输行业重点实验室和研发中心数量较多。

全面提升交通运输的科技创新能力是建设交通强国的关键。以北京市为例，2019年7月，北京市海淀区发布2020年海淀区停车建设管理、绿色出行、创新智慧交通应用，重大交通基础设施建设以及中关村西区智慧交通场景建设的相关情况，同时提出加大对创新智慧交通的应用力度，区内治理围绕"精细化+智能化"的建设理念，通过运用综合手段解决中关村西区存在的交通问题，提升交通管理水平，推动"海淀缓堵模式"在北京市范围内推广应用，促进海淀区加快"交通大脑"顶层建设，为海淀区"城市大脑"提供交通数据和应用支撑。北京市持续进行交通综合治理：加快交通基础设施建设、加大停车建设管理力度、改善绿色出行条件及创新智慧交通应用等①。2019年，北京市交通运输行业重点实验室和研发中心数量高达38个，远远多于其他省份，交通发明专利数量更是达到43.454个，ETC车道建设改造力度非常大。

2018年，江苏省交通运输厅印发《省交通运输科技创新三年行动计划》，提出2018~2020年要强化以企业为主体的产学研协同创新，以统筹重大科技研发、促进成果转化应用为抓手，力争取得一些事关交通运输发展全局性、战略性的科技研发及应用转化突破性成果，基本建成全国交通运输科技创新高地，为江苏省交通运输高质量发展走在全国前列提供有力的支撑。同时行动计划也列出了江苏省要实现的具体目标，其涉及研发基地建设、基础设施建设、基础设施智慧发展、智慧交通及产业发展、运输行业新业态及新模式、交通运输装备、行业治理能力、产学研协同创新能力等方面②。2019年，江苏省交通发明专利数量为14.659个，ETC车道建设改造力度在全国最大，交通运输行业重点实验室和研发中心数量居全国第二。

五 交通安全指数

（一）交通安全指数测算结果分析

交通安全指数指的是交通安全法规数、交通安全专利数、交通安全

---

① 《海淀区2020年交通综合治理工作新闻发布会》，北京市海淀区人民政府网站，http://zyk.bjhd.gov.cn/zwdt/xxgk/zcjd/zcjd/202007/t20200721_4415547.shtml。

② 《3.省交通运输厅关于印发〈省交通运输科技创新三年行动计划〉的通知（苏交技〔2018〕60号）》，江苏省交通运输厅网站，http://jtyst.jiangsu.gov.cn/art/2018/10/24/art_65023_7849726.html。

行政处罚数以及应急救援满意度、交通安全法规满意度指标的可拓学分析与模糊综合评价加权平均的结果。经测算，31个省份交通安全指数见表13。

表13　31个省份交通安全指数

排名	省份	交通安全指数	排名	省份	交通安全指数
1	云南	60.72	17	安徽	29.37
2	江苏	55.47	18	山东	29.24
3	福建	48.00	19	山西	29.15
4	青海	43.35	20	内蒙古	27.71
5	北京	40.58	21	重庆	27.07
6	广西	39.98	22	河南	26.97
7	甘肃	39.52	23	陕西	25.68
8	浙江	38.99	24	上海	25.14
9	西藏	33.82	25	辽宁	25.01
10	河北	32.21	26	贵州	24.57
11	广东	32.09	27	黑龙江	24.34
12	宁夏	31.62	28	吉林	23.24
13	湖北	31.54	29	湖南	21.66
14	天津	30.68	30	江西	18.29
15	新疆	29.80	31	海南	18.00
16	四川	29.46			

由表13可知，交通安全指数最高的为云南，达到60.72，50以上的还有江苏，其余均在50以下，差距较大。在40与50之间的省份有3个，分别为福建、青海和北京；在30与40之间的省份有9个；在20与30之间的省份有15个；20以下的省份有2个，分别为江西和海南，为18.29和18.00。

31个省份交通安全指数的平均值为32.04，中位数为29.46，低于平均值。最大值和最小值分别为60.72和18.00，标准差为9.88。交通安全指数高于平均值的省份共有11个，除50以上的2个省份外，还有福建、青海、北京、广西、甘肃、浙江、西藏、河北和广东，依次为48.00、43.35、

40.58、39.98、39.52、38.99、33.82、32.21、32.09。其余20个省份的交通安全指数在平均值以下。

(二) 交通安全指数区域比较分析

将31个省份按照区域分为东部地区、中部地区、西部地区和东北地区，并汇总四大区域交通安全指数特征统计情况（见表14）。

表14 四大区域交通安全指数特征统计情况

指标	东部地区	中部地区	西部地区	东北地区
最大值	55.47	31.54	60.72	25.01
最小值	18.00	18.29	24.57	23.24
中位数	32.15	28.06	30.71	24.34
平均值	35.04	26.16	34.44	24.20
标准差	11.00	5.12	10.25	0.90

由表14可知，交通安全指数平均值由高到低的区域依次为东部地区、西部地区、中部地区、东北地区，对应的交通安全指数平均值依次为35.04、34.44、26.16、24.20。其中东部地区和西部地区的交通安全指数平均值高于31个省份交通安全指数平均值（32.04），且差距较小，其余两个地区的交通安全指数平均值均低于此平均值。东部地区交通发达，交通安全行政处罚数较多，而西部地区面积较大，人口较少，交通不发达，因此，涉及的交通安全问题不多。相对来说，东部地区交通安全法规数、交通安全专利数和交通安全行政处罚数较多，西部地区的相关数量较少。

东部地区10个省份中交通安全指数在区域平均值以上的有4个，占比为40%；有6个省份的交通安全指数超过全国交通安全指数平均值，占比为60%。中部地区6个省份中交通安全指数在区域平均值以上的有4个，占比为66.67%；没有交通安全指数超过全国交通安全指数平均值的省份，说明中部地区省份交通安全设施建设水平相对较低，居民对交通安全建设的意识也较低。西部地区12个省份中交通安全指数在区域平均值以上的有4个，占比为33.33%；交通安全指数超过全国交通安全指数平均值的省份有5个，占比为41.67%。东北地区3个省份中交通安全指数在区域平均值以上的有2个，包括辽宁省和黑龙江省，占比为66.67%；没有交通安全指数超过全国交通安全指数平均值的省份，差距依然较大。

（三）典型省份分析

交通安全指数及各指标变化幅度见表15。

表15 交通安全指数及各指标变化幅度

排名	省份	交通安全指数	变化幅度（%）				
			交通安全法规数	交通安全专利数	交通安全行政处罚数	应急救援满意度	交通安全法规满意度
1	云南	60.72	0.28	-0.765	-1.00	0.106	0.103
2	江苏	55.47	0.10	1.162	-0.45	0.061	0.063
3	福建	48.00	3.14	-0.334	-1.00	-0.011	0.012
4	青海	43.35	-0.60	-0.059	-1.00	0.038	0.068
5	北京	40.58	-0.46	4.178	-0.92	0.030	0.042
6	广西	39.98	0.11	-0.741	-1.00	0.024	0.028
7	甘肃	39.52	-0.22	-0.838	-1.00	0.012	0.048
8	浙江	38.99	0.10	0.601	18.71	0.014	-0.001
9	西藏	33.82	-0.92	-1.000	-1.00	0.001	0.036
10	河北	32.21	-0.45	-0.661	-0.92	0.028	0.005
11	广东	32.09	-0.09	0.067	1.41	-0.003	0.006
12	宁夏	31.62	-0.54	-0.794	-0.96	0.016	0.011
13	湖北	31.54	0.10	-0.252	-0.97	0.033	-0.025
14	天津	30.68	-0.62	1.883	-1.00	0.023	-0.009
15	新疆	29.80	-0.51	-0.830	-1.00	-0.026	0.034
16	四川	29.46	0.77	0.204	-0.38	0.006	-0.046
17	安徽	29.37	0.30	-0.248	-1.00	-0.035	-0.001

续表

排名	省份	交通安全指数	变化幅度(%)				
			交通安全法规数	交通安全专利数	交通安全行政处罚数	应急救援满意度	交通安全法规满意度
18	山东	29.24	0.42	−0.127	−1.00	−0.021	−0.014
19	山西	29.15	0.28	−0.597	−0.97	−0.017	−0.012
20	内蒙古	27.71	−0.21	−0.719	−1.00	−0.018	−0.002
21	重庆	27.07	0.11	0.327	−0.93	−0.026	−0.015
22	河南	26.97	0.27	−0.666	0.17	−0.010	−0.028
23	陕西	25.68	0.45	−0.022	−1.00	−0.041	−0.027
24	上海	25.14	−0.54	4.035	1.07	0.006	−0.028
25	辽宁	25.01	−0.18	−0.080	−1.00	0.005	−0.034
26	贵州	24.57	0.31	−0.763	−1.00	−0.041	−0.027
27	黑龙江	24.34	−0.38	−0.371	−1.00	−0.003	−0.026
28	吉林	23.24	−0.52	−0.681	−1.00	−0.023	−0.013
29	湖南	21.66	0.29	−0.535	−0.53	−0.038	−0.054
30	江西	18.29	−0.17	−0.525	−1.00	−0.047	−0.053
31	海南	18.00	−0.64	−0.849	3.27	−0.043	−0.041

由表 15 可知各个省份的交通安全指数变化幅度排名高低的具体原因，现就部分典型省份进行分析。对于交通安全指数排名前 3 的云南、江苏和福建，其共同特征为交通安全法规数较多，强制要求居民遵守交通法规，有效促进交通安全水平提升，交通安全行政处罚数较多。立法与处罚双管齐下，共同促进交通安全水平提升。与此同时，应急救援满意度和交通安全法规满意度也较高。

以云南省为例，云南省重视交通安全建设，在 2019 年"全国交通安全日"主题宣传活动中，组织开展形式多样的宣传活动，积极倡导增强交通出行规则意识、法治意识和文明意识，大力倡导文明交通新风尚，进一步提升全民交通出行安全感、幸福感和满意度。云南省地形地貌特殊，交通基础设施薄弱，道路情况复杂，交通安全隐患突出，云南省机动车保有量和驾驶人数量将突破 1500 万辆（人）大关，公路通车里程为 25 万多公里，道路客货运量剧增，群众出行频繁，给道路交通安全管理工作带来巨大的压力和

严峻的挑战①。2019年以来，面对道路交通安全形势的特殊性、复杂性和艰巨性，云南省始终坚持生命至上、安全第一、预防为先的发展理念，始终坚持问题导向，强化风险管控意识，深化宣传提示引导工作，持续进行警示曝光，使道路交通安全保持总体平稳向好发展态势。云南省应急救援满意度、交通安全法规满意度均为全国最高。

江苏省很早就开始实施《江苏省道路交通安全条例》，规定江苏省内的车辆驾驶人、行人、乘车人以及与道路交通活动有关的其他个人和组织都应当遵守此条例，同时在条例实施过程中坚持以人为本、安全第一、预防为主、严格管理，规定县级以上人民政府应当加强道路交通安全工作，组织全社会参与维护道路交通秩序；根据经济社会发展和道路交通状况，每五年制定一个道路交通安全管理规划，确定工作目标，提出管理对策，落实经费保障措施，对在道路交通安全工作中做出突出贡献的个人和组织，地方人民政府还应当予以表彰和奖励。除此之外，鼓励个人和组织积极进行劝阻或者向公安机关交通管理部门举报违反道路交通安全法律、法规的行为②。

六 绿色发展指数

（一）绿色发展指数测算结果分析

绿色发展指数指的是新能源汽车政策数量、绿色交通专利数、快递包装绿色化政策数、公共充电桩数以及交通噪声处理满意度指标的可拓学分析与模糊综合评价加权平均的结果。经测算，31个省份绿色发展指数见表16。

---

① 《云南开展2019年全国交通安全日主题宣传活动（图）》，人民网，http://yn.people.com.cn/n2/2019/1202/c378403-33596495.html。
② 《江苏省道路交通安全条例》，江苏交通学习网，http://mag.jsjtxx.com/c/2017-09-13/490412.html。

表16 31个省份绿色发展指数

排名	省份	绿色发展指数	排名	省份	绿色发展指数
1	江苏	59.65	17	贵州	28.85
2	上海	58.64	18	广西	28.23
3	浙江	53.36	19	重庆	27.82
4	福建	48.98	20	辽宁	27.29
5	广东	42.20	21	河北	27.11
6	北京	41.42	22	青海	26.96
7	安徽	40.85	23	湖南	26.48
8	云南	33.06	24	吉林	26.31
9	天津	31.73	25	内蒙古	26.00
10	陕西	31.29	26	四川	25.28
11	海南	30.99	27	西藏	24.78
12	河南	30.60	28	黑龙江	23.80
13	山东	29.70	29	山西	23.64
14	湖北	29.69	30	宁夏	23.55
15	江西	29.06	31	甘肃	22.59
16	新疆	28.95			

由表16可知，绿色发展指数最高的为江苏，达到59.65，50以上共有3个省份，除江苏外，还有上海和浙江，其余均在50以下；在40与50之间的省份有4个，分别为福建、广东、北京和安徽；在30与40之间的省份有5个；在20与30之间的省份有19个，数量最多。

31个省份绿色发展指数的平均值为32.54，中位数为28.95，低于平均值。最大值和最小值分别为59.65和22.59，标准差为10.20。绿色发展指数高于平均值的省份共有8个，除50以上的3个省份外，还有福建、广东、北京、安徽和云南，依次为48.98、42.20、41.42、40.85、33.06。其余23个省份的绿色发展指数在平均值以下。

（二）绿色发展指数区域比较分析

将31个省份按照区域分为东部地区、中部地区、西部地区和东北地区，并汇总四大区域绿色发展指数特征统计情况（见表17）。

表17　四大区域绿色发展指数特征统计情况

指标	东部地区	中部地区	西部地区	东北地区
最大值	59.65	40.85	33.06	27.29
最小值	27.11	23.64	22.59	23.80
中位数	41.81	29.38	27.39	26.31
平均值	42.38	30.05	27.28	25.80
标准差	12.31	5.86	3.07	1.80

由表17可知，绿色发展指数平均值由高到低的区域依次为东部地区、中部地区、西部地区、东北地区，对应的绿色发展指数平均值依次为42.38、30.05、27.28、25.80。其中只有东部地区的绿色发展指数平均值高于31个省份绿色发展指数平均值（32.54），其余三个地区的绿色发展指数平均值均低于此平均值。改革开放以来，我国大力发展重工业，以公路运输为主的道路运输发展较快，造成的污染较为严重。党的十八大以来，交通运输行业深入贯彻落实以习近平同志为核心的党中央关于生态文明建设的新理念新思想新战略，全力推动交通运输行业科学发展，在绿色交通发展方面取得了积极成效。总体上看，我国交通运输发展方式相对粗放、运输结构不尽合理、绿色交通治理体系不够完善、治理能力有待提高。相对来说，东部地区新能源汽车政策数量、绿色交通专利数、快递包装绿色化政策数、公共充电桩数较多，交通噪声处理满意度也较高。

东部地区10个省份中绿色发展指数在区域平均值以上的有4个，占比为25%；有6个省份的绿色发展指数超过全国绿色发展指数平均值，占比为60%。中部地区6个省份中绿色发展指数在区域平均值以上的有2个，占比为33.33%；绿色发展指数超过全国绿色发展指数平均值的省份有1个，为安徽省，占比为16.67%，说明中部地区省份绿色发展设施建设水平相对较低。西部地区12个省份中绿色发展指数在区域平均值以上的有6个，占比为50.00%；绿色发展指数超过全国绿色发展指数平均值的省份有1个，占比为8.33%。东北地区3个省份中绿色发展指数在区域平均值以上的有2个,分别为辽宁省和吉林省,占比为66.67%;没有绿色发展指数超过全国绿色发展指数平均值的省份,差距依然较大。

(三)典型省份分析

绿色发展指数及各指标变化幅度见表18。

表18 绿色发展指数及各指标变化幅度

排名	省份	绿色发展指数	变化幅度(%)				
			新能源汽车政策数量	绿色交通专利数	快递包装绿色化政策数	公共充电桩数	交通噪声处理满意度
1	江苏	59.65	2.40	1.67	0.755	0.01	0.062
2	上海	58.64	-0.06	3.93	0.170	16.31	0.008
3	浙江	53.36	1.64	1.73	-0.123	-0.49	0.015
4	福建	48.98	2.13	-0.20	0.755	-0.76	-0.002
5	广东	42.20	1.59	-0.31	-0.123	-0.42	0.022
6	北京	41.42	-0.78	2.33	0.462	5.51	0.023
7	安徽	40.85	0.30	1.63	0.462	-0.80	-0.009
8	云南	33.06	-0.15	-1.00	2.802	-0.98	0.075
9	天津	31.73	-0.73	1.55	-0.708	1.91	-0.018
10	陕西	31.29	-0.06	0.85	-0.415	-0.89	-0.057
11	海南	30.99	0.12	-1.00	-0.415	-0.83	0.047
12	河南	30.60	0.57	-0.50	-0.123	-0.89	-0.058
13	山东	29.70	0.39	-0.13	-0.415	-0.65	-0.069
14	湖北	29.69	-0.06	-0.46	0.170	-0.88	0.019
15	江西	29.06	0.25	-0.66	1.047	-0.95	-0.088
16	新疆	28.95	-0.91	0.58	-1.000	-1.00	0.048
17	贵州	28.85	0.21	-1.00	-1.000	-0.98	-0.019
18	广西	28.23	-0.28	-0.68	-0.123	-0.99	0.061
19	重庆	27.82	-0.11	-0.74	-0.123	-0.79	-0.006
20	辽宁	27.29	-0.37	0.47	-0.123	-0.93	-0.062
21	河北	27.11	-0.02	-0.79	-0.123	-0.78	-0.038
22	青海	26.96	-0.87	-1.00	0.170	-1.00	0.101
23	湖南	26.48	-0.33	-0.19	-0.123	-0.95	-0.029
24	吉林	26.31	-0.37	-1.00	-0.415	-1.00	0.026

续表

排名	省份	绿色发展指数	变化幅度(%)				
			新能源汽车政策数量	绿色交通专利数	快递包装绿色化政策数	公共充电桩数	交通噪声处理满意度
25	内蒙古	26.00	-0.42	-0.69	0.755	-1.00	-0.015
26	四川	25.28	-0.37	-0.24	-0.123	-0.96	-0.043
27	西藏	24.78	-1.00	-1.00	-1.000	-1.00	0.071
28	黑龙江	23.80	-0.64	-0.36	0.755	-1.00	-0.036
29	山西	23.64	-0.37	-0.79	-1.000	-0.86	-0.039
30	宁夏	23.55	-0.91	-1.00	-0.415	-0.99	0.019
31	甘肃	22.59	-0.78	-1.00	-0.415	-0.99	-0.008

由表18可知各个省份的绿色发展指数变化幅度排名高低的具体原因，现就部分典型省份进行分析。对于绿色发展指数排名前3的江苏、上海和浙江，除上海外，江苏和浙江新能源汽车政策数量都比较多，加快了新能源汽车的发展，三个省份的绿色交通专利数也比较多，上海市公共充电桩数远多于其他省份，这有利于提高充电式汽车的普及度，给人民生活带来便利，同时这三个省份的交通噪声处理满意度较高。

2020年，江苏省交通运输厅组织编印的《江苏绿色交通发展年度报告（2019版）》正式发布。2019年以来，江苏省交通运输行业深入贯彻绿色发展理念，加快调整交通运输结构、装备结构和能源消费结构，优化交通运输体系，完善节能环保标准和监测管理体系，江苏省交通运输行业绿色发展水平不断提升。江苏省能源消费结构日趋合理，能耗与碳排放总量得到有效控制。与2018年同期相比，2019年，江苏省交通运输行业柴油消耗占比下降了5.79个百分点，电力消耗占比上升了4.92个百分点，其他燃料消耗占比基本稳定，能耗及碳排放总量分别为1374.4万吨标准煤、2879.9万吨，同比下降1.78%和3.66%。运输结构不断优化，5个城市入选全国绿色货运配送示范工程创建城市，数量居全国第一；绿色出行理念深入人心，2019年，江苏新辟、优化城市公交线路438条，新增城市轨道交通运营线路4条，累计开通轨道交通线路25条，总里程超过747公里，跃居全国第二；

大力发展公共自行车，至2019年底，江苏省共投放公共自行车总数为47.2万辆，服务网点为1.7万个，共办卡410.8万张，日均租用量为66.1万次；积极开展绿色交通宣传，围绕"全国节能宣传周"活动主题，在南京南站举办了以"绿色出行，从我做起"为主题的宣传活动，进一步倡导低碳生活方式，引导公众绿色出行。同时，省级交通运输节能减排专项资金的引领作用明显，2019年，江苏省省级交通运输节能减排专项资金共支持项目36项，涉及大气污染防治、港口污染防治、运输结构调整、新动能企业和港口节能减排技术应用等，经测算，节省能量3.81万吨标准煤，替代燃料量为0.7万吨标准油。支持项目具备"四新"要求，在行业内具有一定的应用和推广价值[1]。

绿色发展指数同样居前列的上海也非常重视绿色交通的发展，作为一线城市，上海市已建成世界一流的交通基础设施，为了建设更可持续发展的韧性生态之城，倡导绿色出行，促进职住空间匹配，加强交通需求管理，促进形成低碳、集约交通模式。依托高密度轨道交通和其他道路网络，通过路权重配，加密步行和自行车交通网络，严格控制公共活动类停车位供给，提升街道空间品质等，在中央活动区以及内环内区域形成由"公共交通+步行和自行车"主导、以清洁能源车辆的短租与合用为补充的客运交通模式，抑制和转移个体机动化出行需求，率先建成低碳出行示范区；同时鼓励利用现代互联网、大数据等技术建立交互应用平台，促进以清洁能源、低碳出行为代表的共享、定制交通模式等发展，提升公共电汽车、停车等交通设施的智能化运行水平，同时推动道路和相关交通辅助设施功能再造，加快实现在主城区乃至市域的智慧交通出行和智能化管控。《上海市城市总体规划（2016—2040）》着重强调促进绿色交通发展。截至2019年6月，上海市每平方公里有6.584个公共充电桩，居全国第一，远远多于其他省份[2]。

---

[1] 《江苏绿色交通发展年度报告（2019版）》。
[2] 《上海市城市总体规划（2016—2040）》。

七 开放合作指数

(一)开放合作指数测算结果分析

开放合作指数指的是是否为"一带一路"敲定省份、中国500强企业中交通运输企业的个数、是否为中欧班列运输协调委员会成员、国际机场数量指标的可拓学分析与模糊综合评价加权平均的结果。经测算,31个省份开放合作指数见表19。

表19 31个省份开放合作指数

排名	省份	开放合作指数	排名	省份	开放合作指数
1	江苏	75.20	17	内蒙古	29.39
2	山东	53.73	18	广西	29.39
3	浙江	51.34	19	黑龙江	29.39
4	广东	48.45	20	湖南	27.29
5	上海	37.37	21	安徽	27.28
6	云南	37.32	22	西藏	21.64
7	福建	37.12	23	甘肃	21.64
8	重庆	34.00	24	宁夏	21.64
9	陕西	34.00	25	新疆	21.64
10	北京	33.67	26	河北	19.61
11	河南	29.61	27	江西	19.12
12	湖北	29.61	28	山西	19.12
13	四川	29.61	29	天津	18.97
14	海南	29.43	30	贵州	18.97
15	辽宁	29.43	31	青海	18.91
16	吉林	29.43			

由表19可知,开放合作指数最高的为江苏,达到75.20,远远高于其他省份,形成指数断层,50以上共有3个省份,除江苏外,还有山东和浙江,其余均在50以下;在40与50之间的省份只有1个,为广东省;在30

与40之间的省份有6个；在20与30之间的省份有15个，数量最多；在20以下的省份有6个，分别为河北、江西、山西、天津、贵州和青海，依次为19.61、19.12、19.12、18.97、18.97、18.91。

31个省份开放合作指数的平均值为31.07，中位数为29.43，低于平均值。最大值和最小值分别为75.20和18.91，标准差为12.35。开放合作指数高于平均值的省份共有10个，除50以上的3个省份外，还有广东、上海、云南、福建、重庆、陕西和北京，依次为48.45、37.37、37.32、37.12、34.00、34.00、33.67。其余21个省份的开放合作指数在平均值以下。

（二）开放合作指数区域比较分析

将31个省份按照区域分为东部地区、中部地区、西部地区和东北地区，并汇总四大区域开放合作指数特征统计情况（见表20）。

表20　四大区域开放合作指数特征统计情况

指标	东部地区	中部地区	西部地区	东北地区
最大值	75.20	29.61	37.32	29.43
最小值	18.97	19.12	18.91	29.39
中位数	37.24	27.28	25.51	29.43
平均值	40.49	25.34	26.51	29.41
标准差	17.16	4.93	6.50	0.02

由表20可知，开放合作指数平均值由高到低的区域依次为东部地区、东北地区、西部地区、中部地区，对应的开放合作指数平均值依次为40.49、29.41、26.51、25.34。其中只有东部地区的开放合作指数平均值高于31个省份开放合作指数平均值（31.07），其余三个区域的开放合作指数平均值均低于此平均值。东部地区省份对外开放程度高于其他地区，不断加强交通运输开放合作。总体上看，东部地区中国500强企业中交通运输企业的个数远远多于其他地区，国际机场数量也多于其他地区，随着"一带一路"倡议的进一步实施和中欧班列的不断开通，其他地区的交通开放合作

东部地区 10 个省份中开放合作指数在区域平均值以上的有 4 个，占比为 25%；有 7 个省份的开放合作指数超过全国开放合作指数平均值，占比为 70%。中部地区 6 个省份中开放合作指数在区域平均值以上的有 4 个，占比为 66.67%，低于区域平均值的两个省份为江西省与山西省，分别为 19.12 与 19.12，与其他省份差距较大；没有开放合作指数超过全国开放合作指数平均值的省份，说明中部地区省份交通开放合作发展程度较低，这可能与其所在的地理位置有关。西部地区 12 个省份中开放合作指数在区域平均值以上的有 6 个，占比为 50.00%；开放合作指数超过全国开放合作指数平均值的省份有 3 个，占比为 25%。东北地区 3 个省份中开放合作指数在区域平均值以上的有 2 个，分别为辽宁省和吉林省，占比为 66.67%；没有开放合作指数超过全国开放合作指数平均值的省份，差距依然较大。

（三）典型省份分析

开放合作指数及各指标变化幅度见表 21。

表 21　开放合作指数及各指标变化幅度

排名	省份	开放合作指数	变化幅度(%)			
			是否为"一带一路"敲定省份	中国 500 强企业中交通运输企业的个数	是否为中欧班列运输协调委员会成员	国际机场数量
1	江苏	75.20	-1.00	-0.38	3.43	2.678
2	山东	53.73	-1.00	-0.38	-1.00	1.627
3	浙江	51.34	0.72	0.24	3.43	0.576
4	广东	48.45	0.72	1.48	-1.00	1.102
5	上海	37.37	0.72	7.06	-1.00	0.051
6	云南	37.32	0.72	-1.00	-1.00	0.576
7	福建	37.12	0.72	-0.38	-1.00	0.576
8	重庆	34.00	0.72	-0.38	3.43	-0.475
9	陕西	34.00	0.72	-0.38	3.43	-0.475

续表

排名	省份	开放合作指数	变化幅度(%)			
			是否为"一带一路"敲定省份	中国500强企业中交通运输企业的个数	是否为中欧班列运输协调委员会成员	国际机场数量
10	北京	33.67	-1.00	8.30	-1.00	0.051
11	河南	29.61	-1.00	-0.38	3.43	-0.475
12	湖北	29.61	-1.00	-0.38	3.43	-0.475
13	四川	29.61	-1.00	-0.38	3.43	-0.475
14	海南	29.43	0.72	-0.38	-1.00	0.051
15	辽宁	29.43	0.72	-0.38	-1.00	0.051
16	吉林	29.43	0.72	-0.38	-1.00	0.051
17	内蒙古	29.39	0.72	-1.00	-1.00	0.051
18	广西	29.39	0.72	-1.00	-1.00	0.051
19	黑龙江	29.39	0.72	-1.00	-1.00	0.051
20	湖南	27.29	-1.00	-1.00	-1.00	0.051
21	安徽	27.28	-1.00	-0.38	-1.00	0.051
22	西藏	21.64	0.72	-1.00	-1.00	-0.475
23	甘肃	21.64	0.72	-1.00	-1.00	-0.475
24	宁夏	21.64	0.72	-1.00	-1.00	-0.475
25	新疆	21.64	0.72	-1.00	-1.00	-0.475
26	河北	19.61	-1.00	0.24	-1.00	-0.475
27	江西	19.12	-1.00	-0.38	-1.00	-0.475
28	山西	19.12	-1.00	-0.38	-1.00	-0.475
29	天津	18.97	-1.00	-1.00	-1.00	-0.475
30	贵州	18.97	-1.00	-1.00	-1.00	-0.475
31	青海	18.91	0.72	-1.00	-1.00	-1.000

由表21可知各个省份的开放合作指数变化幅度排名高低的具体原因，现就部分典型省份进行分析。排名第一的江苏省的开放合作指数远远高于其他省份，国际机场以及中欧班列的快速发展为其交通领域开放合作提供了很好的契机。同时浙江省既是"一带一路"敲定省份，也是中欧班列快速发展的省份，促使其进行交通领域的开放合作。因此，对于其他省份来说，加快发展中欧班列，促进"一带一路"倡议项目发展能有效增强开放合作能力。

2019年，江苏省出台的《关于推动开放型经济高质量发展若干政策措施的意见》提出以"一带一路"交汇点建设为总揽，推动全方位高水平对外开放，努力在全国率先建成开放强省。江苏省有序推进口岸开放，努力形成具有竞争力的国际化口岸新格局，探索建设国际陆港，依托江苏省综合交通优势，推动海港江港陆港口岸通关一体化。随着自由贸易试验区落地，江苏推进全域全方位开放也有了更高标准，善用自身资源禀赋，以更高水平的交通对外开放促进更高质量的经济社会发展①。2019年，江苏省国际机场数量达到7个，远远多于其他省份，大大提升了交通开放合作能力。

2019年，山东省为更好地服务对外开放总体战略布局，着力将自贸试验区打造成"一带一路"建设示范区，着眼于发挥区位优势、口岸和交通优势，构建东联日韩、西接欧亚大陆的东西互联互通大通道，探索中日韩三国地方经济合作机制，提出一系列措施，如加强自贸试验区与海港、空港联动，推进海陆空邮协同发展；建立以"一单制"为核心的多式联运服务体系，完善山东省中欧班列运营平台；强化与日韩进行优势互补，共同探索开拓第三方市场，创新中韩"两国双园"合作模式等。另外，山东省还探索加强自贸试验区与青岛的中国—上海合作组织地方经贸合作示范区的联系互动。2019年，山东省国际机场数量为5个，仅次于江苏②。

八　人才队伍指数

（一）人才队伍指数测算结果分析

人才队伍指数指的是交通学校数量、交通部门领导数量以及交通业就业人员比例指标的可拓学分析与模糊综合评价加权平均的结果。经测算，31个省份人才队伍指数见表22。

---

① 《关于推动开放型经济高质量发展若干政策措施的意见》，中共江苏省委新闻网，http://www.zgjssw.gov.cn/fabuting/shengweiwenjian/201905/t20190529_6209213.shtml。
② 孙雪：《借力"一带一路"提升山东对外开放水平》，《智富时代》2016年第5X期。

表22　31个省份人才队伍指数

排名	省份	人才队伍指数	排名	省份	人才队伍指数
1	辽宁	71.04	17	江西	41.19
2	四川	66.36	18	黑龙江	40.25
3	北京	65.44	19	山西	40.06
4	陕西	59.16	20	江苏	39.97
5	甘肃	58.04	21	浙江	39.96
6	上海	54.13	22	河南	39.66
7	重庆	52.51	23	吉林	39.38
8	新疆	50.29	24	宁夏	37.34
9	云南	48.18	25	山东	35.49
10	内蒙古	47.73	26	广东	34.37
11	青海	47.29	27	广西	32.60
12	河北	45.90	28	西藏	29.46
13	海南	43.81	29	安徽	28.89
14	天津	42.26	30	贵州	27.49
15	湖南	41.45	31	福建	24.88
16	湖北	41.35			

由表22可知，人才队伍指数最高的为辽宁，达到71.04，50以上共有8个省份，除辽宁外，还有四川、北京、陕西、甘肃、上海、重庆和新疆，其余均在50以下；在40与50之间的省份有11个；在30与40之间的省份有8个；在20与30之间的省份有4个，分别为西藏、安徽、贵州和福建，依次为29.46、28.89、27.49和24.88。

31个省份人才队伍指数的平均值为44.06，中位数为41.35，低于平均值。最大值和最小值分别为71.04和24.88，标准差为11.43。人才队伍指数高于平均值的省份共有12个，除50以上的8个省份外，还有云南、内蒙古、青海和河北，依次为48.18、47.73、47.29、45.90。其余19个省份的人才队伍指数在平均值以下。

（二）人才队伍指数区域比较分析

将31个省份按照区域分为东部地区、中部地区、西部地区和东北地区，并汇总四大区域人才队伍指数特征统计情况（见表23）。

表23 四大区域人才队伍指数特征统计情况

指标	东部地区	中部地区	西部地区	东北地区
最大值	65.44	41.45	66.36	71.04
最小值	24.88	28.89	27.49	39.38
中位数	41.11	40.62	47.95	40.25
平均值	42.62	38.77	46.37	50.22
标准差	11.12	4.90	12.33	18.03

由表23可知，人才队伍指数平均值由高到低的区域依次为东北地区、西部地区、东部地区、中部地区，对应的人才队伍指数平均值依次为50.22、46.37、42.62、38.77。其中东北地区和西部地区人才队伍指数平均值高于31个省份人才队伍指数平均值（44.06），其余两个地区的人才队伍指数平均值均低于此平均值。总体上看，东北地区交通部门领导数量、交通学校数量较多以及交通业就业人员比例较高，随着交通人才领导体制的逐步完善和创新人才工作机制的实施，以及国家对中西部地区人才队伍建设的大力推进，各个地区的人才队伍指数都会逐步提高。

东部地区10个省份中人才队伍指数在区域平均值以上的有4个，占比为25%；有3个省份的人才队伍指数超过全国人才队伍指数平均值，占比为30%；中部地区6个省份中人才队伍指数在区域平均值以上的有5个，占比为83.33%，低于区域平均值的1个省份为安徽省，人才队伍指数为28.89，与其他省份差距较大；没有人才队伍指数超过全国人才队伍指数平均值的省份，说明中部地区省份交通人才队伍发展程度较低，这可能与其所在的地理位置与发展政策有关。西部地区12个省份中人才队伍指数在区域平均值以上的有8个，占比为66.67%；人才队伍指数超过全国人才队伍指数平均值的省份有8个，占比为66.67%，发展较为均衡。东北地区3个省份中人才队伍指数在区域平均值以上的有1个，为辽宁省，占比为33.33%；人才队伍指数超过全国人才队伍指数平均值的省份有1个，为辽宁省。

（三）典型省份分析

人才队伍指数及各指标变化幅度见表24。

表24　人才队伍指数及各指标变化幅度

排名	省份	人才队伍指数	变化幅度（%）		
			交通学校数量	交通部门领导数量	交通业就业人员比例
1	辽宁	71.04	0.82	0.33	0.28
2	四川	66.36	1.43	0.33	-0.07
3	北京	65.44	0.82	0.04	0.43
4	陕西	59.16	1.43	0.04	0.08
5	甘肃	58.04	0.82	0.04	0.15
6	上海	54.13	0.22	-0.15	0.54
7	重庆	52.51	0.22	0.14	0.12
8	新疆	50.29	-0.39	0.52	0.06
9	云南	48.18	0.22	0.33	-0.22
10	内蒙古	47.73	-0.39	-0.15	0.44
11	青海	47.29	-0.39	-0.15	0.42
12	河北	45.90	0.22	0.14	-0.13
13	海南	43.81	-1.00	-0.15	0.49
14	天津	42.26	-0.39	0.14	-0.01
15	湖南	41.45	0.22	0.04	-0.22
16	湖北	41.35	0.22	-0.34	0.04
17	江西	41.19	0.82	-0.24	-0.15
18	黑龙江	40.25	-0.39	-0.24	0.24
19	山西	40.06	-0.39	0.04	-0.02
20	江苏	39.97	-0.39	0.42	-0.39
21	浙江	39.96	-0.39	0.42	-0.42
22	河南	39.66	0.82	-0.24	-0.21
23	吉林	39.38	-0.39	-0.05	0.04
24	宁夏	37.34	-1.00	-0.05	0.11

续表

排名	省份	人才队伍指数	变化幅度(%)		
			交通学校数量	交通部门领导数量	交通业就业人员比例
25	山东	35.49	0.22	-0.24	-0.18
26	广东	34.37	-0.39	-0.05	-0.15
27	广西	32.60	-0.39	-0.24	-0.05
28	西藏	29.46	-1.00	0.14	-0.45
29	安徽	28.89	-0.39	-0.34	-0.19
30	贵州	27.49	-0.39	-0.24	-0.25
31	福建	24.88	-0.39	-0.24	-0.36

由表24可知各个省份的人才队伍指数变化幅度排名高低的具体原因，现就部分典型省份进行分析。排名第一的辽宁省的人才队伍指数远远高于其他省份，交通业就业人员比例较高、交通部门领导数量较多表明交通管理水平高，四川和北京的交通学校数量相对较多，有助于培养交通方面的人才，其他省份也应认识到培养高水平交通人才的重要性，高水平管理团队对交通发展的促进作用。按照全面建成小康社会的任务目标，辽宁省的交通运输工作坚持稳中求进的总基调，不断优化基础设施网络布局，完善综合交通运输体系，强化运输节点高效衔接，交通运输服务能力和保障能力进一步提升，通过积极融入"一带一路"倡议项目，积极促进运输大通道发展，2019年，辽宁交通业就业人员比例为6.6%，交通学校数量为3个，在全国处于领先地位。

2019年，四川省交通业就业人员比例为4.8%，在交通人才队伍建设计划实施过程中，强调面对交通运输行业和职业教育发展的黄金期，交通人才培养应当紧密对接四川"5+1"现代产业体系发展和现代综合交通运输体系建设，深入推进产教融合、校企合作、工学结合、知行合一，高校和政府应进一步健全和完善合作机制，进一步开展协同育人工作，进一步深化协同科技研发与创新，进一步加强合作协同，2019年，四川省交通学校数量为4个，为全国最多。

九 治理水平指数

(一)治理水平指数测算结果分析

治理水平指数指的是综合交通法规体系、优化营商环境政策数量以及交通决策机制的公众参与度、交通领域监督机制的透明度、交通精神宣传力度、"车让人"发生频率指标的可拓学分析与模糊综合评价加权平均的结果。经测算,31个省份治理水平指数见表25。

表25 31个省份治理水平指数

排名	省份	治理水平指数	排名	省份	治理水平指数
1	云南	75.75	17	吉林	35.14
2	北京	68.31	18	甘肃	34.97
3	新疆	64.47	19	山东	33.80
4	青海	62.69	20	福建	33.63
5	江苏	61.08	21	辽宁	33.63
6	广西	59.33	22	宁夏	32.81
7	浙江	57.23	23	广东	32.65
8	上海	49.17	24	河北	32.64
9	内蒙古	45.58	25	四川	31.79
10	西藏	44.11	26	湖南	30.60
11	海南	43.98	27	安徽	30.03
12	天津	39.34	28	贵州	27.36
13	湖北	38.18	29	河南	25.89
14	山西	36.98	30	江西	25.08
15	重庆	36.85	31	黑龙江	25.05
16	陕西	36.35			

由表25可知,治理水平指数最高的为云南,达到75.75,50以上共有7个省份,除云南外,还有北京、新疆、青海、江苏、广西以及浙江,其余均

在50以下；在40与50之间的省份有4个；在30与40之间的省份有16个；在20与30之间的省份有4个，分别为贵州、河南、江西和黑龙江，依次为27.36、25.89、25.08和25.05。

31个省份治理水平指数的平均值为41.43，中位数为36.35，低于平均值。最大值和最小值分别为75.75和25.05，标准差为13.93。治理水平指数高于平均值的省份共有11个，除50以上的7个省外，还有上海、内蒙古、西藏和海南，依次为49.17、45.58、44.11、43.98。其余20个省份的治理水平指数在平均值以下。

（二）治理水平指数区域比较分析

将31个省份按照区域分为东部地区、中部地区、西部地区和东北地区，并汇总四大区域治理水平指数特征统计情况（见表26）。

表26 四大区域治理水平指数特征统计情况

指标	东部地区	中部地区	西部地区	东北地区
最大值	68.31	38.18	75.75	35.14
最小值	32.64	25.08	27.36	25.05
中位数	41.66	30.31	40.48	33.63
平均值	45.18	31.12	46.01	31.27
标准差	13.17	5.47	15.69	5.44

由表26可知，治理水平指数平均值由高到低的区域依次为西部地区、东部地区、东北地区、中部地区，对应的治理水平指数平均值依次为46.01、45.18、31.27、31.12。其中，西部地区和东部地区治理水平指数平均值高于31个省份治理水平指数平均值（41.43），其余两个地区的治理水平指数平均值均低于此平均值，且与此平均值相差较大。东部地区和西部地区综合交通法规体系、优化营商环境政策数量相对较多，交通决策机制的公众参与度较高，交通领域监督机制的透明度也较高，交通精神宣传力度较

大,同时,"车让人"发生频率也较高。

东部地区10个省份中治理水平指数在区域平均值以上的有4个,占比为25%;有5个省份的治理水平指数超过全国治理水平指数平均值,占比为50%;中部地区6个省份中治理水平指数在区域平均值以上的有2个,占比为33.33%;没有治理水平指数超过全国治理水平指数平均值的省份,说明中部地区省份交通治理水平较低。西部地区12个省份中治理水平指数在区域平均值以上的有4个,占比为33.33%;治理水平指数超过全国治理水平指数平均值的省份有6个,占比为50.00%,发展较为均衡。东北地区3个省份中治理水平指数在区域平均值以上的有2个,分别为辽宁省和吉林省,占比为66.67%,黑龙江省治理水平指数未超过区域平均值,且远低于其他两个省份,为25.05;没有治理水平指数超过全国治理水平指数平均值的省份,治理水平较低。

(三)典型省份分析

治理水平指数及各指标变化幅度见表27。

表27 治理水平指数及各指标变化幅度

排名	省份	治理水平指数	变化幅度(%)					
			综合交通法规体系	优化营商环境政策数量	交通决策机制的公众参与度	交通领域监督机制的透明度	交通精神宣传力度	"车让人"发生频率
1	云南	75.75	-0.464	-1.000	0.137	0.125	0.090	0.098
2	北京	68.31	2.412	0.489	0.042	0.068	0.033	0.066
3	新疆	64.47	-0.756	-0.188	0.043	0.024	0.105	0.086
4	青海	62.69	-0.634	0.489	0.110	0.022	0.020	0.060
5	江苏	61.08	0.340	0.489	0.046	0.032	0.057	0.053
6	广西	59.33	-0.342	-1.000	0.059	0.039	0.047	0.057
7	浙江	57.23	-0.464	-0.323	0.040	0.076	0.033	0.012
8	上海	49.17	-0.732	1.978	0.026	-0.020	0.037	0.007

续表

排名	省份	治理水平指数	变化幅度(%)					
			综合交通法规体系	优化营商环境政策数量	交通决策机制的公众参与度	交通领域监督机制的透明度	交通精神宣传力度	"车让人"发生频率
9	内蒙古	45.58	-0.537	0.354	0.033	0.012	0.004	0.008
10	西藏	44.11	-0.854	-0.594	0.043	-0.052	0.023	0.080
11	海南	43.98	-0.659	-0.052	0.015	0.000	0.065	-0.005
12	天津	39.34	1.169	0.354	-0.022	0.007	0.007	-0.047
13	湖北	38.18	-0.123	-0.865	-0.013	0.018	0.009	-0.022
14	山西	36.98	-0.342	-0.459	-0.012	-0.002	-0.012	0.012
15	重庆	36.85	-0.415	-0.188	0.002	-0.031	0.015	0.011
16	陕西	36.35	-0.220	2.520	-0.017	-0.035	0.020	-0.038
17	吉林	35.14	0.340	0.354	-0.027	0.003	-0.074	-0.004
18	甘肃	34.97	-0.537	-0.594	0.003	-0.024	-0.016	0.026
19	山东	33.80	0.633	0.760	-0.056	-0.018	-0.031	-0.024
20	福建	33.63	2.875	-0.323	0.000	-0.021	-0.004	-0.055
21	辽宁	33.63	-0.659	-0.865	0.006	-0.021	0.008	-0.023
22	宁夏	32.81	0.024	-0.459	-0.033	-0.051	-0.031	0.047
23	广东	32.65	-0.366	-0.188	-0.024	-0.001	-0.038	-0.026
24	河北	32.64	0.072	-0.323	-0.019	0.002	-0.037	-0.039
25	四川	31.79	-0.586	-0.323	-0.025	0.012	-0.008	-0.039
26	湖南	30.60	-0.025	-0.729	-0.044	0.013	-0.062	-0.016
27	安徽	30.03	0.438	0.760	-0.041	-0.054	-0.037	-0.047
28	贵州	27.36	-0.074	0.489	-0.049	-0.052	-0.088	-0.017
29	河南	25.89	0.365	0.354	-0.084	-0.020	-0.041	-0.098
30	江西	25.08	0.267	-0.188	-0.069	-0.019	-0.041	-0.072
31	黑龙江	25.05	-0.147	-0.729	-0.071	-0.007	-0.052	-0.052

由表27可知各个省份的治理水平指数变化幅度排名高低的具体原因，现就部分典型省份进行分析。云南省的治理水平指数远远高于其他省份，其交通决策机制的公众参与度、交通领域监督机制的透明度较高，云南、北京和新疆"车让人"发生频率都很高，这与交通精神相关的宣传工作有关，因此各省份在开展相关工作时，应注重对宣传材料的使用，同时应优化营商政策，颁布相关法律法规，提高交通治理水平，从意识

层面促进交通强国建设。

2019年,为加强对营商环境建设工作的组织领导,云南省成立优化营商环境领导小组,负责云南省优化营商环境工作,研究制定云南省优化营商环境重大政策措施,协调解决工作中存在的重大问题。云南山区面积大,农村人口多,低等级公路里程长,农村地区的道路交通安全管理一直都是难题,通过"警保合作",合力推进农村交通安全"两站"(乡镇交管站、交通安全劝导站)、"两员"(乡镇专兼职交通安全员、交通安全劝导员)规范建设,推动科技管控向农村地区延伸,加强农村道路交通安全管理和提高机动车投保普及、覆盖率,进一步提升农村交通安全治理水平,打通服务群众"最后一公里"。云南省不仅全面提升农村道路交通安全治理能力,也全力推进城市交通治理工作向纵深发展,双管齐下,共同促进交通治理水平提高[1]。

北京市在2018年就提出立足首都"四个中心"城市战略定位,着眼治理交通拥堵"大城市病",按照"治堵、治乱、治祸"相结合的工作思路,主动作为,勇于担当,积极推动协同共治,梳理制定治理台账,深化勤务机制改革,加强智慧交通建设,不断提升城市道路交通治理能力现代化水平[2]。《2020年北京市交通综合治理行动计划》以"交通秩序专项整治年"为抓手,按照"优供、控需、强治"总体思路,坚持"慢行优先、公交优先、绿色优先"理念,加大精治、共治、法治力度,加快构建综合、绿色、安全、智能的立体化、现代化城市交通系统,实现中心城区绿色出行比例提高到75%,路网交通指数控制在5.6左右,持续提升首都交通综合治理能力[3]。对北京市来说,各类交通政策法规计划等的颁布有效促进了交通治理水平的提高。

---

[1] 《云南省人民政府办公厅关于成立云南省优化营商环境领导小组的通知》,云南省交通运输厅网站,http://www.ynjtt.com/Item/237212.aspx。
[2] 《北京市公安局全面提升城市道路交通治理水平》,搜狐网,https://www.sohu.com/a/219900999_649849。
[3] 《北京市人民政府办公厅关于印发〈2020年北京市交通综合治理行动计划〉的通知》,中华人民共和国中央人民政府网,http://www.gov.cn/xinwen/2020-02/18/content_5480348.htm。

B.5 中国交通强国区域比较研究

刘铁鹰 赵薇*

摘 要： 本报告以区域为视角，对已有指数按照东部地区、中部地区、西部地区和东北地区进行详细的比较与分析。本报告发现，东部地区交通发展水平整体优于全国平均水平，但在人才队伍建设方面有待提高；中部地区交通发展水平相对不太理想，特别是中部地区需要树立开放合作意识，充分利用"互联网＋交通运输"；西部地区交通基础设施水平仍需提高；东北地区应着重提升交通安全水平。

关键词： 交通强国 经济分区 区域差异

一 东部地区

（一）东部地区省份交通发展概况

通过将东部地区各省份的交通强国指数综合得分进行排名，可以明显看出东部地区省份的交通发展水平整体较高。东部地区综合得分平均值为37.7889，标准差为6.6143，说明东部地区各省份之间交通发展差距较大。在东部地区10个省份中，江苏省的综合得分最高，得分最低的省份是海南（见表1）。

---

* 刘铁鹰，北京交通大学经济管理学院副教授，硕士生导师，研究方向为区域经济、产业经济。赵薇，北京交通大学经济管理学院硕士研究生，研究方向为运输经济、产业经济。

表1 东部地区各省份交通强国指数综合得分及排名

排名	东部地区	综合得分	排名	东部地区	综合得分
1	江苏	50.8978	8	天津	33.2707
2	北京	48.2394	9	河北	32.3035
3	浙江	40.8316	10	海南	29.7825
4	上海	38.1862	平均值		37.7889
5	广东	36.7004	最大值		50.8978
6	山东	33.9031	最小值		29.7825
7	福建	33.7737	标准差		6.6143

在31个省份中，排名前5的省份中有4个在东部地区，从高到低依次是江苏、北京、浙江、上海。在31个省份中，排名前10的省份中有8个在东部地区，即增加了广东、山东、福建、天津。东部地区只有海南的排名在31个省份中的后10位。可见，东部地区的交通强国发展总体水平较高。在基础设施方面，东部地区呈现交通固定资产投资比重高等特点；在交通装备方面，东部地区具有明显的优势，载客汽车保有量多，交通装备专利数多；在运输服务方面，东部地区呈现快递业务量大等特点；在科技创新方面，东部地区拥有较多的交通运输行业重点实验室和研发中心；在交通安全方面，东部地区政府高度重视交通安全问题；在绿色发展方面，东部地区出台了相关政策；在开放合作方面，东部地区不断深化国际合作，加强国际交流；在人才队伍方面，东部地区呈现内部差距较大、人才队伍建设体系与发展水平不匹配的现象；在治理水平方面，东部地区出台较多行业鼓励政策，营商环境良好。

（二）东部地区省份指数基本分析

从表2可以看出，东部地区的基础设施指数平均值为47.0446，高于31个省份的基础设施指数的平均值35.6206；在东部地区省份中，上海的基础设施指数最高，河北省的基础设施指数最低，标准差为11.9614。

表2　东部地区各省份基础设施指数及排名

排名	东部地区	基础设施指数	排名	东部地区	基础设施指数
1	上海	69.4444	8	山东	36.7749
2	天津	63.3424	9	广东	35.8401
3	北京	57.1237	10	河北	35.5183
4	江苏	52.8385	平均值		47.0446
5	海南	41.1855	最大值		69.4444
6	浙江	41.0040	最小值		35.5183
7	福建	37.3737	标准差		11.9614

在全国31个省份基础设施指数中排前5名的都在东部地区，基础设施指数从高到低的省份依次为上海、天津、北京、江苏、海南。31个省份中排前10名的省份有8个位于东部地区，除上述5个省份外，增加了浙江、福建、山东。东部地区各省份基础设施指数在全国31个省份平均值以上的有9个，除上述8个省份之外，增加了广东。在东部地区，只有河北省的基础设施指数低于全国平均值。截至2019年11月，东部地区交通固定资产投资达到7285.22亿元。2019年，东部地区铁路运营里程为38184公里，高铁运营里程为11676公里，高速公路运营里程为43079.02公里，通航机场总数为54个。

从表3可以看出，东部地区的交通装备指数平均值为38.4267，高于31个省份的交通装备指数的平均值31.0276；在东部地区省份中，北京市的交通装备指数最高，福建省的交通装备指数最低，标准差为11.8456。

表3　东部地区各省份交通装备指数及排名

排名	东部地区	交通装备指数	排名	东部地区	交通装备指数
1	北京	68.7358	8	广东	30.3990
2	山东	41.7885	9	浙江	26.8730
3	天津	41.0048	10	福建	23.2425
4	河北	40.9362	平均值		38.4267
5	上海	39.8007	最大值		68.7358
6	海南	38.5277	最小值		23.2425
7	江苏	32.9584	标准差		11.8456

在全国31个省份交通装备指数中排前5名的有4个在东部地区，交通装备指数从高到低的省份依次为北京、山东、天津、河北。31个省份中排前10名的省份有7个位于东部地区，除上述4个省份外，增加了上海、海南、江苏。东部地区各省份交通装备指数在全国31个省份平均值以上的有7个。在东部地区，3个省份的交通装备指数低于全国平均值，依次是广东、浙江、福建。东部地区交通装备优良，2019年，东部地区私家车保有量达到9758.02万辆，公路货运车辆占比为43.17%，机场起降架次为532.09万次。东部地区交通技术研发水平突出，交通装备专利数总计1775个。

从表4可以看出，东部地区的运输服务指数平均值为39.8929，高于31个省份的运输服务指数的平均值32.6199；在东部地区省份中，广东省的运输服务指数最高，海南省的运输服务指数最低，标准差为8.4225。

表4 东部地区各省份运输服务指数及排名

排名	东部地区	运输服务指数	排名	东部地区	运输服务指数
1	广东	52.8676	8	福建	31.4136
2	浙江	49.9963	9	天津	28.6852
3	江苏	45.5873	10	海南	26.8146
4	上海	43.7676	平均值		39.8929
5	河北	43.6503	最大值		52.8676
6	山东	39.1297	最小值		26.8146
7	北京	37.0172	标准差		8.4225

在全国31个省份运输服务指数中排前5名的都在东部地区，运输服务指数从高到低的省份依次为广东、浙江、江苏、上海、河北。31个省份中排前10名的省份有7个位于东部地区，除上述5个省份外，增加了山东、北京。东部地区各省份的运输服务指数在全国31个省份平均值以上的有7个。在东部地区，3个省份的运输服务指数低于全国平均值，它们依次是福建、天津、海南。2019年，东部地区公路货运总量为141.41亿吨，航空货邮吞吐量为1245.9万吨，快递业务量为498.20亿件。汽车自驾运动营地数量为225个，占全国的36.3%。

从表5可以看出，东部地区的科技创新指数平均值为36.9522，高于31个省份科技创新指数平均值28.9393；在东部地区省份中，北京市的科技创新指数最高，山东省的科技创新指数最低，标准差为13.1399。

表5　东部地区各省份科技创新指数及排名

排名	东部地区	科技创新指数	排名	东部地区	科技创新指数
1	北京	66.7237	8	天津	27.4746
2	江苏	57.0075	9	海南	26.4151
3	上海	38.0135	10	山东	26.0693
4	浙江	34.9978	平均值		36.9522
5	福建	32.5668	最大值		66.7237
6	广东	30.9516	最小值		26.0693
7	河北	29.3016	标准差		13.1399

在全国31个省份科技创新指数中排前5名的都在东部地区，科技创新指数从高到低的省份依次为北京、江苏、上海、浙江、福建。31个省份中排前10名的省份有6个位于东部地区，除上述5个省份外，增加了广东。东部地区各省份的科技创新指数在全国31个省份平均值以上的有7个，除上述6个省份以外，增加了河北。在东部地区，3个省份的科技创新指数低于全国平均值，它们依次是天津、海南、山东。2019年，东部地区交通发明专利数量为4613个，占全国总数的64.7%；交通运输行业重点实验室和研发中心数量为73个，占全国总数的58.4%。2019年，东部地区车联网企业数量为14555个。

从表6可以看出，东部地区的交通安全指数平均值为35.0411，高于31个省份的交通安全指数的平均值32.0418；在东部地区省份中，江苏省的交通安全指数最高，海南省的交通安全指数最低，标准差为10.4386。

表6　东部地区各省份交通安全指数及排名

排名	东部地区	交通安全指数	排名	东部地区	交通安全指数
1	江苏	55.4735	3	北京	40.5830
2	福建	48.0025	4	浙江	38.9898

续表

排名	东部地区	交通安全指数	排名	东部地区	交通安全指数
5	河北	32.2107	10	海南	17.9962
6	广东	32.0870	平均值		35.0411
7	天津	30.6805	最大值		55.4735
8	山东	29.2447	最小值		17.9962
9	上海	25.1428	标准差		10.4386

在全国31个省份交通安全指数中排前5名的有3个在东部地区，交通安全指数从高到低的省份依次为江苏、福建、北京。31个省份中排前10名的省份有5个位于东部地区，除上述3个省份外，增加了浙江和河北。东部地区交通安全指数在全国31个省份平均值以上的有6个，除上述5个省份以外，增加了广东。在东部地区，4个省份的交通安全指数低于全国平均值，它们依次是天津、山东、上海、海南。2019年，东部地区共出台交通安全法规数为1035个；交通安全行政处罚数为2074个。同时，东部地区高度重视交通安全创新，2019年，交通安全专利数达1419个。

从表7可以看出，东部地区的绿色发展指数平均值为42.3794，高于31个省份的绿色发展指数的平均值32.5442；在东部地区省份中，江苏省的绿色发展指数最高，河北省的绿色发展指数最低，标准差为11.6820。

表7 东部地区各省份绿色发展指数及排名

排名	东部地区	绿色发展指数	排名	东部地区	绿色发展指数
1	江苏	59.6508	8	海南	30.9916
2	上海	58.6425	9	山东	29.7044
3	浙江	53.3598	10	河北	27.1134
4	福建	48.9766	平均值		42.3794
5	广东	42.2034	最大值		59.6508
6	北京	41.4243	最小值		27.1134
7	天津	31.7269	标准差		11.6820

在全国31个省份绿色发展指数中排前5名的都在东部地区，绿色发展指数从高到低的省份依次为江苏、上海、浙江、福建、广东。31个省份中

排前10名的省份有7个位于东部地区，除上述5个省份外，增加了北京、天津。东部地区绿色发展指数在全国31个省份平均值以上的有6个。在东部地区，4个省份的绿色发展指数低于全国平均值，它们依次是天津、海南、山东和河北。东部地区交通绿色发展得到了政府部门政策的支持。2019年，东部地区出台新能源汽车政策数量为373个；出台快递包装绿色化政策数为35个。截至2019年6月，公共充电桩数总计24.44万个。

从表8可以看出，东部地区的开放合作指数平均值为40.4992，高于31个省份的开放合作指数的平均值31.0740；在东部地区省份中，江苏省的开放合作指数最高，天津市的开放合作指数最低，标准差为16.2811。

表8 东部地区各省份开放合作指数及排名

排名	东部地区	开放合作指数	排名	东部地区	开放合作指数
1	江苏	75.2007	8	海南	29.4261
2	山东	53.7327	9	河北	19.6090
3	浙江	51.3424	10	天津	18.9667
4	广东	48.4528	平均值		40.4992
5	上海	37.3665	最大值		75.2007
6	福建	37.1176	最小值		18.9667
7	北京	33.6675	标准差		16.2811

在全国31个省份开放合作指数中排前5名的都在东部地区，开放合作指数从高到低的省份依次为江苏、山东、浙江、广东、上海。31个省份中排前10名的省份有7个位于东部地区，除上述5个省份外，增加了福建、北京。东部地区开放合作指数在全国31个省份平均值以上的有7个。在东部地区，3个省份的开放合作指数低于全国平均值，它们依次是海南、河北和天津。东部地区不断深化国际合作，东部地区中国500强企业中交通运输企业的个数为40个；国际机场数量为30个。

从表9可以看出，东部地区的人才队伍指数平均值为42.6205，低于31个省份的人才队伍指数的平均值44.0616；在东部地区省份中，北京市的人才队伍指数最高，福建省的人才队伍指数最低，标准差为10.5504。

表9 东部地区各省份人才队伍指数及排名

排名	东部地区	人才队伍指数	排名	东部地区	人才队伍指数
1	北京	65.4404	8	山东	35.4870
2	上海	54.1253	9	广东	34.3693
3	河北	45.8992	10	福建	24.8822
4	海南	43.8112	平均值		42.6205
5	天津	42.2578	最大值		65.4404
6	江苏	39.9712	最小值		24.8822
7	浙江	39.9610	标准差		10.5504

在全国31个省份人才队伍指数中排前5名的有1个在东部地区,即北京。31个省份中排前10名的省份有2个位于东部地区,除北京外,增加了上海。东部地区人才队伍指数在全国31个省份平均值以上的有3个,除上述2个省份以外,增加了河北。在东部地区,7个省份的人才队伍指数低于全国平均值,它们依次是海南、天津、江苏、浙江、山东、广东、福建。相对本地区其他指数来说,东部地区人才队伍建设体系不完善,2019年,东部地区拥有交通学校数量为14个;交通业就业人员总计389.41万人。

从表10可以看出,东部地区的治理水平指数平均值为45.1829,高于31个省份的治理水平指数的平均值41.4342;在东部地区省份中,北京市的治理水平指数最高,河北省的治理水平指数最低,标准差为12.4972。

表10 东部地区各省份治理水平指数及排名

排名	东部地区	治理水平指数	排名	东部地区	治理水平指数
1	北京	68.3071	8	福建	33.6303
2	江苏	61.0800	9	广东	32.6451
3	浙江	57.2338	10	河北	32.6355
4	上海	49.1701	平均值		45.1829
5	海南	43.9843	最大值		68.3071
6	天津	39.3442	最小值		32.6355
7	山东	33.7988	标准差		12.4972

在全国31个省份治理水平指数中排前5名的有2个在东部地区，依次是北京、江苏。31个省份中排前10名的省份有4个位于东部地区，除上述2个省份外，增加了浙江和上海。东部地区治理水平指数在全国31个省份平均值以上的省份有5个，除上述4个省份以外，增加了海南。在东部地区，5个省份的治理水平指数低于全国平均值，它们依次是天津、山东、福建、广东、河北。截至2019年，东部地区的综合交通法规体系为627个，优化营商环境政策数量为95个。

（三）东部地区省份指数特点

为了直观地看出东部地区哪些指数更突出，即相对于全国各省份而言，东部地区的哪些指数更高，本报告将31个省份的九大指数平均值分别作为不同指数的界线，运用基础设施指数中典型省份分析公式来测算东部地区某个指数相对于总体平均值的变化幅度。

通过表11可以得出，东部地区的基础设施指数最为突出，高出31个省份基础设施指数平均值32.07%；除此之外，东部地区的绿色发展指数和开放合作指数都高出31个省份相应平均值30%以上；科技创新指数、交通装备指数、运输服务指数都高出31个省份相应平均值20%以上；交通安全指数高出31个省份相应平均值9.36%；治理水平指数高出31个省份相应平均值9.05%。以上东部地区相关指数均高于全国31个省份相应平均值，但比较显眼的是，东部地区的人才队伍指数低于31个省份相应平均值3.27%。可见，东部地区交通发展水平整体较好。主要原因可以归结为以下几点。第一，东部地区整体发达，城市人口集中，路网密度远高于其他地区。因此，在交通强国指数上表现出明显优势。第二，东部地区内部差距较大。很多地区呈现高等教育规模与本地区经济地位不对称的情况。东部地区除北京、上海和河北的人才队伍指数高于全国人才队伍指数平均值之外，其他省份的人才队伍指数均显著低于全国人才队伍指数平均值。特别地，广东地区经济发展水平和实际的高校、科研机构的水平出现明显不匹配的情况。近年来，全国各个省份都意识到经济的发展需要人才，出台了一系列人才引进计划与政策,增强了东部地区对人才的吸引力。同时,东部地区很多省份开始采取联合办学模式或者与科研机构合作,通过这些措施,东部地区人才分布不合理的局面会得到改善。

表11 东部地区各省份指数平均值及变化幅度

基础设施指数		交通装备指数		运输服务指数		科技创新指数		交通安全指数	
东部地区平均值	幅度(%)	东部地区平均值	幅度(%)	东部地区平均值	幅度(%)	东部地区平均值	幅度(%)	东部地区平均值	幅度(%)
47.0446	32.07	38.4267	23.85	39.8929	22.30	36.9522	27.69	35.0411	9.36
绿色发展指数		开放合作指数		人才队伍指数		治理水平指数			
东部地区平均值	幅度(%)	东部地区平均值	幅度(%)	东部地区平均值	幅度(%)	东部地区平均值	幅度(%)		
42.3794	30.22	40.4992	30.33	42.6205	-3.27	45.1829	9.05		

(四)东部地区省份交通发展提升建议

1. 加强人才队伍建设,为建设交通强国注入动力

人才队伍是交通领域具有专业知识或专门技能,能够履行相应责任的人员,是交通行业持续发展的基石与动力源泉。因此,东部地区首先应该认识到加强交通领域人才队伍建设的重要性,明确人才引进的主要目标和原则;其次,应该健全人才引进机制,明确人才引进政策,拓宽人才引进渠道;最后,应该充分发挥现有人才的作用并且开始强化对人才的训练与开发。

2. 完善交通运输行业治理体系,为建设交通强国提供保障

在交通治理体系中,东部地区首先应该加快完善交通运输法规体系,提高依法执政能力,进而提高行政效率;其次,应该推动城乡交通运输一体化进程,推动公共交通先行,满足人民日益增长的交通运输需求;最后,在发展过程中,全面贯彻交通新发展理念,加快构建适应现代化经济体系的交通制度,推动交通运输高质量发展。

3.坚持"以人为本"的发展理念,提高交通安全水平

首先,建立完善的交通安全支撑体系,完善交通标志牌、标线,设置减速带、独立自行车道等,利用智能化设施提升交通安全水平;其次,深化交通安全教育,如进行全员全环节的交通安全教育,增强人们的交通安全意识,从根本上提高交通安全水平;最后,提高应急和事后救援水平。

二 中部地区

(一)中部地区省份交通发展概况

通过将中部地区各省份的交通强国指数综合得分进行排名,可以明显看出中部地区省份的交通发展水平整体较低。中部地区综合得分平均值为29.5329,标准差为2.0579,说明中部地区各省份之间的交通发展差距较小。在中部地区的6个省份中,湖北的综合得分最高,得分最低的省份是江西(见表12)。

表12 中部地区各省份交通强国指数综合得分及排名

排名	中部地区	综合得分	排名	中部地区	综合得分
1	湖北	32.7695	6	江西	26.0470
2	安徽	30.3193	平均值		29.5329
3	山西	30.2693	最大值		32.7695
4	河南	29.5328	最小值		26.0470
5	湖南	28.2594	标准差		2.0579

中部地区6个省份的交通强国指数综合得分在全国31个省份中排名情况分别为湖北排第11、安徽排第18、山西排第19、河南排第23、湖南排第25和江西排第28,中部地区大部分省份的排名在中偏后的位置。在基础设施方面,中部地区仍有很大的提升空间,近年来与其他地区相比,中部地区基础设施呈现投资较少、交通路网密度较小等特点;在交通装备

方面，中部地区的装备水平一般，其中研发水平较低；在运输服务方面，中部地区货运总量较大，其中公路货运占比较高；在科技创新方面，中部地区缺乏相应的重点实验室，研发水平和运用能力较低；在交通安全方面，中部地区出台了较多的交通安全法规，但落实程度有待提高；在绿色发展方面，中部地区发展较为缓慢；在开放合作方面，中部地区的特殊地理位置和发展理念导致进行的国际合作相对较少，国际化水平较低；在人才队伍方面，中部地区人才队伍建设体系不完善，有待进一步改进；在治理水平方面，中部地区的相关政策法规不完善，缺乏健全的市场治理规则。

（二）中部地区省份指数基本分析

从表13可以看出，中部地区的基础设施指数平均值为34.2472，低于31个省份的基础设施指数的平均值35.6206；在中部地区省份中，湖北的基础设施指数最高，湖南省的基础设施指数最低，标准差为1.8143。

表13 中部地区各省份基础设施指数及排名

排名	中部地区	基础设施指数	排名	中部地区	基础设施指数
1	湖北	36.5573	6	湖南	31.0115
2	河南	36.0819	平均值		34.2472
3	安徽	34.3536	最大值		36.5573
4	山西	33.8998	最小值		31.0115
5	江西	33.5790	标准差		1.8143

中部地区没有在全国31个省份基础设施指数中排前5名的省份，排前10名的只有湖北。除湖北之外，进入前20名的省份中位于中部地区的有5个，基础设施指数从高到低的省份依次为河南、安徽、山西、江西、湖南。中部地区基础设施指数在全国31个省份平均值以上的省份有2个，分别为湖北和河南。由此可知，中部地区基础设施指数大多排在第10~20名。截

至 2019 年 11 月，中部地区交通固定资产投资为 4118.41 亿元，在所有地区中，仅高于东北地区。2019 年，中部地区铁路运营里程为 35970 公里，高铁运营里程为 9931 公里，高速公路运营里程为 37361.08 公里，通航机场总数为 37 个。

从表 14 可以看出，中部地区的交通装备指数平均值为 27.3477，低于 31 个省份的交通装备指数的平均值 31.0276；在中部地区省份中，山西省的交通装备指数最高，湖南省的交通装备指数最低，标准差为 3.5901。

表 14　中部地区各省份交通装备指数及排名

排名	中部地区	交通装备指数	排名	中部地区	交通装备指数
1	山西	31.4548	6	湖南	21.7834
2	河南	31.3789	平均值		27.3477
3	安徽	29.1389	最大值		31.4548
4	江西	25.6737	最小值		21.7834
5	湖北	24.6564	标准差		3.5901

中部地区没有在全国 31 个省份交通装备指数中排前 5 名的省份，排前 10 名的只有山西。除山西之外，进入前 20 名的省份中位于中部地区的有 2 个，分别为河南和安徽。在中部地区省份中，排在 20 名之后的有 3 个，分别为江西、湖北、湖南。中部地区交通装备指数在全国 31 个省份平均值以上的省份有 2 个，分别为山西和河南。中部地区交通装备水平需要进一步提升，2019 年，中部地区私家车保有量达到 4757.27 万辆，公路货运车辆占比为 27.0%，机场起降架次为 177.38 万次。中部地区交通技术装备研发水平较低，交通装备专利数总共 695 个。

从表 15 可以看出，中部地区的运输服务指数平均值为 33.3659，略高于 31 个省份的运输服务指数的平均值 32.6199；在中部地区省份中，湖北省的运输服务指数最高，山西省的运输服务指数最低，标准差为 1.7494。

表 15 中部地区各省份运输服务指数及排名

排名	中部地区	运输服务指数	排名	中部地区	运输服务指数
1	湖北	35.2533	6	山西	30.5567
2	湖南	35.2105	平均值		33.3659
3	安徽	34.4296	最大值		35.2533
4	江西	32.8211	最小值		30.5567
5	河南	31.9245	标准差		1.7494

中部地区没有在全国 31 个省份运输服务指数中排前 5 名的省份，排前 10 名的有 2 个，分别为湖北和湖南。中部地区运输服务指数在全国 31 个省份平均值以上的省份有 4 个，分别为湖北、湖南、安徽和江西。中部地区货运总量较大。2019 年，中部地区公路货运总量为 124.42 亿吨，航空货邮吞吐总量为 124.6 万吨，快递业务量为 75.13 亿件。同时，中部地区交通旅游业发展水平一般，仅高于东北地区，2019 年，汽车自驾运动营地数量为 146 个。

从表 16 可以看出，中部地区的科技创新指数平均值为 24.4540，低于 31 个省份的科技创新指数的平均值 28.9393；在中部地区省份中，湖北省的科技创新指数最高，江西省的科技创新指数最低，标准差为 4.4522。

表 16 中部地区各省份科技创新指数及排名

排名	中部地区	科技创新指数	排名	中部地区	科技创新指数
1	湖北	31.3424	6	江西	19.3263
2	湖南	29.4713	平均值		24.4540
3	河南	23.1066	最大值		31.3424
4	山西	23.0529	最小值		19.3263
5	安徽	20.4243	标准差		4.4522

中部地区没有在全国 31 个省份科技创新指数中排前 5 名的省份，排前 10 名的有 1 个，为湖北。除湖北之外，进入前 20 名的省份中位于中部地区的仅有湖南。在中部地区省份中，排在 20 名之后的有 4 个，依次为河南、

山西、安徽和江西。中部地区科技创新指数在全国31个省份平均值以上的省份有2个，分别为湖北、湖南。中部地区科技创新研发水平一般，2019年，中部地区交通发明专利数量为1228个；交通运输行业重点实验室和研发中心数量为19个。中部地区交通科技运用能力较低，2019年，车联网企业数量为3695个。

从表17可以看出，中部地区的交通安全指数平均值为26.1617，低于31个省份的交通安全指数的平均值32.0418；在中部地区省份中，湖北省的交通安全指数最高，江西的交通安全指数最低，标准差为4.6732。

表17 中部地区各省份交通安全指数及排名

排名	中部地区	交通安全指数	排名	中部地区	交通安全指数
1	湖北	31.5372	6	江西	18.2883
2	安徽	29.3652	平均值		26.1617
3	山西	29.1497	最大值		31.5372
4	河南	26.9733	最小值		18.2883
5	湖南	21.6567	标准差		4.6732

中部地区没有在全国31个省份交通安全指数中排前5名、排前10名的省份。进入前20名的省份中位于中部地区的有3个，分别为湖北、安徽和山西。在中部地区省份中排在20名之后的有3个，依次为河南、湖南和江西。中部地区没有交通安全指数在全国31个省份平均值以上的省份。中部地区出台了较多的交通安全法规，但落实程度有待提高。2019年，中部地区出台的交通安全法规数为668个；交通安全行政处罚数为123个。同时，中部地区对交通安全创新的重视程度一般，2019年，交通安全专利数达444个。

从表18可以看出，中部地区的绿色发展指数平均值为30.0534，低于31个省份的绿色发展指数的平均值32.5442；在中部地区省份中，安徽省的绿色发展指数最高，山西省的绿色发展指数最低，标准差为5.3521。

表18 中部地区各省份绿色发展指数及排名

排名	中部地区	绿色发展指数	排名	中部地区	绿色发展指数
1	安徽	40.8466	6	山西	23.6368
2	河南	30.6029	平均值		30.0534
3	湖北	29.6945	最大值		40.8466
4	江西	29.0618	最小值		23.6368
5	湖南	26.4776	标准差		5.3521

中部地区没有在全国31个省份绿色发展指数中排前5名的省份，排前10名的仅有安徽。除安徽之外，进入前20名的省份中位于中部地区的有3个，分别为河南、湖北和江西。在中部地区省份中排在20名之后的有2个，分别为湖南和山西。中部地区绿色发展指数在全国31个省份平均值以上的省份仅有安徽。中部地区政府部门对交通的绿色发展较为关注。2019年，中部地区出台新能源汽车政策数量为142个；出台快递包装绿色化政策数为22个。截至2019年6月，公共充电桩数为4.21万个。

从表19可以看出，中部地区的开放合作指数平均值为25.3408，低于31个省份的开放合作指数的平均值31.0740；在中部地区省份中，河南省的开放合作指数最高，山西省的开放合作指数最低，标准差为3.8729。

表19 中部地区各省份开放合作指数及排名

排名	中部地区	开放合作指数	排名	中部地区	开放合作指数
1	河南	29.6143	6	山西	19.1241
2	湖北	29.6143	平均值		25.3408
3	湖南	27.2876	最大值		29.6143
4	安徽	27.2806	最小值		19.1241
5	江西	19.1241	标准差		3.8729

中部地区没有在全国31个省份开放合作指数中排前5名、排前10名的省份。进入前20名的省份中位于中部地区的有3个，分别为河南、湖

北和湖南。在中部地区省份中排在20名之后的有3个，分别为安徽、江西和山西。中部地区没有开放合作指数在全国31个省份平均值以上的省份。由于中部地区的特殊地理位置，中部地区的国际合作相对较少，中部地区中国500强企业中交通运输企业的个数为5个；国际机场数量为8个。

从表20可以看出，中部地区的人才队伍指数平均值为38.7665，低于31个省份的人才队伍指数的平均值44.0616；在中部地区省份中，湖南省的人才队伍指数最高，安徽省的人才队伍指数最低，标准差为4.4688。

表20 中部地区各省份人才队伍指数及排名

排名	中部地区	人才队伍指数	排名	中部地区	人才队伍指数
1	湖南	41.4500	6	安徽	28.8871
2	湖北	41.3522	平均值		38.7665
3	江西	41.1850	最大值		41.4500
4	山西	40.0606	最小值		28.8871
5	河南	39.6645	标准差		4.4688

中部地区没有在全国31个省份人才队伍指数中排前5名、排前10名的省份。进入前20名的省份中位于中部地区的有4个，分别为湖南、湖北、江西和山西。在中部地区省份中排在20名之后的有2个，依次为河南和安徽。中部地区没有人才队伍指数在全国31个省份平均值以上的省份。中部地区人才队伍建设体系不完善，学校培养体系完善度一般，2019年，中部地区拥有交通学校数量为12个；交通业就业人员为160.88万人。

从表21可以看出，中部地区的治理水平指数平均值为31.1249，低于31个省份的治理水平指数的平均值41.4342；在中部地区省份中，湖北省的治理水平指数最高，江西省的治理水平指数最低，标准差为4.9932。

表21 中部地区各省份治理水平指数及排名

排名	中部地区	治理水平指数	排名	中部地区	治理水平指数
1	湖北	38.1791	6	江西	25.0784
2	山西	36.9847	平均值		31.1249
3	湖南	30.5950	最大值		38.1791
4	安徽	30.0267	最小值		25.0784
5	河南	25.8857	标准差		4.9932

中部地区没有在全国31个省份治理水平指数中排前5名、排前10名的省份。进入前20名的省份中位于中部地区的有2个，分别为湖北和山西。在中部地区省份中排在20名之后的有4个，依次为湖南、安徽、河南和江西。中部地区没有治理水平指数在全国31个省份平均值以上的省份。中部地区行业改革政策法规体系相对不完善，截至2019年，中部地区出台交通行业改革政策总计270个。中部地区较为缺乏健全的市场治理规则，截至2019年，中部地区出台的优化营商环境政策数量为36个。

（三）中部地区省份指数特点

为了直观地看出中部地区哪些指数更突出，即相对于全国各省份而言，中部地区的哪些指数更高，本报告将31个省份的九大指数平均值分别作为不同指数的界线，运用基础设施指数中典型省份分析公式来测算中部地区某个指数相对于总体平均值的变化幅度。

通过表22可以得出，中部地区的运输服务指数最为突出，高出31个省份运输服务指数平均值2.29%，也是所有指数中唯一一个高出全国平均值的指数；除此之外，中部地区的基础设施指数、交通装备指数、科技创新指数、交通安全指数、绿色发展指数、开放合作指数、人才队伍指数、治理水平指数都低于31个省份的平均值，分别低3.86%、11.86%、15.50%、18.35%、7.65%、18.45%、12.02%和24.88%。中部地区交通发展仍有很大的提升空间。主要原因可归纳为以下几点。第一，中部地区整体经济发展水平有待提升。近年来，中部地区的经济发展水平一般，导致在基础设施投资与建设、科技创新的投入、提升绿色发展水平等方面存在不足，对交通强国指数造成影响。第二，中部地区的发展理念存在一定的局限性。由于中部地区特殊的地理位置，多数省份的发展观念较为保守，因此，在中部地区易于出现发展理念、开放合作等方面的问题。中部地区需要转变经济增长模式，进一步为基础设施、交通装备等方面提供一定的物质基础，为科技创新增加投入，进而有利于整个交通体系的完善。同时，中部地区需要转变发展观念，树立开放合作意识，提高核心竞争力。

表22　中部地区各省份指数平均值及变化幅度

基础设施指数		交通装备指数		运输服务指数		科技创新指数		交通安全指数	
中部地区平均值	幅度（%）	中部地区平均值	幅度（%）	中部地区平均值	幅度（%）	中部地区平均值	幅度（%）	中部地区平均值	幅度（%）
34.2472	-3.86	27.3477	-11.86	33.3659	2.29	24.4540	-15.50	26.1617	-18.35

绿色发展指数		开放合作指数		人才队伍指数		治理水平指数	
中部地区平均值	幅度（%）	中部地区平均值	幅度（%）	中部地区平均值	幅度（%）	中部地区平均值	幅度（%）
30.0534	-7.65	25.3408	-18.45	38.7665	-12.02	31.1249	-24.88

（四）中部地区省份交通发展提升建议

1. 政府和公众要转变观念，树立开放合作意识

开放是交通行业的本质属性，合作是交通运输发展的必然要求。首先，中部地区应加快自身观念转变，树立开放合作意识；其次，中部地区应该加快构建全方位的开放格局，提升整个中部地区的综合竞争力；最后，在交通建设与发展过程中，必须站在全球高度、国际视角，促进交通互联互通，形成通达的交通运输服务网络。

2. 建设创新性交通行业，引领交通运输行业高质量发展

中部地区在发展交通运输行业时，应该重视提高科技创新水平。首先，坚持人才优先理念，培养本地现有人才，进一步加快对人才的引进步伐；其次，加快信息化建设，全面促进智慧交通和绿色交通的发展，大力实施"互联网+交通运输"行动计划；最后，进行交通试点示范建设，重点推进绿色交通、绿色公路建设，推广应用新能源汽车等。

3. 提升交通装备现代化水平

交通运输装备体系是交通强国建设的关键环节。应逐步实现交通装备先进适用、完备可靠。一方面，制定和完善标准化规划，推动修订、制定和出台相关法律法规标准，制定提高运输效率的技术标准，推动建立健全标准化工作协同机制，完善专业运输车辆车型技术标准；另一方面，提升专业化水平，充分发挥交通运输公共信息平台的作用，推进智能仓储、分拣系统等新型装备设施的研发与运用。

三 西部地区

（一）西部地区省份交通发展概况

通过将西部地区各省份的交通强国指数综合得分进行排名，可以明显看出西部地区省份的交通发展水平一般。西部地区综合得分平均值为30.9932，标准差为4.7094，说明西部地区各省份之间交通发展差距一般。在西部地区的12个省份中，云南省的综合得分最高，得分最低的省份是西藏（见表23）。

表23 西部地区各省份交通强国指数综合得分及排名

排名	西部地区	综合得分	排名	西部地区	综合得分
1	云南	43.8637	4	青海	31.9071
2	广西	34.4418	5	陕西	31.8664
3	甘肃	31.9807	6	内蒙古	30.9246

续表

排名	西部地区	综合得分	排名	西部地区	综合得分
7	重庆	30.1295	12	西藏	25.1067
8	新疆	29.7900	平均值		30.9932
9	四川	29.2509	最大值		43.8637
10	宁夏	27.4728	最小值		25.1067
11	贵州	25.1841	标准差		4.7094

西部地区12个省份在全国31个省份中排名情况分别为云南排第3、广西排第7、甘肃排第13、青海排第14、陕西排第15、内蒙古排第17、重庆排第20、新疆排第21、四川排第24、宁夏排第26、贵州排第30、西藏排第31，西部地区大部分省份的排名在中偏后的位置。在基础设施方面，西部地区近年来投资较多，但目前交通路网密度仍有较大的提升空间；在交通装备方面，西部地区机场数量较多，但交通技术装备研发水平较低；在运输服务方面，西部地区货运总量小，旅游业发展状况较好；在科技创新方面，西部地区研发水平较低，但运用能力较为突出；在交通安全方面，西部地区出台了较多的交通安全法规，但落实程度亟待提高；在绿色发展方面，西部地区政府部门关注度高，出台的政策较多；在开放合作方面，由于西部地区的政策优势，西部地区的国际合作相对较多，拥有较大的国际影响力；在人才队伍方面，西部地区的体系较完备，学校培养体系完善度较高；在治理水平方面，西部地区行业改革政策较多，体系较为完善，营商环境良好。

（二）西部地区省份指数基本分析

从表24可以看出，西部地区的基础设施指数平均值为28.4364，低于31个省份的基础设施指数的平均值35.6206；在西部地区省份中，云南的基础设施指数最高，西藏的基础设施指数最低，标准差为3.6493。

表24 西部地区各省份基础设施指数及排名

排名	西部地区	基础设施指数	排名	西部地区	基础设施指数
1	云南	34.5905	9	宁夏	25.5448
2	重庆	34.0476	10	新疆	24.9539
3	广西	32.4061	11	内蒙古	24.8957
4	陕西	30.5014	12	西藏	23.2154
5	贵州	30.1737	平均值		28.4364
6	青海	27.5868	最大值		34.5905
7	四川	26.8729	最小值		23.2154
8	甘肃	26.4472	标准差		3.6493

西部地区没有在全国31个省份基础设施指数中排前5名、排前10名的省份。基础设施指数排前20名的省份中位于西部地区的有3个，基础设施指数从高到低的省份依次为云南、重庆和广西。西部地区基础设施指数排在20名之后的省份有9个，分别为陕西、贵州、青海、四川、甘肃、宁夏、新疆、内蒙古和西藏。西部地区没有基础设施指数高于31个省份平均值的省份。从以上分析可知，西部地区基础设施水平较低。截至2019年11月，西部地区交通固定资产投资达到9576.07亿元。2019年，西部地区铁路运营里程为58445公里，高铁运营里程为10401公里，高速公路运营里程为57519.37公里，通航机场数量为121个。

从表25可以看出，西部地区的交通装备指数平均值为26.2841，低于31个省份的交通装备指数的平均值31.0276；在西部地区省份中，陕西省的交通装备指数最高，贵州省的交通装备指数最低，标准差为4.5854。

表25 西部地区各省份交通装备指数及排名

排名	西部地区	交通装备指数	排名	西部地区	交通装备指数
1	陕西	36.2914	4	四川	27.2138
2	新疆	30.4777	5	宁夏	26.5649
3	内蒙古	29.8610	6	重庆	26.2921

续表

排名	西部地区	交通装备指数	排名	西部地区	交通装备指数
7	云南	26.2362	12	贵州	17.3081
8	西藏	25.8318	平均值		26.2841
9	青海	24.8785	最大值		36.2914
10	广西	23.8351	最小值		17.3081
11	甘肃	20.6189	标准差		4.5854

西部地区没有在全国31个省份交通装备指数中排前5名的省份，排前10名的有1个，为陕西。交通装备指数排前20名的省份中位于西部地区的有6个，除陕西外，分别为新疆、内蒙古、四川、宁夏和重庆。西部地区交通装备指数排在20名之后的省份有6个，分别为云南、西藏、青海、广西、甘肃和贵州。西部地区交通装备有很大的提升空间。2019年，西部地区私家车保有量达到4609.42万辆，公路货运车辆占比为21.48%，机场起降架次为400.174万次。西部地区交通技术装备研发水平较低，交通装备专利数总共480个。

从表26可以看出，西部地区的运输服务指数平均值为22.5545，低于31个省份的运输服务指数的平均值32.6199；在西部地区省份中，云南的运输服务指数最高，西藏的运输服务指数最低，标准差为5.1860。

表26 西部地区各省份运输服务指数及排名

排名	西部地区	运输服务指数	排名	西部地区	运输服务指数
1	云南	35.5535	9	贵州	24.5435
2	广西	33.5798	10	重庆	23.6421
3	陕西	32.7441	11	宁夏	22.0681
4	内蒙古	30.7606	12	西藏	16.3934
5	甘肃	28.7353	平均值		22.5545
6	四川	28.6699	最大值		35.5535
7	新疆	28.1842	最小值		16.3934
8	青海	25.7794	标准差		5.1860

西部地区没有在全国31个省份运输服务指数中排前5名的省份,排前10名的有1个,即云南。运输服务指数排前20名的省份中位于西部地区的有5个,除云南外,分别为广西、陕西、内蒙古和甘肃。西部地区运输服务指数排在20名之后的省份有7个,分别为四川、新疆、青海、贵州、重庆、宁夏和西藏。西部地区运输服务指数高于31个省份平均值的省份有3个,分别是云南、广西和陕西。西部地区货运总量最小。2019年,西部地区公路货运总量为121.74亿吨,航空货邮吞吐总量为279.1万吨,快递业务量为47.35亿件。同时,西部地区交通旅游业发展状况良好,仅次于东部地区,汽车自驾运动营地数量为220个。

从表27可以看出,西部地区的科技创新指数平均值为26.2373,低于31个省份的科技创新指数的平均值28.9393;在西部地区省份中,甘肃的科技创新指数最高,西藏的科技创新指数最低,标准差为4.7438。

表27 西部地区各省份科技创新指数及排名

排名	西部地区	科技创新指数	排名	西部地区	科技创新指数
1	甘肃	32.0227	9	宁夏	23.6013
2	云南	31.9030	10	青海	22.8910
3	广西	31.4839	11	新疆	22.1893
4	陕西	30.1241	12	西藏	15.9470
5	重庆	29.6145	平均值		26.2373
6	贵州	26.9045	最大值		32.0227
7	内蒙古	24.4635	最小值		15.9470
8	四川	23.7024	标准差		4.7438

西部地区没有在全国31个省份科技创新指数中排前5名的省份,排前10名的有3个,依次是甘肃、云南和广西。科技创新指数排前20名的省份中位于西部地区的有7个,除了上述3个省份之外,分别为陕西、重庆、贵州和内蒙古。西部地区科技创新指数排在20名之后的省份有5个,分别为四川、宁夏、青海、新疆和西藏。西部地区科技创新指数高于31个省份平

均值的省份有 5 个，分别是甘肃、云南、广西、陕西和重庆。西部地区科技创新研发水平较低，2019 年，西部地区交通发明专利数量为 974 个；交通运输行业重点实验室和研发中心数量为 23 个。西部地区交通科技运用能力较强，2019 年，车联网企业数量为 3837 个。

从表 28 可以看出，西部地区的交通安全指数平均值为 34.4431，高于 31 个省份的交通安全指数的平均值 32.0418；在西部地区省份中，云南省的交通安全指数最高，贵州省的交通安全指数最低，标准差为 9.8106。

表 28 西部地区各省份交通安全指数及排名

排名	西部地区	交通安全指数	排名	西部地区	交通安全指数
1	云南	60.7248	9	内蒙古	27.7107
2	青海	43.3467	10	重庆	27.0724
3	广西	39.9782	11	陕西	25.6816
4	甘肃	39.5230	12	贵州	24.5733
5	西藏	33.8232	平均值		34.4431
6	宁夏	31.6216	最大值		60.7248
7	新疆	29.7978	最小值		24.5733
8	四川	29.4643	标准差		9.8106

在全国 31 个省份交通安全指数中，排前 5 名的有 2 个西部地区省份，分别为云南和青海。排前 10 名的有 5 个，除上述 2 个省份之外，分别为广西、甘肃和西藏。交通安全指数排前 20 名的省份中位于西部地区的有 9 个，除了上述 5 个省份之外，分别为宁夏、新疆、四川和内蒙古。西部地区交通安全指数排在 20 名之后的省份有 3 个，分别为重庆、陕西和贵州。西部地区交通安全指数高于 31 个省份平均值的省份有 5 个，分别是云南、青海、广西、甘肃和西藏。西部地区出台了较多的交通安全法规，但落实程度亟待提高。2019 年，西部地区出台的交通安全法规数为 1043 个；交通安全行政处罚数为 53 个。同时，西部地区对交通安全创新重视程度一般，2019 年申请的交通安全专利数达 338 个。

从表 29 可以看出，西部地区的绿色发展指数平均值为 27.2796，低于 31 个省份的绿色发展指数的平均值 32.5442；在西部地区省份中，云南省的绿色发展指数最高，甘肃省的绿色发展指数最低，标准差为 2.9414。

表 29　西部地区各省份绿色发展指数及排名

排名	西部地区	绿色发展指数	排名	西部地区	绿色发展指数
1	云南	33.0551	9	四川	25.2843
2	陕西	31.2923	10	西藏	24.7793
3	新疆	28.9518	11	宁夏	23.5492
4	贵州	28.8507	12	甘肃	22.5866
5	广西	28.2285	平均值		27.2796
6	重庆	27.8196	最大值		33.0551
7	青海	26.9556	最小值		22.5866
8	内蒙古	26.0025	标准差		2.9414

西部地区没有在全国 31 个省份绿色发展指数中排前 5 名的省份。排前 10 名的有 2 个，依次为云南和陕西。绿色发展指数排前 20 名的省份中位于西部地区的有 6 个，除了上述 2 个省份之外，分别为新疆、贵州、广西和重庆。西部地区绿色发展指数排在 20 名之后的省份有 6 个，分别为青海、内蒙古、四川、西藏、宁夏和甘肃。西部地区绿色发展指数高于 31 个省份平均值的省份有 1 个，即云南。西部地区政府部门对交通的绿色发展较为关注。2019 年，西部地区出台新能源汽车政策数量为 142 个；出台快递包装绿色化政策数为 38 个。截至 2019 年 6 月，公共充电桩数为 3.02 万个。

从表 30 可以看出，西部地区的开放合作指数平均值为 26.5104，低于 31 个省份的开放合作指数的平均值 31.0740；在西部地区省份中，云南省的开放合作指数最高，青海省的开放合作指数最低，标准差为 6.2227。

表30 西部地区各省份开放合作指数及排名

排名	西部地区	开放合作指数	排名	西部地区	开放合作指数
1	云南	37.3156	9	宁夏	21.6367
2	重庆	33.9952	10	新疆	21.6367
3	陕西	33.9952	11	贵州	18.9667
4	四川	29.6143	12	青海	18.9120
5	内蒙古	29.3897	平均值		26.5104
6	广西	29.3897	最大值		37.3156
7	西藏	21.6367	最小值		18.9120
8	甘肃	21.6367	标准差		6.2227

西部地区没有在全国31个省份开放合作指数中排前5名的省份。排前10名的有3个，依次为云南、重庆和陕西。开放合作指数排前20名的省份中位于西部地区的有6个，除了上述3个省份之外，开放合作指数从高到低的省份依次为四川、内蒙古和广西。西部地区开放合作指数排在20名之后的省份有6个，分别为西藏、甘肃、宁夏、新疆、贵州和青海。西部地区开放合作指数高于31个省份平均值的省份有3个，即云南、重庆、陕西。由于西部地区的政策优势，西部地区的国际合作相对较多，拥有较大的国际影响力。西部地区有3个省份为中欧班列运输协调委员会成员；西部地区有10个省份为"一带一路"敲定省份，国际机场数量为15个。

从表31可以看出，西部地区的人才队伍指数平均值为43.3698，低于31个省份的人才队伍指数的平均值44.0616；在西部地区省份中，四川省的人才队伍指数最高，贵州省的人才队伍指数最低，标准差为11.8035。

表31 西部地区各省份人才队伍指数及排名

排名	西部地区	人才队伍指数	排名	西部地区	人才队伍指数
1	四川	66.3564	4	重庆	52.5104
2	陕西	59.1557	5	新疆	50.2935
3	甘肃	58.0432	6	云南	48.1775

续表

排名	西部地区	人才队伍指数	排名	西部地区	人才队伍指数
7	内蒙古	47.7253	12	贵州	27.4873
8	青海	47.2888	平均值		43.3698
9	宁夏	37.3399	最大值		66.3564
10	广西	32.5971	最小值		27.4873
11	西藏	29.4629	标准差		11.8035

在全国31个省份人才队伍指数中排前5名的西部地区省份有3个，分别为四川、陕西、甘肃。排前10名的有7个，除了上述3个省份外，依次为重庆、新疆、云南、内蒙古。人才队伍指数排前20名的省份中位于西部地区的有8个，除了上述7个省份之外，还有青海。西部地区人才队伍指数排在20名之后的省份有4个，分别为宁夏、广西、西藏和贵州。西部地区人才队伍指数高于31个省份平均值的省份有8个，分别是四川、陕西、甘肃、重庆、新疆、云南、内蒙古和青海。西部地区人才队伍建设体系较完备，学校培养体系完善度较高，交通学校数量较多，2019年，西部地区拥有的交通学校数量为20个；交通业就业人员总计195.84万人。

从表32可以看出，西部地区的治理水平指数平均值为46.0051，高于31个省份的治理水平指数的平均值41.4342；在西部地区省份中，云南省的治理水平指数最高，贵州省的治理水平指数最低，标准差为15.0237。

表32 西部地区各省份治理水平指数及排名

排名	西部地区	治理水平指数	排名	西部地区	治理水平指数
1	云南	75.7521	9	甘肃	34.9692
2	新疆	64.4743	10	宁夏	32.8054
3	青海	62.6895	11	四川	31.7916
4	广西	59.3310	12	贵州	27.3579
5	内蒙古	45.5847	平均值		46.0051
6	西藏	44.1064	最大值		75.7521
7	重庆	36.8455	最小值		27.3579
8	陕西	36.3534	标准差		15.0237

在全国31个省份治理水平指数中排前5名的有3个西部地区省份,分别是云南、新疆和青海。排前10名中有6个西部地区省份,除了以上3个省份外,依次为广西、内蒙古和西藏。治理水平指数排前20名的省份中位于西部地区的有9个,除了上述6个省份之外,分别为重庆、陕西和甘肃。西部地区治理水平指数排在20名之后的省份有3个,分别为宁夏、四川和贵州。西部地区治理水平指数高于31个省份平均值的省份有6个,依次是云南、新疆、青海、广西、内蒙古和西藏。西部地区行业改革政策较多,体系较为完善,截至2019年,西部地区出台交通行业改革政策总计271个。由于政策优势,西部地区的营商环境相对良好,营商环境政策相对较多,截至2019年,西部地区出台的优化营商环境政策数量为85个。

(三)西部地区省份指数特点

为了直观地看出西部地区哪些指数更突出,即相对于全国各省份而言,西部地区的哪些指数更高,本报告将31个省份的九大指数平均值分别作为不同指数的界线,运用基础设施指数典型省份分析公式来测算西部地区某个指数相对于总体平均值的变化幅度。

通过表33可以得出,西部地区的治理水平指数最为突出,高出31个省份治理水平指数平均值11.03%;交通安全指数和人才队伍指数都高出31个省份的平均值,分别高出7.49%和5.24%;除以上三个指数外,西部地区的基础设施指数、交通装备指数、运输服务指数、科技创新指数、绿色发展指数、开放合作指数均低于31个省份的平均值,分别低20.17%、15.29%、30.86%、9.34%、16.18%、14.69%。主要原因大致如下。第一,西部地区各省份交通治理水平突出。西部地区各省份在社会参与培育交通文明方面表现突出与当地的政策有关。例如,2017年成都通过"蓉e行"鼓励公众参与交通违法举报,引导市民参与到交通治理行列中,凝聚共建共治能力;开展交通安全网上学习以增强交通文明意识。第二,西部地区经济发展速度一般。由于经济发展水平和地理特征的限制,西部地区在交通发展过程中在基础设施的开发与建设、交通装备的投入、人才引进等方面都存在一定短板。

表33 西部地区各省份指数平均值及变化幅度

基础设施指数		交通装备指数		运输服务指数		科技创新指数		交通安全指数	
西部地区平均值	幅度（%）	西部地区平均值	幅度（%）	西部地区平均值	幅度（%）	西部地区平均值	幅度（%）	西部地区平均值	幅度（%）
28.4364	-20.17	26.2841	-15.29	22.5545	-30.86	26.2373	-9.34	34.4431	7.49
绿色发展指数		开放合作指数		人才队伍指数		治理水平指数			
西部地区平均值	幅度（%）	西部地区平均值	幅度（%）	西部地区平均值	幅度（%）	西部地区平均值	幅度（%）		
27.2796	-16.18	26.5104	-14.69	46.3698	5.24	46.0051	11.03		

（四）西部地区省份交通发展提升建议

1. 加快基础设施建设

西部地区要进行基础设施建设，加快交通基础设施的建设速度。首先，在公路方面要加快公路网线路建设，推进百万公里农村公路建设；其次，在铁路方面要加快铁路建设与运营，逐步形成交通网络。

2. 提高运输服务水平

在交通运输发展过程中坚持"以人为本"的理念。首先，了解乘客的真正需求，进一步有针对性地提升客运服务质量和水平，提高旅客对客运产品的满意度；其次，利用科技全面改善客运服务基础设施，为旅客提供完整的综合型细化服务；最后，建立完善科学的铁路客运服务监督机制，健全运输服务质量评价综合体系。

3. 加大绿色交通宣传力度，倡导绿色交通出行

绿色发展是交通发展的必然要求。首先，加快构建绿色交通发展制度保障体系，优化交通运输基础设施结构体系；其次，政府需要改变自身的发展理念，通过广播、电视等方式进行绿色交通出行宣传，深化公众教育；最后，政府应优化公共交通出行体系，提升公共交通出行服务水平，为公众出行创造良好的环境，进而促进公众选择绿色出行方式。

四 东北地区

(一) 东北地区省份交通发展概况

通过将东北地区各省份的交通强国指数综合得分进行排名,可以明显看出东北地区省份的交通发展水平整体较低。东北地区综合得分平均值为28.0670,标准差为2.5549,说明东北地区各省份之间的交通发展差距较小。在东北地区的3个省份中,辽宁省的综合得分最高,得分最低的省份是吉林省(见表34)。

表34 东北地区各省份交通强国指数综合得分及排名

排名	东北地区	综合得分
1	辽宁	31.5447
2	黑龙江	27.1773
3	吉林	25.4791
	平均值	28.0670
	最大值	31.5447
	最小值	25.4791
	标准差	2.5549

东北地区3个省份在全国31个省份中排名情况分别为辽宁排第16、黑龙江排第27、吉林排第29,东北地区大部分省份排名在中偏后的位置。在基础设施方面,东北地区交通路网密集,但是相对其他地区来说,投资水平一般;在交通装备方面,东北地区有很大的提升空间,东北地区的交通技术装备研发水平较高;在运输服务方面,东北地区的货运总量较小,交通旅游业发展状况较差;在科技创新方面,东北地区的研发水平和运用能力均较低;在交通安全方面,相关政府部门出台的交通安全法规不多,且落实程度有待进一步提升;在绿色发展方面,东北地区缺乏相关政策支持;在开放合作方面,东北地区的国际合作相对较少,国际影响力和国际联系强度较低;

在人才队伍方面,东北地区的相关体系较落后,人才队伍培养水平有待提高;在治理水平方面,东北地区行业改革力度小,营商环境也有较大的改善空间。

(二)东北地区省份指数基本分析

从表35可以看出,东北地区的基础设施指数平均值为29.0247,低于31个省份的基础设施指数的平均值35.6206;在东北地区,辽宁省的基础设施指数最高,吉林省的基础设施指数最低,标准差为5.7984。

表35 东北地区各省份基础设施指数及排名

排名	东北地区	基础设施指数
1	辽宁	37.0574
2	黑龙江	26.3801
3	吉林	23.6365
	平均值	29.0247
	最大值	37.0574
	最小值	23.6365
	标准差	5.7984

东北地区没有在全国31个省份基础设施指数中排前5名的省份,排前10名的有1个,即辽宁。基础设施指数排前20名的省份中位于东北地区的有1个。东北地区基础设施指数中排在20名之后的省份有2个,分别为黑龙江和吉林。东北地区基础设施指数仅辽宁高于31个省份的平均值。东北地区基础设施呈现投资水平一般、交通路网密集等特点。截至2019年11月,东北地区交通固定资产投资达到6151.53亿元。2019年,东北地区铁路运营里程为19573公里,高铁运营里程为3904公里,高速公路运营里程为12426.94公里,通航机场总数为3个。

从表36可以看出,东北地区的交通装备指数的平均值为32.6973,高于31个省份的交通装备指数的平均值31.0276;在东北地区,黑龙江省的交通装备指数最高,吉林省的交通装备指数最低,标准差为10.0717。

表36　东北地区各省份交通装备指数及排名

排名	东北地区	交通装备指数
1	黑龙江	46.3455
2	辽宁	29.4026
3	吉林	22.3439
	平均值	32.6973
	最大值	46.3455
	最小值	22.3439
	标准差	10.0717

在全国31个省份交通装备指数中，排前5名的东北地区省份有1个，即黑龙江。排前10名的有1个。交通装备指数排前20名的省份中位于东北地区的有2个，除黑龙江之外，增加了辽宁。东北地区交通装备指数排在20名之后的省份有1个，为吉林省。东北地区交通装备指数仅黑龙江高于31个省份的平均值。东北地区交通装备有很大的提升空间。2019年，东北地区私家车保有量达到1626.96万辆，公路货运车辆占比为8.35%，机场起降架次为74.60万次。东北地区交通技术装备研发水平仅次于东部地区，交通装备专利数为1034个。

从表37可以看出，东北地区的运输服务指数平均值为27.1460，低于31个省份的运输服务指数的平均值32.6199；在东北地区，辽宁省的运输服务指数最高，吉林省的运输服务指数最低，标准差为4.2001。

表37　东北地区各省份运输服务指数及排名

排名	东北地区	运输服务指数
1	辽宁	32.1901
2	黑龙江	27.3406
3	吉林	21.9074
	平均值	27.1460
	最大值	32.1901
	最小值	21.9074
	标准差	4.2001

东北地区没有在全国31个省份运输服务指数中排前5名、排前10名的省份。运输服务指数排前20名的省份中位于东北地区的有1个，即辽宁。东北地区运输服务指数排在20名之后的省份有2个，为黑龙江和吉林。东北地区没有运输服务指数高于31个省份平均值的省份。东北地区货运总量较小。2019年，东北地区公路货运总量为28.49亿吨，航空货邮吞吐总量为60.40万吨，快递业务量为14.53亿件。同时，东北地区交通旅游业发展状况较差，低于其他地区，2019年，汽车自驾运动营地数量为29个。

从表38可以看出，东北地区的科技创新指数平均值为22.0089，低于31个省份的科技创新指数的平均值28.9393；在东北地区，辽宁省的科技创新指数最高，吉林省的科技创新指数最低，标准差为1.9006。

表38 东北地区各省份科技创新指数及排名

排名	东北地区	科技创新指数
1	辽宁	24.5505
2	黑龙江	21.4952
3	吉林	19.9809
平均值		22.0089
最大值		24.5505
最小值		19.9809
标准差		1.9006

东北地区没有在全国31个省份科技创新指数中排前5名、排前10名的省份。科技创新指数排前20名的省份中位于东北地区的有1个，即辽宁。东北地区科技创新指数排在20名之后的省份有2个，为黑龙江和吉林。东北地区没有科技创新指数高于31个省份平均值的省份。东北地区交通科技创新研发水平较低，2019年，东北地区交通发明专利数量为314个；交通运输行业重点实验室和研发中心数量为10个。东北地区交通科技运用能力较低，2019年，车联网企业数量为881个。

从表39可以看出，东北地区的交通安全指数平均值为24.1986，低于

31个省份的交通安全指数的平均值32.0418;在东北地区,辽宁省的交通安全指数最高,吉林省的交通安全指数最低,标准差为0.7315。

表39 东北地区各省份交通安全指数及排名

排名	东北地区	交通安全指数
1	辽宁	25.0126
2	黑龙江	24.3446
3	吉林	23.2387
	平均值	24.1986
	最大值	25.0126
	最小值	23.2387
	标准差	0.7315

东北地区没有在全国31个省份交通安全指数中排前5名、排前10名、排前20名的省份。东北地区交通安全指数排在20名之后的省份有3个,为辽宁、黑龙江和吉林。东北地区没有交通安全指数高于31个省份平均值的省份。东北地区出台的交通安全法规较少,且落实程度不高。2019年,东北地区出台的交通安全法规数为181个;没有交通安全行政处罚。同时,东北地区对交通安全创新的重视程度较低,2019年申请的交通安全专利数达160个。

从表40可以看出,东北地区的绿色发展指数平均值为25.8000,低于31个省份的绿色发展指数的平均值32.5442;在东北地区,辽宁省的绿色发展指数最高,黑龙江省的绿色发展指数最低,标准差为1.4703。

表40 东北地区各省份绿色发展指数及排名

排名	东北地区	绿色发展指数
1	辽宁	27.2898
2	吉林	26.3114
3	黑龙江	23.7989
	平均值	25.8000
	最大值	27.2898
	最小值	23.7989
	标准差	1.4703

东北地区没有在全国 31 个省份绿色发展指数中排前 5 名、排前 10 名的省份。绿色发展指数排前 20 名的省份中位于东北地区的有 1 个，即辽宁。东北地区绿色发展指数排在 20 名之后的省份有 2 个，为吉林和黑龙江。东北地区没有绿色发展指数高于 31 个省份平均值的省份。东北地区绿色交通发展程度最低，政府出台的相关政策也最少。2019 年，东北地区出台新能源汽车政策数量为 36 个；出台快递包装绿色化政策数为 11 个；截至 2019 年 6 月，公共充电桩数为 0.46 万个。

从表 41 可以看出，东北地区的开放合作指数的平均值为 29.4140，低于 31 个省份的开放合作指数的平均值 31.0740；在东北地区，辽宁省的开放合作指数最高，黑龙江省的开放合作指数最低，标准差为 0.0172。

表 41　东北地区各省份开放合作指数及排名

排名	东北地区	开放合作指数
1	辽宁	29.4261
2	吉林	29.4261
3	黑龙江	29.3897
	平均值	29.4140
	最大值	29.4261
	最小值	29.3897
	标准差	0.0172

东北地区没有在全国 31 个省份开放合作指数中排前 5 名、排前 10 名的省份。开放合作指数排前 20 名的省份中位于东北地区的有 3 个，分别是辽宁、吉林和黑龙江。东北地区没有开放合作指数高于 31 个省份平均值的省份。东北地区的国际合作相对较少，国际影响力和国际联系强度较低，东北地区中国 500 强企业中交通运输企业的个数为 2 个；国际机场数量为 6 个。

从表 42 可以看出，东北地区的人才队伍指数平均值为 50.2224，高于 31 个省份的人才队伍指数的平均值 44.0616；在东北地区，辽宁省的人才队伍指数最高，吉林省的人才队伍指数最低，标准差为 14.7221。

表42 东北地区各省份人才队伍指数及排名

排名	东北地区	人才队伍指数
1	辽宁	71.0365
2	黑龙江	40.2528
3	吉林	39.3779
平均值		50.2224
最大值		71.0365
最小值		39.3779
标准差		14.7221

在全国31个省份人才队伍指数中排前5名的有东北地区的1个省份，即辽宁。排前10名的东北地区省份有1个。人才队伍指数排前20名的省份中位于东北地区的有2个，除了辽宁外，增加了黑龙江。东北地区人才队伍指数排在20名之后的有1个，为吉林。东北地区人才队伍指数高于31个省份平均值的省份有1个。东北地区人才队伍建设体系较落后，交通学校数量较少，人才队伍培养水平有待提高。2019年，东北地区拥有的交通学校数量为5个；交通业就业人员总计72.87万人。

从表43可以看出，东北地区的治理水平指数平均值为31.2739，低于31个省份的治理水平指数的平均值41.4342；在东北地区，吉林省的治理水平指数最高，黑龙江省的治理水平指数最低，标准差为4.4415。

表43 东北地区各省份治理水平指数及排名

排名	东北地区	治理水平指数
1	吉林	35.1386
2	辽宁	33.6298
3	黑龙江	25.0535
平均值		31.2739
最大值		35.1386
最小值		25.0535
标准差		4.4415

东北地区没有在全国 31 个省份治理水平指数中排前 5 名、排前 10 名的省份。治理水平指数排前 20 名的省份中位于东北地区的有 1 个,即吉林。东北地区人才队伍指数排在 20 名之后的有 2 个省份,为辽宁和黑龙江。东北地区治理水平指数没有高于 31 个省份平均值的省份。东北地区行业改革力度小,改革政策数量较少,截至 2019 年,东北地区出台交通行业改革政策总计 104 个。东北地区的营商环境有很大的改善空间,截至 2019 年,东北地区出台的优化营商环境政策数量为 13 个。

(三)东北地区省份指数特点

为了直观地看出东北地区哪些指数更突出,即相对于全部省份而言,东北地区的哪些指数更高,本报告将 31 个省份的九大指数平均值分别作为不同指数的界线,运用基础设施指数典型省份分析公式来测算东北地区某个指数相对于总体平均值的变化幅度。

通过表 44 可以得出,东北地区的人才队伍指数最为突出,高出 31 个省份人才队伍指数平均值 13.98%;交通装备指数高出 31 个省份交通装备指数平均值 5.38%;除以上两个指数外,治理水平指数、交通安全指数、科技创新指数、绿色发展指数、基础设施指数、运输服务指数、开放合作指数均低于 31 个省份平均值,分别低 24.52%、24.48%、23.95%、20.72%、18.52%、16.78%、5.34%。主要原因可归结为以下几点:第一,东北地区历史上是我国重要的工业和农业基地,战略地位十分重要,在交通装备方面有比较好的优势;第二,东北地区面临产业结构单一、体制机制僵化、营商环境不佳等问题,导致经济发展缓慢,进入 21 世纪以来,东北地区出现人才流失、创新动力和能力不足等一系列问题。近些年来,国家提出振兴东北计划,辽宁省成为交通强国建设试点省份,这些都将为东北地区交通发展助力。

表44　东北地区各省份指数平均值及变化幅度

基础设施指数		交通装备指数		运输服务指数		科技创新指数		交通安全指数	
东北地区平均值	幅度	东北地区平均值	幅度	东北地区平均值	幅度	东北地区平均值	幅度	东北地区平均值	幅度
29.0247	-18.52	32.6973	5.38	27.1460	-16.78	22.0089	-23.95	24.1986	-24.48

绿色发展指数		开放合作指数		人才队伍指数		治理水平指数	
东北地区平均值	幅度	东北地区平均值	幅度	东北地区平均值	幅度	东北地区平均值	幅度
25.8000	-20.72	29.4140	-5.34	50.2224	13.98	31.2739	-24.52

（四）东北地区省份交通发展提升建议

1. 树立"以人为本"的理念，提升交通安全水平

东北地区在交通运输建设过程中，要紧紧围绕"以人为本"的理念，提高交通安全水平。首先，充分利用现有的科学技术，建立交通安全监督体系；其次，提升交通从业人员的素质；最后，加大执法检查力度，消除交通运输安全风险隐患。

2. 推进绿色交通建设，落实公共交通优先发展战略

在交通发展过程中，要注重绿色交通建设。首先，重视优先发展公共交通，构建由公共交通主导的综合交通体系；其次，发展可持续交通与低碳交通，推广使用电动汽车；最后，引导个人交通向公共交通转变。

3. 健全交通科技创新体系，推动产、学、研深度融合

科技是交通发展的支撑。首先，深入实施创新驱动发展战略，统筹推进重大科技研发、创新能力建设和成果推广，建立协同创新合作平台；其次，着手补齐短板，深化薄弱环节；最后，推动成果转化，聚焦社会服务，在交通技术发展过程中要注重将现有成果进行推广转化，进而为社会生活服务。

B.6
中国交通强国建设群众满意度研究

刘铁鹰　李明真　孙宁　张贵喜　赵薇　李达*

摘　要：　本报告对中国交通强国群众满意度进行测算。从基础设施完备性、智能环保绿色化、治理体系现代化三个角度出发，分析重点问题，并对各个指标的最终排名进行区域分析，在此基础上对综合满意度进行评价。本报告的研究结果表明，基础设施完备性满意度排名前5的省份包括云南省、江苏省、广西壮族自治区、浙江省和北京市；智能环保绿色化满意度排名前5的省份包括云南省、江苏省、广西壮族自治区、浙江省和北京市；治理体系现代化满意度排名前5的省份包括云南省、青海省、江苏省、广西壮族自治区和新疆维吾尔自治区。此外，针对综合满意度排名靠前的5个省份（分别为云南、江苏、广西、浙江和北京），本报告对其交通强国建设发展情况和群众满意度进行具体阐述。

关键词：　交通强国　智能环保　满意度评价

---

* 刘铁鹰，北京交通大学经济管理学院副教授，硕士生导师，研究方向为区域经济、产业经济。李明真，北京交通大学经济管理学院博士研究生，研究方向为运输经济、产业经济。孙宁，北京交通大学经济管理学院硕士研究生，研究方向为运输经济、产业经济。张贵喜，北京交通大学经济管理学院硕士研究生，研究方向为运输经济、产业经济。赵薇，北京交通大学经济管理学院硕士研究生，研究方向为运输经济、产业经济。李达，北京交通大学经济管理学院博士研究生，研究方向为运输经济、产业经济。

本报告内容主要基于《中国交通强国建设满意度调查问卷》对群众满意度进行分析。为了保证问卷设计科学合理，团队成员在问卷正式发放之前进行了小样本调查，然后改进调查问卷，最后定稿，完成此次问卷设计。此次问卷调查共包括中国 31 个省份，调查时间为 2019 年 12 月 18 日至 2020 年 1 月 12 日，共发放调查问卷 4000 份，最终回收有效问卷 2911 份，问卷有效回收率为 72.8%。

首先，对问卷填写人的背景进行简单的描述。在收回的 2911 份有效问卷中，男性受访者最多，占 60% 左右，25～44 岁的受访者最多，占 70% 左右。从受教育程度来看，90% 及以上的受访者具有高中及以上学历，因此对问卷有较好的理解能力。受访者的职业分布也比较广泛，包括政府机关人员（3.2%）、企业人员（39.7%）、事业单位人员（17.1%）、个体经商人员（13.1%）、务工人员（5.3%）、农民（2.1%）、军人（0.2%）、学生（9.7%）、自由职业者（8.7%）、离退休人员（0.6%）以及其他（0.2%）。此外，从受访者的收入水平来看，14.7% 的受访者的月收入在 3000 元及以下，还有 10% 的受访者的月收入在 9001 元及以上。

一　群众满意度分析

（一）群众满意度调查结果分析

1. 基础设施完备性满意度调查结果分析

在调查问卷中，设置 9 个问题了解市民的基础设施完备性满意度（如表 1 所示）。

表 1　基础设施完备性满意度问卷问题设计

编号	问题内容
1	您对所在城市公共交通换乘的便捷性是否满意？
2	您对所在城市停车场建设(数量、分布、智能化水平等)是否满意？
3	您对所在城市交通安全防护设施(如防护栏)的覆盖度是否满意？
4	您认为所在省份农村道路状况如何？

续表

编号	问题内容
5	您认为所在省份城市与城市之间的交通网是否畅通?
6	您认为所在省份国际航班线路覆盖的国家(或地区)是否全面?
7	您对所在城市物流业的智能收投服务(如智能快递柜)和网络服务平台(如快递企业公众号等)是否满意?
8	您对所在城市交通运输业旅游服务功能(如旅游专线)的开发度是否满意?
9	您对所在城市交通应急救援能力是否满意?

本报告从以上9个问卷问题中选取具有代表性的问题进行分析。

(1) 公共交通换乘满意度

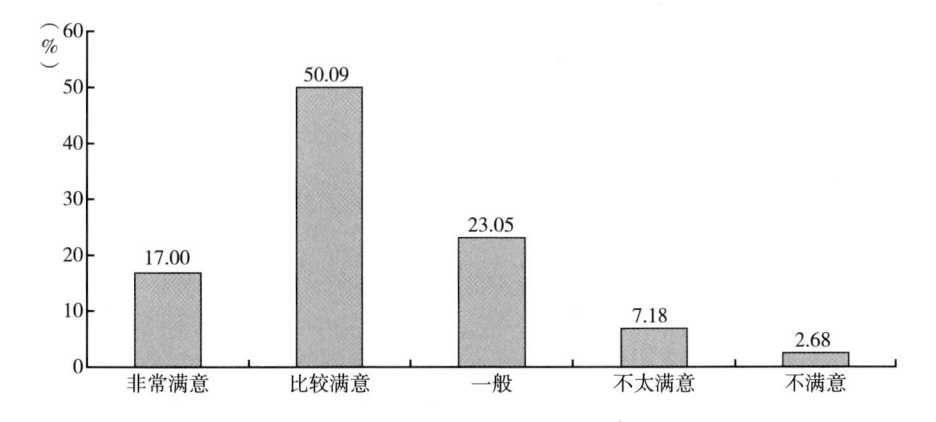

关于"您对所在城市公共交通换乘的便捷性是否满意?"这一问题,如图1所示,超过半数(1458人)选择了"比较满意",占比为50.09%,并且有17.00%的受访者对此表示"非常满意",即近70%的受访者对所在城市的公共交通换乘的便捷性是认可的,这意味着各省份可以通过大力发展公共交通、规划线路,进一步提高公共交通换乘的便捷性,促进城市交通综合发展,减少交通消耗,公共交通的发展不但有利于交通强国的建设,对于交通绿色发展也有积极作用。

图1 您对所在城市公共交通换乘的便捷性是否满意?

(2) 交通安全防护设施满意度

关于"您对所在城市交通安全防护设施（如防护栏）的覆盖度是否满意？"这一问题，如图2所示，44.62%的受访者（1299人）选择了"比较满意"，有22.16%的受访者对此表示"非常满意"，总的来看，将近70%的受访者对所在城市交通安全防护设施（如防护栏）的覆盖度是认可的，但与此同时也有将近10%的受访者对此问题"不太满意"或"不满意"，加强平台安全防护措施建设是维护民众交通安全、城市交通安全的第一步，因此，各大省份仍然应该加大对交通安全防护措施的投入力度，完善交通基础设施，为建设交通强国打下坚实的基础。

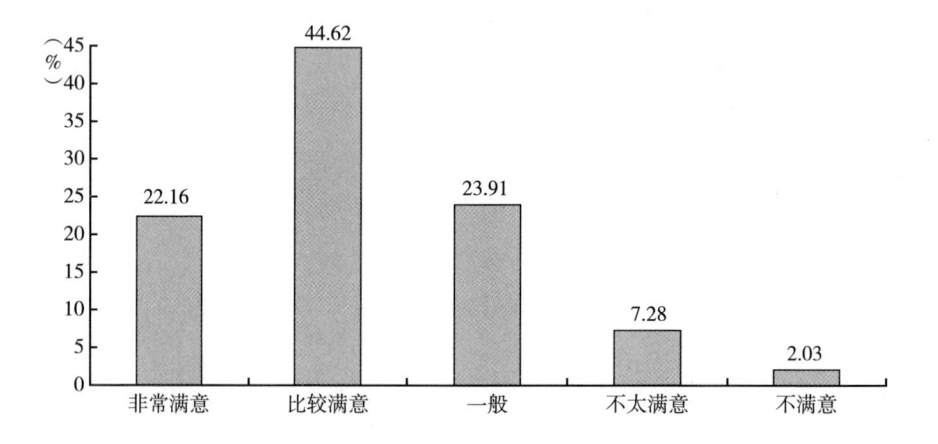

图2 您对所在城市交通安全防护设施（如防护栏）的覆盖度是否满意？

(3) 国际航班线路覆盖全面满意度

关于"您认为所在省份国际航班线路覆盖的国家（或地区）是否全面？"这一问题，如图3所示，38.54%的受访者（1122人）选择了"比较满意"，有20.61%的受访者（600人）对此表示"非常满意"。各省份国际航班线路覆盖全面有助于构建互联互通、面向全球的交通网络，建设世界一流的国际航运中心。同时各省份也应大力发展航空物流枢纽，构建国际物流供应链体系以促进交通强国建设。

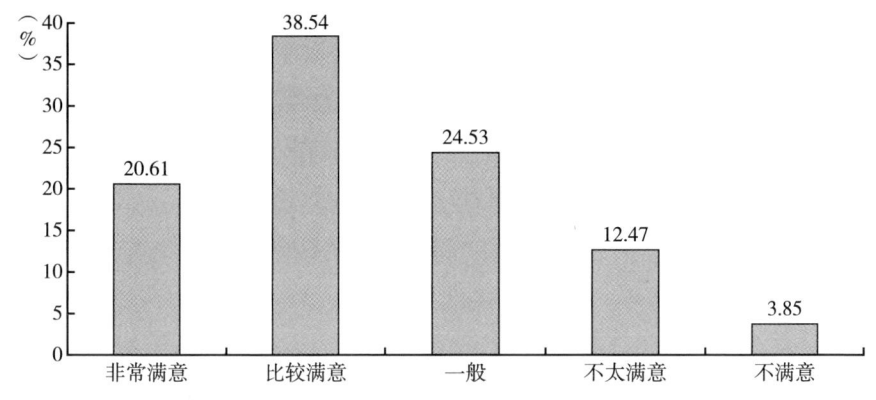

```
     40
  (%) 35              38.54
     30
     25                        24.53
     20  20.61
     15
                                         12.47
     10
      5                                           3.85
      0
        非常满意  比较满意   一般    不太满意   不满意
```

图3　您所在省份国际航班线路覆盖的国家（或地区）是否全面？

2. 智能环保绿色化满意度调查结果分析

在调查问卷中，设置7个问题了解市民的智能环保绿色化满意度（如表2所示）。

表2　智能环保绿色化满意度问卷问题设计

编号	问题内容
1	您认为所在城市的共享交通(共享单车、电动车、汽车)是否能够满足基本出行需求？
2	您认为所在城市是否应当加大对智能网联汽车(智能汽车、自动驾驶)的研发力度？
3	您认为所在城市的智慧交通系统(如电子站牌、网站、手机客户端等)能够提供有用的公共电汽车运行状况和实时位置等信息吗？
4	您认为所在城市新能源公交车的普及程度如何？
5	您对所在城市居民区周边交通噪声处理设施(如降噪板)的覆盖程度是否满意？
6	您认为所在城市交通设施占用的土地面积是否合理？
7	您对所在城市绿色出行的宣传力度是否满意？

（1）共享交通出行满意度

关于"您认为所在城市的共享交通（共享单车、电动车、汽车）是否能够满足基本出行需求？"这一问题，如图4所示，49.60%的受访者（1444人）选择了"基本满足"，并且有18.45%的受访者对此表示"很满足"，说明一半以上的受访者认可所在城市共享交通方式，共享单车等共享交通方式既能有效解决出行"最后一公里"难题，又能够降低对私人小汽车的使用频率，减少交通碳排放，有利于可持续交通发展。

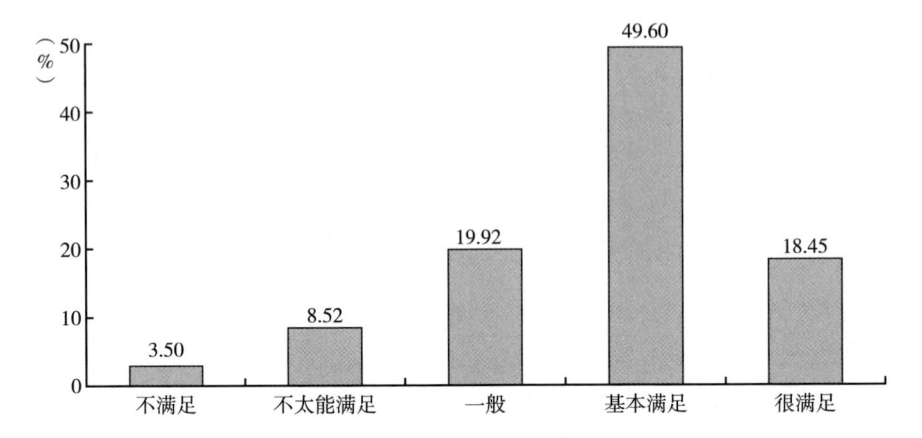

图4 您认为所在城市的共享交通（共享单车、电动车、汽车）是否能够满足基本出行需求？

（数据：不满足 3.50%；不太能满足 8.52%；一般 19.92%；基本满足 49.60%；很满足 18.45%）

（2）智慧交通系统满意度

智慧交通系统是将技术创新成果有效地运用于交通运输服务中，加强车辆、道路、使用者三者之间的联系，从而形成一种保障安全、提高效率、改善环境、节约能源的综合运输系统。关于"您认为所在城市的智慧交通系统（如电子站牌、网站、手机客户端等）能够提供有用的公共电汽车运行状况和实时位置等信息吗？"这一问题，如图5所示，47.68%的受访者

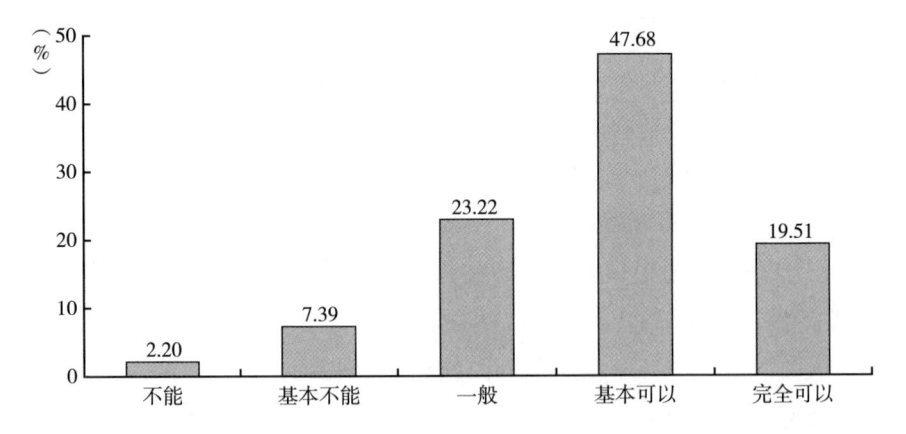

图5 您认为所在城市的智慧交通系统（如电子站牌、网站、手机客户端等）能够提供有用的公共电汽车运行状况和实时位置等信息吗？

（数据：不能 2.20%；基本不能 7.39%；一般 23.22%；基本可以 47.68%；完全可以 19.51%）

(1388人)选择"基本可以",568人(占比为19.51%)选择"完全可以",即超过65%的受访者认可智慧交通系统。

(3)绿色出行宣传满意度

民众绿色出行对于推动低碳城市建设具有十分重要的意义,相关政府部门应该致力于加强对绿色出行的宣传,使人们意识到绿色出行的重要性,促进交通绿色发展。关于"您对所在城市绿色出行的宣传力度是否满意?"这一问题,如图6所示,42.67%的受访者(1242人)选择"比较满意",656人(占比为22.54%)选择"非常满意",即约65%的受访者对于所在城市绿色出行的宣传力度是满意的,相关部门应该继续进行相关宣传,提升民众素质,转变民众观念,鼓励更多人选择公共交通、自行车等绿色出行方式,助力绿色低碳发展。

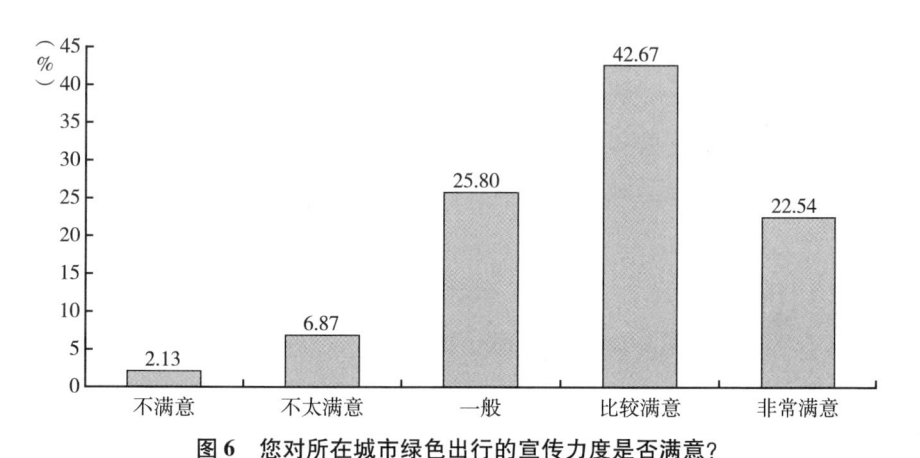

图6 您对所在城市绿色出行的宣传力度是否满意?

3. 治理体系现代化满意度调查结果分析

在调查问卷中,设置11个问题了解市民的治理体系现代化满意度(如表3所示)。

表3 治理体系现代化满意度问卷问题设计

编号	问题内容
1	您对所在城市公共交通服务人员(如驾驶员、售票员等)的专业能力和素质是否满意?
2	您对所在城市交通科技人才培养机构(中高等院校、科研机构)是否满意?
3	您对所在城市交通拥堵治理能力是否满意?

续表

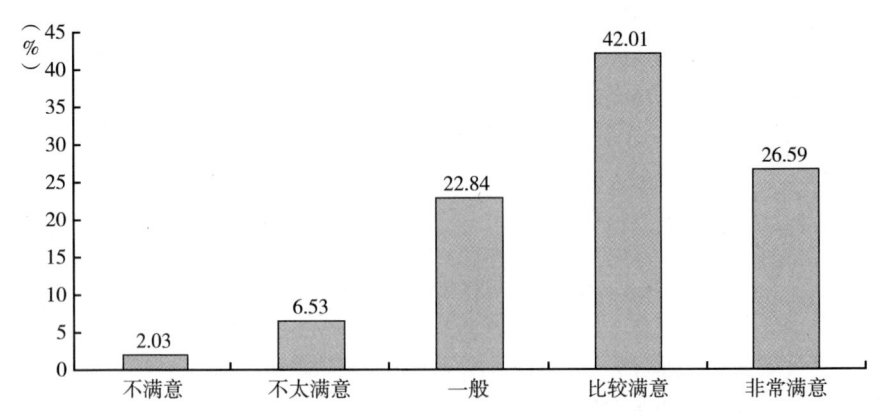

编号	问题内容
4	您对所在城市的交通安全法规制度和标准规范是否满意？
5	您对所在城市相关部门对交通事故的调查和处理工作是否满意？
6	您认为您所在城市在交通领域监督机制的透明度如何？
7	您认为您所在城市近五年交通决策机制的公众参与度是否有所提升？
8	您对所在城市公共交通票价是否满意？
9	您觉得您所在城市"车让人"发生频率怎么样？
10	您对所在城市民众出行整体文明程度是否满意？
11	您是否听过/看过"两路"精神、青藏铁路精神、民航英雄机组等为代表的交通精神的宣传/电视/广播？

（1）交通安全法规满意度

现代交通的发达虽然给人们带来了无尽的便利，但同时也增加了许多安全隐患，交通事故是"现代社会的战争"，注重交通安全有利于构建和谐社会。交通安全法规制度和标准规范不仅可以增强市民的交通规范意识，对提高道路交通安全水平、减少交通事故也起到了积极的作用。关于"您对所在城市的交通安全法规制度和标准规范是否满意？"这一问题，如图7所示，42.01%的受访者（1223人）选择"比较满意"，此外有26.59%的受访者表示"非常满意"，即超过68%的受访者认可其所在城市的交通安全法规制度和标准规范，"不满意"和"不太满意"的受访者占比不到10%。

图7 您对所在城市的交通安全法规制度和标准规范是否满意？

(2) 交通领域监督机制满意度

建立健全交通领域监督机制，保证交通发展的利益相关主体可以参与到日常的监督工作中，对促进交通领域良好发展具有较高的重要性。关于"您认为您所在城市在交通领域监督机制的透明度如何？"这一问题，如图8所示，37.62%的受访者选择"比较透明"，21.81%的受访者表示"很透明"，即接近60%的受访者对所在城市交通领域监督机制满意，也有一部分受访者认为"不透明"或"略微透明"，占12%左右。因此，有关部门应该进一步放开交通领域监督机制，让更多的市民了解，从而提高有关职能部门的工作效率，创建一个更加公平的交通环境。

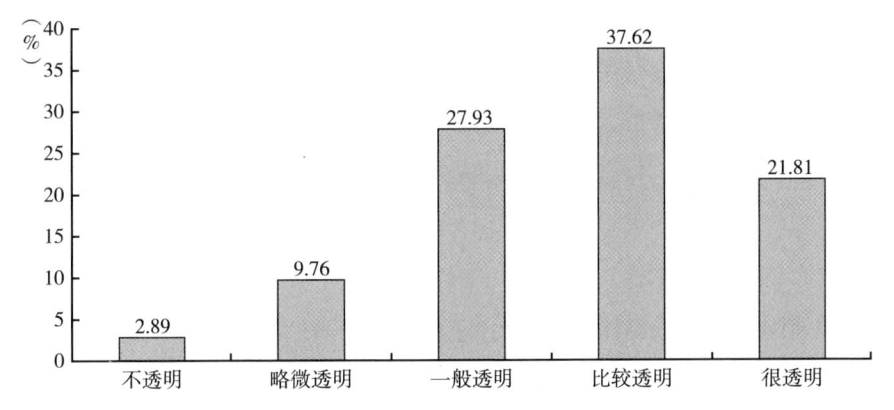

图8 您认为您所在城市在交通领域监督机制的透明度如何？

(3) 公共交通票价满意度

城市公共交通对城市政治经济、文化教育、科学技术等方面的影响极大，也是城市建设的一个非常重要的方面。公共交通票价影响市民选择乘坐公共交通方式，涉及乘客福利，是充分发挥城市公共交通重要性的策略手段。关于"您对所在城市公共交通票价是否满意？"这一问题，如图9所示，44.28%的受访者选择"比较满意"，27.24%的受访者表示"非常满意"，即认可所在城市公共交通票价的受访者超过70%，仅有不到8%的受访者表示"不满意"和"不太满意"。

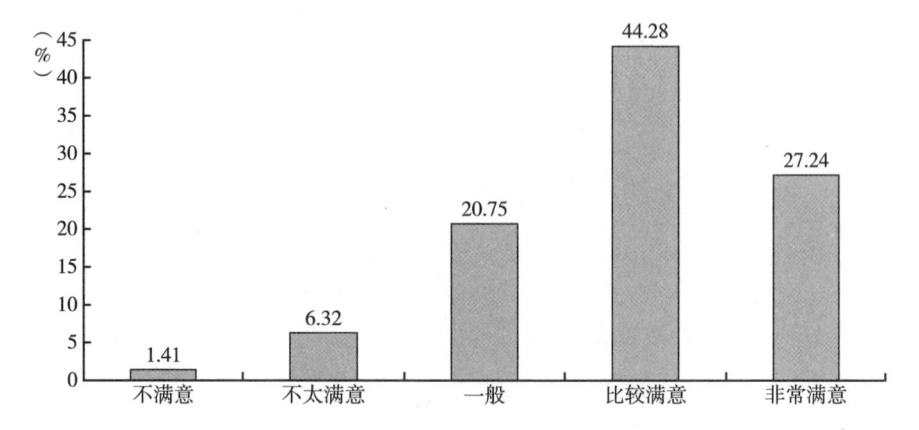

图9 您对所在城市公共交通票价是否满意？

（柱状图数据：不满意 1.41%；不太满意 6.32%；一般 20.75%；比较满意 44.28%；非常满意 27.24%）

4. 综合满意度调查结果分析

交通强国建设的根本目的是服务于人们的生活，方便人们出行。在交通强国建设过程中，了解公众的真实想法是必要的。因此，针对"交通强国建设重要性"，我们对受访者进行调查，如图10所示，41.05%的受访者认为交通强国建设"非常重要"，47.13%的受访者认为交通强国建设"比较重要"，认为重要的受访者的累计占比为88.18%。可见，受访者普遍意识到交通强国建设的重要性。

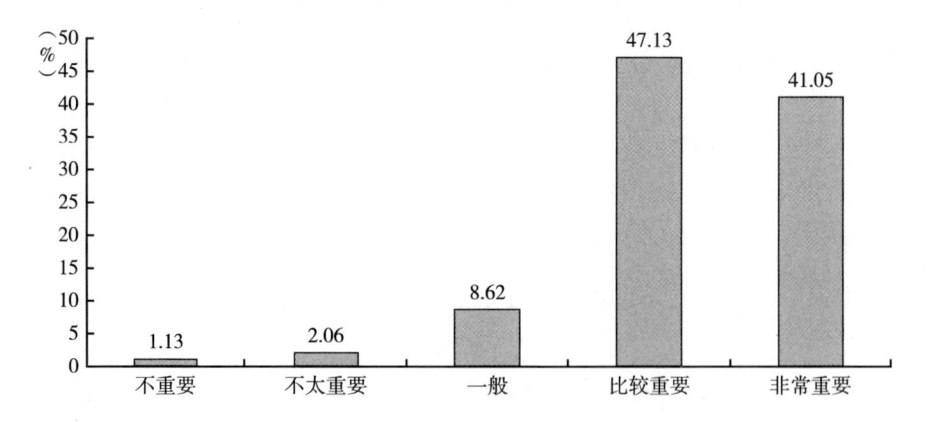

图10 交通强国建设重要性

（柱状图数据：不重要 1.13%；不太重要 2.06%；一般 8.62%；比较重要 47.13%；非常重要 41.05%）

同时，在交通强国建设过程中了解人们的需求也是必要的。因此，针对"交通强国建设重要因素"，我们对受访者进行调查，如图11所示，受访者的关心程度由高到低依次为安全可靠、绿色环保、经济便捷、科技创新和开放合作，占比依次为49.02%、42.73%、41.60%、41.09%和25.56%。可见，受访者对交通安全程度予以关注。然而，相比发达国家，我国道路交通安全水平具有较大差距。2017年，世界上道路交通事故万车死亡率最低的国家是英国（0.48）。而我国道路交通事故万车死亡率为2.07，是英国的4.3倍，日本的3.9倍，美国的1.7倍。因此，我国应该重视提升道路交通安全水平，逐步完善交通安全法律法规体系，加强对公众的交通安全教育，增强公众的交通安全意识，提升事后救援能力。

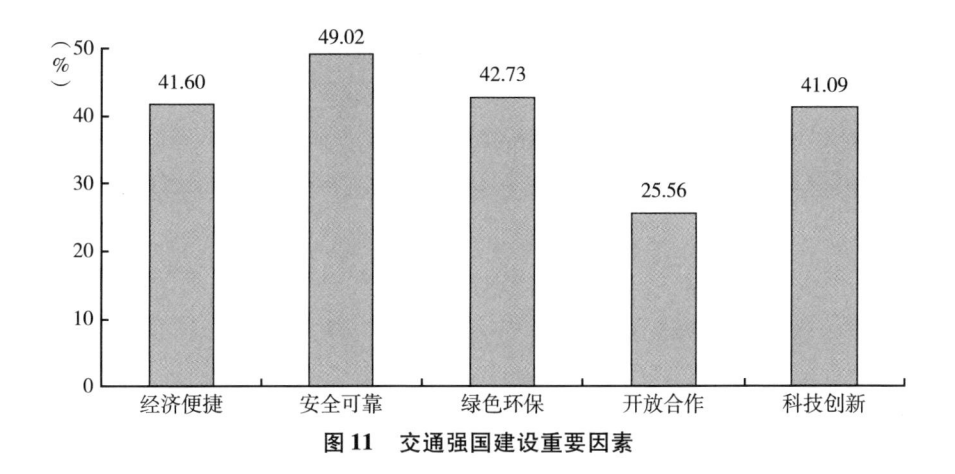

图11 交通强国建设重要因素

（二）群众满意度评价结果分析

按照前文中国交通强国指数的评价方法，运用可拓学分析法与模糊综合评价法相结合的方式测算中国交通强国群众满意度，从而得出综合评价结果。将交通强国满意度细分为基础设施完备性满意度、智能环保绿色化满意度、治理体系现代化满意度三部分。首先，利用可拓学分析法和模糊综合评价法求出基础设施完备性满意度、智能环保绿色化满意度、治理体系现代化满意度。其次，将利用可拓学分析法得到的计算结果与利用模糊综合评价法

得到的计算结果进行结合,从而得出满意度综合评价结果。将基础设施完备性满意度、智能环保绿色化满意度、治理体系现代化满意度三部分综合,可得到交通强国群众满意度综合评价结果(综合满意度)。交通强国群众满意度综合排名如表4所示。

表4 交通强国群众满意度综合排名

排名	基础设施完备性满意度	智能环保绿色化满意度	治理体系现代化满意度	综合满意度
1	云南省	云南省	云南省	云南省
2	江苏省	江苏省	青海省	江苏省
3	广西壮族自治区	广西壮族自治区	江苏省	广西壮族自治区
4	浙江省	浙江省	广西壮族自治区	浙江省
5	北京市	北京市	新疆维吾尔自治区	北京市
6	青海省	新疆维吾尔自治区	北京市	青海省
7	湖北省	湖北省	浙江省	新疆维吾尔自治区
8	上海市	内蒙古自治区	西藏自治区	湖北省
9	广东省	广东省	海南省	上海市
10	海南省	上海市	内蒙古自治区	海南省
11	新疆维吾尔自治区	青海省	湖北省	内蒙古自治区
12	四川省	甘肃省	上海市	广东省
13	河北省	海南省	甘肃省	福建省
14	福建省	河北省	福建省	河北省
15	黑龙江省	福建省	山西省	甘肃省
16	内蒙古自治区	山西省	宁夏回族自治区	山西省
17	山西省	天津市	河北省	四川省
18	天津市	四川省	四川省	天津市
19	重庆市	重庆市	重庆市	重庆市
20	辽宁省	陕西省	陕西省	西藏自治区
21	甘肃省	西藏自治区	天津市	宁夏回族自治区
22	陕西省	宁夏回族自治区	广东省	陕西省
23	宁夏回族自治区	湖南省	辽宁省	辽宁省
24	湖南省	辽宁省	吉林省	黑龙江省
25	安徽省	黑龙江省	黑龙江省	湖南省
26	山东省	山东省	湖南省	吉林省
27	河南省	吉林省	山东省	山东省
28	江西省	贵州省	安徽省	安徽省
29	吉林省	安徽省	河南省	河南省
30	西藏自治区	江西省	贵州省	江西省
31	贵州省	河南省	江西省	贵州省

从上述排名可以看出，基础设施完备性满意度、智能环保绿色化满意度、治理体系现代化满意度和综合满意度排名前10中均包括云南、江苏、广西、浙江、北京五个省份，青海和海南在基础设施完备性、治理体系现代化和综合满意度中排名前10，但在智能环保绿色化满意度排名中稍显落后；新疆在治理体系现代化、智能环保绿色化和综合满意度中排名前10，但在基础设施完备性满意度中排名稍显落后；湖北和上海在基础设施完备性、智能环保绿色化和综合满意度中排名前10，但在治理体系现代化满意度中排名稍显落后。全国31个省份的交通强国群众满意度综合评价结果（综合满意度）差距比较明显，最高的云南省和最低的贵州省相差9.62，综合满意度超过70的仅有三个省份，包括云南、江苏和广西，只有一个东部沿海发达省份即江苏省进入前三，可以发现交通强国群众满意度与区域经济社会发展水平的相关性不显著。下文将对群众满意度排名前5的省份的相关情况进行详细的分析。

二 群众满意度聚类分析

（一）聚类分析方法

在测算基础设施完备性满意度、智能环保绿色化满意度以及治理体系现代化满意度三个层面的基础上，运用聚类分析方法将不同层面的满意度评价结果分为满意度水平较高、满意度水平一般和满意度水平较低，聚类分析过程如下。

1. 确定簇

根据不同省份满意度情况，将满意度从高到低划分为 k 个等级，$j=1$，2，3，…，k。

2. 选择 k 个初始聚类中心

给定大小为 n 的数据集，令 $I=1$，选取 k 个初始聚类中心 $Z_j(I)$，$j=1$，

$2,3,\cdots,k$。

3. 计算每个数据对象与聚类中心的距离

$$D(x_i, Z_j(I)), i=1,2,3,\cdots,n, j=1,2,3,\cdots,k$$

若满足：

$$D(x_i, Z_j(I)) = \min\{D(x_i, Z_j(I)), j=1,2,3,\cdots,n\}$$

则 $x_i \in w_k$。

4. 计算误差平方和准则函数

$$J_c(I) = \sum_{j=1}^{k} \sum_{k=1}^{n_j} \| x_k^{(j)} - Z_j(I) \|^2$$

5. 判断

若 $|J_c(I) - J_c(I-1)| < \xi$，则算法结束；否则 $I = I+1$，计算 k 个新的中心，即：

$$Z_j(I) = \frac{1}{n} \sum_{i=1}^{n_j} x_i^{(j)}, j=1,2,3,\cdots,k$$

返回3。

（二）基础设施完备性满意度聚类分析

在对问卷调查结果进行分析处理之后，我们将31个省份的基础设施完备性满意度分为三类：满意度水平较高、满意度水平一般和满意度水平较低（具体如表5所示）。研究发现，31个省份中有2个省份的受访者认为所在省份的基础设施完备性满意度水平较高，分别是江苏省和云南省，占比为6.5%；有18个省份的受访者认为所在省份的基础设施完备性满意度水平一般，分别是北京市、天津市、河北省、山西省、内蒙古自治区、辽宁省、黑龙江省、上海市、浙江省、福建省、湖北省、广东省、广西壮族自治区、海南省、重庆市、四川省、青海省、新疆维吾尔自治区，占比为58%；其余11个省份的受访者认为所在省份的满意度水平较低，分别是吉林省、安徽省、江西省、山东省、河南省、湖南省、贵州省、西藏自治区、陕西省、甘肃省、宁夏回族自治区，占比为35.5%。

表5 31个省份的基础设施完备性满意度分类

级别	省份
满意度水平较高	江苏省、云南省
满意度水平一般	北京市、天津市、河北省、山西省、内蒙古自治区、辽宁省、黑龙江省、上海市、浙江省、福建省、湖北省、广东省、广西壮族自治区、海南省、重庆市、四川省、青海省、新疆维吾尔自治区
满意度水平较低	吉林省、安徽省、江西省、山东省、河南省、湖南省、贵州省、西藏自治区、陕西省、甘肃省、宁夏回族自治区

以基础设施完备性满意度水平较高的江苏省为例，截至2019年，江苏省内累计7个城市开通运营轨道交通线路，开通城市数量位居全国第一；共开通运营城市轨道交通线路25条（含5条有轨电车线路），运营里程达747公里，总里程居全国第二，公共交通换乘的便捷程度很高。2019年，江苏省建成两条高速铁路，分别为徐宿淮盐高铁和连淮高铁，新增高铁里程取得历史性突破，达到424公里；机场改扩建快速推进；公路网络效能进一步提升，新增高速公路163公里，建成普通国省道400公里，新改建农村公路5887公里，改造桥梁2208座；水路通过能力也进一步增强，因此城市与城市之间的交通十分畅通。截至2019年底，江苏省铁路总里程达3550公里，其中高铁里程为1561公里，进入"高铁俱乐部"的设区市由8个增加到10个，设区市全部开通动车。江苏省拥有9个运输机场，密度达到0.9个/万公里^2，居全国前列。高速公路里程达4865公里。累计建成综合客运枢纽25个。内河航道的里程和密度均居全国之首；四级以上高等级航道里程为3163公里，四级及以上高等级航道通达77%以上县（市）。作为港口大省，其与世界上100多个国家和地区的港口有贸易往来。由以上分析可知，江苏省交通基础设施比较完备，因此满意度水平较高。

相对来说，四个直辖市和大部分中部、东部地区省份基础设施完备性满意度和西部几个省份一样，水平一般，以直辖市之一的北京市为例，基础设施完备性满意度水平一般的原因可能与城市拥堵有关，北京市于2019年在交通基础设施建设上取得较大的成效，如北京大兴机场建成通航，形成了集航空、铁路、地铁、高速公路等多种运输方式于一体的互联互通交通网络；区域铁路——京张高速铁路正式开通运营，北京至张家口两地间的"轨道交通时间"从3小时变为50分钟左右，停运3年的北京北站恢复运营，此外市域（郊）铁路的建设也不断推进。截至2019年底，北京市高速公路运营总里程不断创新高，京雄高速（北京段）、国道109新线高速等一批项目相继开工建设。城市轨道交通方面，建成通车轨道交通大兴机场线一期工程、7号线东延、八通线南延，城市轨道交通运营里程达到699.3公里，居全国前列，城市道路网也不断完善。北京市的基础设施可以说非常完备，但考虑到人口密度较大，大量外来人口由于工作、教育等原因涌入北京市，北京市交通基础设施压力倍增，难以缓解。除此之外，由于经济发展较好，北京市的机动车数量增长较快。北京市总人口数量已达1700万人，机动车数量突破400万辆，对基础设施提出了较高要求。这也是这些省份满意度水平一般的原因。

山东省和河南省的基础设施完备性满意度水平较低，这两个省份相邻，2019年，山东省交通基础设施固定资产投资同比增长8.8%，全年建成通车高速铁路项目2个，长度为240公里，山东省高铁运营里程达到1987公里，新开工高铁项目4个，长度为382公里；完成新建、改扩建高速公路项目9个，长度为771公里，山东省高速公路通车总里程达到6447公里，新开工高速公路项目5个，长度为333公里；港航、机场、城市轨道交通建设也分别超额完成年度投资及工程推进任务。机场建设方面，两大机场青岛胶东国际机场和临沂机场改扩建工程基本完成，菏泽牡丹机场、烟台机场二期、威海机场扩建工程开工建设。城市轨道交通建设方面，济南轨道交通R3线一期工程、青岛地铁2号线西段开通运营。青岛地铁6号线开工建设，济南轨道交通R2线等项目稳步推进。2019年，河南省交通运输系统打通"断头路"1000多公里，全面解决589个行政村公路"畅返不畅"问题。周口至南阳等5条共367公里的高速公路建成通车，河南省高速公路通车里程达

6967公里，居全国第5位；官渡和焦荥等4座黄河大桥建成通车，河南省通车黄河公路桥达21座；河南省贫困地区完成交通基础设施投资331.8亿元，65个县基本实现20户以上自然村通硬化路；河南省高速公路收费站出口车流总量达5.7亿辆次，增长12.3%。2019年，河南省成功入选首批交通强国建设试点省份，获准在"四好农村路"建设和多式联运两个方面开展交通强国建设试点工作。由此可见，在基础设施建设方面，这两个省份也在不断进步，山东省和河南省都是人口大省，服务群众范围较广，对基础设施的数量和质量要求较高可能是满意度水平较低的原因。西部地区如西藏，人口稀少，地势险峻，基础设施不发达，因此可能导致满意度水平较低。

（三）智能环保绿色化满意度聚类分析

经调查问卷、数据测算之后，我们将31个省份的智能环保绿色化满意度分为三类：满意度水平较高、满意度水平一般和满意度水平较低（如表6所示）。研究发现，3个省份的智能环保绿色化满意度水平较高，分别是江苏省、广西壮族自治区和云南省，占比为10%；有13个省份的智能环保绿色化满意度水平一般，分别是北京市、河北省、山西省、内蒙古自治区、上海市、浙江省、福建省、湖北省、广东省、海南省、甘肃省、青海省和新疆维吾尔自治区，占比为42%；其余15个省份的智能环保绿色化满意度水平较低，分别是天津市、辽宁省、吉林省、黑龙江省、安徽省、江西省、山东省、河南省、湖南省、重庆市、四川省、贵州省、西藏自治区、陕西省和宁夏回族自治区，占比为48%。

表6　31个省份的智能环保绿色化满意度分类

级别	省份
满意度水平较高	江苏省、广西壮族自治区、云南省
满意度水平一般	北京市、河北省、山西省、内蒙古自治区、上海市、浙江省、福建省、湖北省、广东省、海南省、甘肃省、青海省、新疆维吾尔自治区
满意度水平较低	天津市、辽宁省、吉林省、黑龙江省、安徽省、江西省、山东省、河南省、湖南省、重庆市、四川省、贵州省、西藏自治区、陕西省、宁夏回族自治区

西部地区智能环保绿色化满意度两极分化情况比较严重，满意度水平较高的省份中西部地区省份占67%，但西部地区一半的省份的满意度水平较低，这可能是由西部不同地区智慧交通政策执行力度和智能交通设施普及程度不同导致的，以广西壮族自治区为例，2018年1月，广西8个城市可使用腾讯乘车码乘坐公交车，使居民出行更加方便，成为全国首个支持多城市使用同一乘车码的省份；2019年8月，南宁市交通运输局与中国移动通信集团广西有限公司南宁分公司签订《共建"南宁智慧交通运输"战略合作协议》以响应国家建设"交通强国"发展战略，以大数据分析、5G等先进技术为基础，使互联网与交通运输领域广泛融合，加快城市智慧交通体系建设，整合公交、地铁、出租车等多种出行方式，借助智能化系统为群众出行提供便利。云南省则早在2011年就开始布局和推进"七彩云南·智慧出行系统"智慧交通项目建设，全面整合云南省35个一级、78个二级客运站的班线以及5000多辆公交车的运行线路信息，为出行者提供实时交通信息，2013年12月，"七彩云南·智慧出行"应用程序正式上线并得到广大群众的支持；2018年11月，云南省成为全国首个使用"ETC+无感支付"高速收费快捷支付模式的地区，该模式上线一周日均活跃用户达到20万人，为出行者带来高速新体验。

东部地区10个省份的群众满意度水平基本上为一般，占比为70%，江苏省是东部地区唯一一个满意度水平较高的地区。2015年，江苏省交通运输厅与百度公司签署战略合作框架协议；2018年1月，江苏省人民政府又与腾讯公司正式签订战略合作协议；2020年4月，江苏省交通运输厅和中国电信股份有限公司江苏分公司、中国移动通信集团江苏有限公司、中国联合网络通信有限公司江苏分公司、中国铁塔股份有限公司江苏省分公司举行战略合作协议签约仪式，以利民为宗旨，将交通、科技和产业深度融合，推动"互联网+交通"快速发展。这期间涌现出不少成果：公众出行方面，"畅行江苏"应用程序实现了"三通"，即信息查询"一网通"、购票服务"一站通"和费用支付"一卡通"，为居民出行提供便利；智能网联汽车方面，国家ITS中心智能驾驶及智能交通产业研究院落户常州，并不断进行探索研究；新能源汽车方面，2018年，中国（江苏）新能源汽车产业发展峰会上提出"2020年前，江苏将推广应用15万辆新能源汽车，主要以公共领域为切入口"，"2020年底前，全省公交车基本改用新能源或清洁能源汽车"①，全面落实智能环保工作。总体来看，东部地区对交通智能环保方面还是比较重视的，北京市于2017年发布的《北京市"十三五"时期智慧交通发展规划》提出集约、协同、共享的交通发展理念；河北省在2012年印发的《河北省智能交通发展战略（2013—2020）》中提出建设适合河北交通运输的智能交通体系；浙江省成立"智慧交通产业联盟"，实现产学研一体化，运用新技术助力交通发展。

中部地区的6个省份中有4个省份的智能环保绿色化满意度水平较低，占比为67%，山西省和湖北省的满意度水平一般，但在中部地区的群众认可度较高。2019年1月，山西省太原市人民政府与北京嘀嘀无限科技发展有限公司签署战略合作协议，就智慧交通建设展开深度合作；同年11月，山西举办了中国中部地区最大的交通产业博览会，以"智能、绿色、高速、安全"为主题，展现了山西"智能交通""智能停车""交通建设"等方面的成果；2020年，江西省整体部署了高速ETC无感支付，并且ETC车辆享受不少于5%的无差别通行费优惠，惠及众多市民。湖北省在2019年被列入第一批交通强国建设试点省份，致力于实现"建设交通强国示范区，打造新时代九省通衢"的总体目标，形成"六大方针"，即构建大枢纽，畅通大通道，完善大路网，发展大运输，建设大平台，共抓大保护，推动交通强国示范区建设，为群众便捷出行保驾护航。

东北地区三个省份辽宁省、吉林省和黑龙江省的智能环保绿色化满意度水平均较低，可见东北三省的智能交通发展水平还有待提高。辽宁省目前重点推进智慧公交建设，不断推进使用新能源、清洁能源公交车；

---

① 《江苏：2020年前推广15万辆新能源汽车》，新华网，http：//www.xinhuanet.com/2018-11/23/c_1123760373.htm。

吉林省作为智慧公路试点地区之一，在2019年完成了珲乌高速吉林省全线试点工程和长春龙嘉机场连接线智慧公路项目；黑龙江于2019年推进"数字龙江"建设，目前，该项目处于起步阶段，还在不断探索完善中。整体来看，相较于西部、东部和中部地区，东北地区的智慧交通发展范围较小、起步较晚，这可能是东北地区智能环保绿色化满意度水平较低的原因。

（四）治理体系现代化满意度聚类分析

经调查问卷、数据测算和聚类分析之后，我们将31个省份的交通强国治理体系现代化满意度分为三类：满意度水平较高、满意度水平一般和满意度水平较低（如表7所示）。结果表明，8个省份的治理体系现代化满意度水平较高，分别是北京市、江苏省、浙江省、广西壮族自治区、云南省、西藏自治区、青海省和新疆维吾尔自治区，占比为26%；此外，8个省份的治理体系现代化满意度水平一般，分别是山西省、内蒙古自治区、上海市、福建省、湖北省、海南省、甘肃省和宁夏回族自治区，占比为26%；其余15个省份的治理体系现代化满意度水平较低，分别是天津市、河北省、辽宁省、吉林省、黑龙江省、安徽省、江西省、山东省、河南省、湖南省、广东省、重庆市、四川省、贵州省和陕西省，占比为48%。

表7 31个省份治理体系现代化满意度分类

级别	省份
满意度水平较高	北京市、江苏省、浙江省、广西壮族自治区、云南省、西藏自治区、青海省和新疆维吾尔自治区
满意度水平一般	山西省、内蒙古自治区、上海市、福建省、湖北省、海南省、甘肃省和宁夏回族自治区
满意度水平较低	天津市、河北省、辽宁省、吉林省、黑龙江省、安徽省、江西省、山东省、河南省、湖南省、广东省、重庆市、四川省、贵州省和陕西省

从整体情况来看，西部12个省份的治理体系现代化满意度分布比较均衡。其中满意度水平较高的有广西壮族自治区、云南省、西藏自治区、青海省和新疆维吾尔自治区，占比为41.67%；内蒙古自治区、甘肃省和宁夏回族自治区的满意度水平一般，占比为25%；重庆市、四川省、贵州省和陕西省的满意度水平较低，占比为33.33%。以治理体系现代化满意度水平较高的广西壮族自治区为例，2017年，广西壮族自治区交通运输厅联合自治区发展改革委制定印发《广西"信用交通省"创建实施方案》，开始启动"信用交通省"创建工作：一是加快完善广西交通运输信用信息共享平台，加快信用信息平台数据归集的源系统建设，截至2019年10月，已收集信息300万余条，共向交通运输部平台、自治区平台上报信息290万条；二是以"双公示"（行政许可、行政处罚）信息和公路治超信息为重点和突破口，及时归集、上报、共享、公开信用信息，相继出台了《广西壮族自治区水路运输市场信用信息管理实施细则（试行）》和《广西壮族自治区高速公路诚信通行黑名单管理规定（试行）》等，截至2019年10月，已录入"黑名单"车辆为14.52万辆，追回通行费3510.23万元；三是进一步加强信用评价和联合奖惩工作，按照国家和交通运输行业有关标准，制定完善评价办法及相关标准。此外，广西将上述工作纳入年度绩效考核范畴，通过强化目标绩效考核督查，推进制度化建设。

与西部地区相同，在东部地区的10个省份中，治理体系现代化满意度分布比较均衡，其中北京市、江苏省和浙江省的满意度水平较高，占比为30%；上海市、福建省和海南省的满意度水平一般，占比为30%，而天津、河北、山东和广东的满意度水平较低，占比为40%。以治理体系现代化满意度水平较高的北京市为例，"十三五"期间，北京市坚持公交优先战略，加大对轨道交通的建设力度，进一步优化城市路网结构，在提倡市民使用大众交通工具出行、治堵减排的基础上，立足打造安全、便捷、高效、绿色、经济的现代化综合交通体系，来解决特大城市堵车、停车难等一系列交通难题。2019年4月9日，北京市人民政府办公厅印发《2019年北京市交通综合治理行动计划》，提出了三大重点工作任务：一是优化供给，不断提升城市交通服务能力；二是调控需求，强化交通承载约束能力；三是强化治理，营造精治、共治、法治良好氛围。把北京市中心城区绿色出行比例提高到74%，路网交通指数控制在5.6左右，从而增强人民群众获得感、幸福感和安全感。2019年4月7日，中共江苏省委办公厅印发《关于加快推进全省现代综合交通运输体系建设的意见》，围绕强化"四大走廊"、补齐"三大短板"、做强"两大特色"和投资突破"一万亿元"的四大目标，推进现代综合交通运输体系构建，打造交通强国建设先行区。浙江省作为首批交通强国建设试点省份，自2019年起印发《加快推进浙江交通强国示范区建设指导意见》《浙江省综合交通产业发展规划》《加快推进海港陆港空港信息港"四港"联动发展建设方案》等，规范文明、安全智慧的综合交通行业治理体系已经初步形成，体制机制改革也取得了突破性进展。

与西部和东部地区相比，中部地区6个省份的治理体系现代化满意度水平整体比较低，其中，山西省和湖北省的满意度水平一般，占比为33.33%；安徽省、江西省、河南省和湖南省的满意度水平较低，占比为66.67%，中部地区无满意度水平较高的省份。山西省作为交通强国建设第二批试点省份，在2020年3月山西省交通系统会议中提出将全面开启交通强国建设山西篇章新征程，加快构建现代化综合交通运输体系，绘制路线图，制定时间表，确定责任人，力争用1~2年时间取得阶段性成果，用3~5年时间取得较为完善的系统性成果，形成一批既相对完善又可复制推广的示范项目、标准规范、治理制度等，从而深化交通运输领域改革，打赢交通运输攻坚战。湖北省作为交通强国建设第一批试点省份，在综合交通运输体系建设方面已经取得了显著成绩，截至2018年底，湖北省综合交通网络里程为29.5万公里（不含民航航线、城市内道路），此外在交通运输现代市场体系建设和交通运输投融资体制改革方面也提出了有关的发展方向。

东北地区的3个省份即黑龙江省、辽宁省和吉林省的治理体系现代化满意度水平较低，由此可知，东北三省的现代化治理体系建设仍有较大的发展空间。从2019年起，黑龙江省哈尔滨市启动"交通云"建设，在道路通行效率、交通风险防控能力、公众交通信息服务能力等六个方面全面提升城市交通综合治理能力；2020年1月，辽宁省交通运输会议上提出将以交通强国建设试点省份为引领，以供给侧结构性改革为主线，构建现代交通运输体系，提升交通治理能力；2019年11月，吉林省委十一届六次全会提出落实国家治理新要求，推动政府治理体系和治理能力现代化。

（五）综合满意度评价

在调查问卷中，共设置三类问题反映市民的综合满意度。经调查问卷、数据测算之后，我们将31个省份的综合满意度分为三类：满意度水平较高、满意度水平一般和满意度水平较低（如表8所示）。研究发现7个省份的综合满意度水平较高，分别是北京市、江苏省、浙江省、广西壮族自治区、云南省、青海省和新疆维吾尔自治区，占比为22.5%；17个省份的综合满意度水平一般，分别是天津市、河北省、山西省、内蒙古自治区、辽宁省、黑龙江省、上海市、福建省、湖北省、广东省、海南省、重庆市、四川省、西藏自治区、陕西省、甘肃省、宁夏回族自治区，占比为55%；其余7个省份的综合满意度水平较低，分别是吉林省、安徽省、江西省、山东省、河南省、湖南省和贵州省，占比为22.5%。

表8　31个省份的综合满意度分类

级别	省份
满意度水平较高	北京市、江苏省、浙江省、广西壮族自治区、云南省、青海省、新疆维吾尔自治区
满意度水平一般	天津市、河北省、山西省、内蒙古自治区、辽宁省、黑龙江省、上海市、福建省、湖北省、广东省、海南省、重庆市、四川省、西藏自治区、陕西省、甘肃省、宁夏回族自治区
满意度水平较低	吉林省、安徽省、江西省、山东省、河南省、湖南省、贵州省

西部地区有4个省份的综合满意度水平较高，占比为33.3%；有7个省份的综合满意度水平一般，占比为58.3%；有1个省份的综合满意度较

低，占比为8.3%。2019年，云南省综合交通建设投资达到2668.28亿元，公路、水路投资仍居全国第一。其中，政府财政投入为652.02亿元。在公路方面，高速公路里程突破6000公里，91个县通高速公路。为了打赢脱贫攻坚战，2019年，云南新建农村公路1.97万公里。到2019年底，云南省所有建制村通硬化路、通邮，且具备条件的建制村通客车率达到98.28%。云南省着力打造"最美交通"，其中怒江美丽公路主道建成通车；昆明至丽江、昆明至西双版纳、长水机场至昆明主城区3条美丽公路建设深入实施；大滇西旅游环线交通基础设施规划建设加快推进。同时，加快实现交通智能化、数字化，数字交通建设方案相继出台，如期完成取消高速公路省界收费站。2019年，云南省加大快速铁路网建设力度。扩大省级投入规模，筹措安排铁路建设资金40亿元，较2018年增加10亿元，增幅为33.3%。保障铁路项目省级资本金出资需求，进一步提升省铁投公司投融资能力。渝昆高铁云南段开工建设，威信、镇雄通高铁，玉溪、宣威、河口通动车。2019年，云南省航空网持续加密，地方民航发展局围绕打造"两网络""一枢纽""四板块"进行建设。江川、丽江、保山、兰坪通用机场建成通航。并进一步优化省内航路航线，积极推进广播式自动相关监视系统（ADS-B）管制运行。

东部地区有3个省份的综合满意度水平较高，占比为30%；有6个省份的综合满意度水平一般，占比为60%；有1个省份的综合满意度水平较低，占比为10%。2019年，北京大兴机场建成通航使北京进入航空"双枢纽"发展时代。同时北京区域铁路网建设不断提速，2019年12月30日，京张高铁正式开通运营。北京至张家口两地间的"轨道交通时间"从3小时变为50分钟左右，停运3年的北京北站恢复运营。截至2019年底，北京市高速公路运营总里程达1169公里，京雄高速（北京段）、国道109新线高速等一批项目相继开工建设。2019年，山东省交通基础设施建设投资达到1750亿元，增长9.3%，投资规模创历史之最。其中，铁路建设完成投资375亿元，公路建设完成投资1121亿元，港航建设完成投资106亿元，机场建设完成投资110亿元。山东省综合满意度水平较低可能是基于以下几方面原因。一是高速公路覆盖程度不高。山东省人口数量居全国第二,但路网密度仅居全国第9位。二是综合交通枢纽建设缓慢。山东省在多式联运等新的运输模式推动方面发展较慢,区市节点覆盖率仅为41%,尚未有新建成的综合交通客运枢纽项目。

中部地区没有任何省份的综合满意度水平较高;有2个省份的综合满意度水平一般,占比为33%;有4个省份的综合交通满意度水平较低,占比为67%。相对于其他地区,中部地区省份的综合满意度水平较低,这可能由需求量增加等引起。数据显示,2018年春节,河南省汽车流量达到1474万辆,仅三天的"五一"小长假,汽车流量就达到了772.6万辆,这表明河南省汽车数量多,流量大,为了提升车辆的运行效率必须提升交通智能化水平。截至2019年11月底,河南省机动车保有量为1468万余辆(居全国第10位),同比增长6.63%;河南省机动车驾驶人数量为1610万余人(居全国第10位),同比增长7.66%。

东北地区没有任何省份的综合满意度水平较高;有2个省份的综合满意度水平一般,占比为67%;有1个省份的综合满意度水平较低,占比为33%。总体来看,东北地区的交通基础设施水平仍需要进一步提高,东北三省在持续发力。在高速公路建设方面,吉林省于2019年完成10个项目,长度为1307公里,完成高速公路建设投资209亿元,同比增长4.6%;新增通车里程284公里,吉林省高速公路通车里程达到3582公里。同时,吉林省在不断探索新的运输结构。2019年,吉林省交通运输厅大力发展多式联运,采用甩挂运输、"互联网+货运物流"等运输组织结构模式。

三 对综合满意度排名前5的省份的分析

本部分将对交通强国综合满意度排名前5的省份进行重点分析。经过前文计算得到交通强国综合满意度排名前5的省份分别为云南省、江苏省、广西壮族自治区、浙江省和北京市。2019年10月15日,交通运输部颁布了

《交通运输部关于公布第一批交通强国建设试点单位的通知》，将河北雄安新区、辽宁省、江苏省、浙江省、山东省、河南省、湖北省、湖南省、广西壮族自治区、重庆市、贵州省、新疆维吾尔自治区、深圳市等13个地区作为第一批交通强国建设试点单位。其中，江苏省、浙江省、广西壮族自治区入选。

（一）云南省

云南省地处中国西南边疆，北与西藏、四川相连，东与贵州、广西相连，西南与老挝、越南、缅甸接壤，与印度、泰国、柬埔寨等国家邻近。

云南省交通基础设施建设取得显著成就。改革开放前，云南交通基础设施严重落后，运输服务能力不足，成为影响人民生产生活、制约经济发展的短板之一。改革开放40多年来，从乡村泥巴路到石子路，从高速公路零的突破到高速公路非常普遍，云南省交通建设实现一次次的突破与跨越。截至2019年底，云南省铁路运营里程为3990公里，其中高速铁路运营里程为1074公里；内河航道运营里程为0.4万公里，高速公路运营里程为0.6万公里。交通设施的建设改善了边疆人民生产生活的条件，带动云南省生产总值快速增长，2019年，云南省实现生产总值23223.75亿元，同比增长8.1%，增速高于全国（6.1%）2.0个百分点；引领农林牧渔业、制造业、旅游业、交通运输业等产业高速高质量发展。

云南省交通运输服务转型升级。在交通设施水平不断提高的同时，云南省交通运输厅始终致力于解决乡村客运发展问题，让边疆人民实现由"出行难"到"能出行"再到"行得好，行得快""行得舒适"转变。特别地，"十三五"规划实施以来，省内客运向智慧交通转变，例如"无感支付"、道路客运联网售票、"一卡通"实现互联互通、网约车的点对点的优质服务等这些新型信息化、智能化的运输服务有效满足了群众日益增加的出行需求，人民的出行更便捷、更舒适。

云南省成为通向南亚和东南亚的门户。云南是中国与南亚和东南亚地区之间的枢纽，在中国腹地与东南亚国家的贸易交流与合作过程中发挥着"区域心脏"的功能。2015年，习近平总书记在云南考察时就提出，云南在中国对外开放中的定位是"面向南亚东南亚辐射中心"。在"21世纪海上丝绸之路"和"丝绸之路经济带"建设过程中，云南因独特的区位优势成为中国与南亚和东南亚互联互通的门户。

根据《交通强国建设纲要》的目标，云南省全力聚焦、主动服务和融入"一带一路"和长江经济带建设等，培育创新、拓展延伸具有云南独特优势的综合交通基础设施建设网络，努力在加快"面向南亚东南亚辐射中心"建设、推进跨越式发展和加快建设现代化综合交通体系的伟大征程中发挥"先行官"作用。交通基础设施建设、运输服务水平、对外开放程度等方面有效提高了交通强国群众满意度水平，使云南省交通强国群众满意度达到全国第一的水平。

根据对本报告的问卷调查结果的分析，云南省的基础设施完备性满意度、智能环保绿色化满意度与治理体系现代化满意度均排名第一。由于云南省在交通建设方面的起步较晚，发展严重滞后，改革开放以来，云南省在交通基础设施建设、交通智能化水平与交通管理体系等方面均发生了质的飞跃，乡村客运水平大幅提升，城市客运向智能化转型，"交通+旅游"深度融合，全面助力乡村振兴，促进边疆群众生活方式的改善和生活质量的提高。

（二）江苏省

江苏省位于我国东部沿海，地跨长江、淮河两大水系，湖泊众多，地势平坦，是我国"一带一路"建设、长江经济带、长江三角洲城市群的叠加区域，对外开放水平高，综合经济竞争力强，城镇化水平高，社会文明程度高。2019年，江苏省人均GDP为123607元，增长5.8%；年末城镇化率达70.61%，提高1个百分点；江苏省完成进出口总额43379.7亿元，其中对共建"一带一路"国家的出口额保持较快增长，为7284.2亿元，增长12.8%，占江苏省出口总额的比重为26.8%，对江苏省出口增长的贡献率为147.3%。

截至2019年底，江苏省高速公路里程为4865.0公里，实现所有县区通高速；铁路运营里程为3539.0公里，铁路骨干网络加快建成，长三角核心区（沪宁杭）形成"一小时高铁圈"；江苏省内河航道总里程和密度均居全国之首，万吨级以上泊位数、亿吨大港数均居全国第一；江苏省共有10个机场，其中连云港花果山国际机场在建，机场密度居全国各省份首位；2019年末，民用汽车保有量为1919.2万辆，增长7.6%；私人汽车保有量为1646.2万辆，增长7.1%[1]。交通科技平台数量和质量居各省份第一，江苏作为绿色交通示范省率先通过交通运输部验收，是交通运输部推进新一代国家交通控制网和智慧公路试点省份之一；在全国各省份中率先构建了公铁水空齐抓共管的"大交通"管理体制。

2019年10月15日，交通运输部确定江苏省为第一批交通强国建设试点单位[2]。因地理位置、政策倾斜、战略需求等条件，江苏省委省政府大力推进综合交通发展，江苏在基础设施、科技创新、交通治理、运输服务等方面的发展走在全国各省份前列，综合交通运输基础设施达到世界先进水平，有效提升了交通强国群众满意度。

根据对本报告的问卷调查结果的分析，江苏省的基础设施完备性满意度和智能环保绿色化满意度均排名第二。基础设施完备性满意度主要表现为城市轨道交通网络高度发达，江苏省已经有7个城市开通轨道交通，居全国各省份第一，城市轨道交通运营总里程居全国第二，城市公共交通便捷性是城市交通满意度水平提升的关键。智能环保绿色化满意度主要表现在交通设施的智能化和绿色化两个方面。2019年，江苏省交通运输行业柴油消耗占比下降了5.79个百分点，道路运输领域的新能源车辆为5.5万多辆，同比增长16.6%。2017年7月，江苏苏州成立未来智能交通产

---

[1] 《2019年江苏省国民经济和社会发展统计公报》，中国经济网，http://district.ce.cn/newarea/roll/202003/05/t20200305_34407647.shtml。

[2] 《交通运输部关于公布第一批交通强国建设试点单位的通知》，中华人民共和国中央人民政府网，http://www.gov.cn/xinwen/2019-10/25/content_5444681.htm。

业研究院,致力于打造智能交通领域的国家级智库。江苏省的智慧公路发展领先全国,海安市创新推出的"农路实时监控"小程序,在全市2274条公路的农村路进行全面安全排查,在全市主要农路安装视频监控系统655套,进行安保设施隐患整改里程达465公里,全市农路智能网络硬件设施基本完成,最终融入江苏省智能交通系统,着力完善农村公路网络的智能化监管。

(三)广西壮族自治区

广西位于我国南部沿海,南部濒临北部湾,西南与越南接壤,位于云贵高原东南边缘,属于山陵地区,四周多为山地和高原,中部与南部多为平地。相对于其他沿海省份,广西经济发展滞后,属于中等省级行政区之一,2019年,全区GDP首次突破21237.14亿元,增长6%,在全国各省份中排第19位。广西与越南海陆接壤,是中国面向东盟开放合作的桥头堡[①],2019年,广西对东盟进出口总额为2334.65亿元,增长13.3%,占所有对外贸易进出口总额的49.7%,其中对越南进出口额达1753.91亿元,其是广西最大的贸易国家[②]。

2019年10月15日,交通运输部确定广西成为第一批交通强国建设试点单位之一。交通运输是拉动广西经济社会发展的关键引擎。近年来,自治区党委、政府深入贯彻中央赋予广西"三大定位"新使命,充分发挥广西"沿海、沿边、沿江"独特区位优势,推动实现综合交通运输大发展、大跨越,为试点工作的开展奠定了坚实的基础。

至2019年末,广西公路里程为12.78万公里,其中高速公路通车里程为6026公里[③],预计到2020年高速公路通车里程将达到8000公里,高速公

---

① 《外专局:以更加开放包容姿态面向东盟人才交流合作》,中华人民共和国中央人民政府网,http://www.gov.cn/xinwen/2014-06/11/content_2698593.htm。
② 《2019年广西壮族自治区国民经济和社会发展统计公报》,中国经济网,http://district.ce.cn/newarea/roll/202003/20/t20200320_34532296.shtml。
③ 广西壮族自治区统计局编《广西统计年鉴2018》,中国统计出版社,2018。

路网将呈现"六横七纵八支线"的布局,届时广西将实现"县县通高速"的目标①。广西境内铁路运营里程由1958年的1358公里增加到2019年的5206公里,其中高铁运营里程为1792公里,位居全国前列②。预计至2020年底,铁路运营里程达到5500公里,高速铁路运营里程达到2000公里,届时将实现"市市通高铁"的目标③。广西现有7个机场,2019年,全区机场旅客吞吐量为2903.8万人次,货邮吞吐量为16.8万吨④。广西海岸线长约1500公里,2019年底,内河航道通航里程超过0.58万公里。

广西壮族自治区政府牢牢把握"人民满意、保障有力、世界领先"的总目标,将发展人民满意的交通作为交通建设的首要任务,以人民为中心,不断提高人民群众的获得感、幸福感、安全感。

(四)浙江省

浙江省位于长江三角洲南翼,京杭大运河南首,东临南海,北临上海和江苏,南邻福建,是我国海岛最多的省份。新中国成立70年来,浙江省经济发展迅速,2019年,浙江省GDP为62352亿元,人均GDP达107624元,从1978年的全国省份第12名发展为稳居全国第4名;城镇化水平较高,2019年,浙江省人口城镇化率达70.0%。

随着经济的快速发展,浙江省委省政府大力推进交通运输建设,浙江省交通运输、仓储和邮政业增加值由1952年的0.98亿元增长到2019年的1962亿元。2019年10月,浙江入选第一批交通强国建设试点单位。

省内公路网水平居全国前列,客货周转量剧增。公路里程从1949年的

---

① 《广西高速公路通车里程突破5000公里》,广西壮族自治区人民政府门户网站,http://www.gxzf.gov.cn/sytt/20171226-670032.shtml。
② 《2019年广西壮族自治区国民经济和社会发展统计公报》,中国经济网,http://district.ce.cn/newarea/roll/202003/20/t20200320_34532296.shtml。
③ 《广西:2020年高铁里程将达2000公里》,新华网,http://www.xinhuanet.com/fortune/2018-12/16/c_1123860472.htm。
④ 《2019年民航机场生产统计公报》,中国民用航空局网站,http://www.caac.gov.cn/XXGK/XXGK/TJSJ/202003/t20200309_201358.html。

2197 公里增至 2019 年的 12 万公里，其中，高速公路从 1992 年的 7 公里增至 2019 年的 4643 公里。2019 年，公路旅客周转量、货物周转量分别为 378 亿人公里和 2082 亿吨公里，是 1952 年的 219 倍和 3928 倍。

高速铁路成为铁路发展新动力。浙江铁路里程从 1949 年的 390 公里增长至 2019 年的 3817 公里，高速铁路从无到有，2019 年，高速铁路里程达 1470 公里，占全部铁路里程的 38.5%。民航发展空间不断拓展。2019 年，浙江省民用机场共有 7 个，开通民用航空（定期）航线 572 条，其中国内航线有 486 条，国际（地区）航线有 86 条，浙江省民航旅客吞吐量为 7015 万人次，货邮吞吐量为 90 万吨。内河航道里程显著增加，浙江内河通航里程从 1949 年的 3575 公里增至 2019 年的 0.98 万公里。

截至 2019 年底，浙江省基本形成杭州至长三角主要城市 1 小时交通圈、至设区市 2 小时高铁交通圈。浙江省人民政府致力于实现海港、陆港、空港、信息港"四港"联动发展，力争到 2020 年建成综合交通"数字枢纽"，打造浙江省交通强国"新名片"。不断完备的交通基础设施，带动经济快速发展，促进产业结构转型升级，为城乡居民提供了便捷舒适的出行条件，使居民生活水平显著提升，2019 年，浙江省居民人均可支配收入为 49899 元，位居全国第三。浙江省综合交通的大发展，引领经济发展，改善出行条件，提升生活水平，使浙江省交通强国群众满意度综合排名第 4。

（五）北京市

北京作为首都，具有重要的国际影响力。同时，北京交通基础设施发达，是中国最大的铁路、公路及航空交通中心，拥有完善的城市交通网。

近些年来，北京市委市政府全力推进北京市综合交通网络建设，充分发挥其作为国内、国际中心交通枢纽的作用。特别地，2019 年，北京市交通基础设施建设取得显著成绩，北京大兴机场正式运营，京张高铁正式通车，市域（郊）铁路建设不断提速，城市轨道交通总里程不断增加。高速公路里程不断增加，截至 2019 年底，北京市公路里程为 22350 公里，其中高速

公路运营总里程达 1169 公里；公共交通持续发展，公共电汽车运营线路为 1158 条，运营线路长度为 27632 公里，运营车辆为 24627 辆；城市轨道交通持续发展，轨道交通运营线路为 22 条，与上年末持平，运营线路长度为 699 公里，运营车辆为 6173 辆，居全国前列[1]。

此外，北京市人民政府在完善交通网络基础设施的同时，全面提升北京市交通综合治理能力，为广大人民群众营造良好的出行环境。2019 年颁布并实施《2019 年北京市交通综合治理行动计划》，该计划按照"优化供给、调控需求、强化治理"的工作思路，提升城市交通服务能力，强化治理交通拥堵问题，加强"一刻钟"社区服务圈建设，减少市民长距离、跨区域的生活类交通需求，切实提升人民群众获得感、幸福感和安全感。

---

[1]《2019 年北京市国民经济和社会发展统计公报》，中国经济网，http://district.ce.cn/newarea/roll/202003/04/t20200304_34397375.shtml。

首都发展篇

Beijing Section

B.7
北京交通基础设施建设报告

周渝慧　朱子璇　樊东萱　伊力扎提·艾热提*

摘　要： 北京交通设施的现代化主要体现在北京市基础设施和交通装备的规模与质量上。随着北京城市化进程的推进，北京交通从无到有，从弱到强，从线到网，已实现以轨道交通为骨架，以地面公交为支撑的多层次公共交通服务体系，但仍存在城市交通运营效率有待提高，公共交通配备设施、设计不利于持续提高出行者的满意度，以及综合交通系统的协同运营与平台管理有较大的上升空间等问题。本报告提出如下对策建议：北京应加速建设与完善综合交通体系协同运营和管理体

---

* 周渝慧，北京交通大学北京交通综合研究院，教授，研究方向为能源经济理论与政策、交通技术经济与管理。朱子璇，北京交通大学经济管理学院博士研究生，研究方向为运输经济、产业经济。樊东萱，北京交通大学经济管理学院硕士研究生，研究方向为运输经济、技术经济。伊力扎提·艾热提，北京交通大学经济管理学院硕士研究生，研究方向为高铁经济、投融资。

制机制，提高道路建设规划能力，完善城市道路路网布局，实现交通基础设施空间结构优化，实现交通关键装备及基础设施的智能维修，加大对交通设施的投资力度，提高交通安全防护水平等。

关键词： 交通基础设施　交通装备　智能交通　北京

一　北京交通强国设施建设的成就

（一）北京交通基础设施规模与质量

交通装备和基础设施的运营状况主要表现在营运车辆和线路规模。交通强国具体表现在交通装备和基础设施的现代化发展进程中。经过70年的发展，北京市的城市轨道交通作为北京城市公益性基础设施，已成为一个涉及面广、综合性很强的系统工程。北京市的交通装备也在朝着多样化、绿色化、智能化的交通强国目标不断迈进，取得了辉煌成就。现代化综合交通运输体系呼之欲出。

1. 交通装备

（1）公共电汽车

北京市坚持贯彻优先发展公共交通战略，以缓解首都的拥堵情况并保护环境。自1949年以来，北京市公共电汽车数量呈稳步增长态势。尤其是改革开放以后，北京市公交系统加快改革步伐，进入持续发展阶段，公共电汽车数量逐年增加，公交出行量明显增长。1987年，公共电汽车实现全部国产化。1995年末，公共电汽车数量达到4452辆，客运量达315905万人次，此时，北京公交总公司开始快速发展，10年后即2005年，公共电汽车总量已达17695辆，客运量为441871万人次。至2018年，北京市公共电汽车数量已达2.3万辆，客运量为30.1亿人（见图1）。

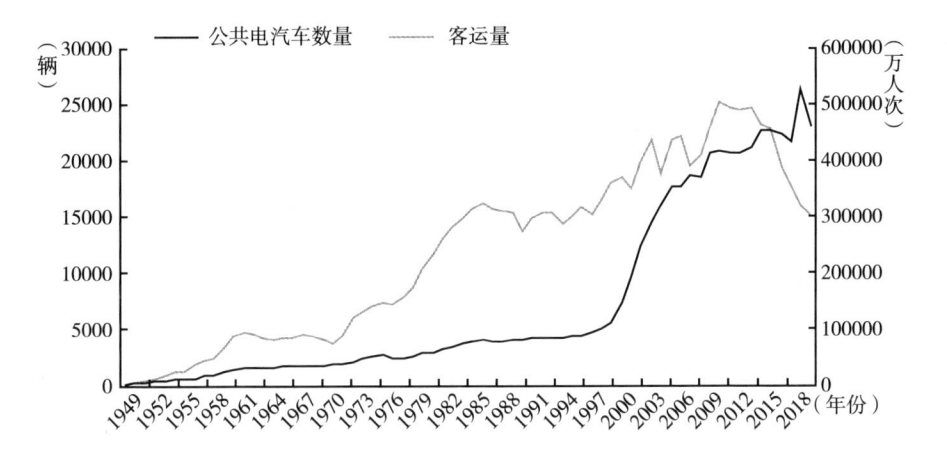

图 1　1949～2018 年北京市公共电汽车数量及客运量

注：2006 年 5 月 1 日公共交通售票采用刷卡方式，与上年客运量数据不可比。
资料来源：北京市公交集团。

（2）有轨电车与无轨电车

在北京市的电车史中，存在有轨电车和无轨电车，两者的存续时间分别为 1924～1966 年和 1956 年至今。北京市自新中国成立以来首先发展的是有轨电车，后来有轨电车被逐渐淘汰并被无轨电车所替代。

新中国成立初期，北京市共有有轨电车 49 辆，运营线路为 5 条，总长为 35.58 公里，到 1949 年底，有轨电车为 103 辆，运营线路为 6 条，经过几年发展，在 1956 年发展到巅峰，运营车辆达 240 辆，线路为 9 条，总长为 85 公里，成为城市的主要交通工具。随后，有轨电车因需铺设铁轨，占用道路资源而逐渐退出历史舞台，截至 1957 年，除了在外城还保留两条有轨电车外，其他均已停止行使。1956 年，首辆京一型（BK540 型）单机无轨电车问世，车长 9.42 米，载客 70～80 人。1957 年 2 月，阜成门至北池子的第一条无轨电车线路通车，从此，无轨电车代替有轨电车登上历史舞台。1957 年底，已有 83 辆无轨电车，运营线路长达 18.19 公里，1959 年，共有 297 辆，1966 年无轨电车共 440 辆，线路达 16 条，总长为 172.37 公里，年客运量达 3.4 亿人次。这时，行驶在首都街道上的主要交通工具已经变为公共汽车、无轨电车和出租小汽车了。1978 年后，北京市在公共交通发展上明确电汽并举的方针,大力发展无轨电车和公共汽车。1994年,北京市郊区首条无轨电车线路——410路开通,全长15.5公里。至2019年,北京市共有33条有轨电车线路,极大地便捷了乘客出行,并为解决城市噪声和空气污染等问题做出了巨大贡献。北京市无轨电车运营线路条数见图2。

2017年4月26日,北京公交有轨电车有限公司成立,同年12月30日,北京市现代有轨电车——有轨电车西郊线开通运营,线路东起巴沟,西至香山,是一条兼具市民日常出行、休闲观光等多种功能的自然人文景观线路。自此,阔别京城50年的有轨电车重新回归。截至2018年底,有轨电车西郊线完成行驶里程105.54万公里,客运总量达566.78万人次,日均客运量为1.55万人次。

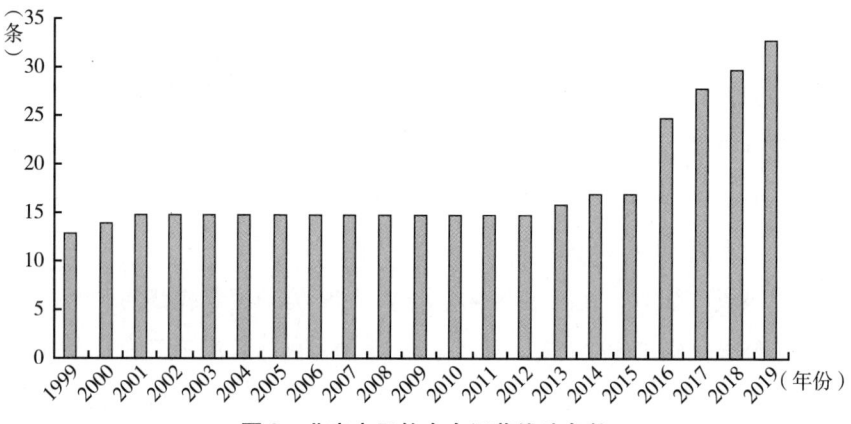

图2 北京市无轨电车运营线路条数

资料来源:北京市公交集团。

(3)地铁机车

北京市轨道交通运营车辆快速增长。1999年,轨道交通运营车辆为491辆,2018年已发展至5618辆(见图3)。同时,轨道交通多次提升运力,最短发车间隔降至2分钟以内,客运量屡破新高,列车兑现率、正点率均在99.9%以上。北京市在轨道交通安全运营上也保持国际领先水平。在全路网实施了"人物同检"、车站安全门全覆盖,设备设施故障率大幅下降。

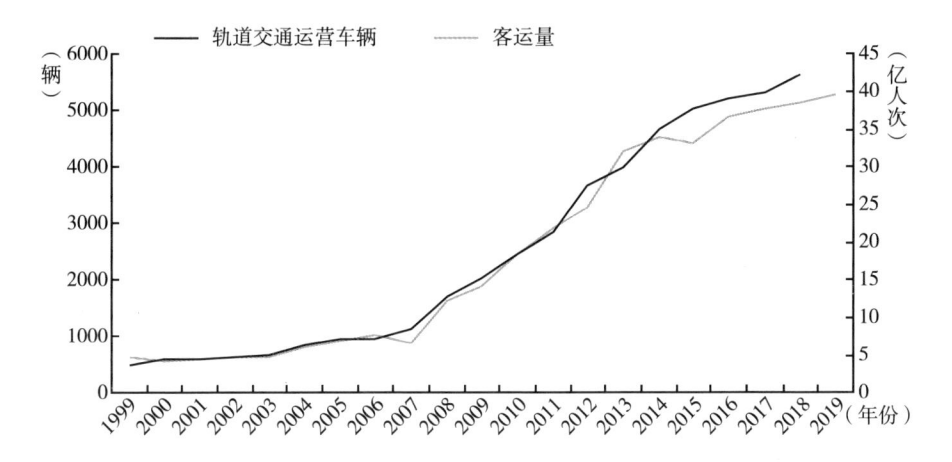

图 3 1999~2019 年北京市轨道交通运营车辆及客运量

注：2007 年轨道交通采取一票制，客运量统计口径有所调整，与上年数据不可比。
资料来源：北京市交通发展研究院。

（4）出租小汽车

出租小汽车发展一波三折，总量基本保持稳定。新中国成立初期，北京的出租车全部由私营的车行经营，直至 1951 年北京市第一个国营出租汽车公司首都汽车公司成立。首汽公司由国务院机关事务管理局管理，1956 年划归北京市公用局。新中国成立后至 1978 年，出租车发展较为缓慢。1956 年底共有 569 辆出租汽车，其中民用出租汽车为 120 辆，为中央服务的出租汽车为 449 辆，由于汽油短缺等原因，出租车一直没有得到充分发展，甚至出现了数量减少的情况，至 1976 年，出租车总量仅为 1511 辆，其中民用出租车 422 辆，为中央服务的出租汽车为 1089 辆。1984 年底，北京市共有 4644 辆出租车，全年完成客运量 2963 万人次。直至 1990 年，北京市只有 263 家出租车企业和 22 个出租车个体户，1991 年，运营车辆仅为 1.62 万辆。

1992 年，邓小平"南方谈话"后北京市开始大力发展第三产业，通过对出租车企业提供贷款优惠等方式希望解决民众"打车难"问题。出租车行业瞬间成为投资热门领域，至 1993 年 5 月，北京市出租车公司已有 1085 家，运营车辆为 4.5 万辆。但是 1993 年北京为抑制出租车行业过度

发展，出台了《关于1994年控制出租汽车总量增加的通知》，出租车增势放缓，至1995年，出租车数量约为5.6万辆。2000年9月，北京市又下发《关于整顿本市出租车行业和企业意见的通知》，提出要把出租车企业总数控制在200家左右，车辆总量控制在6万辆左右，并鼓励出租车企业兼并重组与规模化经营。随后，直至2015年，北京市出租车数量基本保持稳定，维持在6.6万辆左右。2016年后，由于北京市以网约车、共享单车为首的交通新业态蓬勃发展，出租汽车客运量逐年递减，但运营数量仍保持平稳（见图4）。

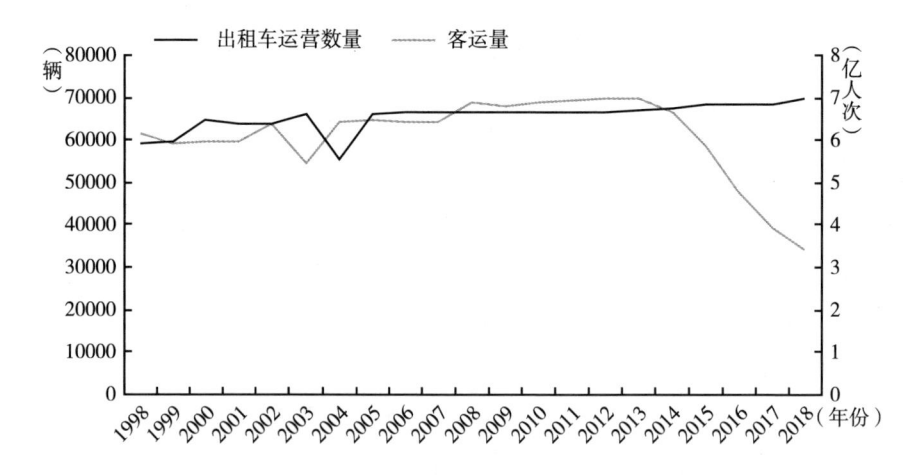

图4　1998～2018年北京市出租车运营数量及客运量

注：出租车包含巡游出租车和首汽约车，不含网约车及郊区运营纯电动出租车。
资料来源：北京市统计局。

2. 基础设施

（1）城市道路与公路铁路

道路建设实现大跨越。北京的道路交通历史悠久，特征明显，几经变迁，终成系统。1949年，新中国成立之初，北京市区道路仅长215公里，路面面积为140万平方米，多为碎石路或土路，铺装路面6条，整体道路为棋盘式，多为东西向和南北向。新中国成立后至1978年，北京市在"为生产服务、为劳动人民服务、为中央服务"和"先普及后提高"的原则指导下,有计划、有重点地开始道路改造和升级工作,逐步形成以中心区棋盘式格局为基础,环线加放射线为骨架的城市路网系统。1957年,北京市建设全国第一条三幅路形式的迎宾道路三里河路。1974年9月,北京市建成复兴门立交桥,这是北京市区第一座立交桥,是城区最早建成的苜蓿叶形互通式立交桥,标志着中国城市公路桥梁设计建筑及交通管理方面跃上了一个新台阶①。1975年,城市道路增至927公里。

改革开放以后,中央高度重视国家交通发展,北京市的道路建设迎来高潮。北京市开始进一步完善道路功能层次,改善了路网结构,建设投入不断增加,建设速度不断加快,路面质量和结构显著提高和更加合理。1983年,城市道路里程为2675公里,人均道路面积为4.7平方米。1986年,北京市提出"打通两厢,缓解中央"的战略部署,明确二环、三环为城市快速路。特征是:人车分流,车辆各行其道,路口交通渠化,路段设港湾停车站,主路不设信号灯。"打通两厢"是要修建从东厢至西厢的南二环路,让东西两厢之间可以从南部绕行,不必穿城而过,以减轻中心城区南部的交通压力。1987年至1990年9月东厢工程结束,1990年9月至1991年12月西厢工程结束,1991年11月至1992年12月南厢工程结束。至此,二环路全线通车。随后,继续加快北京市道路建设,至"九五"期间,以高等级道路为主,以环线加放射线为路网主骨架的立体化、网络化城市道路格局基本形成。截至2018年底,北京市道路总里程达2.93万公里,路网密度为179.3公里/公里²。其中,城市道路里程为6202公里、铁路里程为1114公里,公路里程达到2.2万公里(见图5、图6)。

(2)公共电汽车

公交线网结构持续优化。1949年,北京市共有运营线路11条,长达77公里,70年来已发展至22365公里(见图7)。1986年,第一条通往远郊区的公共汽车——901路开通,路线为从公主坟至黄村。1993年,北京市第一条超远距离公交线路开通,从东直门至顺义(全程37.5公

---

① 《长虹巨龙起京城》,《人民日报》1994年9月28日第1版。

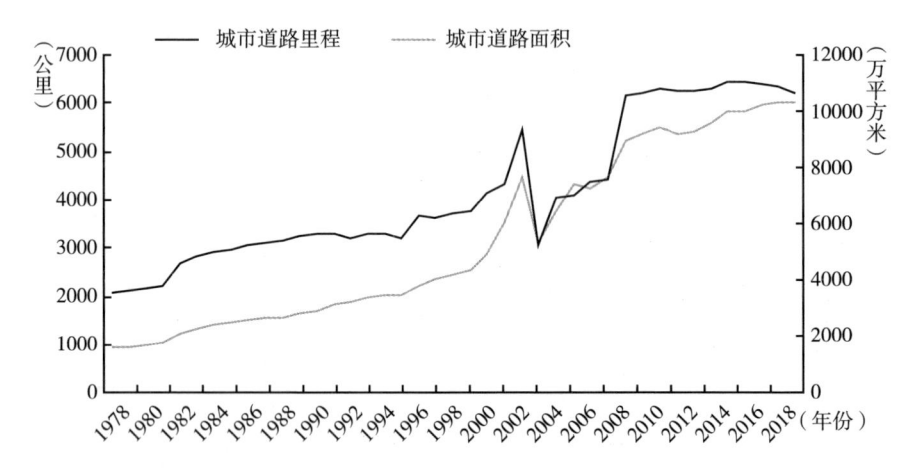

图5　1978～2018年北京城市道路里程和面积

注：1978～1981年统计范围为城八区及通县；1982～2002年统计范围为城八区及14个县城；2003～2009年统计范围为城八区和北京经济技术开发区；从2010年起，统计范围为城六区。

资料来源：北京市统计局。

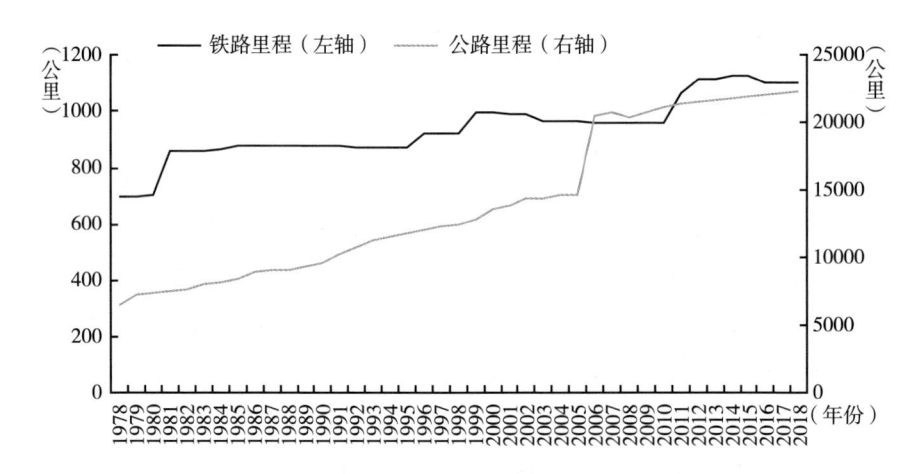

图6　1978～2018年北京市市辖范围内铁路和公路里程

注：2006年开始公路里程包括村道数据。

资料来源：北京市统计局。

里）。1997年，全国第一条公共交通专用道在北京市长安街开通，经过20多年的发展，公交专用道已达952公里。2005年12月30日，中国第一条封闭式快速公交线路——北京南中轴路 BRT 大容量公交线路开通，目前已增至 4 条。为满足新建道路和新建小区居民的出行需求，持续增加道路线路；开辟"专"字头微循环线路、夜班车线路等方便居民出行，目前已实现四环路以内主要骨干道路夜班线网全覆盖。2018 年，结合京开、京藏、京港澳高速公路的公交专用道启动，三环主路全线公交专用道连通，北京市"一环、三横、八放射"的快速通勤系统走廊初步形成。

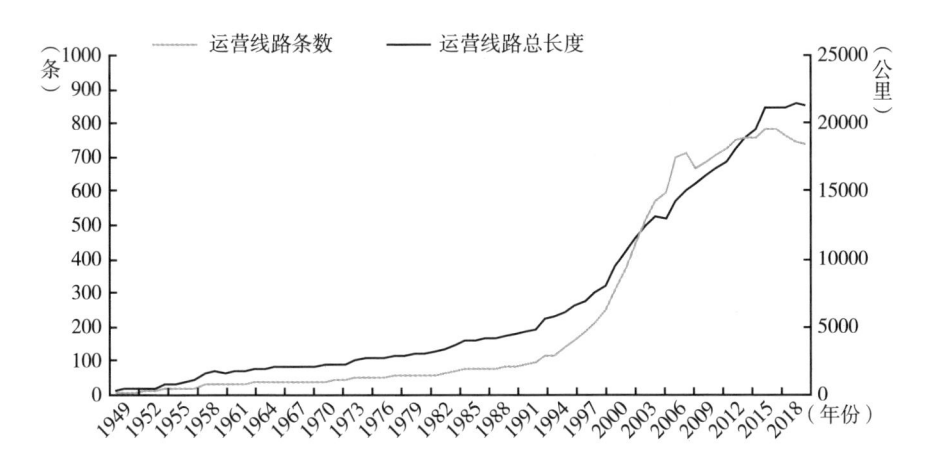

图 7　1949~2018 年北京市公共电汽车运营线路条数及总长度

资料来源：北京市公交集团。

（3）城市轨道交通系统

轨道交通网络密度不断提高。新中国成立之初，毛泽东高瞻远瞩洞察建设地下铁路的必要性，从战备和民用角度倡导北京要发展地下铁路。1969 年 10 月 1 日，在党中央的高度重视及支持下，北京市第一条城轨交通——23.6 公里的北京地铁一期工程建成通车，使北京成为中国第一个开通地铁的城市，为新中国成立 20 周年献了份厚礼。1984 年，北京地铁二期工程投入使用，全长 23 公里。总体来看，21 世纪以前，北京市轨道交通发展较为缓慢，从第一条地铁到第三条地铁正式开通运营中间长达 34 年，但从 21 世纪开始，尤其是 2001 年北京赢得 2008 年夏季奥运会主办权后，给地铁建设带来了新的机遇,北京市轨道交通自此进入蓬勃发展时期。从2000年至2019年底,北京市地铁运营线路从2条发展至24条,运营线路总里程从54公里发展至近700公里,还有在建地铁15条(见图8)。2020年6月30日,北京市郊铁路副中心线西延和通密线同时开通,标志着北京市郊铁路运营线路达到4条,市域内运营里程为353.5公里,车站有22座,北京市郊铁路发展初具规模。其间,成立于2002年的北京市地铁运营有限公司是中国第一家专门从事轨道交通运营管理的国有大型公司。

总体来看,北京市轨道交通规模不断扩大,线网密度进一步提升,截至2019年底,已有12个区开通轨道交通线路,轨道交通在公共交通中占比已由13.6%增至50.2%,在城市公共交通中占主导地位。首都轨道交通已成为客运量世界第一、总里程世界第二的超大城市轨道交通线网。

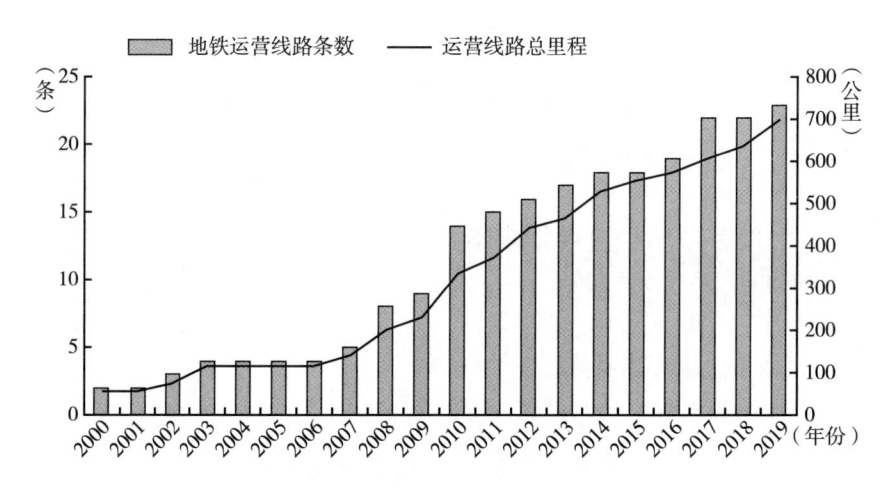

图8 2000~2019年北京市地铁运营线路条数及总里程

资料来源:北京市交通发展研究院。

(4)对外交通

北京市铁路、公路、民航客运(见图9、图10)和货运(见图11、图12)均得到了飞速的发展。1986年后,北京市公路货运量占总货运量的80%~90%,铁路货运周转量占比更高,管道占比逐年增加,民航占比略有提升。2017年后，北京市积极推进"公转铁"运输结构调整，公路运输占比略有下降。

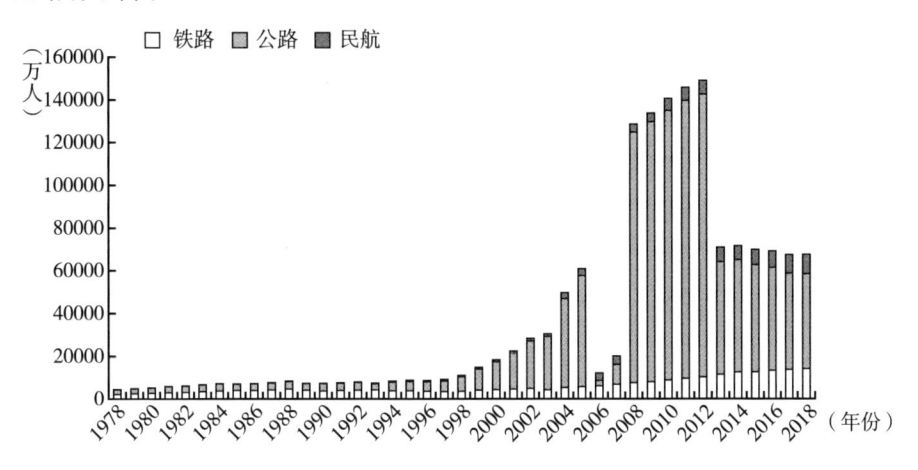

图9 1978～2018年北京市对外运输客运量

注：①2006～2007年，公路客运量为持有道路运输经营许可证的客运车辆发生的旅客运输量；从2008年开始，调整为旅游客运、省际客运企业、郊区客运和市郊公交的运输量；2013年，公路客运量、公路旅客周转量统计范围调整为省际客运、旅游客运和郊区客运，市郊公交不再纳入客运量统计范围；②民航统计范围为北京地区的民航运输法人单位，不包括在京运输飞行的其他省份及外国航空公司。

资料来源：《北京统计年鉴》。

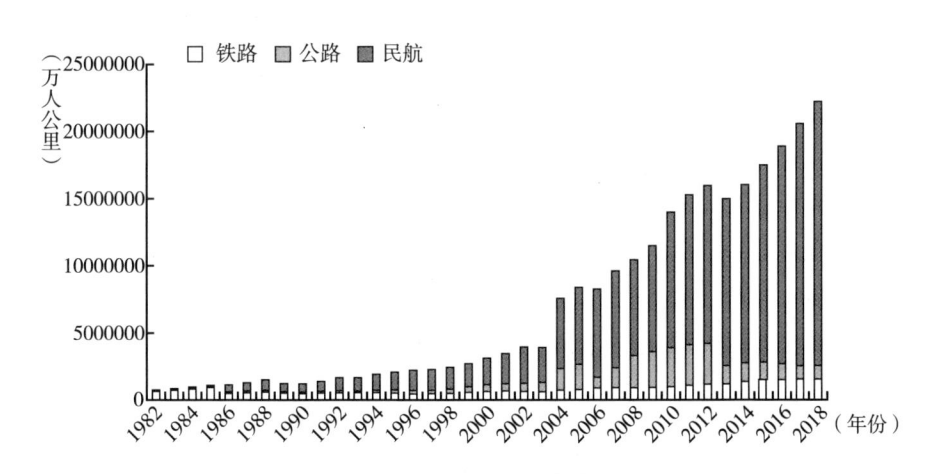

图10 1982～2018年北京市对外运输客运周转量

资料来源：《北京统计年鉴》。

图 11　1978～2018 年北京市对外运输货运量

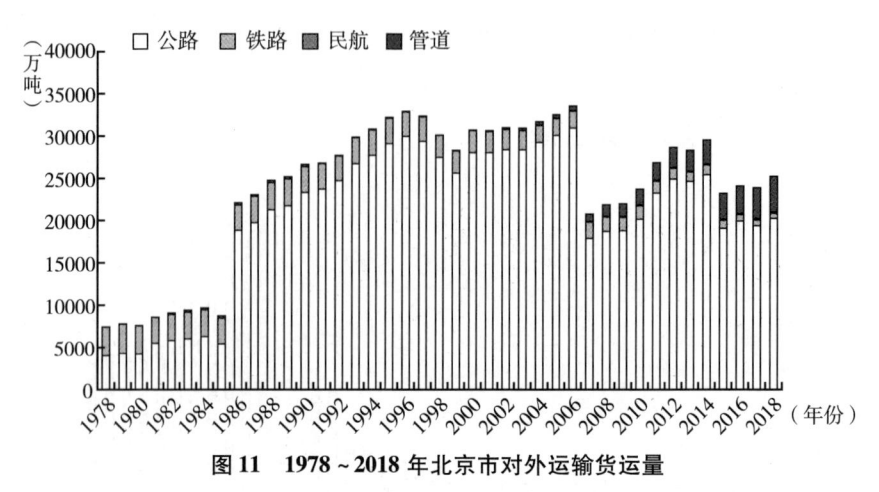

注：从 2007 年开始，公路货物运输量为营业性运量。
资料来源：《北京统计年鉴》。

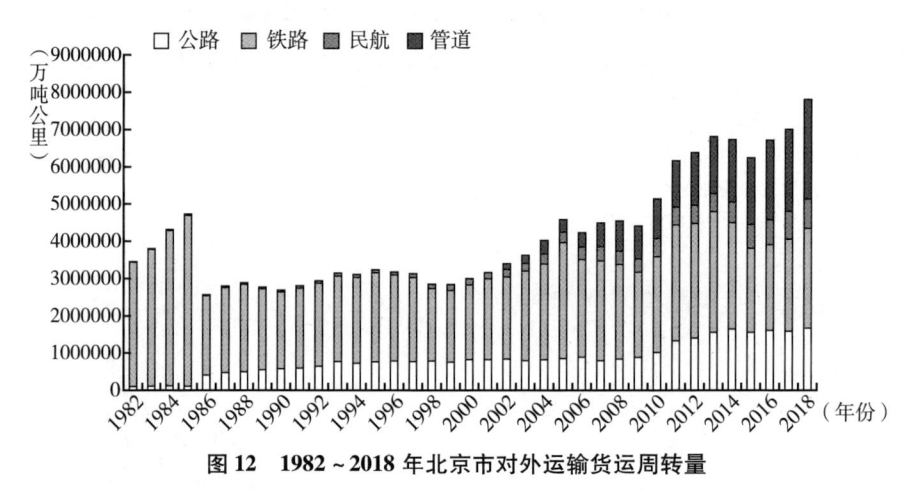

图 12　1982～2018 年北京市对外运输货运周转量

资料来源：《北京统计年鉴》。

（二）北京交通基础设施的特点

1. 北京交通基础设施不断现代化

（1）北京市充电基础设施建设全国领先

自 2006 年国家启动"863 计划"节能与新能源汽车重大项目以来，我国新能源汽车逐渐得到普及；北京市作为重要的示范城市，无论是公共汽车新能源化还是电动私人汽车的普及均卓有成效。同时，作为重要的配套交通基础设施，北京市也关注充电设施的投资建设。截至2019年底，北京市共有充电桩20.24万个，排全国第一（见表1）。至2020年4月，北京市各类新能源汽车充电桩已达20.31万个。

表1 2017年、2019年北京市充电桩数量

单位：万个

年份	总数	私人自用	社会公用	单位内部公用
2017	11.26	8.08	1.88	1.3
2019	20.24	15.34	2.5	1.8

资料来源：北京市公用充电设施数据信息服务平台官网，https://www.evehicle.cn/index.html。

目前，北京市继续加速推进充电桩建设，提升新能源汽车充电保障能力。2020年6月10日，北京市发改委发布的《北京市加快新型基础设施建设行动方案（2020—2022年）》提出，推进人、车、桩、网协调发展，制定充电桩优化布局方案，增加老旧小区、交通枢纽等区域充电桩建设数量。到2022年新建不少于5万个电动汽车充电桩，建设100个左右换电站。2020年6月19日，北京市发改委印发了《关于2020年拟申请市政府固定资产投资补助的公用充电桩项目的公示》，共有1080个充电桩入选。

（2）轨道交通智能系统不断升级

2008年6月9日，北京地铁启用自动售票系统，人工售出的纸质车票停用，取而代之的是非接触式IC卡车票。乘客只需在地铁出入口的自动检票机上刷一下车票或是"一卡通"即可完成进出站。从2017年12月23日起，北京轨道交通全路网实现线上购票、车站取票，即乘客通过北京轨道交通单程票互联网票务服务平台App进行线上购票，可在全路网各车站FAM（网络取票机）上进行取票，进站乘车。2018年2月1日，北京地铁新添"科技岗"，乘客出门前就可用手机查询附近地铁站拥挤度，选择舒适度最高的车站上车。从2018年4月29日起，北京市轨道交通全网（不含西郊线）实现刷二维码乘车。从2019年1月20日起，北京轨道交通试行推出电子定期票，为乘客的地铁出行增添新选择。

（3）北京市智慧交通建设水平逐步提高

北京市在智慧交通建设中在全国处于"领头羊"的地位，已经建成了以"一个中心、三个平台、八大应用系统"为框架的智能交通管理体系，涵盖171个子系统，提供指挥调度、交通控制、交通监测、交通信息服务等[①]。其中，"一个中心"是指北京市交通运行监测调度中心，是北京市交通委员会的直属单位，于2011年成立，承担城市交通运行状况的监测、日常交通行政管理、交通运行调度等事务性工作，是北京市智慧交通系统的核心。北京市通过不断完善现有智慧交通体系，正努力实现城市交通一体化程度的提高，对智慧城市的建设起到了重要的作用。

2. 规模持续扩展

从公交线网向地铁交通基础设施发展，从地铁初建单条线路逐渐向地铁网络发展，随后地铁与城铁换乘联网，专线如机场线等将综合交通体系逐步构建起来，从而形成北京庞大的交通基础设施网络。

（1）地下交通由"无"到"有"

交通形式的多样化是北京市公共交通发展的一个重要特点。公共汽车和有轨电车有着悠久的历史，1949年，北京已经有61辆公共汽车和103辆有轨电车，其中，公共汽车承担2885万人次的年客运量[②]。作为首都，新中国成立以后的人口流量剧增，为了满足巨大的客运需求，北京市开始探索多样化公共交通线路。1957年，北京建立了第一条无轨电车线路，弥补了地面轨道交通的一系列缺点，如道路资源占用量大、交通秩序难以维护、安全性低和噪声大等，并得到了当时市民的良好反响；于是，北京开始取缔有轨电车，到了1966年实现了有轨电车到无轨电车的全面替换。然而，轨道交通同样也存在无轨交通无法补充的优点，如准时、可靠等；因此，1969年，北京地铁1号线投入试运营，既弥补了有轨电车占用道路资源、噪声大等不

[①]《北京智慧交通还有更进一步的空间吗？》，CIO时代网，http://www.ciotimes.com/transportation/185008.html。

[②]《北京公交车发展史》，城市规划与交通网，http://www.cityup.org/topic/bjbus/bjjiaotong/20090917/53591-1.shtml。

足,又发挥了地面交通无法达到的优点,实现了地下交通的从"无"到"有",成为北京交通多样化建设道路上的里程碑。

(2) 北京市轨道交通系统逐步形成

无论对城市交通还是城际交通,只有实现了网络化运营,才能真正发挥轨道交通的优势,因此,北京市地下交通加速蓬勃发展。

图 13 展示了北京市轨道交通 50 年的发展历程,从最初新建时的单线运营到 2019 年的 24 条线路成网运行,充分体现了北京市交通基础设施建设存在规模扩张的特点;再加上地下轨道交通本身存在空间利用充分、单次运量大以及发车间隔短等众多优势,更好地实现了规模化旅客运输,为北京市交通强国建设奠定了基础。

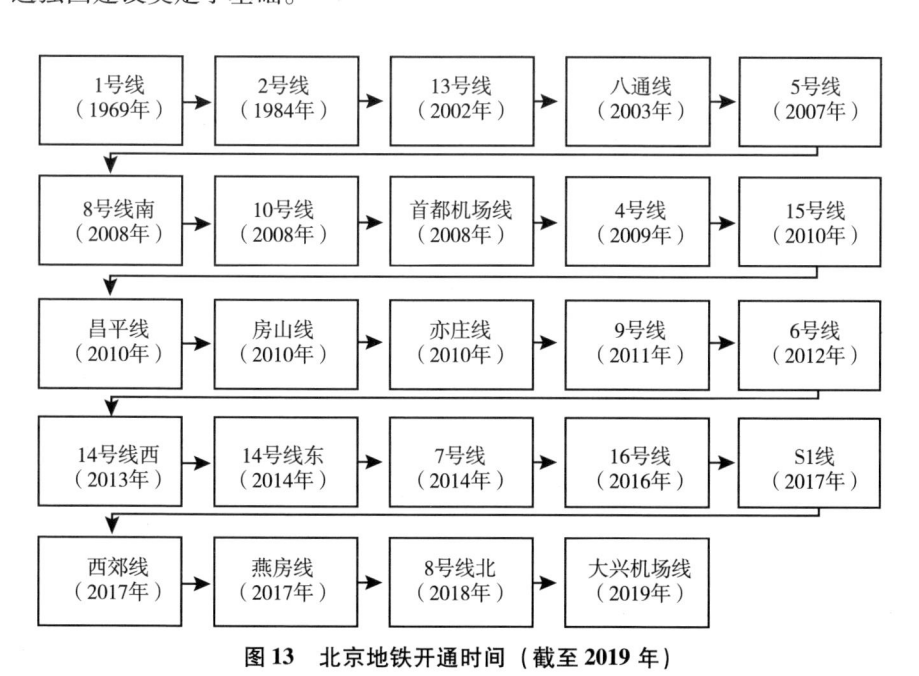

```
1号线 → 2号线 → 13号线 → 八通线 → 5号线
(1969年)  (1984年)  (2002年)  (2003年)  (2007年)
                                            ↓
8号线南 ← 10号线 ← 首都机场线 ← 4号线 ← 15号线
(2008年)  (2008年)  (2008年)  (2009年)  (2010年)
  ↓
昌平线 → 房山线 → 亦庄线 → 9号线 → 6号线
(2010年)  (2010年)  (2010年)  (2011年)  (2012年)
                                            ↓
14号线西 ← 14号线东 ← 7号线 ← 16号线 ← S1线
(2013年)  (2014年)  (2014年)  (2016年)  (2017年)
  ↓
西郊线 → 燕房线 → 8号线北 → 大兴机场线
(2017年)  (2017年)  (2018年)  (2019年)
```

图 13　北京地铁开通时间(截至 2019 年)

资料来源:北京地铁网站,https://www.bjsubway.com。

(3) 城市交通和城际交通实现衔接

北京市公共交通基础设施的规模化特点还体现在城市交通和城际交通之间的有效衔接上。随着京津冀协同发展的不断推进,北京市为了发挥"牛鼻子"的功能,大力建设城市交通与实现城际交通之间的联通,为京津冀一体化进程提供保障。由于地下轨道交通与城际铁路的高度兼容性,在综合枢纽的建设中地铁起到了重要的作用;同时,有了前期地下交通发展中取得的成就,综合交通体系的建设进程顺利开展,原本在城市交通发挥重要作用的地铁,在交通一体化建设中呈现"如鱼得水"的效果,再次表现了北京市交通基础设施建设的规模性特点。譬如,2019年,随着4F级国际机场——北京大兴机场的开通运营,北京地铁大兴机场线也同步开通,形成了城际交通方式和城市交通方式高度衔接的综合交通系统。因此,地铁与城际铁路换乘网络逐步构建,北京市正在逐步形成庞大的交通基础设施网络。

3. 北京公交基础设施的综合服务质量不断提高

(1) 公交线路不断优化

北京公交坚持以乘客出行需求为导向,依据"基于需求响应的微循环线路策划及营销方法研究"项目、"基于运营大数据的公交线网评价技术研究"课题等的科学指导,同时通过走访社区、站台等广泛征求乘客意见、深入了解乘客需求,后逐步开展线路优化工作,科学设计公交线网,通过优化调整线路、整合重复道路、增加线网覆盖面、优化站点设置等措施努力为市民出行提供更多的便利。2018年,北京市公交集团通过制定一揽子线网优化方案,优化调整公交线路,调整后的线路客运量增幅为15.1%,有效满足了乘客便捷出行的需求。2013~2019年北京市公交线路优化情况见表2。

表2 2013~2019年北京市公交线路优化情况

	2013年	2014年	2015年	2016年	2017年	2018年	2019年
优化线路总数(条)	99	212	165	135	217	123	315
减少重复线路长度(公里)	201	316	878.7	631.2	932.1	336	178.6
削减重复设站(个)	425	687	1490	1469	2140	596	379
解决有路无车里程(公里)	104.46	154	57.3	88	101.4	68.3	171.4
方便小区出行(个)	195	210	88	275	468	267	513

资料来源:北京公交集团。

（2）公交场站不断增加

北京市公交场站覆盖面和服务范围不断扩大，连接起来的线路网越织越密，为更广大的北京市市民提供公共交通出行服务。由表3、图14发现，在近20年中，北京市公交场站数量几乎呈直线式上涨，出行者越来越体会到城市公共交通的便利性，为城市出行结构的优化贡献了力量。同时，北京市坚持通道和枢纽建设并重，积极做好交通方式的衔接工作，枢纽站数量稳步增加。截至2018年底，北京市实现了多种方式之间的互联互通，成为北京市交通一体化程度上升的表现。2019年，北京公交已开建或建成5座立体停车楼，有马官营、康家沟、郭公庄、东小营、二通厂等。其中，康家沟公交场站是全市首座集停车、保修、运营于一体的公交综合体，服务北京通州公交出行；马官营立体停车楼是北京公交第一个立体停车楼，已开始二次改造工程；郭公庄公交立体停车楼已正式启用，是北京首座具有P＋R功能（即Park and Ride，"停车＋换乘"功能）的公交立体停车设施；在建的首钢二通厂停车楼是国内首个机械式公交立体停车楼，采用了大型自动升降停车设备，实现了综合管控系统和公交智能调度系统深度结合。

表3　2000~2018年北京市公共电汽车客运场站

单位：座

年份	场站合计	保养站	枢纽站	中心	首末站		
					总计	永久性	临时性
2000	336	8	3	20	305		
2001	342	8	3	21	310		
2002	347	8	3	21	315	—	
2003	356	8	3	21	324		
2004	364	8	4	23	329		
2005	531	8	4	23	496	176	320
2006	563	8	4	23	528	152	376
2007	570	8	4	23	535	137	398
2008	550	8	6	23	513	131	382

续表

年份	场站合计	保养站	枢纽站	中心	首末站		
					总计	永久性	临时性
2009	597	8	8	23	558	132	426
2010	606	9	8	21	568	148	420
2011	610	15	8	21	566	140	426
2012	617	15	10	21	571	142	429
2013	624	15	8	21	580	146	434
2014	641	15	8	21	597	146	451
2015	672	17	8	21	626	152	474
2016	632	13	8	21	590	154	436
2017	685	12	8	27	638	161	477
2018	693	13	8	27	645	163	482

资料来源：北京公交集团。

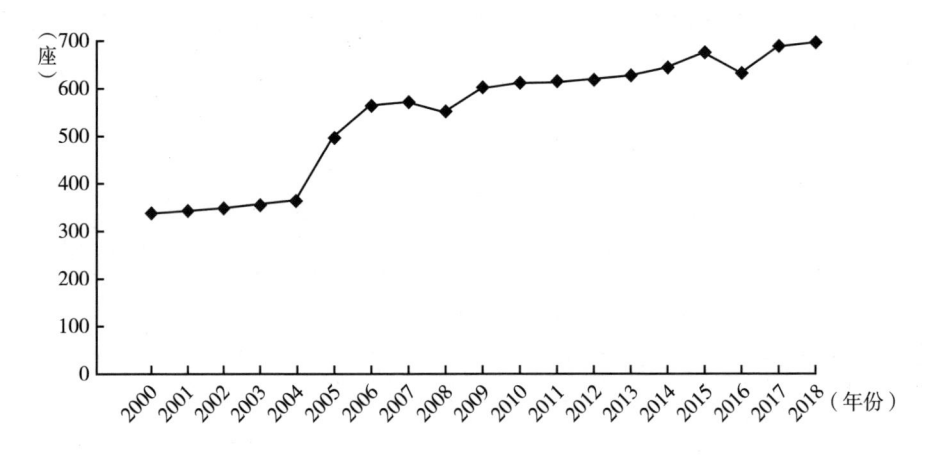

图14 北京市公交场站合计趋势

资料来源：北京公交集团。

（3）特色公交线路百花齐放

1986年，第一条通往远郊区县的公共汽车901路开通。同年，开辟了小公共汽车线路，满足市民乘车需求。1990年1月，北京开通了公主坟至八王坟"特1路"双层公共汽车和"游"字头专线。1997年，为落实公交优先政策,全国第一条公交专用道在北京市长安街投入使用。2004年12月24日,北京开通中国国内首条快速公交专线(BRT)。2013年9月,北京公共交通控股(集团)有限公司在全国率先提出定制公共交通模式,首批定制公交商务班车开通,这是公交集团推动公共交通服务多样化、个性化的重要举措。2014年,复古风格的"铛铛车"正式开通,提高了乘客的出行体验。2019年7月9日,北京市商务局印发《北京市关于进一步繁荣夜间经济促进消费增长的措施》,提出做好夜间地面公交运输基础保障,优化夜间公共交通服务。此后,每年5月至10月,每逢周五及周六,部分地铁线路将延长运营时间。除此之外,北京市还开通了各种公交特色服务,如节假日专线、微循环线、高铁快巴、旅游公交、夜景观光线、便民专线、快速直达专线、商务班车、定制班车等多样化线路465条次。

(4)便民设施不断增加

"地铁+公交+公共自行车"的公共交通一体化出行体系已成为很多大中型城市解决出行问题的方式,能够缓解交通压力,满足出行高峰期市民的出行需求。北京市积极顺应潮流,尤其在地铁和公交的换乘中,与相关企业合作,设立了公共自行车,在一定程度上有利于提高城市公共交通的一体化程度。此外,为了强调绿色出行,北京市利用多种方式引导出行者绿色出行。2019年7月,北京市首条自行车"高速"——回龙观至上地6.5公里的自行车专用路开通试运行。此条新路将直接服务于沿线约1.16万名通勤人口,30分钟内可从昌平回龙观骑行至海淀上地软件园。专用路出入口坡道处设置了世界先进的自行车助力装置,如上行时的自行车传送带,下坡时的阻力装置,沿途设置服务区,为骑行者提供如厕、驻车休息等服务。

(三)北京交通基础设施引领智能化

北京的交通装备和基础设施解决方案主要包含综合交通技术体系中的高铁装备、车站基础设施、普速铁路装备升级和更新、铁路提速及其运维技术、市郊铁路基础设施建设、城市轨道交通、社会车辆交通调度平台、出租车管理平台、自行车与网约车平台、道路工程和交通大数据监控与评价等。

这里我们主要提出两大基本的交通基础设施，它们也是北京交通基础设施较为完善和成功的部分：一是基于物理平台的交通枢纽；二是基于虚拟的交通平台。

1. 北京枢纽型交通基础设施

建设交通枢纽是大都市交通一体化融合、城际交通、市域交通和跨省份交通的重要基础设施。北京的交通枢纽是提高首都交通设施的整体运行效率，实现首都对外交通和内部交通之间的"无缝衔接""零距离换乘"的首要前提，也是满足首都北京日益增长的交通需求的不可或缺的重要条件。

T3航站楼枢纽。如果用综合交通体系的视角观察北京交通基础设施建设，那么大兴国际机场、首都机场T3航站楼都是北京重要的交通枢纽。首都机场T3航站楼面积为98.6万平方米，总投资为100亿元人民币，以巨龙为设计创意，集多项世界一流的交通和建造技术于一体，是世界先进的现代化交通基础设施，起降能力为1700~1800多架航班，旅客吞吐量达到7600万人次。首都机场T3航站楼是具有国际交通枢纽的一流基础设施：一是国内首次采用机场群多楼联通的旅客捷运系统（APM）；二是行李处理采用国际最先进的自动分拣和高速传输系统；三是机场信息系统达到高度集成和现代化；四是采用双层多功能的登机桥，供进出港旅客共用，供两架飞机同时使用。同时，与之相衔接的公共交通工具包括出租车、地面公交车、民航大巴和机场快轨线。

北京南站枢纽。北京南站既是京沪高铁、京津城际等高速铁路的始发站，也是集高铁、地铁、市郊铁路、出租车等各种交通方式于一体，全面融合城市、城际交通的大型综合交通枢纽。北京南站总体结构分地下三层、地下二层、地下一层、地面一层和高架层，总建筑面积为32万平方米。

动物园交通枢纽。动物园交通枢纽建筑面积为10万平方米，可以容纳15条公交线路的到发，与地铁4号线实现零换乘。该枢纽包括地下公交换乘大厅、疏导通道、人防、社会停车场和地上公交车辆到发站台、智能化运营指挥系统。

东直门交通枢纽。这是地处北京二环东北角的公交枢纽，建筑面积为7.8万平方米，分地上和地下两部分。该交通枢纽是包括2号线、13号线、机场快轨、市区公交、市郊长途汽车、出租车、自行车等多种交通方式的立体换乘枢纽。东直门交通枢纽有60%~70%的客流可以在地下空间完成换乘，大大缓解了地面交通的压力，这些地下的站场设计，也是交通基础设施的重要组成部分。特别指出，作为国门第一线的机场快轨，设在东直门交通枢纽的地下四层，乘坐机场快轨到首都机场T3航站楼只需16分钟，是往来北京的航空旅客可以准点抵达、不误航班的稳定而可靠的交通工具。

西直门交通枢纽。西直门交通枢纽是京张高铁首站所在地，未来将成为连接北京城区西北部的交通枢纽，也将成为连接我国西北部区域的交通枢纽。目前的西直门交通枢纽的总建筑面积约为28万平方米，是一座以轨道交通、高铁、市郊铁路换乘为主，以地面交通为辅的换乘枢纽，集高铁、市郊铁路、地铁、城铁、公交、社会机动车等多种交通方式和服务功能于一体的大型客运交通枢纽。该交通枢纽分为东、中、西三部分，东区包括京张高铁始发站；中区包括城市轻轨13号线；西区包括轨道交通换乘大厅，地面客流疏散广场以及广场地下的地铁2号线、4号线和13号线的换乘通道，地面公交车站等。

如今北京城市副中心的建设正如火如荼，城市副中心的交通枢纽规划和建设将是未来北京交通的发展重点。

其实，北京交通基础设施还有很多人性化交通服务设施是值得一提的，例如有统一的交通标识，调控车流、人流；完善的、科学的城市道路标识、安全集散、无障碍公交车辆和道路设施等，都是交通基础设施的重要内容。

建设交通枢纽型基础设施是城市快速发展并形成规模化之后的必然选择。但是交通枢纽需要根据对交通需求的准确判断进行建设，需要防止盲目建设和重复建设。

2. 北京平台型交通基础设施

北京交通的平台建设是新型基础设施建设的内涵。目前，北京城市交通路网已经建设运营，北京已经进入交通网络化平台运营的时代。常见的有如北京百姓最直观的体验是北京轨道交通调度中心，通过智能调度平台运营，保障了北京19条轨道交通客流量日高峰超1000万人次的安全流动；北京公共交通控股集团有限公司的96166热线、微信平台，查线路、选择车次、最短到达目的地的线路和公交车及换乘、查找遗失物品等，都可以在这个平台上、在百姓的手机上得到实现。

如今，最先进的智能交通平台——车路智行的理念已经开始引领北京交通的智能化转型升级。2020～2035年是我国"车路行一体化"融合加速和领先全球的关键阶段，车路智行将利用人工智能、大数据、自动驾驶、车路协同、高精地图等新一代信息技术，打造车路行交通场引擎，推进交通基础设施的智能化、交通运输装备的智慧化和出行服务的便捷化。

二 北京交通强国基础设施建设面临的问题

（一）城市交通运营效率有待提高

首先，从能耗角度来看，一方面，由于北京市公共交通服务质量存在不足，出行者仍然将小汽车或者网约车作为倾向的出行方式，导致公共交通的利用率较低；根据北京交通发展研究院发布的《2019北京市交通发展年度报告》，2018年，北京市小汽车出行者为916万人次，均大于轨道交通（635万人次）和常规公交（630万人次）[1]；而小汽车的单位乘客能耗远远大于公共交通，这导致城市交通资源的利用效率低下。另一方面，公共交通的载客率也是影响单位乘客资源消耗的重要因素之一，在公共交通客运能力

---

[1] 《年度报告》，北京交通发展研究院网站，http：//www.bjtrc.org.cn/List/index/cid/7.html。

下载客率越大，单位乘客能耗越低；然而，私人小汽车比例高于其他公共交通出行方式，使公共交通的空载率上升，导致资源的二次浪费，因此城市交通运营效率低不仅加剧城市道路拥挤，还会降低资源利用率，不利于我国树立可持续发展理念。

其次，从新能源化的角度来看，北京市为了解决因资源利用率低下导致的问题，大力推进新能源汽车的普及。2013年以来，北京市新能源汽车保有量稳步上升，从2211辆增加到224826辆（如图15所示）；2018年，北京市科学技术委员会、财政局和交通委员会等多个部门联合发布了《北京市推广应用新能源汽车管理办法》，鼓励新能源汽车的利用，更加鼓励能源清洁化，预计2020年，北京市新能源汽车保有量在40万辆左右。然而，由于北京市新能源汽车发展起步晚的缘故，其总体比例仍未超过50%，因此还存在较大的上升空间。另外，对于公交车，由于其运营管理模式，新能源化进程较快；据中国道路运输协会公布的数据，2019年底，公交车中的新能源汽车的比例达到80%[1]，但是与发达国家相比，如今的新能源汽车普及率仍不属于高水平，因此为了达到交通强国的目标，需要在改变居民出行结构的同时，争取实现能源清洁化，以提高城市交通运营效率。

对于新能源汽车的配套充电设施也存在一定的不足。虽然2018年北京市城市管理委员会和市交通委发布了《关于加强停车场内充电设施建设和管理的实施意见》，在一定程度上解决了新能源汽车"充电难"的问题，但是仍有新能源汽车车主对充电桩和公共充电网点的数量不太满意，其主要原因有配套设施投资建设力度不大、充电桩信号无法满足所有类型的新能源汽车、充电车位被燃油车"霸占"，或者充电设施维护成本高，出现充电桩维修期间过长等问题。因此，面对这些问题，应采取有效措施，为私人汽车能源清洁化奠定基础。

---

[1] 《北京市至2019年将更新公交车中新能源汽车比例达80%！》，东方财富网，https://guba.eastmoney.com/news，600166，776581152.html。

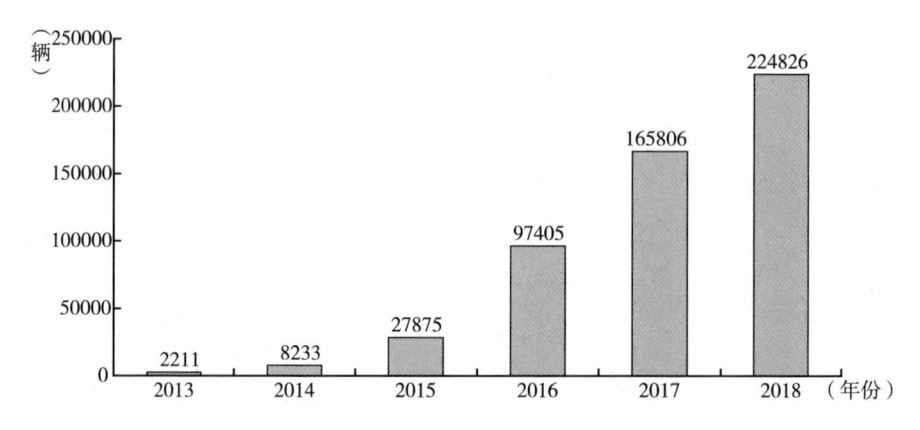

图 15　北京市新能源汽车保有量

资料来源：《2018年北京新能源汽车保有量达到22.5万辆》，搜狐网，https://www.sohu.com/a/337352904_255783。

（二）公共交通配备设施设计不利于持续提高出行者的满意度

除了公共交通运输工具本身之外，配套设施的合理化程度对出行者的满意度影响较大。一方面，对于出行者的换乘问题，北京市公共交通在设计过程中并没有形成相对高效的换乘网络；公交出行者往往需要步行较长的距离才能实现公交与公交或者公交与轨道交通之间的换乘；而且部分车站设计环节存在问题，出行者在换乘时有时会受到高温、雨雪等恶劣天气的影响，直接降低其对公共交通的满意度。因此，目前，公共交通线路建设和规划水平存在一定问题，导致公共交通无法满足居民通勤需求，出现私家车数量的上升或者"黑车"等不合规现象。

另外，场站中的运营装备和基础设施由于设计不当，不仅不能满足出行者的需要，而且客流预测不当导致"空转"，进而产生资源浪费。譬如，乘坐地下交通之前，出行者需要在地面和地下车辆之间通行，由于人们的上行难度大于下行难度，在资源有限的前提下，应尽量满足上行者的需要，然而在现实中却不能得到很好的满足。

另一方面，在交通设施和装备设计中应充分考虑弱势群体的特殊需求。

然而，出于降低成本的目的，大多数设施的设计风格偏向常规的需求，这不能较好地满足老弱病残等弱势群体的出行需求，甚至对其人身安全产生隐患。因此，为了提高出行者总体的满意度，应适当提高特殊设施的比例，以满足更多人群的需要。

（三）综合交通系统的协同运营与平台管理有较大的上升空间

交通一体化程度直接反映一个城市交通设施水平的高低，无论某种运输方式的建设水平多么完善，只要做不到与其他运输方式的"无缝衔接"，就都仍然无法体现交通基础设施建设的投资效率。截至2019年底，北京市共有动物园、西直门、东直门、一亩园、六里桥、北京西站南广场、望京、四惠桥、北苑北等九大综合交通枢纽；并且在建的还有苹果园、望京西等两大枢纽，交通一体化建设具有良好的基础。然而，由于各种运输方式的协同运营观念不强，它们各自为政，千篇一律，缺乏相互的联结性、互补性和宏观的布局思考，使城市自身的交通优势难以发挥，劣势难以弥补。

另外，现有综合交通的平台管理水平也是城市交通一体化程度较低的重要原因之一。由于存在平台管理上的缺陷，仍存在诸多硬件设施和体制机制的要素壁垒，这些壁垒降低了不同交通方式接驳换乘的高效性，大大降低了城市交通中出行者流通的效率。譬如，在城际交通和城市交通之间换乘时，往往需要"先出站，又进站"，再加上中间经过安检设施，虽然在一定程度上保证了交通安全，但重复的安检过程并没有对安全做出更多的边际贡献，而降低了流通效率。因此，需要提高综合交通系统的协同运营和平台管理水平，避免各种运输方式因各自的特点把节约的时间和其他资源浪费在彼此的衔接过程中。

三 北京交通强国基础设施建设的对策

（一）加速建设与完善综合交通体系协同运营和管理体制机制

由于各种运输方式都有自身特有的技术、经济特征，只有实现各种运输方式的科学分工、合理竞争、协调发展，才能充分发挥各种方式的比较优势和组合效率，避免基础设施的重复建设和资源的浪费。一般来说，在人口密度较高的地区，应尽量发挥地下公共交通的作用，缓解密集地段的交通压力；而在离市中心较远的远郊地区，应建设市郊铁路网络，缩短市区与郊区之间的通勤时间。

在新建枢纽的建设过程中，除了参考已有枢纽的基本功能和各种成功经验之外，要进一步完善枢纽规划和管理体制。另外，在建设新的综合交通网络的同时，要关注原有交通设施之间存在的"空隙"，及时进行线路调整或安排对应运输设施，尽量实现城市客运的"零换乘"和"无缝衔接"，实现运输过程的一体化和连续性，提高效率和水平。因此，一方面，在城市通勤圈中，注重地面交通和地下交通的"无缝衔接"，充分发挥城市公共交通的作用；另一方面，尽快调整市区公共交通和市郊铁路的网络规划，实现多网统一。同时，对于既有枢纽，目前首要任务是改善接驳服务，完善配套设施，充分发挥大容量运输优势，按照"调动机场巴士为主、保障出租运力为辅，配备地面公交夜间接驳，大客流下适时运营轨道交通"的思路，精细交通管理、强化经济调节、调整运输结构，研究综合运输接驳保障模式及标准。此外，在北京市交通强国建设中，新枢纽的建设必然是一项重要的工作。

在城市综合交通发展中，城市公交系统会起到很大的作用。在城市公共交通一体化中，需要解决两方面的问题。第一，实现公共交通网络一体化。应优先建立良好的轨道与公交接驳换乘体系，形成"无缝接驳"，以提高公交系统效率和服务水平。此外，建立快、慢分级的公共交通系统。公交网络根据服务区域的大小划分为大、中、小三种交通区，先以大区为基础找出几个一级枢纽，布设高等级公交线路，形成快线层（或称干线层），再以枢纽为中心调整交通区范围，分区找出二级枢纽，在一、二级枢纽上布设公交普线层，形成公交支线层，并最终形成公交网络。第二，注重公共交通与步行道衔接。应注意人车分离，安全穿越，确保连续、安全；要基于居民出行需求分布，充分结合公共交通的换乘系统进行考虑。另外，可设置树荫通道，或有遮蔽的步行通道，以消除天气对行人的影响，构建舒适宜人的步行环境（从而使乘客可以舒适地到达最近的公交车站）。

（二）提高道路建设规划能力，完善城市道路路网布局

在基础设施建设中，城市道路规划建设处于重要的地位。为此，首先要实现城市道路的科学规划。对于规划部门来说，规划编制中应根据规划区的具体情况和要求，千方百计地适当提高路网密度，规划合理的城市道路网系统容量，制定科学的交通发展策略来公平分配道路交通资源，努力实现城市道路网系统最优化，提高交通运行效率。对市政部门来说，要加大统筹力度、完善机制、保证统一规划、同步建设、加大监督和管理力度。

其次，要完善主干道路和快速道路系统，保证城市道路系统整体运行效率。北京市主干道路和快速路系统作为北京城市交通的核心，布局关系到交通系统的整体运行效率。通过主干道路和快速路系统布局的调整改善，可以促进城市道路主要功能的修复，保障城市交通动脉有序、顺畅运行，进而盘活整个城市的交通体系，促进交通整体效能的发挥。因此，加速完善城市主干道路和快速道路系统，强化中心区域路网加密是目前完善道路系统工作的首要任务之一。为此，应保证城市交通系统，尤其是快速路系统的良好运行。

最后，同时注重城市道路微循环系统的完善，减少主干道路拥堵问题。北京市在实现交通强国目标的过程中，不仅要重视快速路和主干路的建设，还要对次干路和支路的建设给予足够的关注，以实现城市道路网等级结构的合理化，完善城市道路微循环系统。为此，要注意满足城市道路网系统中不同层次的交通需求，避免区域性的交通流分布在跨区域的交通服务的主干路上，使主干路核心功能得以发挥；建设与城市干道系统相匹配的城市道路微循环系统，利用相关基础技术平台，基于建设计划制定评价指标体系，对市、区两级道路建设计划进行整合、评价和调整，形成年度建设计划，并且在建设过程中注意与提高公交服务水平、疏导快速路和主干路交通拥堵以及城中村改造、城市环境治理等发展目标相结合，形成各项交通强国目标互相促进的良好局面。

（三）实现交通关键装备及基础设施的智能维修

智能化是现代交通基础设施最重要的发展方向之一。由于交通基础设施建设需要大量的资金支持，只有对已有设施和装备进行科学的折旧管理和寿命维护，才能实现最大的投资效率；而在装备维护过程中，智能化是一条符合可持续发展要求的道路。随着5G、大数据、人工智能等新型技术的高速发展，交通基础设施领域也逐渐出现新型技术的身影，例如，"新基建"即为交通基础设施和新型技术融合的重要产物。因此，在城市交通基础设施的维护过程中，也需要提高智能化水平。

智能维修不仅有利于降低维护成本，还可以提高维护效率，目前为城市轨道交通中关键设备构建预测性维修体系和全员自主维修制度提供全面的技术支持。据南京地铁的运营经验，智能维修可以在大数据中心支持下，实时监控关键设备的运行状态、进行故障预测与设备劣化趋势判断，实现关键设备在线实时故障诊断，自动生成维修工单，自动调用潜在故障维修作业指导手册和规范标准，进而触发关联的物料、备件、资产等管理系统，从而实现故障早期预警和分级报警，指导关键设备现场维修作业，进而实现物料、备件和设备资产的智能化管理①。因此，北京市在交通强国建设中，除了在轨道交通应用智能维修系统之外，还将其应用于地面交通及其他交通配套设施中，体现新型技术与交通基础设施的有效融合，提高交通强国建设过程中的智能化水平。

（四）实现交通基础设施空间结构优化，追求构建高效率的交通体系

北京市交通在新中国成立以来，尤其是在改革开放以来在交通基础设施建设上实现了大跨越。然而，目前，在我国经济进入高质量发展阶段时，在

---

① 刘述芳：《城市轨道交通关键设备智能运维系统初步建构》，《设备管理与维修》2018年第Z1期。

交通设施的空间结构和交通体系的运行效率方面还存在许多短板，出现整体运行效率低等问题。针对存在的问题，相关部门应强调统筹协调运营，将使交通基础设施由基本匹配经济社会发展向高效支撑现代化经济体系建设的状态升级。同时，强化全过程精细化管理，既要强化各环节精准对接需求，也要强调各环节间的统筹和一体化衔接，使整个规划体系做到方向准确、重点突出、节奏合理。在规划管理体制机制上要更加注重多元主体的广泛深度参与，以更好识别、对接和协调供需，特别是在重大项目的技术论证中加强需求预测和经济社会效益综合分析，注重经济原则和全面反映项目生命周期的各种成本，为基础设施精细化决策提供科学依据，追求构建高效率的交通体系。

（五）加大对交通设施的投资力度，提高交通安全防护水平

由于交通设施有着"使用频次高、客流量大"的特点，固定资产在使用过程中的损耗会比较多，这会降低交通设施的安全系数，甚至会影响我国整体交通体系的水平。在北京市交通体系中，相比城市轨道交通和市郊铁路等其他运输方式，公路运输安全系数相对较差。根据《中国统计年鉴》，2018年北京市发生交通事故约3242起，死亡人数为1288人，造成直接财产损失3517.1万元；相比之下，2018年，上海市发生交通事故约741起，死亡人数为647人，造成直接财产损失501万元。同时，比较两城市2016年在交通运输、仓储和邮政业的固定资产投资，上海市为944.86亿元，而北京市只有761.37亿元，因此，为了提高北京市交通安全性，需增加对交通基础设施的投资，实现旧设施的升级再造，尤其重点完善与安全系数较差的城市公路运输相关的装备与设施，牢固树立安全发展理念，持续提升铁路安全水平，让广大人民群众更加快乐便利地享受旅行生活。

此外，与应急救援相关的交通基础设施是体现北京市交通强国建设中安全防护水平的一个重要方面，因此，一定要强调基础设施发展动力健康持续，防抗重大风险。具体来讲，交通基础设施在设计和投入使用前，应分别考虑事故发生前的防范能力、事故发生时的抗衡能力以及事故发生后的及时反馈能力。譬如，运用信息化、智能化技术手段提高交通运行的安全防控水

平，实现基础设施性能与状态的智能感知、自我调节、风险预警。在紧急事件处理上，应将相关交通设施作为应急救援部门的有力工具，为交通安全提供有力的保障。同时，除了针对安全事故的考虑之外，也需要针对自然灾害引起的突发事件做好防范的准备，配备与之相对应的安全装备，全面提高交通安全防护水平。

参考文献

［1］《北京公交集团2018年社会责任报告》，北京公交集团，2019。
［2］《北京庆祝新中国成立70周年系列发布会——城市建设专场》，中华人民共和国国务院新闻办公室网站，http://www.scio.gov.cn/xwfbh/gssxwfbh/xwfbh/beijing/document/1665344/1665344.htm。
［3］胡源：《1949年后的北京电车》，《科技潮》2009年第9期，第50～53页。
［4］金可：《北京首条自行车专用道开通运行》，《城市公共交通》2019年第7期，第8页。
［5］颜吾佴、颜吾芟、许勇、刘天善编著《北京交通史》，清华大学出版社、北京交通大学出版社，2008。

B.8 北京交通技术建设报告

周渝慧 樊东萱*

摘 要： 本报告介绍了北京市交通强国技术建设的成就、问题与对策。北京交通技术创新在2008年奥运会基础设施投资的引领下突飞猛进，朝着现代化、车路智行、清洁化和优质服务的可持续方向发展。交通运输技术进步支撑了北京高质量发展；物流和客流的平安智行，带动了京津冀的经济转型升级。但交通电气化技术改造的推广和普及、全轨道交通的智能化运营以及大型交通枢纽末班接驳的常态化，仍是当今北京城市交通技术所面临的重点和难点。本报告提出如下对策建议：北京应努力推进交通领域的清洁能源、可再生能源驱动型技术替代，完善北京交通新基建，坚持"公交优先"，发挥好轨道交通在北京公交运营中的骨干作用，建议在北京南站和北京北站等高铁车站开设固定的高铁大巴和中巴，同时发挥北京交通行业协会的技术指导作用等。

关键词： 交通技术 科技创新 综合交通体系 北京

一 北京交通技术建设的成就

交通运输技术支撑北京交通高质量发展。北京交通始终秉承"科技创

---

* 周渝慧，北京交通大学北京交通综合研究院，教授，研究方向为能源经济理论与政策、交通技术经济与管理。樊东萱，北京交通大学经济管理学院硕士研究生，研究方向为运输经济、技术经济。

新"的理念，作为交通发展战略的重要支撑点，贯穿首都交通发展的规划、建设、运行和服务的各个领域，成为北京经济与社会发展的重要保障。首都北京的交通需求日益增加，特别是2008年北京奥运会之后，北京通过加大交通投资的力度，保持了北京交通技术的持续先进性，促进基础设施日趋完善，城市综合交通体系供给能力不断增强，已经迈入高铁、城际和城轨多层级轨道交通网络的大协同时代，通过"一市两场"的现代化机场群跻身世界先进机场行列，北京"公交优先"的公共交通政策的具体实施，使交通运输业在推动首都社会进步、经济发展的进程中发挥了重要作用。

（一）北京交通运输技术发展的基本目标及特点

北京交通在技术创新方面，充分调研了国内外相关技术，选择了科学的、成熟的和适用的关键技术。

1.北京交通科技创新的基本目标

根据北京交通面临的关键技术难题和首都发展的实际需要，北京交通科技创新确立了以下基本目标。

①解决开放性复杂巨系统运行监测与有效管理的难题，对广域路网进行实时监测和评价，全方位掌控交通运行动态状况。

②实现交通车辆的智能化调度、交通运行管理的现代化指挥，以及实时动态交通信息服务，确保安全、高效、有序。北京交通既要保障国事活动和首都的各种特殊交通需求，如奥运会、国际国内的大型会议等，同时也要保障城市日常交通出行及运输需求，通过全方位监控、无时延的5G通信网络、精准的定位技术、高效的组织优化方案，建立道路交通管理指挥调度系统、公共交通智能化运营组织调度系统、轨道交通指挥调度系统、交通应急指挥系统等多层次的指挥调度系统，实现交通的合理组织和车辆的智能化调度，确保交通的安全、高效、有序运行。

③用严密高效的交通应急管理技术体系，保障北京交通的安全、顺畅运行，主动预防和迅速解决突发性公共事件的紧急疏散难题。具体可以采用先

进的客流仿真技术，事前对运营计划和客运组织方案进行评估，测试对行人的交通组织情况，通过建立移动网络人工智能的检测、安全提示、引导等功能设置，将其应用于人流聚集地、旅游集散地、大型活动场所等交通要道，诊断关键节点、辅助决策，有效降低人群集散风险。

④在智慧城市的平台上逐步完善北京的综合交通规划系统，建立科学的、集成的、智慧的北京交通规划体系。

⑤建立北京综合交通系统规划与交通运行方案预评估、可实施性检验技术和后评估技术。根据交通流理论及建模技术，研究建立一整套可用于综合交通体系方案的预评估、可实施性检验和规划方案与评估体系，辅之以现场检验手段，保障特殊需求和长期需求下的方案有效性和可实施性，为大型活动特殊需求的交通组织提供管理理论和研究的模式和方法论。

北京交通的技术体系规模庞大，通过对北京交通工程技术体系的评估及其优化，可充分保障北京交通的装备技术体系结构和体系组成是均衡的、合理的和高质量的，并且是适应北京城市发展需求的。通过前、中、后评估，促进北京交通始终保持技术的先进性、高成熟度和实现可定量化评估，保障首都综合交通体系的高可靠性和完备性。

⑥用交通技术创新促进北京短期交通需求与长期交通需求之间的协调。

交通技术创新提升北京交通出行的安全、品质和服务水平，是对北京交通长期发展战略目标实现的重要保障。新技术、新材料、新工艺和新方法的投入是巨大的，而北京发展既要依赖交通发展，也通过交通技术创新实现北京的长期可持续发展。举例说明，交通电力驱动的技术创新问题，有大力发展北京轨道交通电力牵引技术，也有通过车牌不参加摇号的政策引导电动汽车新技术、电池续航技术不断升级，不断有新能源车辆技术投入市场等，这些新能源和清洁能源交通技术创新和应用，都是北京交通技术体系的重大创新。所以，北京交通技术创新将是满足短期交通需求和长期可持续交通需求的催化剂和驱动力。

2. 北京交通技术研发投入充分保障了交通技术进步的丰硕成果

1978年，北京交通总投资为1.7亿元，"十三五"期间，交通基础设施项目计划总投资约为7505亿元，2019年投资为1218.2亿元，2019年，北京的交通运输基础设施投资占全社会基础设施投资比重保持在45%以上。北京交通运输基础设施投资（1978~2018年）见图1。

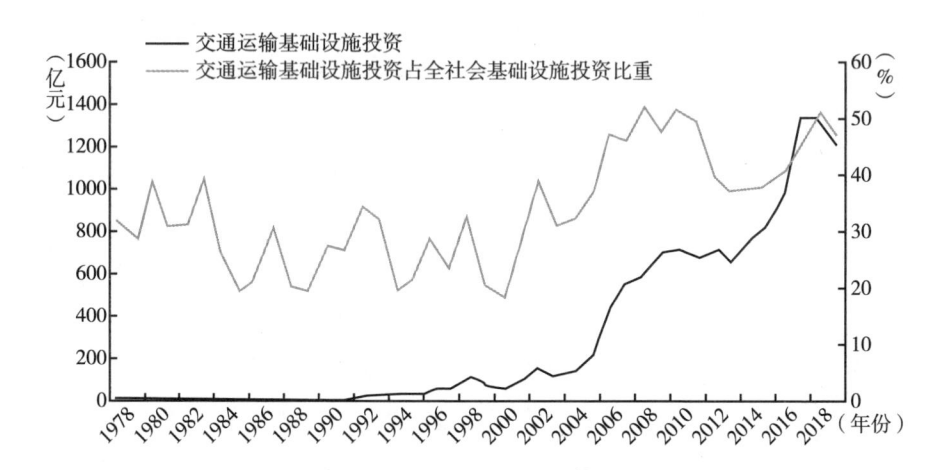

图1　北京交通运输基础设施投资（1978~2018年）

资料来源：EPS数据库。

北京交通近年来的部分具体技术创新如下。
①以浮动车技术为代表的车辆行程数据采集技术。
②全路网实时运行动态评价平台技术。
③多层次指挥调度系统应用技术。
④自主知识产权的车辆动态导航技术。
⑤大规模人流集散动态仿真技术。
⑥交通规划系统集成技术与评价技术。
⑦新材料、新能源的节能环保交通技术。
⑧公交站台自动显示后车到达时间预测技术。

3. 公路网技术不断进步

1949年，新中国成立以来，北京市公交投资逐年增加，普通公路技术向高速公路技术升级，"区区通高速"的目标已经实现，既缓解市郊区域的交通压力，也加强了与周边省份的联系。

直至2019年,北京公路里程为22350公里,是1957年的18.6倍,年增长率为4.83%(如图2所示)。

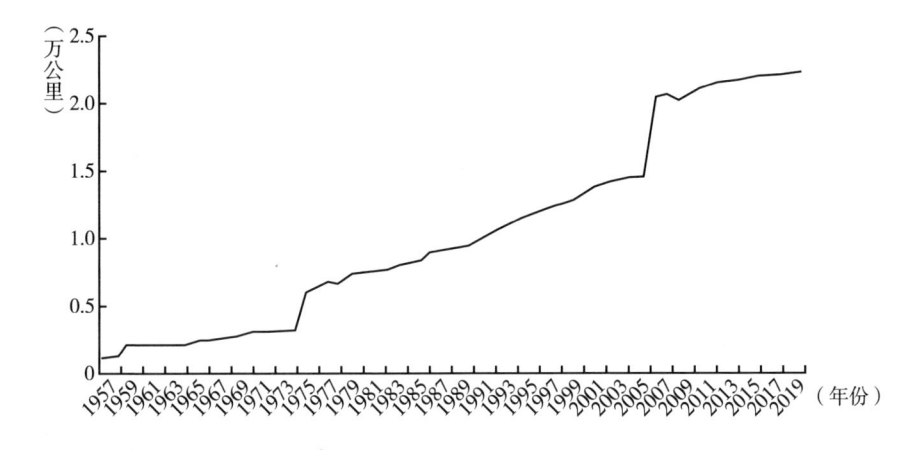

图2 北京公路里程(1957~2019年)

资料来源:EPS数据库。

在即将到来的2022年冬季奥运会,北京公路交通建设正在大幅度推进。新建成的北京延庆至张家口的公路在技术创新上,凸显了高等级公路技术和大型高跨度斜拉公路桥梁技术在北京交通中的应用。

4. 城市轨道交通技术为缓解首都交通拥堵做出巨大贡献

2006年,北京市交通委、发展改革委、规划委、财政局、公安局等五部门联合制定的《关于优先发展公共交通的意见》发布,确立了优先发展公共交通的战略,明确了在加快轨道建设的同时,对地面交通技术进行全面升级改造,为此,北京形成了以轨道交通和大容量快速公交为骨架、以地面公交为主体的多层次、多方式、综合性的公共交通技术体系,在此基础上建立了首都北京强大的交通服务网络。

5. 北京迈入高铁时代

2018年,北京铁路的长度已经达到并超过6246.4公里,以北京为中心的京山、京广、京原、京包、京九等15条主要干线在中国版图上纵横辐射、沟通南北、连接东西。

从新中国成立之前的三等车到新中国成立之后的绿皮车，后升级为新空调列车，如今已经有人性化、智能化的高铁客运列车、动卧列车、市郊列车和重载货运列车等多种铁路技术支撑下的铁路机车，共同行驶在北京铁路网络之中。随着中国铁路的六次大提速和"八纵八横"高速铁路网的建成，旅客进出首都北京更加便捷、更加高效、更加舒适；北京铁路的物流系统也四通八达，通过集散机械化、仓储自动化、物流信息化和智能化等新技术，紧密连接祖国各地的城市和乡村。

北京在2008年召开夏季奥运会时期进入了高铁时代。代表中国高铁技术标杆的时速350公里"复兴号"成为北京铁路的关键技术；同时，先进的高铁车站技术已经成为北京的城市地标和高新技术典范。在高铁的智能调度技术、智能服务和维修技术的创新前提下，京沪高铁集成了先进的技术，实现了日开行本线与跨线列车110.5对，北京铁路局负责其中的43.5对列车，领先实现最短3分钟发车频率的世界前沿铁路技术，用最快4小时50分钟的京沪全线运行时间贯通了华东和华北，连接长三角和京津冀经济区。2008年1月，京沪高铁始发站北京南站改造完成，这是我国首座高标准现代化的大型高铁车站，也是全亚洲最大的火车站，可容纳上万人同时候车。

北京铁路技术创新通过标准化、精细化、规范化技术的转型和升级，在智慧车站技术集群中实现智能安检、人脸识别、机器人导航技术、全路电子客票技术、无接触购售票及补票、城市轨道交通零换乘信息导航与客流监控技术、手机App等综合信息技术的普及应用，极大地方便了旅客掌握列车始发、到达、换乘等各种服务功能。

6. 领先世界的一流的空港综合交通技术体系

2014年9月4日，习近平总书记主持中共中央政治局常委会议审议通过北京新机场可行性研究报告；同年12月15日，国家发改委批复同意建设北京新机场项目，总投资为799.8亿元，12月26日，北京新机场正式开工建设。

北京大兴国际机场规划年旅客吞吐量为7200万人次，与首都机场共同构成首都北京的双机场交通格局，大兴机场主航站楼、配套服务楼和停车楼的总建筑面积约为140万平方米，共有104座登机廊桥；地上地下一共5

层；特别展现出世界先进综合交通技术的集大成——它涵盖了航空、铁路、公路、社会车辆智能停靠、城市公交、共享单车等多元化的交通技术，尤其是不同速度下的运输装备技术和轨道技术如高铁、地铁、京雄城际、廊涿城际，共同在北京大兴机场构成了一个国际上独一无二的、广场式的轨道交通换乘枢纽。大兴机场的航空货站面积为33.5万平方米，有3个国际货站、3个国内货站，年处理能力为200万吨。

航空技术是交通技术中的"皇冠"，北京的机场群集成了中国先进的综合交通技术体系，将交通枢纽的集成调度技术与交通工具的多元速度技术融合成交通大系统，通过实时、优化、高质量、精准和全方位的服务，满足国际大都市的巨量而复杂的客运和货运需求，将北京的优质基础设施功能展现于世界，成为标杆。

（二）综合交通运输技术支撑北京的高质量发展

北京作为我国首都、世界级大都市的窗口，拥有先进的综合交通系统是必要的基础设施，各种交通技术展示了综合交通系统发展进程的主题与核心价值。

1. 北京综合交通技术体系的先进性

在综合交通体系的技术进步中，市郊铁路正在以大容量、班列运行、安全、舒适、方便，实现了北京的市域交通由公路技术向轨道技术的转型升级、由高污染的燃油驱动技术向电力清洁能源驱动技术的转型升级。

交通技术的先进性表现在速度、智能、可靠性等方面。尤其是电气化交通技术已经能够在交通的核心技术指标，如速度、安全、可靠、鲁棒性和能效等方面产生直接的技术进步效果，成为领先世界的先进交通技术之集大成者。

2. 北京交通新技术研发保障了北京交通平稳运行

北京交通技术进步的宗旨是"绿色、科技、人文"三大理念，落实在交通规划、基础设施建设、系统运行、交通服务等领域就是开展了科技创新活动，全面提升北京交通的科技水平，并突出表现在以下几个方面。

①车辆、通信、信号、运输调度系统等新型、高效、环保、节能、无障

碍运输技术的研发。

②道路网运行动态实时监测，应急指挥调度与诱导系统研发。

③交通运行实时数据采集与综合处理系统研发。

④针对大规模、高强度人流与车流集散的动态仿真技术研发。

⑤交通工程建设新工艺、新材料的研发。

⑥交通技术规范、标准以及法制保障系统建设。

⑦系统风险评估技术研发。

正是得益于上述交通技术创新和研发工作的推进，北京在交通新技术方面的有效性、可控性、实用性和储备性使其在世界大城市交通技术中保持了以下优势：目标明确、规划合理、组织高效、运行有序、服务周到。

3. 高效率综合交通技术解决北京交通拥堵"大城市病"

北京作为世界大城市，常住人口和流动人口呈现快速增长态势。1978年，北京常住人口为871.5万人，2019年常住人口为2153.6万人，年均增长率为2.23%（如图3所示）。

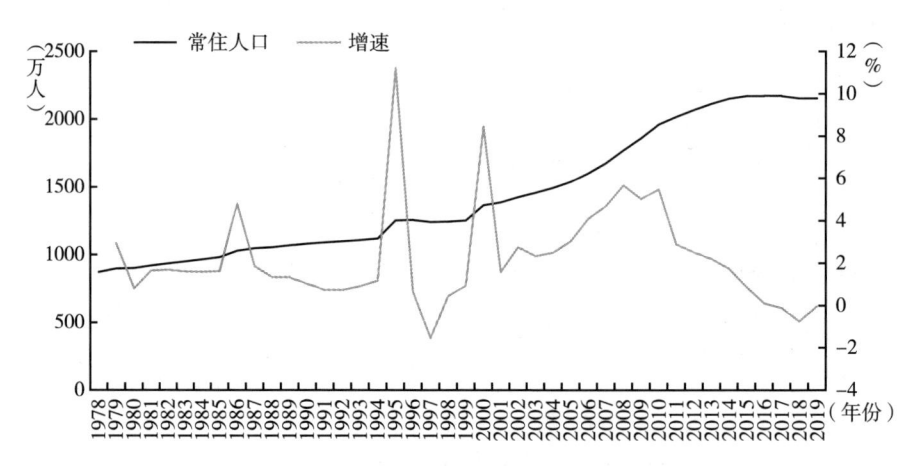

图3 北京常住人口及增速（1978~2019年）

资料来源：EPS数据库。

北京的先进综合交通技术主要表现在通过综合交通体系的逐步完善，解决北京作为世界级大都市面临的复杂交通网络拥堵问题。

伴随北京城市规模逐渐扩大，人口流动性空前提高，道路车辆数量不断增加，在解决拥堵、事故管理及污染防治等方面给北京的交通管理部门带来诸多的新挑战。

近年来，在常规建设的基础上，北京的交通技术进步通过智能化优化资产效率，借鉴城市大脑、传感器技术、5G通信技术和动态自适应技术等，在提高城市交通管理的可靠性和安全性等方面取得成效。

随着海量交通数据的产生，基于人、车、路的各种图像、自然语言等多元异构数据处理的现实需求，促使北京交通技术必须在利用大数据、人工智能等方面进行创新。北京交通大数据平台在此基础上利用交通实时数据、道路基础设施、智能车辆和社交媒体的综合信息处理结果，快速准确地实现对交通拥堵的预测、调控，缓解城市潜在拥堵问题。

如今，北京的快速轨道交通已经在连接旅游地的基础上，进一步连接北京的研发、创新、产业集群，如中关村、未来科技城、亦庄、通州等，充分展示了北京的交通科技为北京科技领航。

按照国际惯例，交通运输能耗是指全社会企业及个人所拥有的所有交通运输工具的能源消费。

（三）北京城市轨道交通技术引领北京交通科技创新发展

北京交通的主流技术进步表现在城市轨道交通的规模化、网络化技术进步，全国城市交通技术创新和技术进步方面，发挥了交通技术的引领作用和自主创新的榜样作用。在世界大城市交通技术中展示了中国城市交通的先进性、有序性、安全性和持续性。

北京的轨道交通是中国轨道交通的先驱，北京地铁1号线建成于1969年。如今全国的城市轨道交通在满足城市交通出行需求和治理拥堵上，发挥着不可或缺的中坚作用，尤其是在北上广深这些巨型城市中，轨道交通线网运行，已经成为城市规划、高铁接驳规划、城市公交线路规划的依据与枢纽。

1. 北京城市轨道交通线网规划建设技术

北京在1969年建成中国第一条轨道交通线路——连接北京城东西方向

的地铁1号线，线路长23.6公里。至2019年，北京轨道交通运营线路有24条，车站有405座，运营里程达到699公里，年均增长率为6.98%。北京轨道交通运营里程及增速（1978～2019年）见图4。2019年运营车辆达到6173辆（见图5），1978～2019年年均增长率达到10.18%。北京轨道交通站台数及增速见图6。

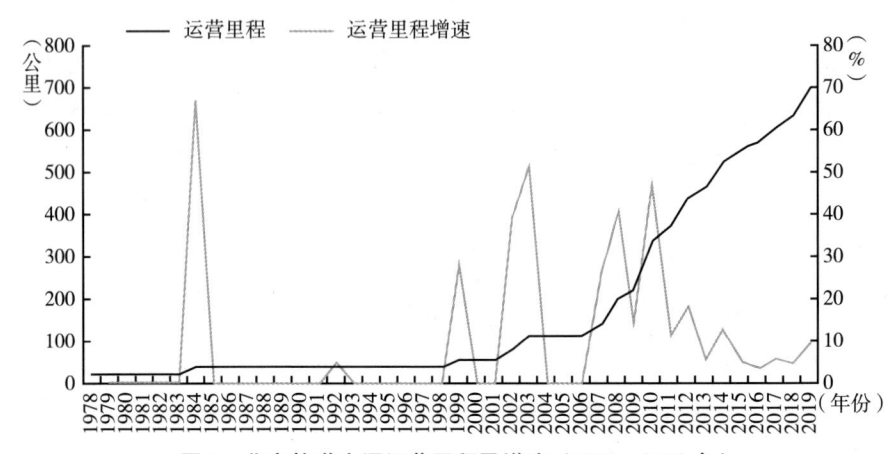

图4　北京轨道交通运营里程及增速（1978～2019年）

资料来源：EPS数据库。

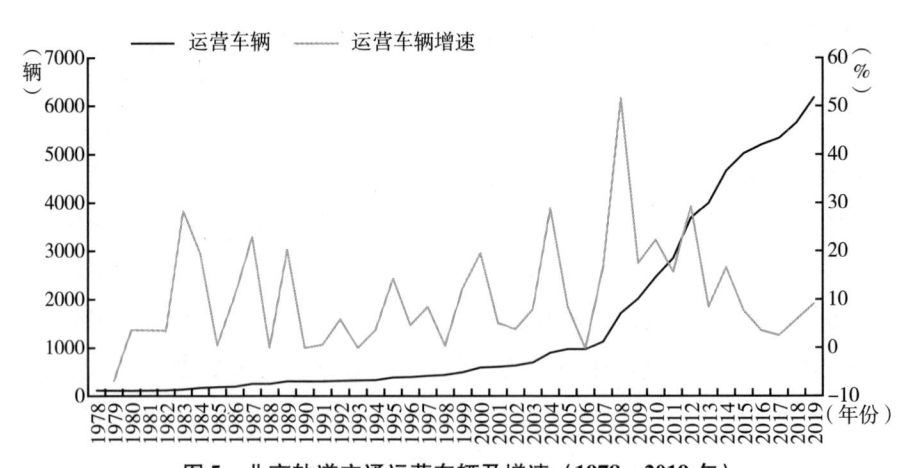

图5　北京轨道交通运营车辆及增速（1978～2019年）

资料来源：EPS数据库。

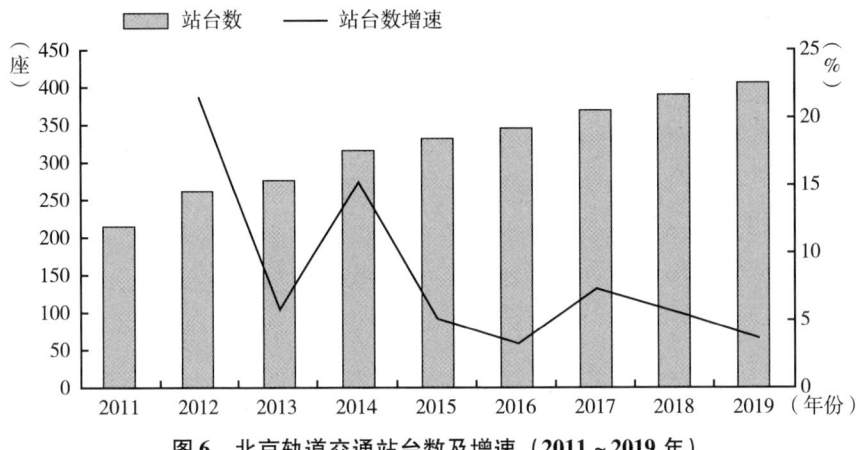

图6 北京轨道交通站台数及增速（2011～2019年）

资料来源：EPS数据库。

(1) 北京轨道交通关键技术

①根据交通出行需求的轨道交通规模规划技术。这是利用出行总量和轨道交通复合强度之间的关系来推算线网规模的技术。首先根据城市人口规模、居民出行强度等预测规划居民全方式出行总量，然后根据居民出行特征、交通发展战略及可能提供的交通工具等影响因素确定交通客运总量。其中，影响线网负荷强度的因素有社会经济发展水平、城市空间结构、城市综合交通路网布局等。

②根据轨道交通路网密度的规划技术。城市轨道交通线网是一种公共交通的网络，对于服务市民出行、旅游市场都具有重要的意义。北京市推行"公交优先"政策，在一般情况下，轨道交通线网的密度由市中心向外逐渐降低，市中心内轨道交通吸引半径为750米，边缘区的吸引半径为2000米。规划时应根据北京市城市建成区面积和路网密度之间的关系，推导路网规模，保障城市建成区在公交线路的吸引范围内。

③根据交通服务水平的规划技术。服务水平表现在区域的划分上，城市公交服务区域分为中心区、市区和市域三类，反映城市轨道交通服务水平和规模的指标是线网密度、万人拥有轨道交通线网长度、出行时间、线网覆盖率等。根据上述指标，便能将线网规划到方便出行的优质服务水平。

（2）北京轨道交通线网布局规划关键技术

在城市化和经济快速增长及公交优先的政策指引下，城市轨道交通已经进入发展的成熟期，城市轨道交通网络化运营的规模与复杂度与日俱增，更为严峻的挑战是对轨道交通网络技术的严苛、联动、高效和智能化。

①点线面分层规划技术

"点"的规划是对交通路网的起点、换乘点和终点的分布进行规划的技术；"线"的规划代表客流流经的轨道交通走廊分布；"面"的规划涉及对城市中的轨道交通的定位、规模、形态、交通走廊边界、土地利用、交通需求、线网规模等。

②功能层次规划技术

将城市轨道交通网络分为三个功能——骨干、扩展和充实，骨干功能与城市的基本结构、基本发展方向一致；扩展功能是指轨道交通网络在骨干基础上的扩张、外延；充实功能是提高线网密度以提高轨道交通公共服务质量，满足乘客的交通出行需求。

③逐线规划扩充技术

依托既有线路，依据城市发展战略向外围扩张的线网规划技术。此技术一般建立在交通枢纽的基础上，如航站楼、高铁站、公交枢纽站等集散中心逐线规划扩张，形成城市轨道交通网络的外延式扩展。

④基于城市空间结构的轨道交通线网规划技术

城市的空间结构是地理上的，城市轨道交通网络空间布局需要嵌入城市空间结构中，发挥轨道交通的先导作用，推进城市经济格局演变。例如，在徐州，京沪高铁所产生的主轴效应，带动新老城区轨道交通和公交快慢行客运一起演变，重构了城市的发展格局，实现产业升级换代，从根本上促进了城市经济的有效转型。

⑤按交通区位线网布局规划技术

交通区位理论从交通需求出发，按照出行强度、城市空间布局和人口分布等规划交通高发地带，其方法是根据这一交通区位线来设计和布局城市的交通干线。

(3) 北京轨道交通客流预测技术

城市综合交通规划技术中重要的前提是客流预测，包括传统的软件预测技术、大数据技术和未来即将在数个城市运行的基于人工智能技术的"城市大脑"。

①基于专业软件（Trans CAD）的客流预测技术

传统的城市轨道交通客流预测技术包括远景规划线网客流预测和修建近期客流预测两种。一般的城市综合交通都要进行规划，而城市轨道交通需要事先进行出行预测，以作为客流分配的依据和必要条件。城市轨道交通的客流需经过专业软件预测，通过建立城市交通模型，将出行预测的公交OD在不同的轨道交通线网上进行分配，得出全网客流总量，再在客流总量的控制下，进一步确定出行线路的客流指标，进而对客流特征进行对比分析和适应性分析。

通过运用智能预测技术，使北京城市轨道交通能够有效应对和掌握客流变化规律，分区、分时和分线路及时调配运力，为北京交通高峰期日超千万的轨道交通大客流需求提供优质、安全、快捷、稳定和准时的交通服务。

②大数据客流预测

基于实时的客流预测是一种非集成的预测方法，它以个体出行链为基本研究单位，描述个体全天的出行活动以及这些活动在时间上和空间上的发生顺序，更好地预测个体的出行行为和精确地模拟个体的出行行为。但是随着大数据时代的到来，人口流动性提高，需要找到一种切实可行的信息处理方法——客流的移动与路网监测的空间信息相匹配、相融合，进而有可能、有能力处理大量不确定的、不完整的、多源的交通信息，不仅可以预测客流，同时还可提升路网对北京交通拥堵的预测效率，一改以往被动的交通供需平衡，将管理端口前移，主动实现路网的全时空安全监控、无缝链接式控制，客流预测与状态监控、疏导深度融合，真正实现大数据环境下城市交通路网多模式客流及其拥堵控制技术体系。

③云计算下的城市大脑交通客流智能调度技术

北京市坚持"促进交通科技发展，加快交通信息化和智能化建设"的政策导向，明确交通科技发展的重要地位、基本方向和基本任务，明确提出

"以信息化、智能化为重点，推进交通行业的科技进步，提高交通规划、设计、施工、运行管理的科技水平""研究开发新交通方式、新交通工具、新材料和新工艺"等具体措施。

如今，北京市建设智慧城市将交通智能作为核心功能，通过云计算、大数据、交通监控与疏导，最大限度减少交通拥堵情况。尤其是在北京2008年夏季奥运会召开期间，采用特殊需求下的智能交通管控技术，成功展现北京交通技术的先进性、鲁棒性和保障出行效率。

2. 北京城市轨道交通网络化运营组织技术

第一，协调轨道交通网络列车衔接组织的递阶优化技术，是轨道交通网络列车的一种组织技术，该技术着眼于分步骤将线路交汇的换乘站作为协调点，从主要换乘站开始，以该站的最优衔接方案为基础，当与邻接换乘站的最优方案冲突时，按照协调要素的优先级，依次排定各线路列车在站到发时间，再逐步推广至全网络范围内的所有线路和车站，从而实现网络运输能力利用最优。

第二，首末班列车发车时间域研究技术，能够使运能资源得到合理的利用。这项技术从多线换乘连续的可达性和合理性两个方面构造多向列车换乘衔接模型，根据早晚高峰客流特点建立首末班列车发车时间域的计算方法，分层优化，实现网络列车运行的综合协调；这一技术已经被实际运用到北京轨道交通在冬季早高峰的错峰决策上，提升了直接的客运组织效率。

第三，网络化共线运行技术，这是解决运力和运量之间矛盾的技术，需要研究接轨站的接发车能力、线路追踪能力、线路折返站的折返能力，必要时还应对线路基础设施进行配套改造。这一技术可以解决运能与运量之间、行车组织与设备条件之间的矛盾。

第四，换乘车站客流组织仿真技术。北京城市轨道交通网络化规模日益扩大，路网运输能力进一步提升，尤其在早高峰，单日客运量已经超过1200万人次，换乘站成为客运组织技术的瓶颈，结合仿真技术研究车站客流组织，成为一项重要的城市轨道交通客运技术。通过仿真技术，可以预测行人在站台等特定区域的停留时长，检测内部几何结构的潜在问题——加入障碍物或语音疏导技术之后可能带来的影响；研究行人在换乘通道、进出站通道等连续空间中行进对不同类型障碍物做出的反应，为换乘站建立容量模型，为车站采用限流措施提供定量依据；在仿真过程中，通过改善模型中的各种参数，使其在不同配置下运行，观察客流仿真效果，从而发现客流组织中存在的问题，形成涵盖各种疏导技术的客流组织方案。

第五，无缝换乘条件下城市轨道交通网络客流分配技术。将北京城市公交配流理论应用在城市轨道交通网络客流分配上，通过分析站点和线路上客流行为特征，建立阻抗函数，考虑交通管理系统和公交设施的约束——发车间隔、载运量、列车环境舒适度，以及交通线路的资金限制，提出共线技术、吸引集、超级路径以作为客流分配的基础，考虑车站与车内的拥挤度、乘客出行随机性，形成基于网络图的优先搜索算法等客流组织核心技术。

3. 北京城市轨道交通安全保障技术

2019年，北京轨道交通客运量为39.6亿人次，年均增长率为12.6%（如图7所示）。

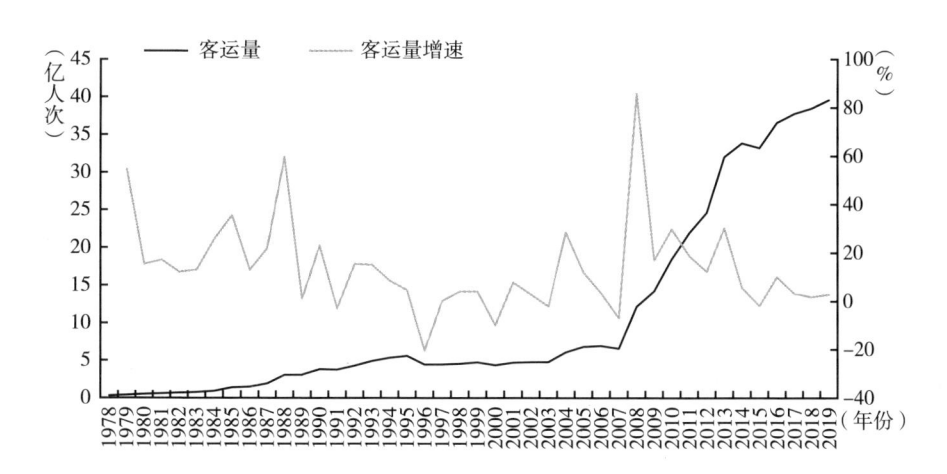

图7 北京轨道交通客运量及增速（1978~2019年）

资料来源：EPS数据库。

据统计，根据地铁发生故障次数，5号线是历年来发生故障次数最多的线路，接着是1号线和10号线。发生故障的主要原因依次是信号故障、车辆故障、乘客进入轨道、车门及屏蔽门故障等①。

（1）轨道交通安全管理关键技术

轨道交通安全管理关键技术主要有防范自然灾害安全管理技术、防范人为事件损害技术、预知维修模式下的综合维修技术、设备疲劳损伤在役检测与评估技术。

地铁结构抗震分析与减震技术。结合北京市的抗震要求，在典型地铁隧道工程建立预测与方法技术体系，形成地下空间灾害预警系统，包括描述地下空间和地下水环境条件的地理信息系统（GIS）技术、3D数字模型、可视化技术，构建灾害风险评估系统。这是首都交通的保障技术，也是中央和北京市人民政府和全国民众都十分关心的普及技术。

通过调查国际国内交通设施恐怖袭击的类别、爆炸强度、地铁结构内爆炸冲击波对建筑的破坏、传播规律和抗爆技术，建立了地铁综合交通枢纽火灾模拟和安全评价与防范技术；通过分析火灾对地铁结构的破坏程度，形成地铁火灾防护技术，避免对地铁设施和人员造成伤害。

为减少设备故障、降低设备维修成本，防止交通设备核心设施的意外损坏，北京轨道交通通过信息化手段，对设备和设施的关键工作参数进行实时监控，对疲劳损伤进行在役检测，从而形成一套完善的轨道交通设备和设施的状态监控和故障诊断技术，可有效保障在设备正常运行下，进行设备的整体维修和保养。

（2）轨道交通突发事件管理关键技术

有效应对地铁突发事件是北京交通技术与管理工作的重中之重。常见的应对突发事件技术有应对突发事件的信息技术、应急救援及人员疏散关键技术、基于现场实验数据的计算机模拟方法和基于人员的行为分析，建立客流群体、建筑结构的系统应急疏散参数，如客流流量、客流速度、客流密度及通道宽度、出口条件等综合参数的协同关系，构建轨道交通群体动力学实验

---

① 《近5年北京地铁故障率排行榜（2014.1.1 – 2018.11.8）》，搜狐网，https://www.sohu.com/a/278608132_682294。

模型，通过全方位实时监控和预警，构建周全、缜密和高效的突发事件应急管理预案。

（3）资源配置及共享机制关键技术

北京轨道交通在资源配置及共享需求技术创新方面，充分调研了国内外相关技术，选择了科学的、成熟的和适用的关键技术，包括指挥控制中心的共享平台数据安全技术、车辆段共享的关键技术、供电系统资源共享关键技术、维修资源共享关键技术和物资仓储及物流管理关键技术。

①指挥控制中心的共享平台数据安全技术。北京城市地铁指挥中心是北京城市轨道交通的大脑和心脏，数据平台的共享、安全、完整、保密和可用性问题是北京轨道交通的重要技术。比如，数据提取安全技术、数据的存储安全技术、数据的组织安全和使用安全技术，还包括信息源接口技术、信息标准技术等。

②车辆段共享的关键技术。包括车辆段设计技术、车辆段资源共享评价技术。

③供电系统资源共享关键技术。包括网络化条件下的供电系统设计标准、供电系统资源共享的可靠性分析技术、供电系统仿真技术，以模拟供电系统资源共享后的各种状况、检验供电资源共享的可靠性等。

④维修资源共享关键技术。包括地铁车辆标准化、大型车辆维修设备共享规划等技术。这些技术为北京轨道交通节约了大量运营成本以为司乘人员的共享和调配建立了可依据的技术标准。

⑤物资仓储及物流管理关键技术。北京这座超大型城市的大规模轨道交通的运营，对物资供应、调配是一个系统工程，包括物资存放的选址，调配物资的配送路径、安全库存等，都是城市交通安全运行的后勤保障内容，只有通过现代化的物流技术，才能高效、安全、优质地服务于北京的"公交优先"战略，使其得到最优的实施和具有更高的满意度。

（4）北京交通数字化和运营管理信息化技术

北京市建立轨道交通路网调度指挥中心TCC，完成视频、客流、行车、供电、突发状况等信息的实时监控管理。城市轨道交通系统都配备了火灾自

动报警系统（Fire Automatic System，FAS），具备自动监测及报警功能，并与城市消防系统联合建立防灾救灾中心，保证城市轨道交通运营安全。2018年，指挥中心完成综合应用平台及基础支撑平台核心功能的开发，包括风险隐患点监视、客流量监视、行车监视、设备监视、视频监视、客流预警等72项核心功能，并完成VMS、PIS标准化软件核心功能的开发。

轨道云技术推进资源灵活共享。伴随着云计算、大数据、人工智能等技术的部署和应用，城轨云成为智慧城轨可持续发展的基础，能够有效解决过去城轨信息化建设中存在的信息孤岛、设施分散、资源浪费等问题。北京地铁集团致力于打造北京地铁集团云，对现有资源池进行统一纳管，便于基础资源的弹性调用以及运营数据整合，为后期统一运营和决策打下良好基础。通过云平台实现统一管理，统一资源交付、业务流程及业务操作规则，提升标准化水平，并增强底层资源的弹性交付能力，提高运维及管理效率，同时实现业务应用的统一部署、数据集中管理，确保应用安全、数据安全及运维安全。

二 北京交通强国技术建设面临的问题

在技术创新上，电动化改造和替换都是无障碍的。北京二环路上的柴油驱动双层车噪声大、污染重，相关车型的改造应持续进行。北京长安街的1路、南北线的22路和二环的44路等大容量、高频次的线路，如今改造成电驱动的双层大巴，这种交通电气化技术改造值得大力推广和普及。推进电动化的公共交通技术体系的全方位改造、储能技术普及，使电能驱动的清洁交通技术及其基础设施建设可以为北京的蓝天、为碳减排做出持续的、主要的贡献。

全轨道交通的智能化运营是新基建在城市交通领域的新技术挑战，需要用系统性思维，用"速度集合"、"无缝换乘"和"清洁驱动"的思路，去考虑民航、高铁、城际铁路、普速铁路、城市轨道交通、地面有轨或无轨电车、共享单车等城市交通技术之间的无缝衔接和电动化问题，这是当今北京城市交通技术面临的重点和难点。

大型交通枢纽的末班接驳应常态化。从北京南站的经历看，不能将末班高铁的乘客甩给具有较高不确定性的出租车，尤其是在严寒的冬天。笔者实际体验过2018年12月底的严寒天气，从末班京沪高铁下车的200多位旅客面临没有一辆出租车到来的窘境，堵在出租车排队处。原本乘坐4号线半小时可以到家的距离，从京沪高铁23：30下车等候出租，后偶遇4号线天窗期临时加开一班间隔车，到家一共花了两个半小时。同理，将来的京张高铁、京唐高铁将来也会面临这个接驳短板。

三 北京交通强国技术建设的对策

在常态化的城市交通技术中，第一，解决北京交通能源技术问题。北京交通技术一定要在这个问题上带一个好头，成为世界交通清洁能源的典范城市。一方面，可实现交通节能，OECD的数据显示，交通用能是一个持续上升的能源消耗类别，工业、商业用能都是逐年趋降的；另一方面，通过交通技术创新，努力推进交通领域的清洁能源、可再生能源驱动型技术替代。如果中国的城市都能做到这一点，那么交通强国和可持续的民族复兴伟业就能成就一半，因为这样的话，亿万个城乡居民的生产和生活较少有能源安全和环境污染的后顾之忧了。这是一项长期任务，需要几代人长期地、持续地努力，在北京交通技术创新进程中，这一目标需要始终如一，秉持以首善之区为己任，坚持清洁能源交通技术进步。

第二，完善北京交通新基建。用5G做好交通智能的B2C、B2B、S2C等技术的普及和应用，通过信息化和智能化优化综合交通体系，提升运营效率和出行满意度。

第三，发挥好轨道交通在北京公交运营中的骨干作用。在交通强国战略中，城市轨道交通的技术创新要从舒适性、效率性和安全性出发，为乘客提供一个满意的出行空间、缓解城市拥堵压力、保护城市生态和资源。需要继续下功夫，挖掘北京城市轨道交通运营的网络化、灵活度、节能减排和高效

率的技术潜力。

第四,北京地面公交立足于"公交优先"原则。坚持"最后一公里"、"接驳"和"独立线路公交车"三大运营功能,便民富民,继续资助老年人免费乘坐地面公交。在向乡村交通网的扩展方面仍然需要进一步投资,确保完善北京乡村的小康社会基础设施。

第五,建议在北京南站和北京北站等高铁车站开设固定的高铁大巴和中巴。严密而有效地衔接高铁和轨道交通的末班接驳,这不是给出租车司机多发100元的激励问题,而是政府交通管理的底线职能不能丢的问题。建议仿照民航大巴,建立中关村、北京南站、北京站、天通苑等几大终点站,无论延误与否,必须送走最后一班高铁列车的旅客接驳再收车。

第六,建议腾出空间,在北京西站北广场东口的公交枢纽建设电动公交车的换电车间,北京西站的电动公交车主要集中在南广场出口,与北京站和北京南站相比要少。非常有必要在北京西站这个最大的火车站公交枢纽中切实推进新能源技术渗透的对策。

第七,建议发挥北京交通行业协会的技术指导作用。利用自身技术发挥引导优势,启动首都交通技术创新,积极推进技术服务、宣传和咨询工作,协助政府部门和交通行业各企业及时了解国内外交通技术发展的新趋势、新动向。通过倡导首都交通企业的创新文化,建立讲座、培训、研讨会等重要途径,借鉴发达国家及其首都交通管理的经验,为首都交通与经济融合发展提供切实可行的政策建议。

参考文献

[1]《大兴机场携手顺丰航空开通首条货运航线》,中国民航网,http://www.caacnews.com.cn/1/5/202006/t20200611_1303882.html。

[2] 许洵:《当代北京铁路史话》,当代中国出版社,2012。

B.9
北京交通管理建设报告

吴昊 朱子璇 樊东萱*

摘 要： 本报告介绍了北京市交通管理建设的成就、问题与对策。通过梳理北京市交通运输在管理建设方面的发展历程，发现北京市交通管理建设已取得很大进展，但仍存在综合交通管理法规尚不健全、管理体制有待完善、管理政策需要精准、管理技术有待创新、交通安全及应急管理有待加强、综合治理能力有待进一步提高等问题。本报告提出如下对策建议：北京市应当进一步构建完善的城市综合交通体系，运用信息技术提升城市交通管理水平，强化城市交通安全管理和应急响应水平，提高城市交通综合治理能力等。

关键词： 交通管理 综合治理 管理体制 管理政策

一 北京交通管理建设的成就

（一）交通管理法规逐步健全

1949年中华人民共和国成立前夕，为了迅速消除道路交通无序混乱现

---

* 吴昊，北京交通大学经济管理学院教授，研究方向为运输经济理论与政策、综合交通规划与管理。朱子璇，北京交通大学经济管理学院博士研究生，研究方向为运输经济、产业经济。樊东萱，北京交通大学经济管理学院硕士研究生，研究方向为运输经济、技术经济。

象,稳定社会秩序,以良好的社会环境迎接新中国的诞生,北京市人民政府首次在《人民日报》上颁布了北京市的第一批交通管理法规以整治城市交通,包括《北平市交通管理暂行规则》《北平市大车行使管理规则》《北平市汽车驾驶人管理暂行规则》《北平市汽车行管理暂行规则》。同时,北平市公安局与各区公安分局派出军警、发动群众,共同组建交通纠察队,严格整治交通违规现象,交通秩序很快焕然一新,这些法规的顺利实施也为日后交通法规的不断完善奠定了良好基础。

改革开放以来,为了适应城市化带来的交通问题,北京市针对交通管理从多个方面制定和完善了相关法规。

1. 道路交通管理法规

为加强道路管理,1981年11月7日,北京市第七届人民代表大会常务委员会第十六次会议通过了《北京市道路交通管理暂行规则》;1981年11月10日,《北京市道路交通管理暂行处罚规则》颁布,后者是北京市第一个专门对交通违法行为实施处罚的规则,使道路交通管理步入"有法可依、有法必依、执法必严、违法必究"的轨道。除此之外,北京市公安局于1995年11月15日发布《北京市实施〈高速公路交通管理办法〉的若干规定》(于2006年3月16日废止),北京市人民政府于1997年12月4日颁布《北京市道路交通管理规定》(已废止),另外还有《北京市实施〈中华人民共和国道路交通管理条例〉的若干规定》(1998年1月1日已废止)、《北京市道路交通管理规定》(2005年5月6日已废止)、《北京市城市道路管理办法》、《北京市实施〈中华人民共和国道路交通安全法〉办法》(2018年修正)等一系列道路管理措施相继发布。在交通部组织的"十二五"全国干线公路管理工作检查中,北京市获得了综合排名第一的历史最好成绩。

2. 交通安全管理法规

自新中国成立以来,为加强北京市交通安全管理,北京市进行了大量的法规制定并予以完善。1988年3月1日,北京市人民政府颁布了《北京市道路交通事故处理暂行办法》,于同年6月1日开始施行,这是新中国成立以来北京市第一部比较完整、系统的道路交通事故处理专项法规。

自此之后，北京市出台、修改或废止了诸如《北京市实施〈道路交通事故处理办法〉若干规定》（2016年3月废止）、《北京市交通安全责任制暂行规定》（2006年1月废止）、《北京市城市轨道交通安全运营管理办法》（已废止）、《北京市轨道交通运营安全条例》、《北京市实施〈中华人民共和国道路交通安全法〉办法》（2018年修正）、《北京市道路交通安全防范责任制管理办法》等一系列规章制度，极大地保障了出行人的交通安全。同时，北京市在城市减灾防灾和应对突发事件方面做出巨大努力，已初步构建完成专业部门应急体系与应急预案制定，交通安全相关预案包括《北京市轨道交通运营突发事件应急组织工作预案》《北京市道路交通处置救援应急预案》《北京市道路抢险应急预案》等，在2007年还建立了有近30万人的专业抢险救灾队伍。

为提高事故处理效率，2007年，北京市公安局公安交通管理局在全国率先推出《机动车交通事故快速处理办法》（以下简称《快速处理办法》），规定在同等责任下以及机动车交通事故责任强制保险2000元额度内肇事双方互碰自赔的措施，鼓励事故双方当事人自行协商解决理赔，迅速撤离现场并办理理赔手续，在缩短事故处理时间、缓解北京交通拥堵方面成效明显。2011年8月1日，北京保险业进一步完善互碰自赔机制，在同等责任下损失额度提升至5000元。除此之外，为进一步提高交通事故处理效率，北京市保险业简化了保险公司查看、定损的手续，双方发生事故后可以通过一家保险公司完成两个车辆的定损工作。同时，市交管局以及各保险公司通过投保协议书、广播电视等新闻媒体，车管所、驾校、专业运输单位等多渠道对《机动车交通事故快速处理办法》进行推广宣传，提高北京广大驾驶人的知晓率以及事故快速处理技能，同时也起到了增强驾驶员安全意识的效果，有利于交通事故预防工作的开展。实施后，交通事故自行解决率在70%以上。

3. 出租汽车行业管理法规

为促进出租汽车行业的健康发展，北京市先后制定并发布了《关于整顿本市出租汽车行业和企业的意见》、《关于做好本市出租小轿车更新工作

的通知》、《北京市出租汽车计价器管理暂行规定》（修订）、《北京市出租汽车治安管理规定》（修订）、《北京市出租汽车管理条例》（第二次修正）、《北京市出租汽车服务质量投诉处理办法》、《北京市出租汽车调度站扬招站管理办法》等，以保障驾驶员、乘客的合法权益，合理布局、统筹建设调度站和扬招站，以进一步提升出租汽车服务质量。2013年7月1日开始实行的《北京市出租汽车手机电召服务管理实施细则》明确了出租汽车行业手机电召服务的准入和退出条件，要求保护乘客和驾驶员的信息。2016年，随着出租汽车行业与互联网紧密融合，为规范网络预约出租汽车的经营服务行为，北京市发布《北京市网络预约出租汽车经营服务管理实施细则》以保障运营安全和乘客合法权益。

4. 汽车租赁管理法规

为保障北京市汽车租赁业的健康发展、规范汽车租赁行为，2002年，北京市发布了《北京市汽车租赁管理办法》，并在2004年进行了修正，2012年根据北京的实际情况重新制定《北京市汽车租赁管理办法》，同时废止2004的修改版本。

5. 停车管理法规

为加强停车管理，北京市政府出台了一系列法规政策，主要包括1982年3月1日施行的《北京市道路交通管理暂行规定》；1989年发布的《北京市大中型公共建筑停车场建设管理暂行规定》；2001年5月发布的《北京市机动车道路停车秩序管理办法》（2006年已废止）；2001年3月通过的《北京市机动车公共停车场管理办法》（2014年已废止）；2002年发布的《关于加强本市机动车公共停车场管理工作的通知》以及同年6月发布的《北京市非机动车停车管理办法》；2013年发布的《北京市机动车停车管理办法》；2018年发布的《北京市机动车停车条例》；2019年公布的《北京市交通委员会关于加强道路停车费催缴及行政处罚工作的意见》等；《占道停车经营服务规范（试行）》《北京市占道停车收费员上岗证管理规定（试行）》等配套文件。在技术的支持下，2020年，北京市印发《北京市机动车停车信息服务规范（试行）》以进一步提高本市停车精细化管理水平，做好机动车停车信息的采集、汇聚、存储、管理、服务及运维工作。

6. 绿色交通发展法规

为深入发展绿色交通，北京市人民政府印发了《北京市建设人文交通科技交通绿色交通行动计划（2009年—2015年）》，确定了"人文交通、科技交通、绿色交通"的发展理念，2014年，根据《北京市2013—2017年清洁空气行动计划》，北京市交通委员会等多部门联合发布《关于对部分机动车采取交通管理措施降低污染物排放的通告》，2015年6月印发、修订《北京市人民政府关于应对空气重污染采取临时交通管理措施的通告》，2020年1月通过《北京市机动车和非道路移动机械排放污染防治条例》，对在市内行政区域内道路上行驶的部分机动车采取一定交通管理措施以改善首都空气环境质量。为健全北京市交通行业空气重污染应急机制，2016年发布《北京市交通行业空气重污染应急分预案（2016年修订）》，以提高及时组织实施空气重污染期间交通保障措施和节能减排措施的能力。

7. 交通新业态管理法规

为鼓励、推动、规范交通新业态领域的发展，2020年6月，《中共北京市委 北京市人民政府关于加快培育壮大新业态新模式促进北京经济高质量发展的若干意见》发布，加强高级别自动驾驶环境等新型网络基础设施建设。在自动驾驶领域，印发了市交通委、市经济信息化委等联合制定的《北京市关于加快推进自动驾驶车辆道路测试有关工作的指导意见（试行）》（2017年12月发布）和《北京市自动驾驶车辆道路测试管理实施细则（试行）》（2017年12月发布）；在共享自行车领域，发布了《北京市鼓励规范发展共享自行车的指导意见（试行）》（2017年9月发布），助力北京市新业态蓬勃发展；在智能网联汽车发展领域，印发了《北京市智能网联汽车创新发展行动方案（2019年—2022年）》（2018年12月发布），加快北京市构建高精尖经济结构、打造世界一流智慧城市的步伐。

8. 交通行为和信用管理法规

为保障城市交通安全和畅通，维护公共交通车、船，轨道交通等运营秩

序和乘车环境，北京市先后出台了《北京市交通委员会北京市公安局关于加强轨道交通车站安全检查通告》《北京市轨道交通乘客守则》《北京市交通委员会关于对轨道交通不文明乘车行为记录个人信用不良信息的实施意见》等，并设置文明乘车监督员予以监督。

为加快北京市交通信用体系构建，2005年，由国家ITS中心承担的"北京市交通行业信用信息系统"已基本完成开发，用于监督运输服务的可靠安全性，提高行业管理部门的监督管理工作水平，维护交通行业消费者和经营者的合法权益，同年，该系统在北京市交通委及两局一队内部进行试运行，2006年，该系统开放对外查询。2014年，在国务院印发的《社会信用体系建设规划纲要（2014—2020年）》科学引领下，北京市交通运输信用工作全面开展。2018年，北京市制定《"信用交通北京"创建工作实施方案》，针对17个子行业和领域，初步建立涉及740项失信行为的目录，将23家货运企业列入"黑名单"，累计限制2.2万人次失信被执行人参与小客车指标配置。2019年制定《北京市交通委员会信用管理工作办法》，明确信用管理工作基本制度和规则。北京市已被交通运输部列入第一批"信用交通省"创建名单，并在2019年全国"信用交通省"创建阶段总结暨现场观摩交流会上作为典型代表展示，这是对北京市交通运输信用建设工作的极大肯定。为继续推进"信用交通省"的创建工作，落实重点领域信用业务管理全覆盖，北京市交通委拟建成委内统一的信用管理和应用平台，目前已由北京交研智慧科技有限公司合作伙伴联合中标，推进对交通行业信用信息归集、报送、研判、公示、推送、共享及联合奖惩全流程机制的信息化。

截至2020年6月，北京市多次出台或修改诸如《北京市公路条例》《北京市非机动车管理条例》《北京市道路运输管理条例》等一系列地方性法规（见表1），充分利用法治手段规范交通规划、建设、运营、管理与服务工作。同时，还有一系列法规被列入市人大常委会2021年立法计划，如"北京市公共交通发展条例"等。

表1 截至2020年6月北京市与交通相关的地方性法规

地方性法规名称	最新版成文日期	实施日期	备注
《北京市机动车和非道路移动机械排放污染防治条例》	2020年1月17日	2020年5月1日	—
《北京市非机动车管理条例》	2018年9月28日	2018年11月1日	—
《北京市轨道交通运营安全条例》	2014年11月28日	2015年5月1日	—
《北京市公路条例》	2007年7月27日	2007年10月1日	2010年12月23日修正
《北京市实施〈中华人民共和国道路交通安全法〉办法》	2004年10月22日	2005年1月1日	2010年12月23日修正、2018年9月28日修正
《北京市小公共汽车管理条例》	2001年5月18日	1998年8月1日	1995年8月23日北京市人民政府发布的《北京市小公共汽车管理办法》同时废止
《北京市出租汽车管理条例》	1997年10月16日	1998年1月1日	1991年4月6日北京市人民政府发布的《北京市人民政府关于取缔无照经营出租汽车的暂行规定》、1993年8月14日北京市人民政府发布的《北京市旅游客运汽车运营管理办法》和1995年7月5日北京市人民政府发布的《北京市出租汽车管理办法》同时废止
《北京市道路运输管理条例》	1997年7月18日	1997年12月1日	1992年11月19日北京市人民政府发布的《北京市汽车维修行业管理办法》和1994年12月30日北京市人民政府发布的《北京市道路长途旅客运输管理规定》《北京市道路货物运输管理规定》同时废止
《北京市机动车停车条例》	2018年3月30日	2018年5月1日	—

资料来源：北京市人民政府。

自新中国成立以来，北京市交通管理法律法规体系不断扩充、完善、细化，紧紧围绕北京市交通发展的状况进行修改调整，一系列顶层设计对北京

市综合交通体系的发展、文明交通环境的建立都起到了极大的引领作用,为北京市交通运输行业的健康可持续发展提供有力保障。

(二)交通管理体制基本理顺

1. 逐渐形成一体化管理(1949~1978年)

在1949年新中国成立到1953年底,北京市的公路交通由交通部和北京市政府相关管理部门分属管理,并没有专门设立市级的交通行政管理机构。在1954年1月,交通部撤销了京津公路运输局,将交通部下属的汽车运输企业与北京市公用局下属的北京市运输公司合并为北京市运输管理局,自此北京市拥有了专门的市级交通行政管理机构。北京市运输管理局主要负责北京市公路运输业相关事务,包括制定北京市地方运输管理条例,负责北京市公路运输业务,领导国营运输企业,依据"利用、限制、改造"政策方针对民间个体运输及私营汽车、修理行业等进行组织、管理和社会主义改造。

1957年2月,北京市运输管理局与北京市公用局划出的北京市电车公司、北京市公共汽车公司、首都汽车公司和汽车修配厂组建了北京市运输局,管理职能从原来的公路运输业务拓展为包含城市公共交通的综合管理体制。1969年4月,北京市运输局更名为北京市交通局。

1955年12月,北京市道路工程局成立,主要负责北京市城市道路和郊区公路的建设、养护以及管理。在1958年10月,北京市道路工程局与北京市上下水道工程局合并成立了北京市市政工程局,下设道路管理处继续履行原道路工程局的公路建设管理职责。1961年12月,北京市市政工程局设立公路处以加强对远郊县公路的建设、养护及管理。1964年1月,公路处更名为北京市公路管理处。随后,北京市公路管理处于1969年9月从北京市市政工程局划归北京市建设局管辖,1972年8月,又划归北京市交通局管辖。1975年12月,铁道兵地铁运营处与地铁大修厂组成北京市地铁管理处,划归北京市交通局管辖。同时,为调整北京市交通局职能,首都汽车公司和二里沟汽车制造厂分别于1973年7月和9月从北京市交通局划出,分别划归北京市第一服务局和北京市汽车工业公司管辖。至此,一直至1978年10月,经过几轮的变迁调整,北京市终于形成了集公路运输、建设管理、城市公交、轨道交通、汽车修理于一体的交通行政管理体制,实现了较为统一的管理。

1978年10月,北京市革委会决定将北京市交通局划分为北京市交通运输局和北京市公共交通局。前者主要负责公路运输、汽车修理、配件供应、长途汽车客运管理、公路修建维护管理;后者负责城市公交车、轨道交通等公共交通管理,两块职能再度分离。

1979年5月,经市改革委批准,北京市西城地区运输公司、东城地区运输公司、北京市交通机械修配公司、北京市公路工程公司先后成立,均划归北京市交通运输局管理(见表2),撤销了原先城区和城近郊区的区级管理机构,形成了集中的交通行政管理体制,专司公路运政和路政管理。1979年3月,经多部门批准,北京市在公安局交通管理处科研所的基础上组建了北京市交通工程科学研究院,它是北京市第一个交通科学研究所。

表2 1979年划归交通运输局领导的企业

新建企业	整合前部门及企业
北京市西城地区运输公司	原西城区、宣武区、海淀区、丰台区和石景山区五个区的交通局(科)及所属企业
北京市东城地区运输公司	原东城区、崇文区和朝阳区三个区的交通局(科)及所属企业
北京市交通机械修配公司	北京市运输公司装卸机械厂,北京市公路管理处压路机厂,崇文、西城、宣武、海淀等区属修配厂
北京市公路工程公司	新成立

资料来源:阎焰《北京市交通行政管理体制的变革》,《中国道路运输》2004年第7期,第16~18页。

2. 以总公司代行政府职能阶段(1984~1991年)

1984年4月至1991年9月,北京市交通管理体制进入了一个"以企代政"的特殊时期。1984年4月,北京市交通运输局改为北京市交通运输总

公司，同月，北京市长途汽车公司也划归其管理，以总公司代行政府职能。随后，在1985年12月、1986年7月、1987年3月，经市政府批准，在北京市交通运输总公司下成立了北京市公路运输管理处、公路管理处（下设路政管理所和路政管理站）、北京市汽车维修管理处，以辅助总公司具体行使行业管理职能。

3. 强化政府行政管理职能（1991~2000年）

由于这种代理模式并不能适应北京市政治、经济和交通发展的需要，同时为强化政府职能，在1991年9月，经国务院批准，北京市交通运输总公司被撤销，重新成立北京市交通局。同时，撤销北京市公路管理处并成立北京市公路局（隶属于北京市交通局）。一年后，北京市政府授予北京市交通局所属北京市公路局、北京市公路运输管理处、北京市汽车维修管理处为行政执法机构。1993年5月，公路运输管理处、北京市汽车维修管理处两个机构被撤销，在北京市交通局的机关内设职能机构中设货运管理处、客运管理处和汽车维修管理处来履行原机构的职能。同时撤销了城区和近郊区公路运输管理所，成立"东、西、崇、宣、朝、海、丰、石"八个管理处为北京市交通局的派出机构。1997年12月，交通部决定北京市交通局开始对水路运输进行管理，自此进入了全面进行公路、水路交通行业的管理阶段。

4. 政企分开的交通综合管理执法（2000~2003年）

2000年，根据中共中央、国务院批准的《北京市党政机构改革方案》和《北京市人民政府关于机构设置的通知》，北京市委、市政府决定撤销北京市交通局、北京市出租汽车管理局和北京市公共交通管理办公室，新组建北京市交通局（以下简称市交通局），为市政府的组成部门。市交通局遵循"政企分开"的原则，原北京市交通局所属的企业整建制划出，同时，将原市经委管理的北京市运输指挥部和北京市铁路道口安全管理办公室划归市交通局管理。市交通局整合了先前几个部门的交通管理职能（见表3），共设16个内设机构（见表4），承担北京市公共交通、公路及水路交通行业管理职能。同时，组建北京市交通执法总队，为市交通局所属副局级单位，负责市公共交通、公路及水路交通行业的综合执法工作。

表3　2000年3月市交通局职能划入

北京市交通局职能	原职责所属部门
公路、水路运输管理	北京市交通局
公共交通管理	北京市市政管理委员会
出租汽车、旅游汽车行业管理	北京市出租汽车管理局
小公共汽车行业管理	北京市公共交通管理办公室
旅游船舶检验、核发机动船驾驶证、水上安全监督	北京市公安局
组织协调北京市交通运输	北京市经委
包装托运业、铁路专用线、超大型货物运输管理	北京市运输指挥部
铁路道口安全管理职能	北京市铁路道口安全管理办公室

资料来源：北京市交通委员会。

表4　2000年市交通局和2019年北京市交通委内设机构变化

2000年市交通局内设机构（共16个）	2020年市交通委内设机构（共39个）	
办公室	办公室	城市道路管理处
政策法规处	法制处	公路管理处
交通规划处	研究室	治超工作处
综合计划处	综合规划处	（农村交通办公室）
公共交通管理处	发展计划处	客运综合协调处
出租汽车管理处	行业监督处（行政审批服务处）	公共交通设施设备管理处
小公共汽车管理处	安全监督与应急处	地面公交运营管理处
汽车租赁管理处	宣传处	轨道交通运营管理处
省际客运管理处	科技处	出租（租赁）汽车管理处
三轮车管理处	交通综合治理处	道路客运管理处
货物运输管理处	协同发展处	货物运输管理处
汽车维修管理处	综合运输处	水路运输管理处
水运管理处（水上安全监督办公室）	绿色交通发展处（北京市机动车调控管理办公室）	（北京市地方海事局）
宣传处	静态交通管理处	机动车维修管理处
财务处	交通战备处	驾驶员培训管理处
人事处（教育处）	路政综合协调处（铁路道口管理办公室）	财务处（审计处）
	工程协调与市场监管处	人事处
	工程设计处	机关党委（党建工作处）
	城市道路建设处	机关纪委
	公路建设处	工会
		离退休干部处

资料来源：北京市交通委员会。

2001年1月，北京市政府将原北京市交通局所属企业投资组建为北京祥龙资产经营有限责任公司，为国有独资公司，并授权其对所属的全资企业、控股企业、参股企业的国有资产行使出资者的权力，对授权范围内的国有资产进行经营、管理、监督和保值增值。

2002年1月，经北京市委、市政府批准成立的北京交通发展研究中心，随后在2016年8月29日更名为"北京交通发展研究院"。2002年11月，经市政府批准，北京市公路局不再承担公路养护施工及公路建设企业的管理工作，以北京市公路桥梁建设公司为载体剥离企业职能，实现"事企分开"，后者为独立企业法人，不再隶属于北京市公路局。

5. 建立集中统一的交通行政管理体制（2004年至今）

2003年4月10日，根据《北京市人民政府办公厅关于调整组建北京市交通委员会的通知》，中共北京市委、市政府决定撤销北京市交通局，在此基础上调整组建北京市交通委员会，以作为北京市全市的交通管理决策机构列入市政府组成部门。市交通委除承担原北京市交通局的管理职能外，内设市运输管理局、市路政局、市交通执法总队等副局级行政执行机构，划入原由市市政管理委员会承担的城市道路、桥梁以及经营性停车设施的行政管理职能以及原由北京市公安局公安交通管理局承担的部分路政管理职能。除此之外，北京市还通过撤销和组建一系列单位进行了北京交通管理机构的整体调整（见表5）。

表5 2003年3月北京市交通委员会机构体制调整

新建部门	性质	撤销部门	职责
北京市交通委员会	市政府组成部门，正局级单位	北京市交通局	北京市公共交通、公路、水路交通行业管理，城市道路、桥梁、经营性停车设施行政管理，部分路政管理
北京市路政局	北京市交通委员会的行政管理机构	北京市公路局、北京市铁路道口安全管理办公室	北京市道路（含公路）、桥梁、轨道等交通基础设施行政管理

续表

新建部门	性质	撤销部门	职责
北京市运输管理局（挂北京市地方海事局牌子）	北京市交通委员会的行政管理机构	北京市运输指挥部	公共交通、轨道交通、长途客运、货物运输、汽车维修及水陆交通管理和水上安全监督等职责
北京市交通战备办公室	北京市国防动员委员会的办事机构，挂靠北京市交通委员会	无	负责本市交通战备工作，规划国防交通网络布局等
北京市交通发展研究中心	挂靠北京市交通委员会	无	为全市交通事业发展决策提供支持和服务

2018年，为促进北京深化机构改革、提高行政效率，中央正式批准《北京市机构改革实施方案》，根据此方案，北京市不再保留市交通委员会内设的路政局、运输管理局，其处室和人员编制纳入市交通委员会统一管理。其中，运输管理局六个城区处改为北京市交通委员会运输管理分局，路政局十个远郊区公路分局改为北京市交通委员会公路分局。部分内设机构进行了调整，如"京津冀一体化协同处"改为"协同发展处"，"停车处"更名为"静态交通管理处"等，并调整了职能以更加适应北京市当时的交通发展状况。同时，将市农业局的渔船检验和监督管理职责划入市交通委员会。

至2019年，北京市交通委员会管理职能范围除传统的公路、水路外，已实现包括市政道路、铁路、民航、城市公交、城市轨道、出租汽车等在内的综合交通运输体系管理，统一提供北京市交通的规划、建设、管理和服务，交通管理体制改革取得了卓越成就。

2020年北京市综合交通管理体制见图1。

（三）交通管理政策不断完善

针对日益严重的交通拥堵与空气污染问题，北京市政府采取了一系列政策措施，试图降低该市的交通负外部性。从供给侧看，2007年，北京市政府将普通公交票价降低了60%，地铁票价为2元/人次，除了机场快线外，

几乎所有地铁线路都可以无限制换乘。截至2019年底,北京市共有地面公交运营企业15家,运营车辆2.8万辆,运营线路1620条;开通的地铁线路为20条,运营里程达637.6公里,位居全国第二,2019年,地铁规划建设线路达310.5公里,位居全国第三。

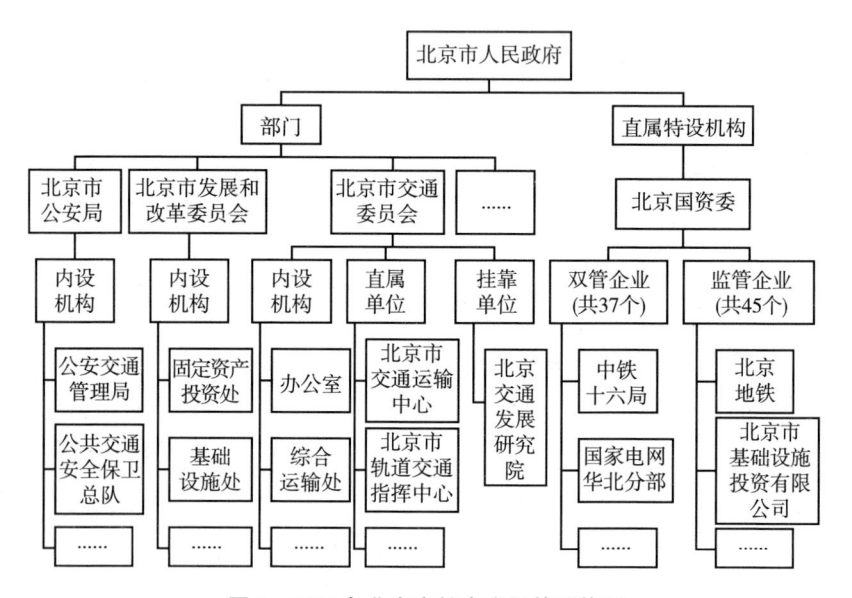

图1 2020年北京市综合交通管理体制

资料来源:笔者根据北京市人民政府网站(http://www.beijing.gov.cn)的相关信息整理而成。

从需求管理方面看,北京市政府利用了基于监管和市场的政策工具,例如控制汽车拥有量(摇号政策)、限制汽车使用(驾驶限制政策)或增加私人交通的成本(通过收取停车费和燃油费等)来推动居民从私家车转向公共交通工具。

1. 限购政策

2010年12月22日,北京市人民政府常务会议审议通过《北京市小客车数量调控暂行规定》,开始对小客车实施数量调控和配额管理制度。该规定明确指出,北京市机关、全额拨款事业单位将不再拥有新增公务用车指标。同时,该规定指出,在2011年和2012年,北京每年固定新增小客车的指标都是24万个，其中，个人指标占88%，社会单位、团体的指标占10%，运营性车辆占2%。2011年，北京市开始了第一轮摇号，共187420人参与竞标17600指标，平均约11人中有1人能摇中，摇号政策实施后，2011年全年净增机动车数量仅有17.4万辆，而2010年的新增机动车数量达79万辆（见图2）。2013年11月发布细则设置个人摇号阶梯中签率以缓解"久摇不中"的压力。随后汽车限购政策一直延续至今，限购力度不断加码，购车总指标持续下降，摇号难度持续升级，在2020年的首次摇号约为2796人竞1个指标。

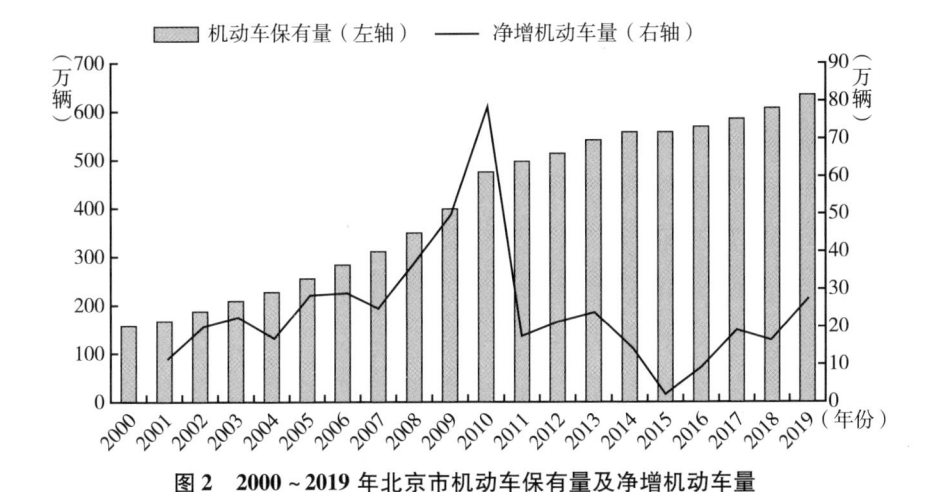

图2　2000~2019年北京市机动车保有量及净增机动车量

资料来源：北京市公安局公安交通管理局。

经过2011~2013年三年的限购整治，北京的城市拥堵问题已经显著改善，随着新能源汽车的发展，北京决定"治堵"与"治污"两手抓，既要控制汽车总量以缓解交通拥堵压力，又要调整汽车结构，逐步提高新能源汽车的比例以加快电动及混合动力小客车取代燃油车的步伐以保护环境。2013年，北京宣布开始新能源汽车的摇号方式，贯彻落实国务院鼓励新能源汽车发展的政策，引导新能源汽车的推广。2016年1月，《关于示范应用新能源小客车配置指标轮候配置有关规则的通告》公布，取消了新能源小客车指标摇号，个人指标和单位指标面向审核通过的申请人轮候配置，并进一步调整普通小客车指标摇号阶梯中签率进阶规则,加大对"久摇不中"申请人的照顾力度。2018年,北京市调整了小客车配置指标,总量由15万个减少至10万个,其中新能源小客车指标保持6万个不变,而普通指标降至4万个,新能源汽车比例首次超过普通汽车,有力推动了北京市作为首都的新能源汽车示范应用,促进了北京市车辆能源结构的优化。从2014年至今,北京市逐步递增配置示范应用新能源汽车指标的分配方案,在政策引导下,2017年,北京市注册登记纯电动小客车已超13.78万辆,居全国之首。2011~2020年北京市汽车限购政策变化情况见表6。

表6 2011~2020年北京市汽车限购政策变化情况

单位:万个

年份	总量			普通汽车指标			新能源汽车指标		
	总计	普通汽车	新能源汽车	个人	社会单位、团体	营运	个人	社会单位、团体	营运
2011	24	24	0	21.12	2.4	0.48	未单独给予新能源汽车指标量		
2012	24	24	0	21.12	1.92	0.96			
2013	24	24	0	21.12	1.92	0.96			
2014	15	13	2	11.44	0.12	0.78	1	1	
2015	15	12	3	10.56	0.18	0.72	2	1	
2016	15	9	6	8.1	0.36	0.36	5.1	0.3	0.6
2017	15	9	6	8.28	0.36	0.36	5.1	0.3	0.6
2018	10	4	6	3.8	0.16	0.04	5.4	0.3	0.3
2019	10	4	6	3.8	0.16	0.04	5.4	0.3	0.3
2020	10	4	6	3.82	0.16	0.02	5.42	0.3	0.28

除了考虑治堵和治污外,北京市始终在探索更照顾民生,更保障家庭生活迫切的出行需求,更灵活人性化的交通管理政策。2020年6月,市交通委发布了摇号新政策,在以个人为单位的基础上,增加以"无车家庭"为单位摇号和积分排序的指标配置方式,并将80%的新能源汽车指标优先向"无车家庭"倾斜,因为"无车家庭"以家庭总积分为摇号的中签倍率将远高于个人中签概率。2020年8月,北京市拟增两万个新能源汽车指标,均

分配给"无车家庭"。这种倾向于"无车家庭"的限购政策改变了往日购车指标的无方向粗暴式投放，进行了更加精细化与人性化的设计，将资源配置到更需要的人手里。

2. 限行政策

在大力发展公共运输的前提下，北京市通过灵活差异化调控汽车的行驶区域及行驶时段，以确保中心城区道路系统维持适当的服务水平。

为保证2008年北京奥运会和残奥会期间道路交通的正常运行以及良好的空气质量，2007年8月17日，北京首次出台机动车限行政策，作为奥运会车辆限行的试行持续了4天。该计划规定从早上6点到午夜12点，车牌尾数为单、双数的车辆被指定隔天行驶，违者立刻返回出发地并罚款100元。据估计，这四天大约限制了130万辆机动车上路。

2008年7月20日至8月27日，同样的驾驶限制规则再次被用来控制交通和空气污染以支持奥运会，但时间延长为凌晨3点到午夜12点。随后，8月28日起至9月20日，机动车限行区域被划定为五环以内的城市地区。在这个限行期间内，据估计，在北京注册的约30万辆机动车中有70%被禁止上路。奥运会期间，交通管理需求政策取得了良好的交通运行效果，为后续继续实施完善的限行政策提供了宝贵的实践经验。

2008年9月28日，北京宣布于2008年10月11日至2009年4月10日实施一项新的驾驶限制措施，这次的限行措施将车牌尾号分为5组：1和6、2和7、3和8、4和9、5和0。每组私家车不得在指定的工作日上午6点至晚上9点在五环内的道路上行使（五环路除外），每组尾号的工作日分配每个月轮换。并且，新政策要求每个工作日有30%的政府和公司车辆禁止上路，但紧急车辆、公共交通车辆和公共服务车辆不受限制。

2009年4月5日，北京再次宣布限行持续一年，并修改限行时间为7时至20时。2010年4月2日，北京市宣布限行政策再延长至2012年4月10日，为期两年。随后，至2020年，北京市继续多次延长机动车尾号限行措施，并在此期间对限行政策进行了多次修改和完善，例如，2011年不再限制一天仅罚款一次，同一个人超过3小时发生的后续违章也会被罚款。在全市数千个摄像头和频繁的巡逻车的监督下,拥堵得到有效缓解。同时,根据北京市交通污染监控点监测结果,北京市机动车排放相关的二氧化氮、可吸入颗粒物、PM2.5等大气污染物呈现下降的态势(见表7),证明限行政策在减少城市污染上也发挥了积极作用。

表7 2000～2018年北京市机动车排放相关大气污染指标变化情况

年份	二氧化氮	一氧化碳	可吸入颗粒物	PM2.5
2000	0.071	2.7	0.162	—
2001	0.071	2.6	0.165	—
2002	0.076	2.5	0.166	—
2003	0.072	2.4	0.141	—
2004	0.071	2.2	0.149	—
2005	0.066	2	0.142	—
2006	0.066	2.1	0.161	—
2007	0.066	2	0.148	—
2008	0.049	1.4	0.122	—
2009	0.053	1.6	0.121	—
2010	0.057	1.5	0.121	—
2011	0.055	1.4	0.114	—
2012	0.052	1.4	0.109	—
2013	0.056	3.4	0.108	0.0895
2014	0.0218	3.2	0.1158	0.0859
2015	0.05	3.6	0.1015	0.0806
2016	0.048	3.2	0.092	0.073
2017	0.046	—	0.084	0.058
2018	0.042	—	0.078	0.051

资料来源:北京市生态环境局。

3. 停车收费管理

北京市除通过限购和限行措施来调节道路交通负荷的时空供给外,还把停车收费管理作为调节道路交通供需的重要手段,推行了分时段分区域弹性停车费率制度,以保证道路和停车场等资源有效利用。

1998年1月1日,《北京市机动车和机动车驾驶员管理办法》施行,规定"机动车所有者在城区、近郊区的,交验经当地公安交通管理机关确认有效的停车泊位证明""机动车所有者在领取机动车号牌并到所在区、县的公安交通管理机关登记备案后,方可到车管所领取机动车行驶证"。然而,政策实施恰逢"十五"时期,与汽车产业政策冲突明显,同时存在违法套开泊位证、一位多证等诸多问题,同时,泊位证的初衷是为了缓解北京机动车过快增长的势头,但这期间机动车的发展速度较以往更快了,部分专家也指出此政策的不合理性。《中华人民共和国道路交通安全法》在2004年5月1日起施行后,废止了"停车泊位证"制度,年检时不再需要停车泊位证,至此此政策在实施六年后被正式取消。

2002年4月19日,北京市物价局主持召开了停车场收费标准调整听证会,后进行了北京市第一次停车价格调整,对全市所有经营性停车位根据停车时段、停车区位、停车场类型的不同,制定以小时为收费计时单位的差异化的停车收费标准(见表8)。除此之外,开始进行路侧占道、公共场地和立交桥下停车场的占道费征收工作。停车场占道费从2002年9月起开始征收,暂行征收标准为:收费5元区,1元/(日·m²)[15元/(日·车位)];收费2元区,0.24元/(日·m²)[3.6元/(日·车位)];收费1元区,0.04元/(日·m²)[0.6元/(日·车位)]。

表8 2002年北京市机动车停车场收费标准

停车场类型	停车时段	停车区位	车型	费用
露天停车场	白天 (7:00~21:00)	四环内	小型车	2元/小时
			大型车	4元/小时
		四环外	小型车	1元/小时
			大型车	2元/小时
		居住小区内	小型车	1元/两小时
			大型车	2元/两小时
		八大繁华商业区*	小型车	5元/小时
			大型车	10元/小时
	夜间 (21:00~7:00)	—	小型车	1元/小时
			大型车	2元/两小时
	按月租用	—	小型车	150元/月
			大型车	210元/月
	按年租用	—	小型车	1600元/年
			大型车	2300元/年

续表

停车场类型	停车时段	停车区位	车型	费用
地下停车库、停车楼	临时停车	大型公共建筑	小型车	5元/小时
			大型车	10元/小时
	按月/年租用	居住小区	小型车	2元/小时
			大型车	4元/小时
	临时停车	独立经营	—	市场调节价
	按月/年租用		—	市场调节价
远郊区县旅游景点	临时租用	—	小型车	5元/小时
			大型车	10元/小时

注：＊八大繁华商业区包括王府井、西单、前门、金融街、朝外大街、崇外大街、朝阳商务中心区、中关村核心区。

2004年，北京市出台《关于调整我市机动车停放收费计时单位的通知》，计时单位调整为半小时，收费标准相应变化。

2010年4月1日，北京市进行第三次精细化停车价格调整。按照"白天高于夜间""地上高于地下""路内高于路外"等原则，对重点区域非居住区停车位进行费率调整。此次调整扩大了原先八个重点区域（八大繁华商业区）的范围，并增加了北京站、北京西站、东直门东中街、燕莎、翠微等5个区域，将一类区域的个数增加至13个，规定一类区域内非居住区占道停车场、路外露天停车场、非露天停车场白天（7：00~21：00）小型车临时停放收费标准从原来的2.5元/半小时，分别调整为5元/半小时、4元/半小时和3元/半小时。同时，为促进占道车位周转，减轻道路拥堵程度，对占道停车首次实行了累进加价政策，首个小时后收费加价50%。

2010年12月21日，《北京市人民政府关于进一步推进首都交通科学发展加大力度缓解交通拥堵工作的意见》公布，从"规、建、管、限"四个方面提出28条缓堵措施，其中再次提到要让机动车拥有者合理承担使用成本，削减中心城区交通流量，应研究制定重点拥堵路段或区域交通拥堵收费方案，择机实施。

2011年4月1日，北京进行新的停车收费标准调整，针对本市非居住区的三类地区停车场①，按照"中心高于外围、路内高于路外、地上高于地下、白天高于夜间、长时高于短时"等原则调整停车收费标准，收费标准较2010年有较大提升，以将机动车从商业区和繁忙路线上分流出去。同时，计时单位调整为15分钟（见表9）。例如，在一类地区白天（7：00~21：00）小型车路边泊车收费标准为第一个小时10元，额外超时每小时15元，地下停车费每小时6元，地面停车费每小时8元。夜间小型车和大型车在一、二、三类地区的停车费均分别为1元/2小时和2元/2小时。

表9 2011年4月1日后北京市非居住区机动车停车场白天临时停车收费标准

单位：元/15分钟

停车场类型		一类地区		二类地区		三类地区	
		小型车	大型车	小型车	大型车	小型车	大型车
占道停车场	首个小时内	2.5	5	1.5	3	0.5	1
	首个小时后	3.75	7.5	2.25	4.5	0.75	1.5
	按天	35		15		3.6	
路外露天停车场		2	4	1.25	2.5	0.5	1
非露天停车场*（公建配建停车楼和地下停车场）		1.5	3	1.25	2.5	0.5	1

注：*非露天停车场（公建配建停车楼和地下停车场）经营企业可按不高于政府规定的标准，自行制定具体收费标准。

2018年，北京市再次调整了停车计费政策，白天停车满15分钟后方可收取停车费，不足15分钟不收取费用，夜间停车不足2小时不收取费用。同时，占道停车场夜间时段从21点至次日7点延长至19点至次日7点。同时规定其他实行计时收费的停车设施须按《北京市机动车停车条例》规定及时调整计费规定，也须停满一个计时单位方可收费。同时，此条例要求各单位明码标价，自觉规范价格行为，接受社会监督，如有停车场不按新政规定收

---

① 其中，一类地区为三环路（含）以内区域及CBD、燕莎地区、中关村西区、翠微商业区四个重点区域；二类地区为五环路（含）以内除一类地区以外的区域；三类地区为五环路以外区域。

费,可以向停车场所在区发改委价格举报中心或12358价格举报热线举报。

从2019年1月1日起,北京市全面进行路侧停车改革,从道路停车规划施行、电子收费、严格执法三方面在东城区、西城区和通州区率先开展。此次改革将道路停车位分为白实线停车位和白虚线停车位,其中白实线停车位主要用于出行停车,将实行电子收费;白虚线停车位用于周边居民经认证车辆的居住停车,实行自治管理,递交收费[①]。并且,北京市将通过违停抓拍、网格巡查、车辆清拖等手段加大核心区停车治理力度。通过停车改革,希望树立出行人"停车入位、停车付费、违停受罚"观念,同时,将收费模式从"人工现场现金收费"向"非现场电子收费（无感支付）"转变[②],缴费人可以通过"北京交通"App、微信公众号、支付宝等多渠道进行道路停车缴费,也可以在银行柜台或自助柜员机进行线下缴费。同时停车收费性质由"经营性收费"转为"政府非税收入"。

(四)交通管理技术不断进步

随着北京市经济社会的快速发展,交通需求与日俱增,为更好地解决城市交通出现的各种问题,满足交通需求,服务政府科学决策,除了加大对交通基础设施的投入力度外,北京市交通发展管理技术也始终围绕着信息化、智能化进行优化升级。

1. 交通信号区域控制系统不断发展

1977年10月,北京在前东门、西大街地铁沿线的8个交叉路口安装了北京市第一套交通电视监视系统,为系统计算机实时调整、个性线控团体调控程序提供了直观、准确的图像信息,提高了对信号的自动控制水平。1979年4月,北京市在宣武门路口率先测试使用了由市公安交管部门自行研制的用于交叉路口交通信号控制的"BJ-A"型信号灯机(单点定周期控制机、

---

① 《北京启动道路停车电子收费　白虚线停车尚无统一执法标准》,搜狐网,https://m.sohu.com/a/286906068_362042。
② 《2019年北京实施道路停车改革　实现电子收费》,搜狐网,https://www.sohu.com/a/284331449_114371。

新型交通信号灯）。随后"BJ-B""BJ-C"型信号机相继研发使用。1981年9月，市公安局交通管理处在东长安街南池子至方巾巷5个路口第一次安装无电缆线控系统，该系统可自动按预行设定的相位差程序准确协调各路口的交通信号，实现了绿波控制，并获1985年度北京市科技进步三等奖。1987年11月，在朝阳区界内39个路口建立起北京市东区计算机交通管制系统的同时，增加使用了人行横道信号灯。同月，北京市东区计算机控制系统开通。该系统采用了世界上先进的SCOOT自动适应信号控制技术，是北京第一个开通运行的区域控制系统。国家领导人万里、杨尚昆等先后亲临控制中心视察。1988年3月，北京市公安交管部门在天安门广场西侧首次使用绿色箭头信号灯，成为交通信号灯多相位技术运用的开端。

2. 道路监测工作不断完善

随着道路交通信号灯控制系统工作的展开，北京市交管部门开始通过线圈监测的方式对路网及交通方式进行了监测以及数据采集。1998年，北京二、三环上共有96个电视监测点，至2003年末，北京市主要道路一共有350个电视监控点，并在环路上实现了无缝覆盖。随后，线圈监测逐渐演变为微波检测，到后来超声波、红外等也被应用于北京市道路信息监测工作。同时交通违章自动检测也在飞速发展：1997年，北京共有70个信号灯点位建立违章监控系统，2003年，北京市已有467套检测设备，至2006年突破1000套，2007年，违章自动检测仪达到1109个。此后，每年都对交通电视监控系统、交通流检测系统、室外显示屏系统等道路检测系统进行改造升级，降低设备故障率，以满足交通指挥调度、服务市民交通出行信息需求等业务需要。

自1999年起，北京陆续将GPS应用于公共交通，实现通信、数据、语音调度等功能，实现集团公司、分公司、车队（线路）三级监控，有效提高乘客信息服务水平和公交运营调度指挥水平。2005年，GPS应用的公交车总数达582辆，2010年已有14906辆，超过北京市公交车总数的一半。同时，为提高预约服务、电话调车的能力，2001年，约有1000辆出租汽车配有GPS，至2008年6月，已有6万余辆出租汽车安装了GPS

设备。2018年,北京市推广应用北斗终端超过9万台,全市50%的出租汽车应用了北斗车载设备。为加强对危险货物运输车辆的监控,从2005年起,北京市加强在危险货物运输车辆安装监控系统引导、推广工作,年底已有674辆危险货物运输车辆装上了GPS。2017年,为加强对重型载货车辆的管制,市交管局完成了货车综合监测系统建设工作,在全市五环、六环及各条进京联络线上建设256套大货车违法监测设备,在北京市主要货运通道构建了布控严密、功能完善的火车执法管控网络。为推行交通行业节能减排,2018年,北京市完成3000辆公交车与500辆巡游出租车排放的在线监控。

筹备举办奥运会更是为北京市综合交通管理体系的信息化建设带来了发展契机,诸如路网运行监测、交通数据综合统计及智能化分析、智能化运营调度等智能交通管理体系建设和智能产品研发随之加快发展和落地。

2002年,为解决北京交通拥堵问题,迎接2008年奥运会,北京市在交通管理方面完成1.3亿元的投资,科技部和北京市科委共同支持的"北京市智能交通系统(ITS)规划与示范工程""北京'科技奥运'智能交通系统技术开发与应用"项目陆续启动。经科技部组织专家论证后开始进行的"奥运会智能交通系统规划""智能交通系统公共信息平台""先进交通管理系统和停车诱导系统""先进公交调度系统和西客站公交信息系统"等项目研究和示范工程进展顺利,并取得显著成效。根据《北京交通发展纲要(2004—2020年)》,至2003年,北京市交通管理水平不断提高,建成以交通控制系统为主要龙头,以交通实时信息采集为基础的现代化智能交通管理体系框架[①];城市公共客运系统引入现代信息技术与先进管理手段,运营效率与服务水平得到显著提高。

3. 城市智能交通建设

从2004年开始,北京市智能交通管理技术蓬勃发展。2004年底,北京

---

① 《北京交通发展纲要(2004—2020)》,北京市人民政府网站,http://www.beijing.gov.cn/gongkai/guihua/wngh/qtgh/201907/t20190701_100017.html。

市动物园枢纽站利用车辆自动识别、数字电视监控、电子显示等信息技术实现了站内运营车辆的实时优化调度和全部电子化办公，建成了智能调度和乘客信息服务系统，使动物园公交枢纽成为国内公共交通行业第一个拥有智能调度系统的大型综合性枢纽站①。2005年，北京市建成远郊区县检查站交通管理检测系统，可以检测远郊7个区县12条道路共计25个断面64条车道，实现涉车违法行为的实时报警/监督、数字化电视监控等功能。同年底，中欧合作项目"北京市动态交通信息服务示范"（DYNASTY）成功在北京展示，其主要内容是建立一个动态交通信息发布和车载导航示范平台，为北京智能交通管理与交通信息服务的发展提供技术支持和示范，这也是RDS-TMC浮动车系统在我国的首次应用②。

2007年建成奥运交通指挥中心，中心在智能交通管理体系框架下，实时采集、整合、综合分析处理22个科技应用系统的信息资源，并在统一的平台界面上发布，为工作人员提供直接、全面、准确的路网运行状态及指挥调度信息，使国内首次将地理信息系统、智慧调度集成系统、事件监测系统、单兵定位系统投入城市大规模交通管理实战应用，实现了系统应用从单一化、机械化向集成化、智能化的转变③。2008年12月，北京市轨道交通指挥中心全面投入使用，结束了北京市轨道交通一个线路一个调控中心的历史，提高了整体运营效率和综合调度指挥能力④。2011年5月建成的北京市交通运行监测调度中心（TOCC），以整合、接入、共享为基础，整合各方数据资源，融合城市地面公交、轨道交通、出租车等多种运输方式和集城市道路、高速公路监控调度、统计分析、气象保障和应急智慧于一体的新一代综合交通运输管理系统，实现北京市综合交通运输的统筹、协调和联动⑤。

---

① 北京交通发展研究中心主编《2004北京市交通发展年度报告》，2005。
② 北京交通发展研究中心主编《2006北京市交通发展年度报告》，2007。
③ 北京交通发展研究中心主编《2008北京市交通发展年度报告》，2009。
④ 《北京轨道交通进入网络化运营管理新时代》，中国日报网，http://www.chinadaily.com.cn/zgzx/2008-12/26/content_7475752.htm。
⑤ 北京交通发展研究中心主编《2011北京市交通发展年度报告》，2012。

2014年,北京市高检测精度和低成本的无线地磁车辆监测系统(MVDS)进入小规模量产阶段,并成功应用于石景山区路测电子停车收费车位监测,京藏、京承部分断面流量监测。此后,MVDS被逐渐广泛应用于北京市停车监测工作。2017年11月,北京静态交通投资运营有限公司正式挂牌成立,这个特殊功能类市属国企通过市场化手段,利用"互联网+停车"盘活北京停车资源,打造全北京市统一的静态交通资源信息平台"全景图"。同时,北京市交管部门积极与互联网、交通出行服务企业开展政企合作,进行优势互补、资源共享,建立大数据池以共享与应用交通数据,提升交通信息服务品质和民众出行体验。

2018年,按照公安部部署,建立车控大数据平台,构建"情、指、勤、督、服"一体化机制,以科技手段助推勤务机制改革,提升路面管控效能;利用核心区111处点位304套探头,建成车辆预警防控"电子围栏",实现对套牌车、假牌车等7类重点车辆的实时监控、触网预警,维护首都安全稳定[1]。同时,根据《2019北京市交通发展年度报告》,2018年,北京市道路运输执法已实现外勤智能执法终端全覆盖和全流程电子化。2019年,北京市在提高交通管理技术信息化智能化水平上继续加大投入力度,拟投资1.1亿元在二环路内核心区域建设智慧电子警察项目,预算投资8000万元在北京市1700处建设智能交通综合信号控制系统。

回顾北京市交通管理技术几十年的发展,北京市交通管理系统不断升级,功能不断完善,监控和信息发布覆盖规模不断扩大,信息化、智能化管理从概念到应用,水平显著提高,在基础理论研究、关键技术攻关、应用系统建设等多领域取得了丰硕成果,极大优化了北京市公共交通运营调度整体效率,加大了监管力度,提升了各交通模式的信息服务水平,提升了广大交通参与者的满意度,作为首都在全国起到了良好表率示范的作用。

---

[1] 北京交通发展研究主编《2018北京市交通发展年度报告》,2019。

（五）交通安全管理不断加强

北京市作为中国的首都以及国际化超大城市，交通发展形式多样，矛盾突出，市区路网全面超饱和、超负荷运作，使北京市的交通管理任务日益艰巨繁重。为保障市民交通出行安全，减少交通事故，北京市交通管理部门始终坚持把交通安全放在第一位，集中精力从预防到监管全线加强交通安全管理，一方面积极进行安全宣传活动以增强民众安全出行意识，完善道路交通设施规划以保障道路交通安全运行；另一方面对交通违法行为严查严管，并设立了一系列便民举措以提高交通事故处理效率，保障交通事故受害者的生命安全。

1. 道路交通设施规划不断优化

良好的道路交通设施规划是保障民众安全的重要基石。道路交通设施规划一方面直接影响道路交通的安全运行；另一方面也与顺利开展抢险救援工作息息相关。1978年5月，北京先行改革人行横道线，将三角形人行横道线改为条纹式人行横道线，俗称"斑马线"。1985年，受门槛作用的启发，海淀交通大队用两根10厘米宽的铁管焊成同宽的梯子形钉在地面，横置在一些坡形路面的单位出入口处，一时出入单位的机动车、非机动车减速行驶，这是北京最早使用的道路安全路障。1987年1月，北京市在延庆公路首次安装了可夜间反光的路缘标，为全国首创，在夜晚极大地减少了交通事故的发生。2018年，北京要求行业应急管理工作要强化京津冀协同发展交通应急保障机制建设、夯实交通行业应急准备基础建设、完善交通行业应急管理工作机制，从规范标准、强化意识、建设队伍和提升能力等多方面为突发事件处理工作做好保障。

2. 重视交通安全宣传教育

交通安全宣传教育是提高出行人整体出行安全水平，增强自救、互救能力的最有效的方式。北京市各部委积极进行交通安全宣传活动，鼓励北京市民安全守法，文明参与交通，安全有序出行，共同营造中国首都良好的道路交通环境。例如，1984年，市公安管理部门与中国儿童中心合作，设立了

北京首家儿童交通游乐园，园内设有交通指挥信号灯、电动小汽车等交通设施和交通工具，也有供学龄前儿童直接参与的驾驶、指挥交通等游戏活动，受到了广泛好评。1988年8月，北京京剧四团在北京工人俱乐部上演了第一部宣传交通安全的现代京剧《警钟长鸣》，描述了一起因为交通事故致使三个家庭惨遭不幸的案例，告诫人们遵守交通规则以维护生命安全。除此之外，先前拍摄的《漫画城市交通》《公开审理交通肇事犯》等交通事故案例专题片也广泛传播了遵守交通秩序的价值观，受到广泛好评。同月，第一部以交通安全为题材的电视连续剧《柏油路上的战争》由北京市公安交通管理部门和中国人民解放军八一电影制片厂合作拍摄，后在中央电视台和北京电视台多次播放。自2012年每年12月2日被设立为"全国交通安全日"后，以及在交通运输部"平安交通"五年计划工作部署的顶层指引下，交通行业各单位均积极开展"平安交通"创建活动，制定《北京市交通行业平安交通专项整治行动方案》等，成立了以市交通委主要领导为组长的"平安交通"创建活动领导小组，此后每年北京市公安部门都联合北京市教委、北京市交通委等多部委举办北京市交通安全日宣传活动，深入社区、建制村、专业运输单位以及人员车辆集中等地区，通过访谈、互动、网络、媒体等多渠道传播文明交通正能量，例如，让中小学生参观交通安全宣传教育基地、邀请居民进行"酒驾眩晕"体验、设立"平安"集市、举办"交通安全文明公约"承诺签名等，进一步增强市民的交通安全意识、法制与文明意识。

3. 做好交通安全管理工作

一方面重拳出击，加大常态化交通违法整治力度，严密管控打击各种交通违法行为；另一方面坚决维护民众生命财产安全，为广大人民群众服务，做好交通事故后续处理工作。例如，北京市于2016年组建10支货运违法打击"尖刀队"，利用专业力量对货运违法行为进行精准打击，造成高压震慑氛围。2020年，北京市宣布将在若干重点过道和高速公路辅路上设置专门的执法小组，严查驾乘人员不系安全带、摩托车驾乘人员不戴头盔等10项交通违法行为，对违法占用应急车道、违法停车等违章行为开展专项整治行动。同时，2020年5月19日，在保障市民安全出行的常态化联合整治、联勤联动的基础上，北京市交通执法总队深化多警协同，会同市公交保卫总队开展"黑车"专项治理第三次联合整治行动，对"黑巡游车""黑网约车"等非法运营车辆进行重点打击和查扣，从严进行人车双罚。在行动当天，双方联合出动交通执法、公安民警268人次，查扣各类"黑车"52辆，其中查扣跨省载客"黑车"5辆，处理扰乱公共秩序人员6人。针对电动二、三轮车管理难题，北京市按照"先改善通行秩序、再统一规范管理、最终导入法制轨道"的三年规划，循序渐进地加以解决，同时"标本兼治"，截至2016年，把登记备案的全市快递行业5.7万辆电动车及驾驶人纳入规范管理范围。在一系列有效措施的共同助力下，自2000年以来，虽然北京市机动车驾驶员数量快速增长，但是万车死亡率显著降低（见图3）。

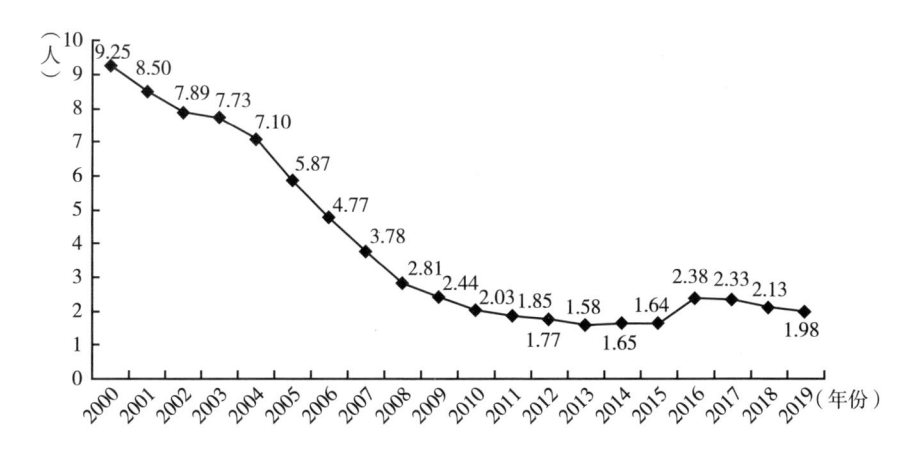

图3 2000~2019年北京市交通事故万车死亡率

资料来源：北京市公安局公安交通管理局。

同时，北京市交通事故发生次数、受伤人数和直接财产损失均显著降低，死亡人数基本保持平稳（见图4、图5），证明北京市交通法制建设和教育宣传取得显著成效，交通安全管理能力不断增强，民众的出行安全得到了有效保障。

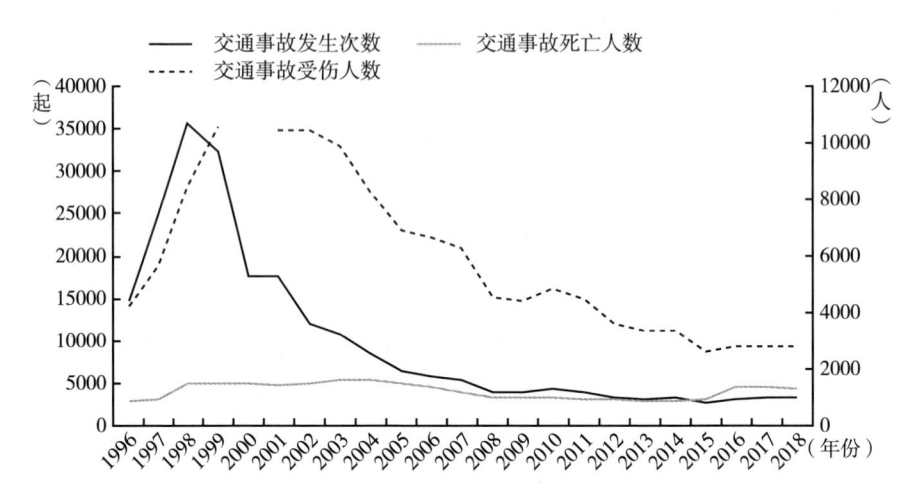

图4　1996～2018年北京市交通事故发生次数、受伤人数及死亡人数统计

资料来源：北京市统计局。

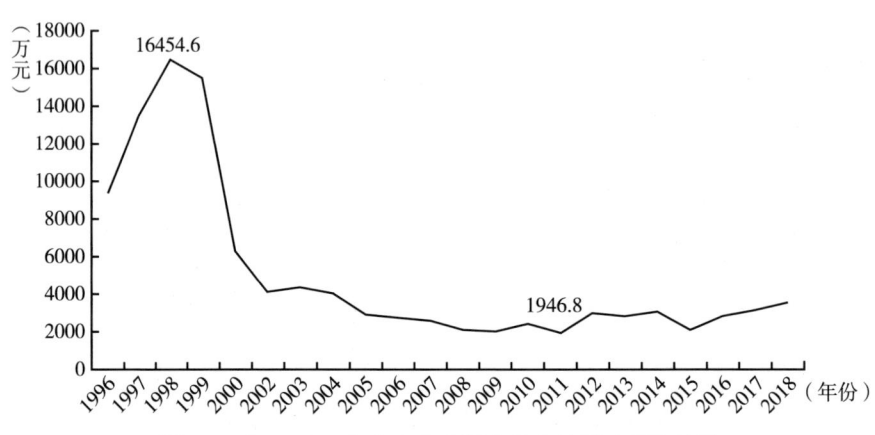

图5　1996～2018年北京市交通事故直接财产损失统计

注：2001年数据缺失。
资料来源：北京市统计局。

（六）交通治理能力不断提高

1. 优先发展公共交通

交通战略与政策选择是影响北京市交通发展走势的内在决定性因素。随着北京市汽车保有量的不断增加，交通拥堵、尾气污染等问题日益突出，北京市委、市政府开始高度重视公共交通发展，发布一系列推动公共交通发展的政策文件。

2005年初，市人代会确定了"关于加快公共交通事业改革发展，方便市民出行"议案，内容涵盖优先发展公共交通政策、推动公交专用道建设等工作[1]。2005年4月，北京市政府发布的纲领性文件《北京交通发展纲要（2004—2020）》提出了建设"新北京交通体系"的目标，指出缓解城市交通拥堵的治本之策是优先发展公共交通，要加快构建以轨道交通和大容量快速公交为骨干、以地面公交为主体、以出租汽车为补充的综合公共交通运输体系[2]，在2010年使公共客运交通在交通建设投资中所占份额由18%提高到50%以上。

2006年12月，市交通委等5部门联合发布《关于优先发展公共交通的意见》，确定了北京"两定四优先"的公共交通发展原则[3]，工作具体包括降低票价、加快轨道交通建设和改革郊区公共客运等多方面。同时，市交通委表明会减少单位公车的配置及其使用量，提倡"合乘"制，对高载客率的车辆给予优先通行权。

在公共交通优先发展的同时，北京市也积极打造"慢行"绿色交通网络，提倡短距离的非机动车出行，打造绿色可持续出行环境。2019年5月，北京市开通首条自行车专用路，连接昌平回龙观和海淀上地地区，以缓解此区域早晚高峰时段的交通压力。2020年4月10日，《北京市地面公交线网总体规划（草案）》发布，要求贯彻"慢行优先、公交优先、绿色优先"的交通发展思路以推动首都交通出行体系的改革。

自2006年北京市正式出台公交优先发展战略以来，北京市公共交通实

---

[1] 《北京人大将讨论公交改革方案 市民可申请旁听》，国际在线，http://news.cri.cn/gb/3821/2005/05/16/148@547994.htm
[2] 《2010年前建4条快速公交线网》，本地宝网站，http://bj.bendibao.com/news/2008219/37652.shtm
[3] "两定四优先"即确定公共交通的重要战略地位和公益性定位，坚持公共交通设施用地优先、投资安排优先、路权分配优先、财税扶持优先。

现了飞跃式发展。从图6可以看出,北京市每万人拥有公共交通车辆数量虽有波动,但整体呈现上涨趋势,说明北京市公共交通发展成效良好,为缓解局部地区交通拥堵起到了重要作用。2018年,北京市被交通运输部命名为国家公交都市建设示范城市。截至2018年底,北京市中心城区绿色出行比例已提升至73%。2019年,北京市公交车辆规模、线路数量和客运量均位列世界各大城市之首,北京市地面公交出行比例达到22%,公共交通已成为广大群众出行的重要交通方式。

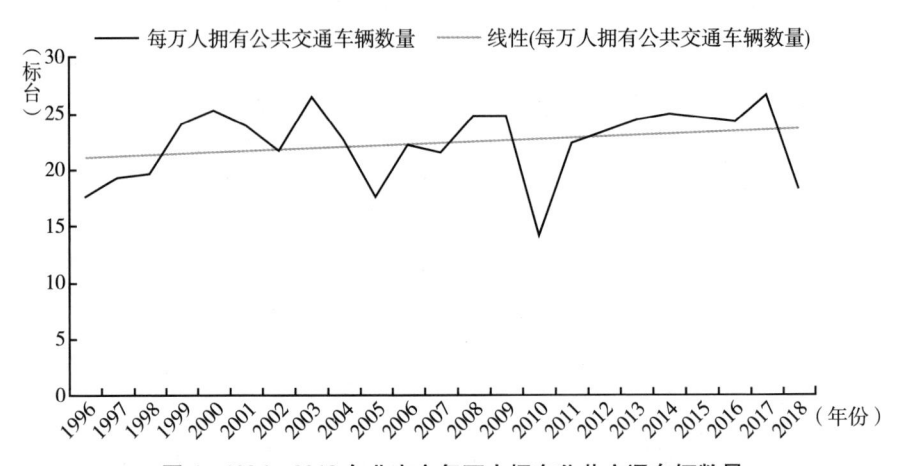

图6 1996~2018年北京市每万人拥有公共交通车辆数量

资料来源:北京市统计局。

2.公众决策与监督机制

在交通管理方面,北京市始终按照政府组织、专家领衔、部门合作、公众参与、科学决策的方针[①],广泛凝聚全市智慧,完善交通管理共治体系,建立综合决策机制,与市民、企业携手解决交通拥堵、共享单车乱象等交通问题。并且,通过积极完善专家咨询和社会共识制度,听取专业人士和社会公众的广泛意见。

2005年10月,北京市交通综合信息平台建成,初步整合了公交、长途

---

① 北京交通发展研究中心主编《2005北京市交通发展年度报告》,2006。

客运等多部门的交通信息资源，实现了通过网站、手机短信等方式面向政府及社会公众的较为全面的交通信息服务。例如，北京市始终推进治理交通拥堵互动平台建设，做好交通综合治理方略一揽子告知社会工作，办好"治堵大家谈"、"交通缓堵，我来说两句"，官方微博"交通北京""微访谈"、"北京交通直播间"等品牌栏目[①]。

除此之外，北京市公交总公司和各出租车公司都设置了各自的服务热线，方便为出行者提供公交信息或轿车服务，以及接受投诉和监督。1999年12月，"北京公交李素丽服务热线"正式开通，号码为96166，在北京市首次为百姓出行、换乘车提供24小时的交通信息。2003年，"公交服务热线"由初期开设的15条线扩充至60条线，"北京公交李素丽服务热线"日接话量为11000次，累计达630万次。在此基础上，北京交通部门开始逐渐整合公交、地铁、长途客运、高速公路、一卡通5大交通行业20类交通信息，于2008年在"北京公交李素丽服务热线"的基础上建立统一的北京交通服务热线，交通参与者只需拨打96166即可查询全部交通出行信息。

北京市总公司还建立了公交信息服务网站（http://www.bjbus.com），提供公交信息的查询和发布服务，以及失物招领等便民服务。2003年，网站日页面浏览量达16万人次，累计页面浏览量达5200万人次。

二 北京交通强国管理建设存在的问题

（一）综合交通管理法规尚不健全

综合交通管理法规体系的建立和完善是构建综合交通运输体系的现实需求和重要组成部分。当前，国家层面的综合交通运输整体规划仍在建设当中，综合交通运输缺乏纲领性立法的支撑与保护，同时新业态新

---

① 《"交通拥堵 我来说两句"平台今日正式上线》，闽南网，http://www.mnw.cn/news/shehui/1368428.html。

技术的迅速发展更加凸显相关法规的滞后，在北京市，具体主要存在以下问题。

第一，不同运输方式法律制度有效衔接不足。北京市现已制定《北京市非机动车管理条例》《北京市轨道交通运营安全条例》《北京市机动车停车条例》《北京市道路运输条例》《北京市公路条例》《北京市出租汽车管理条例》等相关法律条例，但由于制定背景与时序不同，各运输方式间的相关法律条例缺乏有效整合和衔接，无法保障各种运输方式发挥比较优势和组合效率。

第二，行业重点领域立法进程有待加快。目前，北京市尚未明确综合交通基础设施的公益性与经营性目标，其规划、投资、建设、运营等制度缺乏统筹设计。以公共交通发展为例，有关公共交通规划建设、设施用地、路权分配、财政补贴、运营服务等方面的问题尚不明晰，需要通过地方立法建立和完善相关管理制度。

（二）综合交通管理体制有待完善

1. 行政管理职能有待进一步优化

北京已初步实现包括市政道路、公路、铁路、水运、民航、城市公交、城市轨道、出租汽车等在内的综合交通运输体系管理，但职责交叉且重复的情况仍然存在。例如，城市轨道交通建设和规划职能隶属北京市住房和城乡建设委，安全管理和运营职能归于市交通委管理，使北京市轨道交通发展难以实现全链条管理。由于职责分割，实际运行中交通部门负责道路规划设计、运输运营安全管理等方面的工作，公安交警负责汽车行驶和驾驶员的管理，导致在具体的规划和管理中，各部门和各机构之间存在职能划分模糊、权责不清等现象。此外，还需进一步加快实现不同级别之间的运输行政管理职能转变，在完整的管理思想指引下逐渐形成统一、完善的行政管理职能。

2. 交通规划体制需进一步完善

随着城市化水平的提高以及外来人口压力的不断增加，北京市城市空间不断扩张，城市发展屡屡突破城市总体规划的限制规模，给城市交通系统带来巨大压力。当前,北京市交通规划面对诸多不确定因素,规划的不确定性既有规划客体(城市空间形态与功能配置、土地利用、社会人文与经济等)的不确定性,也有规划编制与实施过程中不同利益主体意志博弈的不确定性。综合交通规划主体主要包括制定主体、执行主体和监督主体,各规划主体出于对自身利益的考虑,对于综合交通规划的落实各有侧重,导致相关责任落实不到位,规划主体错位的情况依然存在。例如,北京市城市道路规划属于市住房和城乡建设委,未被纳入综合交通规划体系中,市住房和城乡建设委负责城市道路等的施工许可、工程竣工验收备案、质量安全监督等工作,市交通委负责城市道路等的组织推进工作,二者在规划与实施过程中存在衔接不畅与管理"空白"等问题。此外,北京综合交通规划与经济社会发展规划、城市空间规划、土地利用规划、生态规划等在规划目标与编制时序上存在不协调不同步的现象,各类规划制定前期缺乏统筹考虑,未能实现交通与城市发展的和谐一致。

3. 多元化投资体制尚未建立

目前,北京市轨道交通等城市交通建设资金主要来自政府直接投资、间接投资及银行贷款等,投资主体与投资渠道较为单一。主要原因在于,交通基础设施建设主要用于满足公益性需求,对于经营性需求缺乏相关政策支持,导致商业开发空间不大,盈利空间有限,对社会资本缺乏吸引力。随着城市公共交通的快速发展,所需巨额投资无法完全依靠政府或者银行贷款,交通基础设施建设首先要保证各类社会资本"进得来",创新投融资机制,减轻政府及企业投资压力。

使各类社会资本进入之后"发展好",形成可持续发展动力,需要创新交通综合开发模式。以"交通+土地"模式为例,北京市城市公共交通用地综合开发主要包括对客运交通枢纽、车辆段上盖区域、轨道交通站点及公交场站用地综合开发利用四类。但由于现行土地出让政策不利于综合开发项目快速推进,现有体制下投资主体和建设主体难以同步,商业和交通功能主次纠纷等现实问题,城市交通综合开发难以解决项目融资难和落地难问题。

4. 公共交通运营管理体制有待理顺

第一，政府与企业关系边界不够清晰。在城市公共交通系统中，政府应负责公共交通的规划、建设、管理等，企业则为独立经营的市场主体。现实中，政府与公共交通运营企业间的职责关系缺乏明确统一的界定，政府管理与企业运营之间仍需进一步实现有效分离。北京公共交通控股（集团）有限公司承担本应由政府承担的规划、建设、管理等职能。

第二，财政补贴机制有待完善。在城市公共交通改革过程中，国有资本在公交运营中逐渐占据绝对控制地位，如北京巴士股份有限公司退出城区公交经营，由北京公共交通控股（集团）有限公司垄断经营。国有企业垄断经营模式使政府财政补贴日益增加，同时，公共交通运营企业财政收支不透明，企业的运营收支尚未实现有效分离，财政补贴效率不高，企业生产效率低下，缺乏提高劳动生产力的积极性。

（三）综合交通管理政策需要精准

1. 公共交通多元化投资政策或缺

第一，主要资金来源单一。当前政府在交通项目中起主导作用，既是投资者，也是管理者，无法有效发挥市场机制的作用。应充分吸引社会资本投入，提高交通运输领域的市场化程度，转变政府职能，统筹协调公共交通的投资、建设、运营。

第二，监督考核方式不健全。目前，北京市尚未出台涉及公共交通线路规划管理、服务质量管理、监督管理等系统规定的法规或规划。此外，北京市城市公共交通投融资政策的监督考核范围主要集中在票价的制定、企业的服务质量与经营安全等方面，缺乏对于企业的监督以及企业经营者的考核，在补助资金的使用上监管力度较小。

2. 价格动态调整机制仍需完善

城市公共交通票价的制定以"城市公交社会公益性服务"为前提。北京市当前已经建立了考虑公共交通企业人工成本、动力成本和其他可变成本的价格动态调整机制，但相关公共交通企业尚未完全建立运营成本核算规范，过度依赖政府补贴，未能综合考虑城市居民生活水平、公共财政能力、交通供求状况、企业可持续发展等因素，导致城市公共交通票价严重背离企业运营成本。低票价应理解为相对低票价，即公共交通相对其他交通方式具有的明显价格优势，发挥价格杠杆吸引公交客流的作用，但不是单纯的绝对意义上的低票价。增强公共交通吸引力的关键是要提高公交的服务质量，而不是仅仅依靠单纯的低票价。此外，城市公共交通需满足社会较大的公益性需求，低票价等优惠乘车政策的实施降低了公共交通的盈利水平，大多数公交企业长期处于亏损状态，需要政府定期进行专项经济补贴。

3. 公共交通补贴政策需科学化和精准化

2007年以来，北京市公共交通事业获得长足发展。2019年，公共电汽车运营线路为1158条，全年客运总量为31.7亿人次。轨道交通运营线路为22条，全年客运总量为39.6亿人次，较上年增长2.8%。北京市巨额的财政投入功不可没，其中财政补贴对公交企业的正常运营起至关重要的作用。但是财政补贴的急速增加已使财政不堪重负，公共交通的补贴占所有公用事业补贴的比例一直在80%以上。主要存在如下问题。

第一，补贴范围和核算标准不明确。在依赖巨额政府补贴的情况下，公交运营企业的精力主要用于获取最大份额的补贴，相对来说分散了其提高运营服务水平的精力，不利于提高和增强公交企业的效率和竞争力。此外，补贴核算方式不精准，应分别制定公益性业务与经营性业务的界定及补贴标准。以北京定制公交为例，其公益性或经营性业务属性以及是否需要补贴等问题仍需进一步明晰。公共交通企业一般存在政策性亏损与经营性亏损两种情况，目前北京市的补贴政策对于企业的亏损尚未制定明确的测定标准，无法准确核实政策性亏损，使政府补贴以及相关企业运营缺乏效率。此外，合理有效的公交补贴机制需要保证企业提供信息的真实有效以及完善的资金监管机制，以解决政府与公交企业信息不对称的问题。

第二，补贴市场化程度不高。2017年6月23日，《北京市交通委员会政府购买服务指导性目录》出台，关于基本公共服务主要涉及出租汽车调度站运营维护、公共应急事项备车用车、交通运输公共咨询服务、交通运输

信息系统建设等方面，尚未在城市公交等公共交通领域建立特定政府购买服务制度，公共交通企业主要依靠政府事后"财政补贴"，尚未实现市场资源在公共交通中的优化配置。

第三，补贴模式未能对接需求。北京当前的财政补贴政策仍以供给补贴偏多，缺乏对于消费者的精准补贴。在公共交通服务的短缺阶段，财政补贴的目的是保障公共交通服务提供商的正常运营。对此，政府一般采用直接或间接方式补偿公共交通运营企业的服务成本，但往往由于信息不对称，供给补贴很难高效实现，同时也可能带来消费者消费行为的扭曲，有损财政资金的公平性。

4. 服务标准未能适应新业态发展

随着新业态的发展，市民的出行需求也发生了很大转变，公共交通的服务定位也应当从提供基本出行服务调整为满足市民多元化个性化的出行需求。2018年，北京公交集团在北京南站开始试点运营以"线上预约、合乘出行"为特色的网上定制公交新模式。但也有部分消费者表示"23座的车子坐10个人就可以发车"① 且主要集中在早晚高峰往返于市郊的大型居住区和市中心的大型办公区、商业区之间，只能满足特定小区的通勤人群。定制公交新模式存在平台操作复杂、用户基数少、运营成本高、定制化程度不高、资源配套难等问题。此外，北京在交通新业态以及"互联网+"新模式方面还有继续完善和拓展的空间，需要引入市场竞争机制，借助现代信息通信技术，全面改革系统配置和运营服务模式，提升网络化运营的实时响应服务能力及可靠性。

5. 限购限行政策有待完善

第一，限购限行简单粗糙，政策作用未能充分发挥。摇号是最简单的资源分配方式，未能充分考虑到实际需求。2019年，北京个人新能源小客车指标额度为5.4万个，个人排队数量已经超过44万人，按照每年发放5.4

---

① 《再见了滴滴，北京打响第一枪试运行网约公交车，网友：叫好不叫座》，百度百家号网站，https://baijiahao.baidu.com/s?id=1612657064707594373&wfr=spider&for=pc。

万个指标计算，北京新能源汽车指标的队伍已经排至2027年①。事实上，摇上号的人群中，只有一小部分是真正的刚性需求者。一些已有车人群本着"抢占资源"的心态继续参加摇号购车以规避限行政策。对于非刚需人群，存在大量摇号之后弃号的现象，严重降低了资源配置效率。限行范围划定在五环以内以及外地牌照汽车7~9点禁止进入五环以内，导致五环外存在大量外地牌照的汽车，限购限行政策未能充分发挥作用。

第二，用行政手段分配资源，无法解决根本问题。当前的限购限行政策只能暂时缓解城市拥堵状况，不能解决根本问题。北京当前仍主要以行政手段调控小汽车的数量，缺乏常态化可持续的需求管理政策。交通拥堵的原因在于城市规划、交通建设、文明驾驶习惯培养等滞后于中国短时间内汽车产量和销量爆发式增长，一味地限行、控制机动车数量并不能从根本上解决问题。此外，通过拍卖或者摇号等政府管制代替市场机制来分配有限的公共道路交通资源使用权，缺乏公平与效率且容易滋生投机行为。

（四）综合交通管理技术有待创新

1. 信息化需要加快升级

第一，信息资源整合和共享程度低。北京市公交、轨道交通、出租车、网约车等多种运输方式分属不同的管理部门，各管理部门之间缺乏统一的信息协调沟通机制，导致信息资源的整合与共享机制尚未完全建立。同时，北京虽已建立交通运行监测与分析平台、交通运行智能化分析平台、交通节能减排智能监测等多个平台，但各平台之间缺乏数据的共享融合，增加了城市公共交通信息化建设在拥堵治理、道路监测、事故处理、出行引导等方面的治理成本。

第二，交通证件数字化进程还需加快。目前，驾驶人信息与车辆信息仍主要以纸质证件作为备案通行、事项处理等的必备证件，给市民出行以及相

---

① 《2019北京新能源排号结果今日公布，剩余队伍已排至2027年!》，智驾网站，http://www.autor.com.cn/index/newest/9086.html。

关事项的办理带来较大不便。随着交通信息化、智能化建设的进一步加快，交通证件的数字化为互联网交通及共享出行的更大范围实现提供了前提保证。

2. 智能化有待加强建设

《北京市"十三五"时期智慧交通发展规划》指出，北京智能交通正处于从分散到集约、从自成系统向协同共享、从以政府推动为主向政府社会合作推进的重要转型期。随着经济水平的不断发展，城市交通拥堵日益加剧、交通安全形势严峻，交通管理面临一系列问题和挑战，单纯地靠人力管理已经无法达到良好的效果。近年来，在网络、大数据、物联网和人工智能等技术的支持下，智能化管理开始广泛应用。更好地发挥构建交通系统的作用以满足公众出行需求，在很大程度上取决于交通信息互联互通与智能化管理的程度。当前，北京正努力建设京津冀一体化出行决策与服务保障平台、地面公交调度指挥与管理协调平台、停车智能化管理服务平台等一系列智能系统建设。但从总体上看，无论是从系统建设的科学性来看，还是相比系统建设的巨大投入所产生的应用效果，城市智能交通管理系统都有很大差距。此外，交通管理难度日益提高，也迫切需要显著提升智能交通管理系统的建设与应用水平，与智慧城市顶层设计相结合，基于交通工程原理，按照系统工程思想，以科学务实精神进行深入分析论证，实现关键技术的突破，构建科学精准、实时优化的智能交通供给系统，建设先进的智能停车、慢行与共享系统，实现智能信号协调控制、智能运维。

（五）交通安全及应急管理有待加强

1. 交通事故及伤亡人数仍处高位

随着北京市城市道路水平的提高，机动车保有量的高速增长，驾驶员数量的持续上升，北京市城市道路交通拥堵严重，交通秩序不佳，呈现交通事故上升的态势。近十年来，北京交通事故发生数和受伤人数占全国的比重基本稳定在1.5%左右；从数值来看，北京交通事故直接财产损失增加较为明显，2018年为3517万元，交通事故发生数和死亡人数维持稳定水平。2019

年,道路交通每万车死亡人数为1.98人。北京市公安局公安交通管理局公布全市交通事故多发高速公路为G6京藏高速、昌平区六环路、G6京藏高速辅路部分路段①。此外,随着电商所带来的城市快递物流业的发展,电动自行车、共享单车及步行在北京城市交通中占比已提升至40%以上,非机动车出行交通事故发生数明显增加。

2. 交通安全宣传广度和力度不够

随着社会经济的快速发展,机动车保有量和道路里程增加。但因现行法律法规的普及宣传力度不够,未形成长效、常态交通安全宣传氛围,导致广大交通参与者安全、文明出行意识远远滞后于车和路的发展,交通安全管理工作形势依然严峻。主要存在以下问题。

第一,宣传教育针对性不足。目前,北京市在道路交通安全宣传工作中,有计划的宣传教育对象基本以客货运企业驾驶人、满分学习人员、学生等群体为主,针对事故高发群体及文化层次较低的群众开展交通安全宣传活动较少,导致日常受教育对象群体仍相对狭窄,缺乏广泛性、全面性。基层交警部门在开展交通安全宣传教育活动时,大多未认真探索、分析辖区道路交通事故的成因,且未针对不同职业、不同年龄的受教群体,有针对性地开展交通安全宣传,导致目前宣传工作收效甚微。

第二,宣传教育长效机制建设不健全。道路交通安全宣传教育工作大多集中在专项整治、重大活动、重要时间节点,在专项工作结束后,宣传工作随之结束,或者停滞不前,努力形成的浓厚宣传氛围也随之淡化。宣传推动者多为公安交警部门,相关职能部门、企事业单位和社会团体在履行宣传职责上缺乏有效指导、监督。

第三,各界重视程度不高。虽然《中华人民共和国道路交通安全法》确立了政府、交通、教育、新闻、广电及企事业、社会团体等单位具有道路交通安全宣传责任和义务,但大多数单位认为道路交通安全管理宣传工作是

---

① 《北京公安交管部门公布全市高速公路交通事故多发路段和易发团雾路段情况》,北京市公安局公安交通管理局网站,http://jtgl.beijing.gov.cn/jgj/jgxx/gsgg/pgl49/596478/index.html。

公安交通管理部门的事情，道路交通安全宣传工作仍然依靠公安交通管理部门"单打独斗"。即使相关媒体开展一些宣传教育工作，也需要公安交通管理部门的主动联系协调，未切实形成主动宣传意识，更未形成单位、部门齐抓共管、主动履职的局面。

3. 交通应急体系不够完善

第一，应急预案体系不健全。制定全面完备、科学合理的交通应急预案体系是高效应对交通突发事故的前提和保障。目前北京已经制定《北京市突发事件总体应急预案》《北京市道路突发事件应急预案》等相关应急预案，但针对铁路、轨道交通、自行车等公共交通等的应急预案还有待进一步深化和完善。对于重大自然灾害、突发公共卫生事件等预警防范及保障水平不足的情况，存在物流配送通道等应急资源匮乏的问题。现有交通应急预案可操作性不强，针对性较弱，缺乏系统常态的应急演练，有关预警监测及应急处置能力需不断升级。

第二，应急管理机制应完善。当前，北京尚未建立常态交通应急管理机构，权利和责任分工不明确，缺乏专人负责日常的交通管理和风险的预测并定期进行突发事件应急管理的演习，日常工作主要由北京应急管理局代管，这不利于应急管理工作的有效开展和应急管理长效机制的建立，未能有效发挥交通基础设施网络的规模效应。

第三，应急协调机制效率低。北京交通部门与公安、自然资源、应急管理、气象等部门及相关企事业单位的协调配合亟待加强，尚未形成多部门、多领域和多层次协作的灵活调整的工作机制。同时省际缺乏信息沟通与共享平台，应急事故发生时无法充分协调，快速应对。

（六）交通综合治理能力有待进一步提高

1. 交通综合治理理念有待强化

城市交通问题是"城市病"的突出体现，是一个涉及多学科多主体的复杂公共治理问题。2019年，北京市城六区高峰时段道路交通指数为5.48，处于"轻度拥堵"级别；堵点、旅游景区、火车站周边、道路隔离护栏、信号灯等专项治理仍需强化;道路停车"有位失管"、货车超限超载、互联网租赁自行车不规范、"黑车"等现象仍然存在。《2020年北京市交通综合治理行动计划》提出要加快构建综合、绿色、安全、智能的立体化、现代化城市交通系统。北京市交通建设需在绿色化信息化的基础上进一步应用5G、物联网等新一代智能化技术,提高城市智能感知能力和运行保障水平,加快建设交通大数据资源共享平台、交通综合决策支持和监测预警平台、停车资源管理与综合服务平台等,以实现动态信息共享、预警和视频联动功能,提升交通综合治理效能,加快推进行业治理现代化。

2. 公众参与机制不够健全

根据关于"交通决策机制的公众参与度是否有所提升?"的调查发现,北京市在31个被调查省份中位列第9,表明北京市在交通运输领域的公众参与度仍有待提高。交通运输问题的解决需要公众参与,北京市已开展"我为首都交通献良策"等一系列市民意见建议征集活动,市民可通过网络、电话等多种途径提出意见建议。但事实上,公众参与实施的最大障碍是公众作为行动主体的权利没有受到制度的保障,北京市无论在法律法规、制度层面,还是在执行监管层面,都缺乏多部门及相关社会组织的统一规范与协调,无法降低公众参与的法律风险成本,进而难以保障公民有效参与。此外,在拓展公众参与交通治理的有效途径的同时,缺乏对公众参与效果的评价以及结果的反馈,尚未形成公众参与同交通治理的双向反馈机制。

3. 交通参与者文明出行观念不强

2020年6月1日起施行的《北京市文明行为促进条例》在交通出行方面提出要重点治理下列不文明行为:驾驶机动车乱停靠、乱插队、乱鸣笛,不规范使用灯光,行经斑马线不礼让行人,违法占用应急车道;驾驶非机动车不按照交通信号通行,逆行,乱穿马路;行人不按照交通信号通行,乱穿马路,翻越交通护栏;乘坐公共交通工具抢占座位;从车辆中向外抛物;使用互联网租赁自行车不按照规定停放。长期以来,道路交通管理的侧重点在机动车违法行为查处上,对于非机动车和行人的不文明交通行为缺乏有效引导和宣传。事实上,开车/骑行/步行途中看手机、打电

话、乘坐公共交通工具逃交票款、大声外放视频或音频等其他不文明现象仍然存在，且随着居民绿色出行意愿水平的不断提升，绿色文明出行观念需要重点加强。

三 北京交通强国管理建设的对策

（一）构建完善的城市综合交通体系

《交通强国建设纲要》提出"构建安全、便捷、高效、绿色、经济的现代化综合交通体系"。根据《北京城市总体规划（2016年—2035年）》，北京城市战略定位是全国政治中心、文化中心、国际交往中心、科技创新中心。构建完善的城市综合交通体系为北京"四个中心"建设提供坚强支撑。

1. 完善城市综合交通法规体系

城市综合交通法规是促进综合交通体系建设的制度保障，北京市综合交通存在问题的主要原因之一是缺乏城市综合交通法规。为了促进城市综合交通发展，建成安全、便捷、高效、绿色、经济的现代化综合交通体系，打造一流设施、一流技术、一流管理、一流服务，建成人民满意、保障有力、世界前列的交通强市，十分有必要和迫切需要在全国率先制定北京综合交通法规，作为北京城市交通法规体系的顶层法规，从综合交通规划、投资、建设、运营和监管等层面进行顶层规定，同时修订《北京市公路条例》等法规，并与《城市综合交通体系规划标准》共同构成北京城市综合交通法规体系。

2. 完善综合交通管理体制

城市交通管理体制应在横向与纵向层面上实现交通管理职能的整合。从横向层面来看，城市交通管理职能应包括对城市内部公路、铁路、水运、航空等各种交通方式的管理；就纵向层面而言，城市交通管理职能则应涵盖交通管理过程中的"政策—规划—设计—建设—运营—管理—服务—应急"等职能。

北京市在全国率先进行城市交通管理大部门制改革，2003年组建了北京市交通委员会，主要承担城市交通综合管理职能，而城市交通规划职能尤其是综合交通职能较弱，只参与编制综合交通规划、交通专项规划、城市轨道交通建设规划及相关规划实施的评估工作。

为推进北京市综合交通体系建设，落实交通强国战略，促进交通与城市协调发展，加快形成安全、便捷、高效、绿色、经济的综合交通体系。应注重交通规划、建设、管理与服务有机衔接，实现城际交通与城市交通高效转换，优化交通运输结构，充分发挥交通系统的整体效益。需要完善综合交通管理体制，关键是综合交通职能转变，尤其是综合交通规划职能调整。

3. 完善综合交通管理政策

政策是政府价值取向的实现手段，运输政策是政府分配运输资源的指导方针。综合交通管理政策既是综合交通体系的重要组成部分，也是促进构建现代化综合交通体系的制度力量。为建成安全、便捷、高效、绿色、经济的北京现代化综合交通体系，应完善综合交通管理政策。

第一，注重综合交通枢纽和综合交通通道规划建设，促进城市交通一体化建设。优化综合交通布局，在人口密集和功能聚集处规划建设不同层级的综合交通枢纽，实现多种交通方式的无缝衔接和能力匹配。在交通通道配置更大的运输能力，如规划建设轨道交通双线、三线，或配置多种交通方式，如嵌入市郊铁路等。

第二，继续大力优先发展公共交通，促进北京公共交通一体化。一是大力发展轨道交通，推进干线铁路、城际铁路、市域（郊）铁路、城市轨道交通融合发展，加强城市轨道交通与干线铁路、城际铁路、市域（郊）铁路的无缝衔接和能力配套；二是优先发展地面公共交通，优化公交专用线路、BRT线路，构建地面公交微循环系统；三是地面公共交通与轨道交通时空紧密衔接、运能配套；四是鼓励和支持互联网定制公交；五是鼓励社会资本进入城市公共交通领域；六是制定公共交通运营的精准补贴政策；七是支持城市轨道交通与沿线土地开发实现一体化；八是制定公共交

通服务标准。

第三，优化汽车限购限行政策，将新能源汽车纳入限行对象。对于有车家庭限制小汽车购买数量，对于无车家庭优先配置小汽车购买权；扩大限行区域至全市范围，并将新能源汽车纳入限行对象。

第四，鼓励多人共乘出行，提高道路通行效率。在主要干线开辟多人共乘汽车专用道，在通勤高峰时段使用。对于违章进入共乘专用道的行为进行严厉处罚。

第五，增加潮汐道路，提高交通效率。对于潮汐交通特征明显的放射道路，基于大数据，进行潮汐车道配置和通行管理。

第六，广泛设置换乘停车空间，有效促进不同出行方式衔接。一是在城市中心区以外轨道交通车站、公交交通首末站以及高速公路旁设置停车换乘场地，为私人汽车、自行车等提供停放空间，辅以优惠的公共交通收费政策，引导乘客换乘公共交通工具进入城市中心区，以减少私人小汽车在城市中心区的使用，缓解中心区交通压力。二是在城市中心区轨道交通车站设置共享单车停车区，免费停车。

（二）运用信息技术提升城市交通管理水平

随着北京城镇化进程的加快，城市人口越来越多，城市空间越来越大，城市交通量越来越大，城市交通管理难度越来越高。基于大数据，依靠信息技术，运用互联网和物联网，提升城市交通智能化管理水平是必然的趋势。

提升城市交通管理智能化水平的重点方向包括进行智能化的交通需求分析和交通行为分析；搭建支撑智能规划、建设和交通运营的智能交通供给系统；建设实时动态支撑科学决策的智能交通管理系统；形成智能化交通治理体系。

1. 建立立体化全面感知系统及大数据共享平台

构建万物互联、多元化、多维度的全面感知系统，整合多元化的综合交通监测数据、运营商数据、互联网数据、出行末端停车场和加油站数据，接入交通相关部门数据。制定交通数据共享开放的相关标准和要求，推动技术、业务和数据融合；建立数据政企开放共享模式和机制；强化交通大数据共享开放平台安全管理。

建设交通大数据分析研判平台，真正实现基于交通大数据的深度分析研判功能，用数据分析、用数据决策、用数据管理。数据分析以需求为基础，精准提炼有价值的信息，避免数据分析的片面性、偏差性和数据的不科学解释产生的误导。

2. 提高智能化需求分析水平

基于交通大数据共享平台，利用现有的手机数据、卡口数据、GPS数据、道路交通流检测数据以及社会经济、土地使用等相关数据，对城市交通需求特性、交通行为特性及其变化趋势进行分析，掌握实时动态的交通出行特性和交通行为特性的变化态势，为交通规划、设计、管理提供科学支撑，为交通战略决策的制定提供精准依据。

3. 构建科学精准、实时优化的智能交通供给系统

交通供给智能化包括基于大数据分析的道路网，公交、停车设施的基础设施状况评估诊断和科学规划以及共享交通系统，建设先进的智能公交系统、智能慢行系统、智能停车系统和智能共享交通系统等。

4. 建设新一代智能交通管理系统

智能交通管理包括全方位立体化监控、新一代智能信号协调控制、智能综合管控、可视化集成精准指挥调度、实时交通诱导服务、智能化交通安全管理等。智能综合管控是借助智能交通系统实现交警对城市交通的综合管理和控制，包括交通运行状态实时监测、交通态势动态分析预警、问题诊断及方案自动生成、实时动态交通组织、方案动态仿真分析、精细化违法管理。可视化集成精准指挥调度包括情报精准分析、精准生成方案、精准指挥调度、快速精准处置和精准信息服务等功能，实现全过程可视化。通过诱导屏、互联网、车载终端、电台广播、微信等多种信息发布渠道，将路网、交通组织、交通管理信息等实时交通运行状态信息、交通控制信息和交通状态预测信息发布给公众，实现对交通信息的发布与查询，进行出行路径规划。实行交通基础设施身份制，实施交通基础设施可视化管理、实时状态监控管

理、大众举报运维管理、全生命周期管理、应用研判及预警管理,对运维管理数据动态分析,支撑运维项目决策。

(三)强化城市交通安全管理

1. 完善交通安全管理法规,加大执法力度

北京市出台或修订多部交通安全或涉及交通安全的法规,如《北京市城市轨道交通安全运营管理办法》《北京市道路运输条例》《北京市实施〈中华人民共和国道路交通安全法〉办法》等。随着城市交通方式的多样化,人们出行方式的个性化,交通安全法规需要进一步完善,将市域(郊)铁路运输安全、共享单车交通安全、电动车交通安全等纳入城市交通安全法规的管理范围,并将电动车纳入机动车管理范围,同时通过技术手段加大执法力度。

2. 运用多种技术手段,提升城市公共交通安全管理水平

实行公共交通实名制,利用交通大数据平台,加强对乘客的安全管理;利用人脸识别技术,加强公共交通安检,提高安检效率和安全水平;利用BIM技术加强对城市轨道交通设施的风险感知;运用探伤和感应技术,加强对公共交通车辆状况动态追踪;加强对公共交通司乘人员的安全教育,对驾驶员的工作状态进行实时监控,强化交通应急处置;公共交通车辆驾驶室设置安全隔离门,保证安全的工作环境。

3. 加大交通安全宣传力度,倡导交通文明

北京是我国的首都和国际化大都市,交通文明不仅是北京的形象,也是预防交通事故的手段。应通过多种形式加大宣传力度,倡导交通文明。利用智能化手段,创新安全宣传教育理念,丰富安全宣传形式与内容。制定综合措施,规范交通行为,培养良好交通意识,促进交通文化形成。

(四)提高城市交通应急管理水平

随着北京城市交通规模扩大,突发重大交通事件的可能性提高,为了提高城市交通应急管理水平,应增强对城市交通应急管理意识,完善城市交通

应急处置体系。

1. 强化城市交通应急管理意识

城市交通突发重大事件未知不可控因素较多,一旦发生,后果会十分严重。尤其是城市轨道交通大部分位于地下,人员密集,空间狭小,发车频率高,如果城市交通突发重大事件,则后果不堪设想。2019年,北京公共交通客运量为71.3亿人次,日均客运量为1953万人次,其中城市轨道交通客运量为39.6亿人次,分担率达到55.5%,日均客运量突破1085万人,其中早晚高峰时段客运量为800多万人。随着北京城市轨道交通网络规模不断扩大,覆盖范围不断扩大,城市轨道交通客运量进一步增加,城市交通突发重大事件的潜在风险增加。因此,应强化公共交通特别是城市轨道交通应急管理意识。

2. 完善城市交通应急管理体系

完善城市综合交通应急管理法规、体制机制和预案体系,加强城市交通应急救援专业装备、设施、队伍建设。强化应急救援社会协同能力,完善征用补偿机制。充分利用现代信息技术,构建城市交通应急处置管理信息系统和指挥调度系统,完善城市交通应急管理流程。运用现代仿真模拟技术,优化城市交通应急管理预案。基于三维全景虚拟现实技术,构建实景可视化的城市交通应急联动预案。

(五)提高城市交通治理能力

1. 完善城市交通治理的制度体系,推动形成共享共治的城市交通新格局

梳理和完善城市交通法规,出台北京交通治理顶层法规,构建城市交通治理的法规体系;完善城市交通治理体制机制,构建"政府+市场+社会"的城市交通治理模式,明晰政府职责,支持社会资本进入城市交通领域,鼓励公众参与城市交通治理,形成政府主导、市场规制、公众参与的城市交通治理体制机制;将公共交通优先发展作为城市发展的战略,完善公共交通优先发展政策,加大对公共交通的支持力度。

2. 推进智慧交通建设，提升城市交通治理"软实力"

依托互联网、车联网、大数据、云计算、人工智能等先进技术，从智能城市交通向智慧城市交通升级，实现交通治理的现代化。建设城市交通互联网大平台，整合人、车、路的静态和动态大数据，使之成为城市交通的"大脑"，通过云计算、智能分析和智慧决策，为政府、企业、公众提供精准、高质量的、共享的交通信息服务，从而增强城市交通治理的软实力。

参考文献

[1]《"互联网+停车"开启北京智慧停车新时代》，新华网，http：//www. xinhuanet. com/2017-11/15/c_ 1121956725. htm。

[2]《北京道路交通管理史上的"第一"》，搜狐网，https：//www. sohu. com/a/116906562_ 468661。

[3]《北京公共交通发展条例建议纳入明年立法计划》，中国网，http：//house. china. com. cn/newscenter/view/1654303. htm。

[4]《北京交管局2019年将投入1.1亿新建智慧电子警察项目》，千家网，http：//www. qianjia. com/html/2019-03/06_ 327842. html？from＝groupmessage。

[5]《北京市交通委强化机制建设推动行业应急管理实现新突破》，全国安全生产月官网，http：//www. anquanyue. org. cn/news/show-6542/。

[6]《北京市交通行业信用信息系统进入试运行》，《ITS通讯》2005年第1期，第1~2页。

[7]《关于推进北京市交通运输信用建设工作的一些认识——市交通委积极开展"一把手"谈信用活动》，北京市交通委员会网站，http：//jtw. beijing. gov. cn/ztlm/xyjtbj/dtxx/201912/t20191227_ 1522597. html。

[8]《交研智慧中标北京市交通行业信用系统建设项目》，站长之家，https：//www. chinaz. com/2020/0519/1135791. shtml。

[9] 刘小明：《关于优先发展公共交通工作情况的报告》，北京市人民代表大会常务委员会网站，http：//www. bjrd. gov. cn/zdgz/jdgz/jddt/201301/t20130115_ 109986. html。

[10]《落实交通强国战略　开创首都交通事业新局面》，搜狐网，https：//www. sohu. com/a/343070664_ 745330。

[11] 全永燊、潘昭宇：《城市交通供给侧结构性改革研究》，《城市交通》2017年

第 5 期，第 1~7、11 页。

［12］张国栋、左停、赵羽：《公平与效率：机动车"限购限行"政策分析》，《前沿》2015 年第 2 期，第 86~90 页。

［13］张祖恩：《北平解放后首次颁布交通管理法规纪事》，《道路交通管理》2003 年第 2 期，第 44~45 页。

［14］周强：《我国综合立体交通管理机制存在的问题及对策》，《综合运输》2020 年第 2 期，第 29~31 页。

［15］祝超、孙玲、顾涛、周凌：《北京市交通需求管理政策 20 年发展历程及反思》，《交通运输研究》2018 年第 3 期，第 1~8 页。

［16］Wang, L., Xu, J., Qin, P., "Will a Driving Restriction Policy Reduce Car Trips? —The Case Study of Beijing, China," *Transportation Research Part A：Policy and Practice*, 2014, 67: 279-290.

B.10
北京交通服务建设报告

吴昊　周青　许金兰　伊力扎提·艾热提*

摘　要： 本报告介绍了北京市交通强国服务建设的成就、问题与对策。新中国成立以来，尤其是改革开放以来北京市交通服务实现了供给的多样化和个性化，有效缓解了地面交通拥堵，致力于提高整体服务水平。然而，在交通服务质量、信息化水平以及一体化水平等方面仍存在较大的上升空间。本报告基于交通强国指数研究的结果，针对存在的问题提出了大力发展公共交通、优化城市轨道交通资源时空配置、建设智慧交通城市等政策建议，为北京建设"四个中心"的战略定位提供了可参考路径。

关键词： 交通服务　公共交通　智慧交通　北京

一　北京交通强国服务建设的成就

（一）交通服务供给多样化和个性化

新中国成立70年来，北京市交通服务发展迅速，已从单一化向多样化、

---

* 吴昊，北京交通大学经济管理学院教授，研究方向为运输经济理论与政策、综合交通规划与管理。周青，北京交通大学经济管理学院硕士研究生，研究方向为应用统计。许金兰，北京交通大学经济管理学院硕士研究生，研究方向为应用统计。伊力扎提·艾热提，北京交通大学经济管理学院硕士研究生，研究方向为高铁经济、投融资。

个性化转变,有效方便了广大人民群众出行以及带动社会经济的发展。改革开放前,北京道路运力严重不足,1949年末,全市公交运营车辆仅有164辆,长度为77公里,客运量为0.3亿人次。2008年末,公交运营车辆达到2.3万辆,长度为1.8万公里,客运量(包含轨道交通)为59.3亿人次。2019年底,北京市公交运营线路长度达27632公里。[①] 北京市公交运营线路长度及客运量如图1所示。

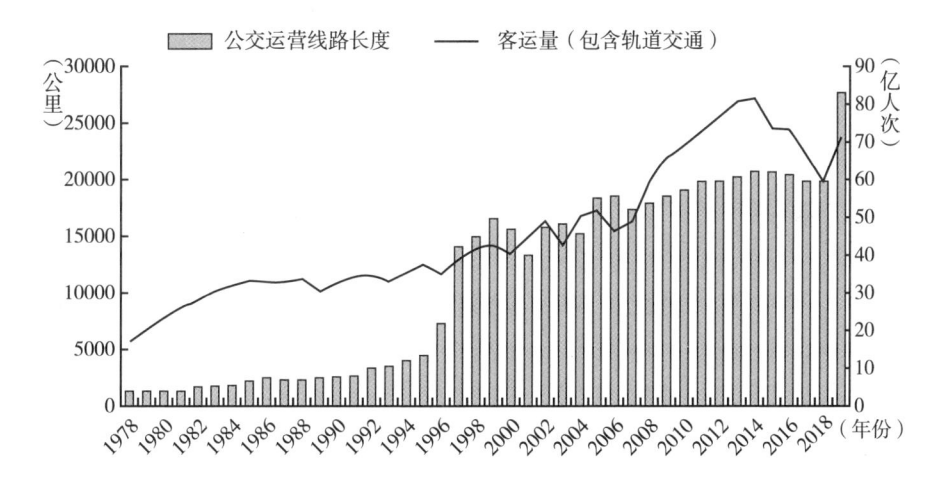

图1 北京市公交运营线路长度及客运量

资料来源:北京市统计局、国家统计局北京调查总队编《北京统计年鉴2019》,中国统计出版社,2019。

改革开放前,北京交通运输服务能力弱,公共基础设施严重滞后,公民出行方式单一,常规公共交通是主要的选择。改革开放后,随着交通技术的日渐发展,交通运输生产力得到解放,出租汽车和轨道交通在居民出行中的占比越来越高,北京市公共交通客运量比重及变化如图2所示。1984年,北京市出租汽车行业政策放宽后,逐步形成国营、集体、合资、个体等类型,由此,出租汽车行业迎来了飞速发展阶段,行业规模不断扩大。出租汽车由1000多辆增加到2010年6万余辆,从业人员由2000余人增加到9万

---

① 北京市统计局、国家统计局北京调查总队编《北京统计年鉴2019》,中国统计出版社,2019。

余人，经营方式也从定额经营管理逐步发展为单车承包式。2018年，北京市共拥有出租汽车70035辆，年完成客运量达3.40亿人次。①

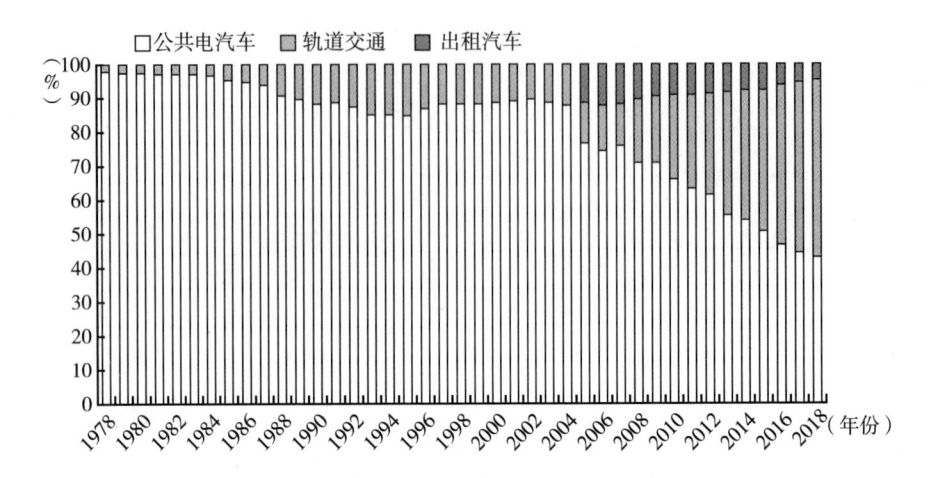

图2　北京市公共交通客运量比重及变化

资料来源：北京市交通委员会。

北京市还积极推广多种客运新公交体系，2007年，全市推广城乡公共交通一体化，对郊区公共客运进行改革，市郊9字头公交线路持卡乘车者可享受与市区公交线路同折扣优惠；2010年，北京市推行"政府公交""百姓公交""公车公营"郊区客运体系；②《2013年9月缓解交通拥堵专项行动方案》提出，增加社区通勤快车、定制公交班车、微循环公交线路。2013年9月，北京公交集团开放网上定制公交，根据市民的出行需求和客流情况，设计商务班车线路。定制公交享有公交专用道的通行权，在城区道路拥挤路段，通行效率将高于自驾车和出租车。北京市不断推出新型公交服务，促进北京市公共交通体系不断完善，改善中心城区交通运行状况，缓解交通拥堵及大气污染，使居民出行得到更有效的保障。

---

① 《市交通委谈"改革开放40年北京交通出行变迁"》，北京市人民政府网站，http：//www.beijing.gov.cn/shipin/fangtan/15792.html。

② 《市交通委谈"改革开放40年北京交通出行变迁"》，北京市人民政府网站，http：//www.beijing.gov.cn/shipin/fangtan/15792.html。

随着社会经济的发展，民用汽车和私人小汽车拥有量越来越大，1978～2018 年北京市民用汽车及 2004～2019 年私人小汽车保有量如图 3、图 4 所示。1978 年，北京市民用汽车保有量仅为 6.1 万辆。2001 年底，私人机动车达 100.5 万辆，比上年增加 15.0 万辆，占全市机动车总数的 59.2%，其中私人小汽车为 32 万辆，占全市小客车总数的 36.1%。① 2008 年底，私人机动车保有量达 489.4 万辆，其中私人小汽车为 307.1 万辆。② 科技的发展除了给出租车行业带来了新的契机外，也使私人小汽车得到了更有效的利用。2010 年 5 月，易到用车在北京成立，率先推出"专车"服务，网约车行业应运而生。2013 年 6 月 1 日，《北京市出租汽车电召服务管理试行办法》开始试行，推动出租汽车电召服务发展，支持和引导运营企业改变模式，有效促进出租汽车行业节能减排，提高市民乘坐出租汽车便利度。2016 年 7 月 14 日，交通运输部第 15 次部务会议通过了《网络预约出租汽车经营服务管理暂行办法》，并经工业和信息化部、公安部、商务部、国家工商总局、国家质检总局、国家网信办同意，自 2016 年 11 月 1 日起施行。

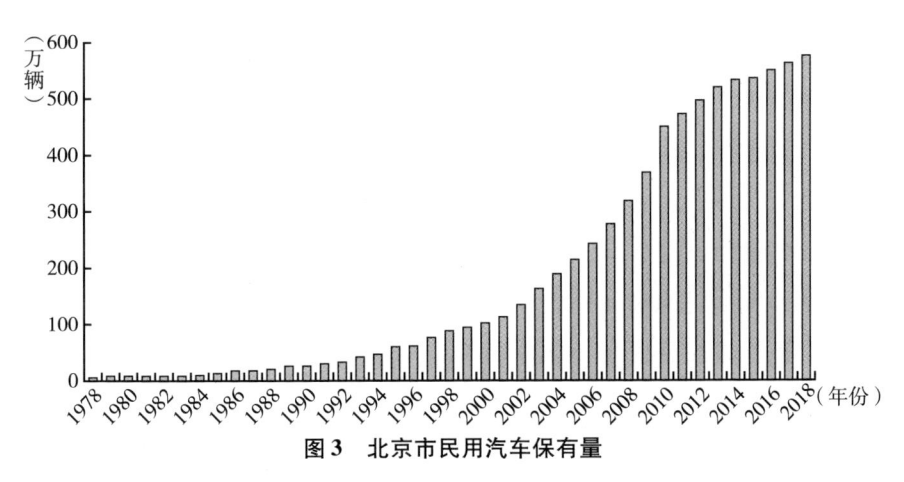

图 3　北京市民用汽车保有量

资料来源：《北京统计年鉴》（1978～2018）。

---

① 北京交通发展研究中心主编《2001 北京市交通发展年度报告》，2002。
② 北京交通发展研究中心主编《2008 北京市交通发展年度报告》，2009。

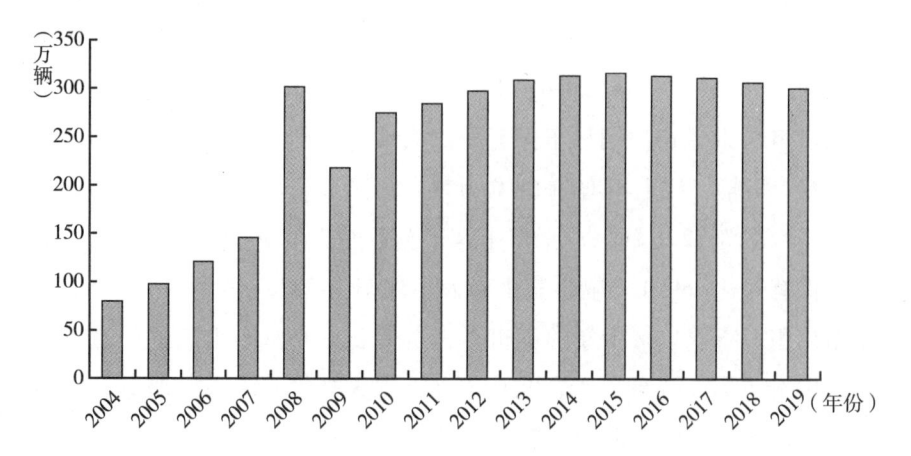

图 4　北京市私人小汽车保有量

资料来源：《北京统计年鉴》（2004~2019）。

为实现绿色发展，推动绿色革命，创建资源节约型和环境友好型社会，全面降低能耗，减少温室气体排放，北京市坚持完善综合交通运输网络体系，推进绿色低碳交通建设。共享单车作为绿色生活、低碳出行的缩影发展迅速。在20世纪80年代，自行车是北京居民出行的主要交通工具，出行率达62.7%。到20世纪80年代末，中国自行车保有量达5亿辆。随着城市范围扩大，机动化快速发展，小汽车激增，20多年间，北京市自行车出行在交通出行方式中所占的比例呈逐年递减趋势。2009年，北京市居民的自行车出行比例仅为19.7%，2012年降为13.9%。而随着政策实施及共享单车的发展，2018年北京市居民的自行车出行比例上升至16%，2018年北京市居民主要出行方式及其占比如图5所示。

北京市将2011年9月定为"畅通北京绿色出行月"，以倡导市民减少使用小汽车，倡导自行车和步行等绿色出行方式，营造"选择绿色出行、享受畅通北京"的良好氛围。北京市政府完善自行车道，整治自行车出行环境，建设连续成网的慢行系统，有效引导自行车回归城市。党的十八大以来，北京市治理了1000多公里自行车道。2018年底，北京市16个行政区被公共自行车系统覆盖，其中站点共有3280个，自行车规模

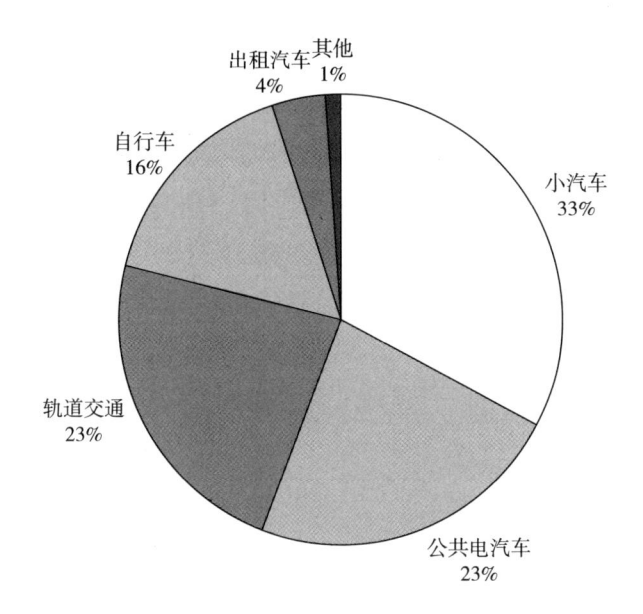

图5　2018年北京市居民主要出行方式及其占比

资料来源：北京市交通委。

达到10.2万辆。① 2014年，我国首家共享单车公司"ofo共享单车"在北京大学校区内成立。2016年，北京市累计建成无桩自行车21万余辆，其中摩拜单车为10万辆，ofo共享单车为11万辆。2019年底，北京市共享单车的总量稳定在90万辆左右。2019年下半年，北京全市共享单车日均骑行量为127.2万次，平均每辆车每天会被使用1.4次。② 共享单车不仅有效解决了城市居民出行的"最后一公里"问题，满足了短距离出行的需要，还有助于缓解城市交通拥堵状况，推动绿色出行发展，逐渐成为居民生活中常用的出行方式，北京市中心城区通勤交通不同方式出行量（2010~2018年）如表1所示。

---

① 《市交通委谈"改革开放40年北京交通出行变迁"》，北京市人民政府网站，http://www.beijing.gov.cn/shipin/fangtan/15792.html。
② 《北京市交通委关于互联网租赁自行车行业2019年下半年运营管理监督情况的公示》，北京市交通委员会网站，http://jtw.beijing.gov.cn/xxgk/jttj/202002/t20200224_1667007.html。

表1 北京市中心城区通勤交通不同方式出行量（2010~2018年）

单位：万人次

年份	小汽车	公共电汽车	轨道交通	自行车	出租汽车	其他
2010	993	818	335	476	191	90
2011	948	811	395	432	199	88
2012	990	826	509	422	199	87
2013	909	706	572	336	181	75
2014	577	453	453	224	65	39
2015	577	449	452	230	65	40
2016	575	396	481	239	52	36
2017	934	618	600	462	110	41
2018	916	630	635	453	103	42

资料来源：北京交通发展研究院。

（二）地面交通拥堵得到有效缓解

21世纪以来，随着国民经济水平的快速提高，北京市机动车数量迅速增长，2000~2010年，机动车保有量连续增长（如图6所示），到2018年底，高达608.4万辆。[1] 另外，因城市用地等因素影响，道路长度的增长非常小，2008~2015年，北京城六区道路里程年均增长率仅为0.10%，而机动车保有量年均增长率为5.83%。北京城市交通规模不断扩大，交通拥堵问题也日益严重。

北京市有关部门采取多种措施，全方位治理交通问题。2010年12月21日，《北京市人民政府关于进一步推进首都交通科学发展加大力度缓解交通拥堵工作的意见》公布，基于"规、建、管、限"方面提出了6大类28条有利于缓解交通拥堵的综合措施，有效遏制了交通拥堵加剧势头，改善了交通运行状况，常态化交通需求管理力度逐步加大。[2] 2010年，《北京市人民

---

[1] 北京市统计局、国家统计局北京调查总队编《北京统计年鉴2019》，中国统计出版社，2019。

[2] 北京交通发展研究中心主编《2011北京市交通发展年度报告》，2012。

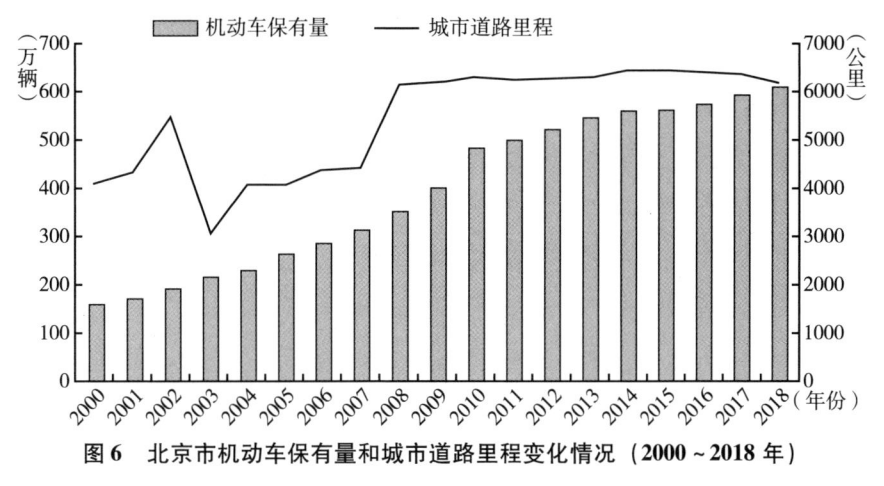

图 6 北京市机动车保有量和城市道路里程变化情况（2000~2018 年）

资料来源：北京市统计局。

政府关于进一步推进首都交通科学发展加大力度缓解交通拥堵工作的意见》开始实施，成效显著。2011 年，路网工作日全年平均交通指数①为 4.8，比 2007 年的 7.31 下降了 34.3%。② 工作日早高峰路网严重拥堵里程比例较 2010 年同期减少了 18.0%，主要体现在快速路和主干路分别减少了 7.7% 和 14.0%；晚高峰严重拥堵里程比例较 2010 年减少了 21.4%，其中快速路和主干路减少显著，分别减少了 7.8% 和 17.9%。早高峰常发拥堵路段由 637 条、135 公里减少到 486 条、119 公里，分别减少了 23.7% 和 11.9%；晚高峰道路网常发拥堵路段由 1134 条、250 公里，减少到 830 条、192 公里。2011 年，日均拥堵时间为 70 分钟，比 2010 年的 145 分钟减少了 51.7%，交通拥堵势头得以有效遏制。

2016 年，北京加快推进交通基础设施建设，城六区开工建设 101 项次支路项目，完工 49 项，建设缓堵示范区 12 个，全年中心城区交通指数为 5.6，同比下降 1.8%。2016 年，北京市工作日早晚高峰路网平均速度分别

---

① 交通指数是交通拥堵指数的简称，是综合反映道路网畅通或拥堵的概念性指数值。交通指数取值范围为 0~10，分为五级。其中 0~2、2~4、4~6、6~8、8~10 分别对应"畅通""基本畅通""轻度拥堵""中度拥堵""严重拥堵"。
② 北京交通发展研究中心主编《2011 北京市交通发展年度报告》，2012。

为27.8km/h和24.6km/h，相比2009年提高了12.6%和10.3%（如图7、表2所示）。

表2 北京市工作日早晚高峰平均速度（2009~2016年）

单位：km/h

年份	早高峰平均速度			晚高峰平均速度		
	快速路	主干路	路网	快速路	主干路	路网
2009	36.2	23.1	24.7	32.3	20.9	22.3
2010	35.1	22.2	23.9	30.2	19.7	21.2
2011	35.6	23.4	26.4	31.2	21.5	24
2012	35.5	23.3	26	30.6	21.4	23.5
2013	36.7	22.9	27.4	31.8	20.7	24.2
2014	39	24.1	28.9	34.7	22	26.1
2015	37.7	23.3	28.1	33.2	20.9	25.1
2016	37.1	23.3	27.8	32.3	20.6	24.6

资料来源：北京交通发展研究院。

图7 北京市工作日早晚高峰路网平均速度（2009~2016年）

资料来源：北京交通发展研究院。

北京市城市交通发展，坚定"以人为本"的交通发展理念，以城市交通综合治理为主线，努力构建现代化综合交通体系，在更深层次、更广领域对"交通病"进行综合治理，聚焦堵点治理、公交线网优化、路侧停车改革等重点领域，重拳出击，明确了"优供、控需、强治"的工作总思路，圆满完成各项工作任务，交通秩序和交通拥堵状况得到有效缓解。图8为2007~2018年北京市路网工作日交通指数。交通指数将拥堵程度划分为五级，分别为畅通（0~2）、基本畅通（2~4）、轻度拥堵（4~6）、中度拥堵（6~8）和严重拥堵（8~10）。2007年，路网工作日交通指数为7.31，比2006年增加了2.66%，拥堵轻微恶化，总体呈现"中度拥堵"状态。2011年，交通拥堵势头得以有效遏制，五环（含）路内工作日道路网平均日交通指数3月为4.8，比2010年（交通指数6.1）下降21.3%。2月，交通指数处于"基本畅通"水平，其他月交通指数均在"轻度拥堵"水平。2011~2018年，北京市路网工作日交通指数均处于"轻度拥堵"级别。

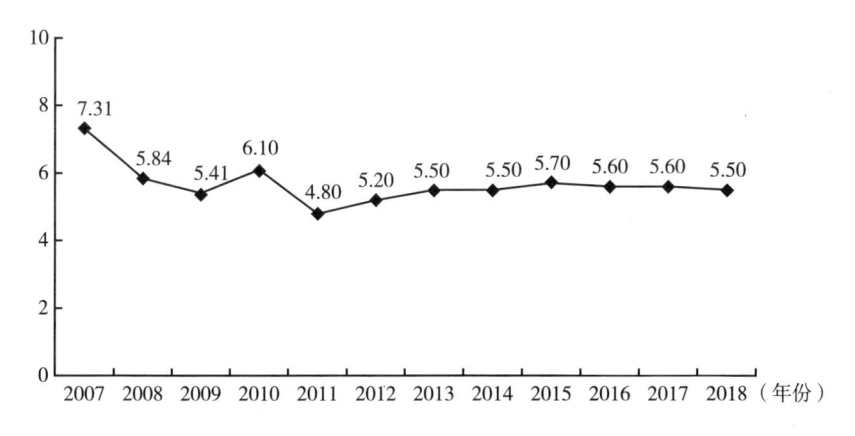

图8 北京市路网工作日交通指数（2007~2018年）

资料来源：北京交通发展研究院。

2018年，按照治理难度、治理周期、对系统影响程度，将全市345个堵点分为三级治理体系，实施秩序整治、线网优化、标志标线调整等综合措施，完成9个一级堵点年度治理任务；实施疏堵工程、区域治理、专项秩序整治等措施，完成24个二级堵点和312个三级堵点的治理。大山子、万泉河等一批老大难堵点拥堵状况得到有效缓解。2018年，中心城区交通拥堵加剧趋势得到缓解，中心城区高峰时段平均交通指数为5.5，同比下降1.8%。道路交通状况依然表现为晚高峰道路交通拥堵程度高于早高峰，早

高峰年平均道路交通指数为5.1，晚高峰年平均道路交通指数为6.0。[①] 2018年，东城区、西城区高峰时段年平均道路交通指数分别为6.6、6.9，处于"中度拥堵"，东城区同比上年下降0.1，西城区指数持平；朝阳区、海淀区、丰台区、石景山区年平均道路交通指数均处于"轻度拥堵"等级，其中朝阳区、丰台区道路交通指数同比下降，海淀区、石景山区道路交通指数同比持平（如图9所示）。

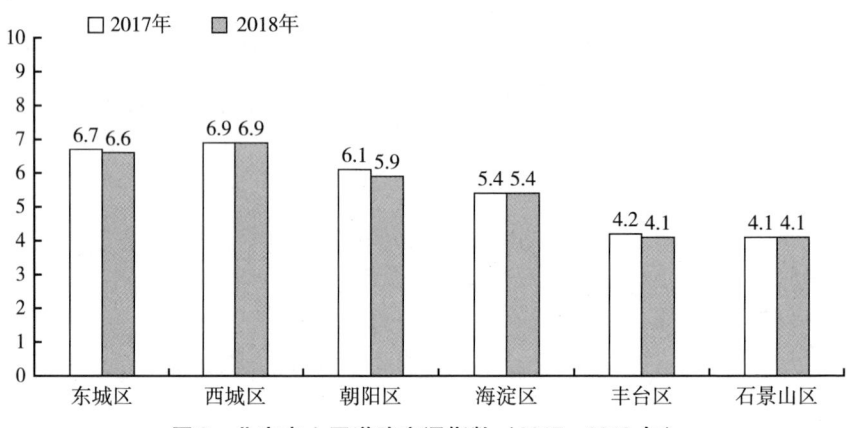

图9　北京市六区道路交通指数（2017～2018年）

资料来源：北京交通发展研究院。

（三）交通服务信息化水平不断提高

进入21世纪，北京市利用信息技术大力发展科技交通，交通服务信息化水平不断提高。

2001年，北京为实现"世界先进、国内一流"的目标，应用现代化的计算机技术、网络技术、通信技术、自动控制技术来建设科学的交通管理体系，不断提高交通管理现代化水平，使未来交通管理向智能化方向发展。

2005年作为"十五"计划的最后一年，是北京市智能交通系统建设承上启下的关键年。北京市科学技术委员会重大项目"北京市智能交通系统

[①] 北京交通发展研究院主编《2019北京市交通发展年度报告》，2020。

（ITS）规划与示范研究"以及科技部"十五"科技攻关重点项目"北京'科技奥运'智能交通系统技术开发与应用"完成全部研究任务并顺利通过验收。北京市交通部门科技信息化、智能化步伐进一步加快，依托行业管理和信息服务，不断拓展智能交通系统的应用与发展，在提高管理和服务效率方面发挥了积极作用。

截至2006年底，206个计算机网点、12000余个信息点、几千台数据终端连接在一起实现了对三大平台的高度融合，交通管理光纤网络已覆盖全市主干道，为智能交通系统提供通信网络支持。2006年，北京市公交集团加快北京市公交信息系统建设。在城区主要街道安装使用电子站牌、太阳能发光站牌，替代老式公交站牌。完成了576条线路双向3.5万处公交站位的GPS采集整理和通用地理信息平台系统数据更新工作。

2008年，支持奥运的多项科技重点项目取得突破，形成丰硕成果。智能交通系统建设发展到一个新阶段。科技部和北京市科委分别设立了奥运交通专项课题研究和示范，覆盖奥运交通管理指挥调度系统、城市路网宏观评价系统、动态交通群体诱导系统示范工程、奥运路线交通综合监控系统研究与示范、奥运车辆智能识别检测系统与研究示范、奥运交通应急指挥系统关键技术与示范工程、奥运交通地理信息系统数据融合关键技术研究与应用工程、奥运公交调度系统、北京奥运公共交通运营管理系统、道路交通流仿真和预测预报系统等多项重点课题。为奥运交通提供了先进技术支撑，有力地保障了奥运交通顺畅运行，充分体现了"科技奥运"理念。同时，以智能化交通管理与控制、公共交通智能化调度、高速公路电子收费、综合交通信息服务为主的智能交通系统建设也取得了飞速发展。

"十二五"时期，北京以建设"人文北京、科技北京、绿色北京"为特征的中国特色世界城市为目标，为更好地实现目标，北京市交通委员会按照市委市政府的统一部署，会同北京市发展和改革委员会等部门编制了《北京市"十二五"时期交通发展建设规划》。规划明确了"十二五"时期北京交通发展的目标及思路，系统全面地提出了"着力推进绿色交通体系建设、着力推进交通科技创新与信息化、着力推进交通文明建设、着力推进实施人

才工程"等八项主要任务。①

2012年4月26日,由北京市交通委员会、北京市财政局、北京市发展和改革委员会、北京市经济和信息化委员会、中关村科技园区管理委员会、北京市科学技术委员会联合召开"便捷公交低碳生活——掌行通行人导航服务公交都市"中关村现代服务业成果发布会,发布"掌行通行人导航"手机客户端应用软件。"掌行通行人导航"作为公共交通信息化建设的服务产品在满足市民精细化、立体化、智能化的出行服务需求的同时,大幅提高和增强公共交通舒适度和吸引力,引导市民乘坐便利快捷的公共交通工具出行。2012年4月,为加快北京"无线城市"建设,北京公交集团与中国移动北京公司签署了战略合作意向,开启公交车辆无线上网接入系统建设项目,为1800余部公交车安装了无线上网接入系统。此项目有效推进智能交通技术应用发展,提升了北京市公共交通信息化服务水平。

2015年,北京市公安局公安交通管理局完成"基于大数据技术的交通事故规律分析与态势预测研究和示范"课题研究,针对目前"互联网+"快速发展,提出了应对"互联网+交通"发展的六项原则,同时建议开展八项重点工作。开展门到门绿色出行发展策略及试点研究总结并分析北京市绿色出行体系现状及存在的问题,根据市民出行信息需求,开发了出行信息服务手机App,并在重要通勤通道进行试点示范。信息服务能够有效减少出行者的等车和换乘时间,有助于吸引小汽车出行者改用公共交通出行。

2017年,北京市公安局公安交通管理局在已有智能交通管理体系框架和发展模式的基础上,根据当前交通管理技术及发展趋势,提出了以"一云、一中心、三张网络、五大综合应用"为核心的新一代智慧交通管理技术体系架构,制定了《北京市新一代智慧交通管理科技发展规划纲要》。

2018年,北京公交集团依托定制公交电子商务平台,推进"公交+互联网"应用,"公交e路通"手机App继续完善,新增车厢拥挤度信息展示功能,乘客可通过"公交e路通"手机App查询公交集团所辖全部线路实时到站信息。截

---

① 北京交通发展研究中心主编《2011北京市交通发展年度报告》,2012。

至2018年12月，累计下载量约为180万次①。2018年，北京公交集团智能调度系统通过结合物联网、云计算和大数据等技术，在融合领先管理理念、深刻理解公交业务需求和特点的基础上，形成一套能够适用中国公交行业的综合信息化智能化运营调度管理平台，从智能化、适用性、易用性三个方面进一步提升智能调度系统的完善程度。在调度系统适用性方面，完成了智能调度系统移动客户端App的开发，完成了培训考试系统的开发。在调度系统易用性方面，完成了调度系统客户端用户界面操作方式的优化工作。

（四）公共交通服务水平不断提高

1. 公交方面

1950年3月，有轨电车开辟了环行路线，减少了乘客倒车次数和时间，加快了行车速度，受到群众欢迎。从1959年3月10日起，内城的有轨电车被公共汽车和无轨电车代替，比以前更加安全、迅速、舒适，便于维持交通秩序，噪声也大为减少。

改革开放以后，城市经济快速增长，公共交通客运量稳步提升，形成了公交主导发展的时期。20世纪80年代，北京市公交系统加快改革步伐，为提高运营效率，突破传统的经营方式，开辟了定时定点的旅游专线、20余条月票无效的9字头线路、一批不编号专线、使用双层车的特字头线路等。1977~1985年，运营车辆数由2455辆增加到4398辆，几乎翻了一番；线路由115条增加到189条，运营线路由1371.1公里增加到2272.2公里。1994年，公共交通总公司优化运营结构，建立以大客运交通为主体，多种经济成分、多种运营方式并存的新格局。"九五"期间，北京市道路长度增加932.2公里，道路面积增加1427万平方米，公交线路总长度接近75000公里。1997年，在长安街公主坟至大望桥段，北京市规划了首条公交专用道，也是全国首条公交专用道，率先践行公交优先理念。2000年后，北京市加大了对公交专用道的利用力度，年均增长44公里。

---

① 北京交通发展研究院主编《2019北京市交通发展年度报告》，2020。

随着经济的发展,北京市的公共交通服务水平也在不断提高。为加快和提高北京市地面公交运行速度和运行可靠性,提升地面公共交通服务水平,为市民提供更为快速、便捷、可靠的公共交通服务,北京市于2015年首次编制、发布并实施了公交专用道地方标准《公交专用车道设置规范》。该规范首次提出了借道区和公交专用(共用)导向车道的设置方法,解决了公交专用道连续性不足的问题,促进公交专用道网络化,大幅提升公交运行速度[1]。至2018年,北京市公共电汽车运营车辆为24076辆,运营线路为888条,运营线路长度为19245公里,规划公交专用道里程为952公里(见表3)。

表3 2001～2018年北京市公交专用道里程

单位:公里

年份	公交专用道里程	年份	公交专用道里程
2001	65	2010	294.0
2002	77	2011	325.0
2003	97.5	2012	355.1
2004	105.4	2013	365.6
2005	130.9	2014	394.8
2006	176.2	2015	740.7
2007	216.9	2016	851
2008	258.5	2017	907
2009	279.7	2018	952

资料来源:北京交通发展研究院。

2001年,在车辆、流量高速增长,道路大面积施工的前提下,市区主干道基本保持畅通,机动车平均速度达38km/h,比上年提高近6km/h,其中二环、三环、四环路分别保持在48km/h、56km/h、60km/h。路网整体交通运行能力提高,其中公交车全天运行速度平均提高了10%。2004年,北京市路网车辆运行速度在基本保持2003年交通状况下略有下降,就环路而言,二环主路平均速度为55.7km/h,三环路主路日平均速度为57.8km/h(见表4)。

---

[1] 北京市交通委员会网站,http://jtw.beijing.gov.cn/。

表4 2001~2007年道路交通运行数据

单位：km/h

年份	日平均速度											
	东二环	南二环	西二环	北二环	东三环	南三环	西三环	北三环	东四环	南四环	西四环	北四环
2001	48				56				60			
2002	61.1	64.5	56.4	58.8	53.9	67.2	54.2	64.3	—	—	—	—
2003	56.0	64.3	39.8	48.6	52.0	57.4	49.2	62.9	—	—	—	—
2004	55.7				57.8							
2005	49.6	65.3	41.2	49.2	64.0	60.4	51.7	54.9	64.0	62.3	60.9	74.6
2006	46.1	65.1	42.9	49.9	49.2	54.3	53	58.7	64.4	63.7	61	71.2
2007	42.1	50.3	39.6	41.5	43.4	45.4	48.3	46.4	61.3	65.4	58.9	54.7

资料来源：北京交通发展研究院。

2008年，早高峰（7:00~9:00）期间，北京市五环范围内快速路平均速度为35.6km/h，主干道平均速度为23.1km/h；晚高峰（17:00~19:00）期间，快速路平均速度为30.4km/h，主干道平均速度为19.9km/h。2016年，路网早高峰平均速度为27.8km/h，其中快速路平均速度为37.1km/h，主干道平均速度为23.3km/h。晚高峰期间，路网平均速度为24.6km/h，其中快速路平均速度为32.3km/h，主干道平均速度为20.6km/h（见表5）。

表5 2008~2016年各等级道路平均速度（工作日早晚高峰）

单位：km/h

年份	早高峰				晚高峰			
	快速路	主干道	次干道及支路	路网	快速路	主干道	次干道及支路	路网
2008	35.6	23.1	—	—	30.4	19.9	—	—
2009	36.2	23.1	—	—	32.3	20.9	—	—
2010	35.1	22.2	20.1	23.9	30.2	19.7	18.3	21.2
2011	35.6	23.4	25.2	26.4	31.2	21.5	23.3	24

续表

年份	早高峰				晚高峰			
	快速路	主干道	次干道及支路	路网	快速路	主干道	次干道及支路	路网
2012	35.5	23.3	24.2	26	30.6	21.4	22.2	23.5
2013	36.7	22.9	21.5	27.4	31.8	20.7	19.4	24.2
2014	37.1	23.2	22.1	27.8	32.2	20.9	19.9	24.6
2015	37.7	23.3	22	28.1	33.2	20.9	20.1	25.1
2016	37.1	23.3	22	27.8	32.3	20.6	19.8	24.6

资料来源：北京交通发展研究院。

2013年，北京公交推出定制公交模式，在国内还是首创，成为社会各界关注的焦点。定制公交推出后受到社会大众的欢迎。2014年底，北京公交定制线路达到129条，日发车170班次，日运送乘客5000人次，累计运送乘客达到89.5万人次。随着智能手机的普及，北京公交推出定制公交手机版服务。通过智能手机、平板电脑等移动设备可以实时预订定制公交服务，同时，运用北京市公交"一卡通"进行定制公交乘客身份验证的服务，更能够减少乘客乘车流程。以定制公交为代表，北京公交拓宽多样化服务渠道，为乘客提供更便捷的预订和乘坐方式。到2015年底，北京公交推出快速直达专线、高铁快巴、旅游专线等一批多样化服务新品种，多样化公交共开通246条线路，日发车712班次，日运送乘客13000余人次。

结合客运市场变化和乘客需求，北京不断发展多样化公交服务。截至2018年12月底，开通商务班车、快速直达专线、高铁专线等常态化运营多样化线路406条。各客运单位积极开通节假日专线和定制公交等54条。全年多样化线路日均出车1773车次，年运送乘客876.76万人次。为解决火车站夜间乘车难问题，自2018年9月22日起，北京先后在北京南站、北京西站和北京站开通"合乘"定制公交线路，截至2018年12月底，平台注册用户为14万人，日均访问量为50万人次，成行订单为2153单，成单率为19.88%，累计发车1415车次，运送乘客4245

人次。2018年底，全市商务班车、快速直达专线共计382条，其中商务班车为186条，快速直达专线为196条；日均发车1773次，满足了乘客差异化的出行需求（见图10）。

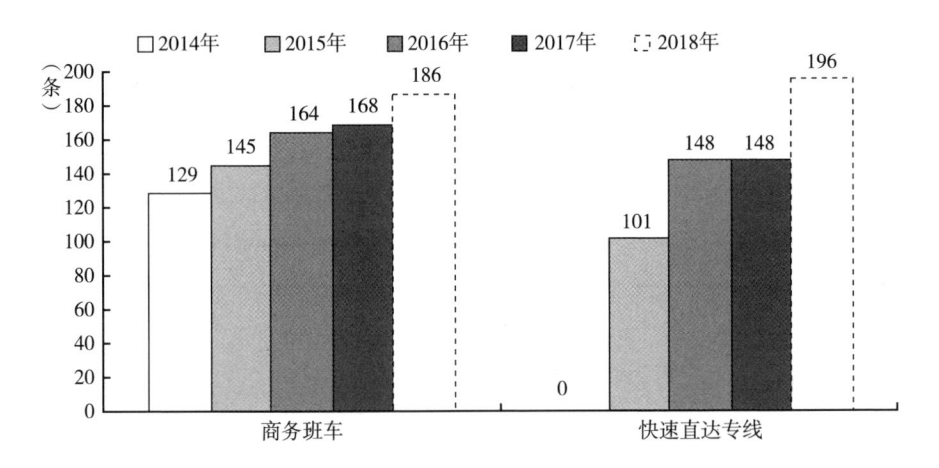

图10 2014~2018年定制公交变化情况

资料来源：北京交通发展研究院。

2.轨道交通方面

1998年，轨道交通一线平均旅行速度为33.2公里/小时，平均站距为1.423公里，最小发车间隔为3分钟，全日开行422列；环线的旅行速度稍微快一点，为34公里/小时，平均站距为1.271公里，最小发车间隔也是3分钟，全日开行374列。到2002年，13号线开通运营，旅行速度相对比较快，平均站距也较长，最小发车间隔增加为10分钟，全日开行列数较少，为其他线路的1/3左右。到2003年，又增加了八通线，平均站距为1.58公里，也是为短距离乘客服务。2007年，5号线开通运营，各方面指标处于同一平均水平。2008年，8号线一期、10号线一期和机场线开通运营，机场线旅行速度较快，大约是其他线路的两倍，且发车间隔较长，开行列数较少。2009年，增加了4号线，最小发车间隔为3分钟，全日开行488列。从表6、表7中可以看出，各线路的最小发车间隔都在逐渐减小，旅行速度和平均站距都是相匹配的，全日开行列数总体来说都是

增加的，体现出北京市轨道交通服务水平在逐年提高，满足了不同乘客的需求。

表6　1998～2009年北京轨道交通技术指标

年份	线路	旅行速度（公里/小时）	平均站距（公里）	最小发车间隔（分）	全日开行列数（列）
1998	一线	33.2	1.423	3	422
	环线	34	1.271	3	374
1999	一线	33.2	1.384	3	424
	环线	34	1.278	3.5	374
2000	一线	33.2	1.384	3	424
	环线	34	1.278	3.5	370
2001	一线	33.2	1.384	3	434
	环线	34	1.278	3.5	368
2002	一线	33.2	1.384	3	434
	环线	34	1.278	3.5	364
	13号线	44.5	2.723	10	141
2003	一线	33.2	1.384	3	433
	环线	34	1.278	3.5	366
	13号线	44.5	2.723	8	198
	八通线	—	1.58	—	—
2004	一线	33.2	1.384	3	434
	环线	30.50	1.278	3.5	371
	13号线	43.90	2.723	5	223
	八通线	33.90	1.58	6	204
2005	1号线	33.80	1.384	3	434
	2号线	30.50	1.278	3.5	382
	13号线	45.00	2.723	5	244
	八通线	35.60	1.580	5	218
2006	1号线	33.80	1.384	3	435
	2号线	30.50	1.278	3.5	392
	13号线	45.00	2.723	4	289
	八通线	35.60	1.580	5	239

续表

年份	线路	旅行速度（公里/小时）	平均站距（公里）	最小发车间隔(分)	全日开行列数(列)
2007	1号线	31	1.384	3	460
	2号线	33.5	1.278	2.5	402
	13号线	43.8	2.723	3	349
	八通线	35	1.580	3.5	268
	5号线	33.1	1.374	4	362
2008	1号线	33.8	—	2.5	562
	2号线	31.4	—	2.5	485
	13号线	45.2	—	3	454
	八通线	36.1	—	3	361
	5号线	32.9	—	3	420
	8号线一期	38.1	—	7	436
	10号线一期	32.5	—	3.5	462
	机场线	64.8	—	15	144
2009	1号线	34.1	—	2.25	583
	2号线	31.4	—	2	515
	13号线	45.2	—	3	453
	八通线	36.1	—	3	363
	5号线	32.9	—	2.5	442
	8号线	38.1	—	7	264
	10号线一期	32.5	—	3.5	422
	机场线	64.8	—	15	143
	4号线	—	—	3	488

资料来源：北京交通发展研究院。

2010年12月30日，北京市同步开通试运营5条新城线，轨道交通运营里程达到336公里[1]。2011年，北京市新开通3条轨道新线，轨道交通运营线路达到15条，运营里程达到372公里[2]。2012年新开通4条轨道新线，北京轨道交通运营线路达到16条，运营里程达到442公里[3]。2013年，北

---

[1] 北京交通发展研究中心主编《2011北京市交通发展年度报告》，2012。
[2] 北京交通发展研究中心主编《2012北京市交通发展年度报告》，2013。
[3] 北京交通发展研究中心主编《2013北京市交通发展年度报告》，2014。

京市轨道交通新开3条线路，截至2013年底，共有17条线路，运营里程为465公里，车站为276座，换乘站为40座。2014年，北京市轨道交通运营线路为18条，运营里程为527公里，车站为318座，换乘站为47座。2015年12月26日，轨道交通14号线中段和昌平线二期2条轨道交通新线开通试运营。2016年底，北京市共有19条轨道交通运营线路，运营里程达到574公里，车站共有345座，其中换乘站有54座。随着首条磁浮线路S1线、首条自主化全自动运行线路燕房线、首条有轨电车线路西郊线的顺利开通，2017年底，北京市轨道交通运营线路为22条，运营总里程达608公里，车站为370座，换乘站为56座。2018年底，北京市轨道交通运营线路共有22条，运营里程达637公里，同比增加29公里，增长4.8%，车站为391座，换乘站为59座。

表7 2010~2018年北京轨道交通线路最小发车间隔

单位：分

线路	最小发车间隔								
	2010年	2011年	2012年	2013年	2014年	2015年	2016年	2017年	2018年
1号线	2.25	2.08	2.08	2.08	2.08	2	2	2	2
2号线	2	2	2	2	2	2	2	2	2
4号线	2.5	2	2	2	2	2	2	2	2
5号线	2.5	2.8	2.5	2.5	2.25	2	2	2	2
6号线	—	—	4	3	3	2.75	2.45	2.51	2.51
7号线	—	—	—	—	4	4	4	4	3.5
8号线	5.25	5	5	3.5	3.25	3.25	3	2.88	2.5
8号线南延	—	—	—	—	—	—	—	—	4
9号线	—	7.5	4	4	3.3	3.3	3.25	3.25	2.78
10号线	2.9	2.75	2.5	2.25	2.25	2	2	2	2
13号线	3	2.67	2.67	2.67	2.67	2.67	2.5	2.5	2.5
14号线（西段）	—	—	—	5	8	8	5	6	6
14号线（东段）	—	—	—	—	8	5	8	8	4
15号线	9.5	7.3	6.25	6.25	5	5	5	3.82	3.67
16号线（北段）	—	—	—	—	—	—	8	8	8
昌平线	10	6.5	6.5	5.1	5.1	4	4	4	4
房山线	9.5	9.5	6	6	6	5.58	5.58	4.67	3.5
亦庄线	10	7.75	6.5	5.8	5.8	5	5	5	4
八通线	3	2.8	2.8	2.8	2.8	2.8	2.8	2.8	2.8

续表

线路	最小发车间隔								
	2010年	2011年	2012年	2013年	2014年	2015年	2016年	2017年	2018年
机场线	7.7	10	8.5	7.5	8	8	8	8	8
S1线	—	—	—	—	—	—	—	9	7.5
西郊线	—	—	—	—	—	—	—	—	5
燕房线	—	—	—	—	—	—	—	5	5

资料来源：北京交通发展研究院。

3. 公共交通拥挤度

2003年，北京西二环、东三环、北三环、东四环、西四环和北四环在高峰时段流量都超过了10000辆/小时，交通负荷较大①。2004年，这些地区路网的交通压力日益增大②。2005年，北京市快速路和主干道依旧是承担交通运行的主要通道，在高峰时段都高负荷运行，并且部分道路高峰时段愈来愈长的趋势日益明显③。2006年，城市快速路和主干道依旧是承担交通运行的主要通道，特别是在高峰时段大都处于高负荷运行状态，且道路高峰时段愈来愈长的趋势日益明显④。2007年，路网工作日交通指数为7.73，拥堵程度轻微恶化，总体呈现"中度拥堵"状态⑤。2007～2018年，路网工作日交通指数变化情况如图11所示，总体呈现下降趋势，说明北京市道路交通拥堵程度逐渐减小⑥。

1998年，北京市公共电汽车运营量有6280辆，日均客运量为967万人次；轨道交通运营量为437辆，日均客运量为127万人次。经过20年的发展，北京市公共交通服务水平得到巨大提升，到了2018年，公共电汽车运营量增加到24076辆，日均客运量减少到930万人次，说明公交拥挤程度大

---

① 北京交通发展研究中心主编《2004北京市交通发展年度报告》，2005。
② 北京交通发展研究中心主编《2005北京市交通发展年度报告》，2006。
③ 北京交通发展研究中心主编《2006北京市交通发展年度报告》，2007。
④ 北京交通发展研究中心主编《2007北京市交通发展年度报告》，2008。
⑤ 北京交通发展研究中心主编《2008北京市交通发展年度报告》，2009。
⑥ 北京交通发展研究院主编《2019北京市交通发展年度报告》，2020。

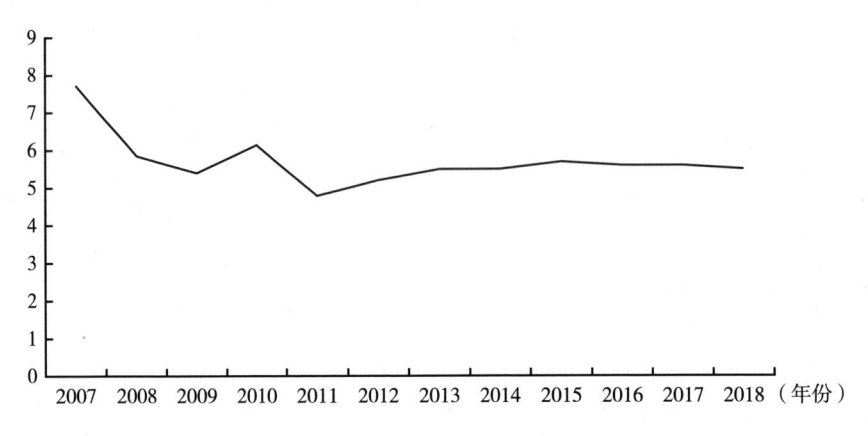

图11 2007~2018年路网工作日交通指数变化情况

资料来源：北京交通发展研究院。

大减小（见表8）。从图12可以看出，1998~2004年，公共电汽车运营量增加较快，2004~2018年，运营量上下波动，变化程度较小，总体呈现增长的趋势。1998~2018年，公共电汽车日均客运量变化相对比较平缓（如图13所示）。总的来说，公交空间越来越大，拥挤程度呈现较大的下滑趋势。从图12可以看出，1998~2007年，轨道交通运营量很少且增长非常缓慢，2007~2014年，增长越来越快，之后就是缓慢的增加；同时从图13可以看出，2007年之后，轨道交通日均客运量也增加得非常快，到2016年，超过了公共电汽车的日均客运量，之后增长非常缓慢。综合来看，乘坐地铁的乘客越来越多，地铁相对拥挤，但是随着轨道交通运营量的增加，地铁拥挤程度没有出现明显的提高。

表8 1998~2018年公共交通运营指标

单位：辆，万人次

年份	公共电汽车		轨道交通	
	运营量	日均客运量	运营量	日均客运量
1998	6280	967	437	127
1999	8132	985	491	132
2000	10353	952	587	116
2001	12945	1075	617	121

续表

年份	公共电汽车		轨道交通	
	运营量	日均客运量	运营量	日均客运量
2002	15046	1191	629	132
2003	16753	1016	692	129
2004	18361	1203	842	166
2005	18503	1232	968	186
2006	19522	1090	967	193
2007	19395	1159	1130	179
2008	21507	1290	1714	332
2009	21716	1416	2014	390
2010	21548	1384	2463	506
2011	21628	1378	2850	601
2012	22146	1394	3685	673
2013	23592	1327	3998	878
2014	23667	1307	4664	928
2015	23287	1098	5024	911
2016	22688	973	5204	999.8
2017	25624	919	5328	1035.1
2018	24076	930	5628	1054.36

资料来源：北京交通发展研究院。

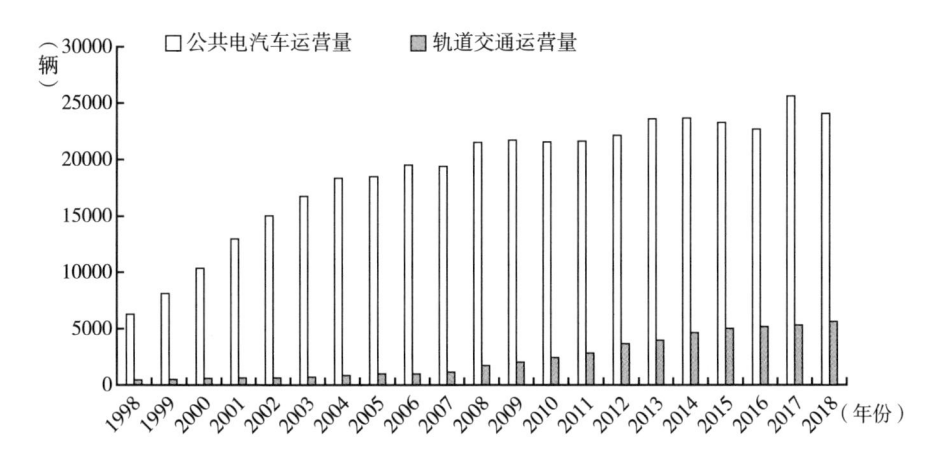

图12 1998~2018年公共交通运营车辆情况

资料来源：北京交通发展研究院。

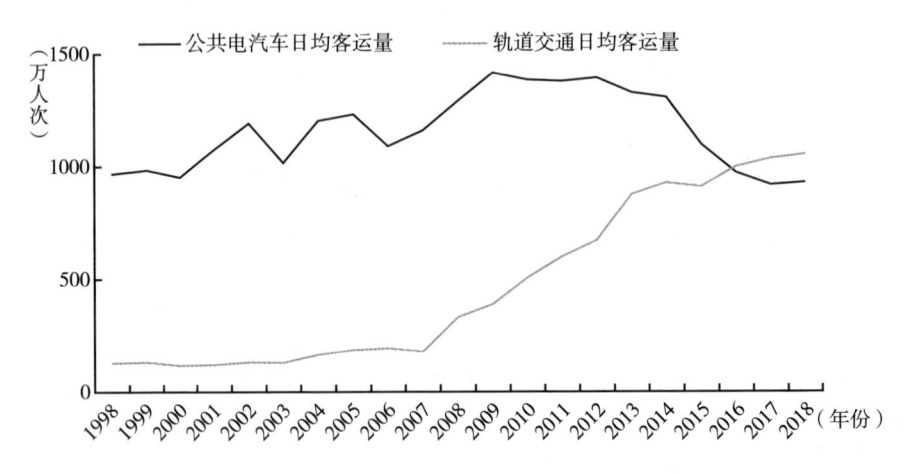

图 13　1998～2018 年公共交通日均客运量

资料来源：北京交通发展研究院。

（五）公共交通服务一体化程度提高

1. 公交换乘枢纽建设

为了提高公交服务水平，北京市进行了车辆更新和场站改造的工作。2007 年，全市实现 46 条线路在站内集中换乘，改善了换乘条件，方便乘客出行；建设停车换乘系统试点站，在天通苑北站，专门设置了小汽车停放场地，采用每天 2 元的低收费措施引导使用私家车居民采用驻车换乘方式进入市中心。停车换乘停车场投入运行以来，换乘车辆数量逐步递增，日均驻车换乘车辆约为 300 车次①。

2008 年 7 月 19 日，东直门交通枢纽投入运营。东直门交通枢纽整体分为三层，地面为公交场站、服务大厅，地下一层为集散大厅非付费区，地下二层为交通枢纽配套停车库。整个交通枢纽可为广大乘客提供多种换乘方式，各层之间均有滚梯和直梯连接，可方便乘客换乘。东直门综合交通枢纽是 2008 年奥运会的配套工程，正式投入使用后，实现了地铁 2 号线、13 号

---

① 北京交通发展研究中心主编《2008 北京市交通发展年度报告》，2009。

线、机场快轨、市公交、市郊长途、出租车、自行车等多种交通方式的立体换乘，具有多功能和人车分流的特点，可为广大乘客提供舒适、便捷的换乘环境。同时，交通枢纽内配套设置了无障碍设施和完善的指路引导标志系统，突出了人性化的服务理念①。

至2018年底，公共电汽车客运站为693个，同比增加8个。其中保养站为13个，枢纽站为8个，中心站为27个，首末站为645个（见表9）。

表9 2000~2018年北京市公共电汽车客运站各类数量

单位：个

年份	保养站	枢纽站	中心站	首末站
2000	8	3	20	—
2001	8	3	21	
2002	8	3	21	315
2003	12	3	21	319
2004	14	3	21	330
2005	16	3	21	344
2006	16	4	23	351
2007	8	4	23	353
2008	8	6	21	513
2009	8	8	23	558
2010	9	8	23	568
2011	15	8	21	566
2012	15	10	21	571
2013	15	8	21	580
2014	15	8	21	597
2015	17	8	21	626
2016	13	8	21	590
2017	12	8	27	638
2018	13	8	27	645

资料来源：北京交通发展研究院。

---

① 北京交通发展研究中心主编《2009北京市交通发展年度报告》，2010。

2. 地铁换乘站数量不断增加

截至2009年，全市轨道交通运营车站共有147座，其中换乘站为19座。2011年，轨道交通运营线路新增1条、延伸2条，轨道交通车站数为215座，其中换乘站为24座。2012年12月30日，轨道交通4条新线开通试运营，开通车站45座，新增换乘站13个。2013年，14号线西段张郭庄站至西局站开通试运营，实现与地铁10号线的便捷换乘；12月28日，8号线二期南段（鼓楼大街站—南锣鼓巷站）和北段（回龙观东大街站—朱辛庄站）开通试运营，北段与昌平线在朱辛庄站实现同台换乘，南段与6号线实现换乘；截至2013年底，北京市轨道交通运营车站为276座，换乘站为40座。2014年，轨道交通运营车站为318座，换乘站为47座。截至2015年底，轨道交通车站为334座，换乘站为53座。2016年，轨道交通运营车站为345座，换乘站为54座。2017年底，轨道交通运营车站为370座，换乘站为56座。2018年底，轨道交通运营车站为391座，换乘站为59座（见表10）。

表10 2009～2018年轨道交通运营车站数和换乘站数

单位：座

年份	运营车站数	换乘站数
2009	147	19
2011	215	24
2012	260	37
2013	276	40
2014	318	47
2015	334	53
2016	345	54
2017	370	56
2018	391	59

资料来源：北京交通发展研究院。

3. 公交与地铁换乘便捷性

西直门交通枢纽于2008年投入使用，该枢纽实现国铁、城铁、地铁、公交四位一体，乘客不出大厅便可实现换乘，是联系未来的国家铁路（北京北站）、城市铁路西直门站、新型公交首末站（14条线路）和地铁西直门车站（环线、13号线）、出租车及社会车辆等多种交通方式换乘，并集商业、办公、商务公寓、酒店等服务设施于一体的综合性交通枢纽；东直门交通枢纽于2008年7月19日投入运营，该交通枢纽位于北京市东城区东直门立交桥东北角，可为广大乘客提供多种换乘方式，各层之间均有滚梯和直梯连接，可方便乘客换乘①。

2012年10月，四惠交通枢纽站投入使用，该交通枢纽站集轨道交通、长途客运、市区公交、市域公交、出租车、小汽车、自行车、步行等8种交通方式于一体，是北京第一座涵盖省际长途换乘功能的大型综合交通枢纽站，引入公交线路15条，长途车驻车60辆，公交驻车422辆，出租车到发车位为20个，小区停车位为202个，自行车停车位为2000个②。

4. 公交"一卡通"

北京市政交通"一卡通"于2003年12月31日开通试运行。乘坐巴士公司121条线路（5169部车辆）和地铁13号线的乘客都可以持卡付费。2004年，"一卡通"工作得到进一步推进，增加2000辆公交车辆实行"一卡通"收费，地铁1、2号线和八通线AFC系统改造项目开工建设。八方达公司采用手持POS机，实现了3500余辆运营车与巴士运营车辆的一卡通用。

自2006年5月1日起，北京市公共交通取消原公交地铁纸质月票，改由"一卡通"IC卡替代，并于5月10日起正式刷卡使用③。2006年5月10日，北京市公共电汽车、轨道交通和3万多辆出租车开通了市政交通"一卡通"系统，到2006年底，共发售IC卡700万张；"一卡通"的实施大大方便了公众出行，同时为公交改革、管理与决策提供了基础数据和技术支持④。

---

① 北京交通发展研究中心主编《2009北京市交通发展年度报告》，2010。
② 北京交通发展研究中心主编《2005北京市交通发展年度报告》，2006。
③ 北京市交通委员会网站，http://jtw.beijing.gov.cn/。
④ 北京交通发展研究中心主编《2007北京市交通发展年度报告》，2008。

2009年，大兴区郊区客运线路的"一卡通"系统安装工作取得了阶段性成果。6月10日，全区19条线路的全部车辆实现刷卡乘车。此举受到了广大乘客的欢迎，正式实施刷卡的第一天，刷卡率达到30%。为保证刷卡顺利实施，区交通局领导带队对境内两家客运企业使用公交"一卡通"乘车情况进行了检查。随着公交"一卡通"系统在郊区逐步推广使用，郊区客运服务水平得到进一步提升，乘客出行更加方便。

自2013年起，全国推广和运行交通"一卡通"互联互通。用户通过新版"北京一卡通"App或各手机"钱包"App申请免费开通"京津冀互联互通卡"，即可畅行以上所有城市，享受交通互通和移动支付的双重便利。此外，一卡通公司还联合华为、小米手机上线了"卡片免费升级"业务，之前开通过非互联互通卡（卡面无"交通联合"标识）的手机用户可通过手机"钱包"App（华为"钱包"或小米"钱包"）将原卡片免费升级为京津冀互联互通卡，从而享受通刷全国百城的便捷[1]。

自2017年起，北京轨道交通、郊区公交和市区部分公交线路先后开通了各自的刷二维码乘车服务。为持续提升本市公共交通智能化服务水平，北京市交通委员会于2019年初将"取消手机'一卡通'开卡费"列为重点工作之一，并于当年7月3日率先取消了安卓手机北京市政交通"一卡通"的开卡费，2019年8月2日起，苹果手机开通北京市政交通"一卡通"也将不再收取开卡相关费用[2]。近年来，NFC及二维码支付在公共交通领域的普及，标志着北京市已形成交通出行服务的移动化、智慧化示范效应；未来，北京市交通委员会将继续推进互联网新技术与传统交通业的深度融合，为市民打造多模式、一体化、全覆盖、高品质的智慧公共交通出行体系[3]。

（六）弱势群体交通服务不断加强

2004年，地铁1、2号线实施无障碍设施的改造。当年10月17日，18

---

[1] 北京市交通委员会网站，http://jtw.beijing.gov.cn/。
[2] 北京市交通委员会网站，http://jtw.beijing.gov.cn/。
[3] 北京市交通委员会网站，http://jtw.beijing.gov.cn/。

个车站的盲道和部分厕所的无障碍改造已经完成。在西单、复兴门、建国门地铁站内的10个公厕加装了扶手、残疾人专用位，相应降低了洗手池的高度；地铁建国门、复兴门、西单、天安门东等4座车站正在安装直升电梯，在无法安装直升电梯的站口安置代替品爬楼机；全市30座地铁车站累计长度为2万延米的盲道已经全部铺完[1]。

2008年，地铁10号线、奥运支线进一步增加和完善站内外无障碍设施。一是25座车站共设无障碍设施导向标牌150块；二是完成10号线全线出入口坡道、盲道、卫生间等无障碍设施；三是10号线全线安装无障碍垂直电梯45部。3座换乘站（知春路、芍药居、国贸站）的换乘通道处设有轮椅升降平台，方便特殊乘客换乘地铁[2]。

2009年1月1日，65周岁及以上老年人免费乘车政策顺利实施。同年5月，北京道路交叉口弱势群体安全项目选择西单、东单、东四十条、蒋宅口、朝阳公园、大望桥这6个交叉口作为试点改造，通过规划自行车二次左转待转线，设置机动车右转信号灯，设置标志标线和护栏引导行人使用行人设施，安装行人安全岛，改变环岛机非护栏的长度、位置和半径，改进公交车站的方式减少冲突，改善道路弱势群体的道路交通安全状况。

2010年底，轨道交通大兴线将与4号线贯通运营，每座车站均考虑了无障碍设计，每座车站均在1个出入口处设置了无障碍坡道。站台层均设有无障碍专用卫生间（侧式车站两侧站台分别设置），方便老、幼、病、残、孕等弱势群体使用，并增加了紧急报警装置，消除了安全隐患。车站内部公共区地面均设置了盲人导向带，提示盲道距离障碍物（如楼梯、自动扶梯起点、终点和平开门等）的净距不小于250毫米，不大于500毫米。

2011年9月，公交357路在瓦窑站和高崖口乡站之间增设瓦窑西站，解决了昌平区特殊儿童教育学校智障儿童乘坐公交车的困难，同时也为瓦窑村周边的群众提供了乘车方便。

---

[1] 北京市交通委员会网站，http://jtw.beijing.gov.cn/。
[2] 地铁10号线、奥运支线进一步完善站内外无障碍设施—政务公开——北京交通委员会。

2012年底，10号线二期开通试运营，所有换乘车站站台至站厅均设置上下行自动扶梯及无障碍电梯；换乘路径上尽量采用坡道或设置自动扶梯，同时设置无障碍设施以满足弱势群体换乘的需要；为方便乘客进入地铁车站，出入口一般设置上下行自动扶梯（或垂直电梯），并至少在一个出入口设置无障碍电梯（有条件的设置两处），人性化设施设置标准较以往线路有显著提高①。

2015年5月1日，实行《北京市轨道交通运营安全条例》，建立了"以人为本"的安全服务制度，没人陪同的行动不便人士乘坐地铁，如残障人士、老年人、病人、孕妇等，运营单位要主动提供陪同引导、优先进站安检、购票及搬运轮椅等服务；放开导盲犬乘车限制，为视力残障者乘车提供方便②。

目前，北京市地铁都提供了招援设备、盲道、无障碍厕所、直升电梯、坡道等无障碍设施和服务，部分线路还设有爬楼车和升降平台。这些设施和服务极具人性化，给弱势群体的乘车带来了极大便利，给乘客带来了更好的乘车体验。

二 北京交通强国服务建设存在的问题

（一）交通服务质量有待进一步提高

1. 整体服务质量缺乏竞争力

根据本报告指数篇的分析可得，在我国2019年31个省份的"运输服务指数"排名中，北京市仅排第7位，说明北京市整体交通质量存在较大的上升空间。从微观的角度思考城市交通整体服务质量低下的原因，可以在较大程度上将其归于城市公共交通的服务质量中存在的问题。

---

① 北京市交通委员会网站，http：//jtw.beijing.gov.cn/。
② 北京市交通委员会网站，http：//jtw.beijing.gov.cn/。

交通运输部印发《推进"互联网+"便捷交通 促进智能交通发展的实施方案》之后[1]，多种新型运输方式出现，人们对出行方式的选择日益增加。根据北京交通发展研究院主编的《2019北京市交通发展年度报告》，2018年，北京市小汽车出行者为916万人次，轨道交通和常规公交的出行人数分别为635万人次、630万人次[2]；其中小汽车不仅包括私人小汽车，还包括新兴的网约车、专车等。对比传统公共交通和类似专车的新型出行方式，前者常年保持单一的服务形式，整体服务质量不太高，新型技术利用率有一定的上升空间；相反，后者充分利用互联网平台的优势，创新了符合自身特征的运营模式，增强了自身竞争力，于是吸引了大量的公交客流量。根据中国互联网络信息中心发布的《专车市场发展研究专题报告》，2015年上半年，北京市专车日均载客量达114万次，已经吸引了公共交通系统6%的客流量[3]。

虽然从短期看来，类似网约车、专车等新型运输方式在一定程度上盘活了社会车辆，符合"涨落式"的出行需求，给人们出行带来便利，但是长期来看，当专车市场的需求大于现有社会车辆时，专车数量会大幅增加，运营车的利用率会进一步下降，导致更严重的交通拥堵、污染排放以及资源浪费等多种问题；更加重要的是，若一直出现"公交运量反向流入小汽车"的局面，城市公共交通的出行需求进一步降低，则将导致城市公共交通提高服务质量的动力减弱，最终无法实现提高整体交通服务质量的问题，因而会陷入恶性循环。因此，为了提高城市交通的服务质量，解决公共交通服务质量存在的问题是关键。

---

[1]《国家发展改革委交通运输部关于印发〈推进"互联网+"便捷交通 促进智能交通发展的实施方案〉的通知》，中华人民共和国中央人民政府网，http://www.gov.cn/xinwen/2016-08/05/content_5097842.htm。

[2]《北京交通发展年度报告》，北京交通发展研究院网站，http://www.bjtrc.org.cn/List/index/cid/7.html。

[3]《CNNIC发布〈专车市场发展研究专题报告〉》，中华人民共和国国家互联网信息办公室网站，http://www.cac.gov.cn/2016-01/05/c_1121534114.htm。

2. 服务型人才短缺

对于城市交通来说，服务型人才是优化公共交通服务质量的中坚力量。目前，虽然强调"无人化服务"，注重控制无效的人力成本，但仍需要让乘客感受到接受交通服务后的满足感，并不是仅提供位移服务。然而，服务型人才培养并没有给予足够的重视，尚未充分关注在人才培养过程中的理论与实践的结合。根据本报告中国2019年31个省份"人才队伍指数"排名，北京市人才队伍水平低于辽宁省和四川省，人才队伍的培养机制存在上升空间。在现实中也可以发现，众多的乘车引导服务成为退休人员的兼职工作，且由于没有受到足够的培训，影响公共交通的服务水平。

另外，公交驾驶人员在地面交通中处于核心地位，除了在专业技能方面接受教育之外，还应该接受"素质"教育。最近发生的几起交通事故均由乘客和司机之间的矛盾引起，虽然无法将全部责任推到交通从业人员身上，但作为负责车内全体乘客生命安全的人员，驾驶人员应具有很高的素质和修养，避免因情绪化行为造成惨重的事故，所以加强良好的服务型培训也是迫在眉睫的任务之一，需要培养探索规律、追求真理、服务人民的优秀人才。

3. 需提高服务态度和大力发扬交通文化

社会经济的不断进步提升了人们生活的基本水平，与此同时，人们对现代服务业的期望和要求也在不断提高，而交通运输行业属于传统服务行业，在服务模式上仍保留了"有就好"的传统观念，而没有做到具有"好才行"现代服务思维，导致人员服务态度与新兴的服务业脱节，使乘客感到心理落差，进而会影响公共交通的利用率。因为在实现交通强国的目标中，交通运输行业中的每一个服务人员的精神面貌都可能代表整个行业对公众的印象，因此在日常的工作过程中，需加大对服务人员思想道德水平的教育和监管力度，改变行业劳动者的整体精神面貌，提升服务质量。北京市人口流量大的特点对服务人员的心理承受能力提出了较高的要求。尤其对公共交通服务业从业人员来说，每天都需要面临比其他城市数量更多、层次差异更大的乘客流量，这意味着北京市公共交通服务人员的工作压力会更大；然而，北京市在人员培训中对此问题的关注度不高，导致服务人员心理承受能力弱，从而出现服务态度差的问题，并形成一种恶性循环。

此外，交通不仅代表出行方式，其发展历程蕴含着深厚的历史底蕴和文化，而且在北京市城市交通建设中，没有将交通文化向广大群众扩散。根据本报告的问卷调查结果，部分北京出行者并不熟悉对以"两路"精神、青藏铁路精神、民航英雄机组等为代表的交通精神的宣传，交通文化的普及程度低于新疆、海南等省份。同时，交通文化不仅需要向公众普及，而且更重要的是让每个交通服务人员牢记于心，交通文化知识的缺失使服务人员缺乏责任感和付出意识，最终出现服务态度差等一系列问题。

（二）交通服务信息化空间仍然较大

1. 公共交通出行信息传递性有待提高

随着生活节奏的加快，人们在出行前习惯于安排出发时刻、出行路线、出行方式及换乘地点；北京市的出行信息系统仍处于发展初期，尚无法满足乘客需求。具体来说，一方面，出行者在选择公共交通工具出行时，由于在候车点无法获取准确或详细的出行信息，在出行时往往只能依赖自身的出行经验，尤其对地面交通来说，无法获取实载率、行车速度以及车辆预计可达时间等信息；另一方面，由于交通部门仍未设立专门的信息发布机构，虽然部分区域设有电子公交站牌或者地铁站设立候车屏幕，但是仍未完全普及且精度有待提高。因此，由于公共交通传递的信息存在实时度和有效性较低等特点，出行者对现有公共交通服务信息化的满意度下降。

根据本报告的调查问卷结果，28%的出行者认为北京市的智慧交通系统（如电子站牌、网站、手机客户端等）提供有用公共电汽车运行状况和实时位置等信息的功能一般或不太好，表明北京市的智慧交通建设水平还存在较大的上升空间。因此，出行信息的传递性不仅直接反映城市交通智能化程度，而且在提高公众对交通服务信息化水平的满意度时会有较大的推动作

用，因此加快完善出行信息传递机制是至关重要的。

2. 交通服务机构信息化程度有待提高

交通运输行业在国民经济中作为历史悠久的行业之一，服务类型和方式已经有了较为固定的形式。虽然传统服务形式由于有足够的经验积累，实施难度较低，具有成本较低等优势，但是近年来随着产业结构的升级，服务业的转型，许多行业以为人民提供便利为主要宗旨，采取新型更加亲民和高效的服务类型和方式，并且得到了人民群众的广泛好评。当然，在交通运输行业中，也有相关部门在某些业务上已经进行了改革和创新，提高了办事效率，提高了服务质量。譬如，北京市公路交通管理部门已经结合网站和移动装备客户端等形式向社会发布交通违法信息，让车主尽快了解自己的违规驾驶情况，及时缴纳罚金并纠正自己的错误，与传统靠交警人工传递该类信息的方式相比提高了办事效率，提高了人民的满意程度。但是，仍存在部分业务形式必须现场办理的情况，例如，车辆行驶证年度审查等业务必须由车主到指定车辆管理部门现场进行，这对人们生活可能带来很多不便利，不利于《交通强国建纲要》中提出的"办人民满意的交通"的最终目标实现，影响交通强国建设质量，因此北京市为了达到更高的服务水平，需要进一步解决传统服务与新型服务相互融合的过程中存在的问题。

（三）公共交通服务水平有待进一步提高

1. 候车及车内舒适度不能满足乘客要求

舒适度是公共交通服务质量的直接表现，对旅客的满意度产生较大的影响。然而，由于公共交通本身具有的公益性特点，其营利性较差，公交运营企业本身缺乏动力主动提高候车点及车内的舒适度，因此导致乘客不满。对车内环境而言，在交通高峰期，车内出行较多，无论是在地铁还是在公交汽车上都会出现拥挤现象，让乘客感觉不适；根据中国城市轨道交通协会发布的《城市轨道交通2019年度统计和分析报告》，2019年，北京市轨道交通的客运强度为1.56万人次/（公里·日），远远高于全国平均水平［0.71万人次/（公里·日）]，在全国各城市的拥挤度中排名第4。① 另外，加上驾驶员工作压力较大，经常在转弯或加速时，不会顾及车内乘客的感受，进行突然的操作；同时，由于部分车辆车内扶手设计不合理，经常让乘客感受到高度不能满足要求、摇摆幅度大和舒适度不佳等。对候车点空间而言，地下交通设计较为统一，基本可以满足要求，但地面交通的候车站设计并没有统一标准，很多车站并没有遮光避雨措施，站台环境不美观，甚至有些候车牌上的字迹因为长时间没有完善而变得不清楚，无法满足出行者对舒适度的要求。

2. 地面公交运行速度慢

对于地面公交而言，其在行车速度方面的竞争力较低。根据《2019北京市交通发展年度报告》中的统计，2018年，北京市居民在早高峰和晚高峰期间，乘坐常规公交出行的时间平均为67分钟，高峰期出行速度平均只有9.5公里/小时，与自行车的平均出行速度基本持平（9公里/小时），大大低于小汽车出行速度（16公里/小时）。因此，对时间要求较高的出行者更多地会选择地下轨道交通，而地下交通运量有限，导致交通高峰时段车内拥挤，最终导致出行者对公共交通的偏好下降，导致公共交通的载客量流向私人汽车或专车，形成不利于城市交通设计理念的局面。另外，由于驾驶员没有合理的奖励机制，只把完成每天的工作当成自己的目标，有时可能因为个人问题影响公共交通的运行效率。

3. 出行者对公交发车间隔满意度较低

由前文介绍的北京市交通发展历程可知，北京市一直致力缩短发车间隔，提高人们的满意度。然而，由于公共交通发车间隔的设计是一个历史性难题，虽然众多学者进行过相关研究，但仍未发现合理的发车间隔。这是因为发车间隔需要综合考虑实时路况、拥挤程度和乘客流量分布等众多因素，需进行不断调整和优化。而在实际运行时，由于运营模式单一，没有对发车

---

① 《城市轨道交通2019年度统计和分析报告》，中国城市轨道交通协会网站，http://www.camet.org.cn/tjxx/5133。

间隔进行动态调整，乘客的满意度下降。一项调查结果显示，40%的被调查者对于"等车时间长"表示不满意。

（四）公共交通一体化程度有待提高

1. 设施一体化

在提高城市交通服务能力方面，公共交通设施作为具体的呈现方式，其设计方式占据重要的战略地位。进一步地，为提高城市公共交通的利用率，不仅需要关注公交设施的数量，还要关注其一体化程度，争取为出行者带来最大的便利。为此，北京市相关部门给予足够的重视，其中实施效果最好的是地下交通的换乘过程；由前文描述可知，2013~2019年，北京市轨道交通换乘站数量大大增加，提高了出行者的便利程度。然而，在不同公共交通设施之间的衔接，尤其地面交通与地下交通之间的连续度存在一定的不合理性；出行者在换乘时，往往需要步行一段距离，再加上频繁的进出站、上下梯道及穿行马路的过程，乘客因为疲劳和反感会降低其对城市公共交通的满足感和获得感，因此无法反映政府大力投资建设公交设施的本意。据统计，截至2019年，北京市地铁站共有391座，北京公交常规线路为1162条，多样化线路为455条，通过粗略计算，每个地铁站平均有4条公交线路接驳，而部分地铁站接驳的公交线路数量还不能达到这一平均水平，再加上北京市公交车站与地铁站的换乘距离较长的不足，反映了北京市在设施一体化程度上存在问题。

同时，对于地面公共交通，专用道的覆盖程度是体现一体化程度的重要表现，也是公交车相比小汽车的优势之处。然而，北京市的公交专用车道的覆盖率较低，甚至本应该配备专用道的快速公交车在有些路段没有快速车道或者存在小汽车占用专用道的情况。譬如，2017年，上海市开通的中运量公交线路连接了上海虹桥交通枢纽站与上海外滩商圈[①]，其全程配备专用车

---

① 《上海中运量公交宇通担纲》，中国交通信息网，http://www.zgjtb.com/youzheng/2017-02/16/content_106340.htm。

道以及换乘廊道并严格禁止其他类型汽车占用；相比之下，北京市尚未设置适合本市需求的专用地面交通线路。

另外，随着城际交通的蓬勃发展，城市间的可达性及经济联系加强；再加上北京市本身的人口流动性高，城市中的外来人口占比较大。而由于公交设施一体化程度上的欠缺，原本不熟悉北京市的乘客感到不适，而且目前换乘过程中的各种标识以及车辆到达的实时信息仍未做到全面普及，在一定程度上降低了外来人口选择公共交通的意愿，甚至会进一步影响城市旅游业的发展。

2. 运营一体化

目前，北京市公共交通有多种运营方式，如市内轨道交通（地铁或轻轨）、快速公共交通以及常规地面公共交通。但是在运营模式上，各种方式为了满足本身的合理运行需求，缺乏彼此之间的协调和整合，在运营时间上存在较大的不一致性，导致居民在不同方式间切换时因各种方式时刻表安排不妥错失了"无缝衔接"的机会，丧失了快速交通在行车速度上的优势，影响了整体公共交通体系的快捷性，降低了公共交通对客流的吸引力。譬如，北京火车站至天安门广场的一个可行路线为先乘坐北京地铁 2 号线再换乘公交 5 路，然而由于北京市地面交通末班车时间截至 22 点半，比北京地铁结束运营时间早 1 个小时，导致出行者在夜间无法选择这条可行的交通线路，既不利于达到分散运量的目的，又暴露了北京市地下交通与地面交通之间一体化程度上存在的问题，降低了人们的满意度。

另外，随着电子支付时代的来临，人们习惯于利用移动设备付款，现金及储值卡的使用率越来越低。截至 2019 年，地面交通和地下轨道交通均实现了手机扫码支付；但是，由于运营主体不同，两者需要使用不同的手机程序，在不同的交通方式之间切换时，给乘客带来不便；尤其对手机操作不太熟悉的老年乘客，在上车时由于手机操作时间过长，车门口拥堵甚至影响车辆按时刻表运行或者在地铁闸机口出现拥堵引起安全隐患，因此，该问题看起来虽小，但影响城市公共交通的运营一体化程度。

此外，北京城际交通与城市公共交通之间的过渡流程较为烦琐。北京市

为了提高城市公共交通的安全性，尤其在地下交通入口设立了安检流程。然而，由于人们乘坐城际交通之前就已经进行了更为严格的安全检查，而重复的流程不仅会降低出行者对交通系统的满意度，还会产生无效的人力或物力成本。因此，这方面的问题进一步反映了北京市公共交通在运营一体化程度上的不足。

（五）弱势群体交通设施建设和服务还需进一步加强

1. 老年人口

根据"交通强国建设"两个阶段目标，到2035年基本建成交通强国、到2050年全面建成交通强国，由此可见，在交通强国建设中不仅要考虑目前存在的问题，还要适应社会未来的发展趋势。人口老龄化作为我国未来人口结构性变化带来的重大问题已经引起了广大学者的关注。根据预测，到2035年，我国老年人口占总人口的比重接近20%，超过联合国规定的深度老龄化水平14%。根据北京市统计局的数据，在2019年底的常住人口中，60岁及以上的人口比例高达17.24%，超过了全国平均水平。因此，对北京市来说，建设适应老龄化社会的城市交通体系是在实现交通强国目标的过程中不可忽视的重要问题。然而，在各个机场、车站等场所中，更多的空间被用于商业广告以及饮食娱乐，缺乏类似老年人服务中心或急救站的社会福利空间；同时，地面的防滑措施、扶手、加大字号的指示标志以及自动人行电梯的覆盖率也有很大的上升空间。

2. 残疾人群

根据《中国残疾人事业统计年鉴2019》的数据，北京市已办理残疾人证的有525941人，接近全国残疾人口的2%，一级残疾率为12%。可见，在提高城市交通服务水平的过程中，需要充分考虑残疾人口的需求。近年来，各个城市在纷纷设置无障碍设施，设置无障碍设施的县市数量从2014年的1500个上升到2018年的1700以上（如图14所示）。然而，对于北京市交通设施而言，最常见的措施是增设残疾人关爱座位，而无障碍设施的覆盖率较低，尤其对地面公共交通来说，在车站和车辆之间并没有自动化的无障碍设施或者没有任何无障碍设施,给肢体残疾人群带来巨大的不方便。

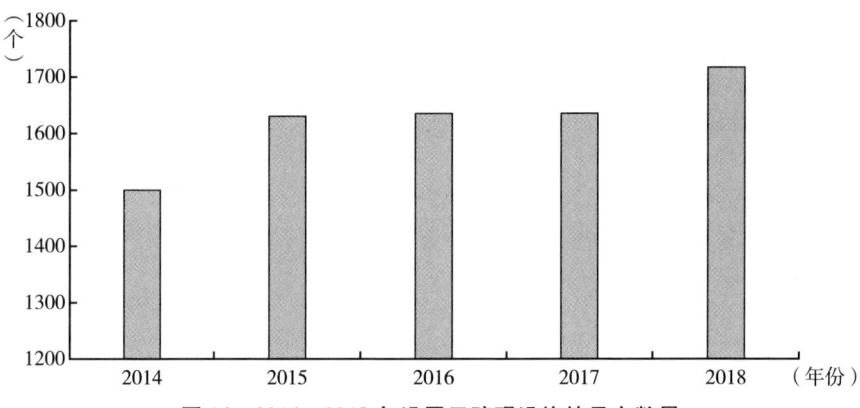

图14 2014~2018年设置无障碍设施的县市数量

资料来源:《中国残疾人事业统计年鉴》(2014~2018)。

另外,在服务方面,目前,市内公共交通为了提高效率、降低人力成本,实行"无人售票制"。然而针对残疾人群,很少设立专门的服务项目。譬如,在北京公交或地铁中经常出现周围人群挑逗导盲犬从而妨碍视力残疾人群正常交通出行需求的行为,由于没有专门的监管措施及人员,此类行为没有得到完全遏制。

三 北京交通强国服务建设的对策

根据《交通强国建设纲要》的要求和北京建设"四个中心"的战略定位,北京应率先打造一流设施、一流技术、一流管理、一流服务,建成人民满意、保障有力、世界前列的交通强市。

(一)继续大力发展公共交通,提高公共交通服务水平

1. 继续加速发展城市轨道交通,提高城市轨道交通服务范围

城市轨道交通运能大、速度快、安全可靠,大力发展城市轨道是解决大

城市交通拥堵问题和提高城市交通服务水平的根本途径。北京城市轨道交通在国内起步最早,但在一段时间发展较慢,直到21世纪才加快建设步伐,截至2019年末,轨道交通运营线路为22条,运营线路总长度为699公里,运营线路平均长度为31.8公里;按常住人口计算,万人均拥有运营线路长度为0.324公里,与国际上典型城市的差距较大。2019年,北京城市轨道交通客运量为39.6亿人次,占公共交通的比重为55.5%,也比纽约、东京、伦敦、巴黎等城市低不少。

北京应继续加速发展城市轨道交通,提高网络密度,扩展服务范围。对标国际典型大都市,到2035年,北京轨道交通每万人拥有运营线路长度为1公里,为"四个中心"建设提供支撑。《北京城市总体规划(2016年—2035年)》确定北京市常住人口规模到2020年控制在2300万人以内,2020年以后长期稳定在这一水平。据此计算,到2035年,北京城市轨道交通运营线路总长度应为2300公里,即2020~2035年,年均应增加运营线路长度100公里。

2. 利用大数据优先发展地面公共交通,提高公交服务水平

地面公共交通网络覆盖范围广,线路和运行机制灵活,作为城市轨道交通的补充方式,应得到优先发展。近年来,为缓解交通拥堵和减少环境污染,北京大力优先发展地面公共交通,并取得了长足进步。2019年,公共交通客运量为31.7亿人次,占公共交通客运总量的比重为45.5%。由此可见,北京地面公共交通是城市公共交通的"半边天",并且这一地位短期内难以改变。

北京应继续优先发展地面公共交通,提高服务水平。一是增加地面公交专用车道和BRT线路。基于不同时段、不同方向的公交大数据和公交车平均时速,精准设置公交BRT线路专用车道。二是公交与城市轨道交通的适时接驳和能力配套。增加公交接驳线路,提高公交车的发车频率,缩短人们的候车时间。三是建立公交微循环系统。对于大型社区,应设置内部公交线路,建立公交微循环系统。四是鼓励社会力量提供定制公交服务。

3. 大力推进市域(郊)铁路发展,提供公交化的通勤交通服务

加快市域(郊)铁路发展,对增加交通有效供给、缓解中心城区与郊

区的通勤交通拥堵、改善城市人居环境、优化城镇空间布局、促进新型城镇化建设具有重要作用。纽约、东京、伦敦等国际化大都市的市郊铁路网发达，在中心城市与周边城镇的通勤交通中发挥巨大作用。

北京地域内有1000多公里的既有铁路，多呈放射状，并且互联互通。北京多条高铁开通和产业结构升级使这些铁路的运能充足，有些铁路资源闲置。北京人口规模不断扩大，居住郊区化和就业向心化趋势明显，郊区甚至周边地区与中心城区的通勤交通需求旺盛，而放射状的城市轨道交通和高速公路难以满足，出现高峰期地铁拥挤不堪和高速公路拥堵现象。因此，需要大力推进市域（郊）铁路发展。一是按照城市轨道交通运营制式改造市域（郊）铁路；二是提供公交化的通勤交通服务；三是鼓励支持社会资本参与市域（郊）铁路的投资、建设和运营；四是市域（郊）与城市轨道交通融合发展；五是市域（郊）铁路在中心城区的始发站应尽可能在城区的纵深处以与城市轨道交通衔接；六是优化市域（郊）铁路的运行组织，开行直达列车、大站停列车和站站停列车。

（二）优化城市轨道交通资源时空配置，提高城市轨道交通效率

1. 中心城区加密与连接新城相结合，规划建设穿越中心城区的长大干线

一是规划建设中心城区连接东部和南部地区的通道。考虑再规划建设一条连接主城区与城市副中心的通道。二是放射线向中心城区纵深方向延长。昌平线、15号线、首都机场线、大兴机场线、平谷线向中心城区纵深方向延长。三是中心城区线向新城区延长。5号线向北延长，7号线向东延长至通州区，8号线向南延长至大兴区。四是中心城区线内部延长。7号线向西延长至石景山区，西郊线延长至海淀西北部地区。

2. 线路贯通与站点优化相结合，优化站点设置

一是贯通运营同一通道的线路，减少不必要的换乘站。1号线与八通线贯通运营；5号线与亦庄线贯通运营；9号线北延长线与昌平线南延长线贯通运营；房山线和9号线贯通运营。二是增加必要的换乘站。在首都机场线与14号线、大兴机场线与4号线等线路交汇处设置换乘站，在城市公共活

动中心尽可能规划多线交汇并实现换乘。三是增加车站。在房山线、昌平线、平谷线、13号线和15号线等人口密集区或产业集聚区增设车站；在首都机场线和大兴机场线，应适当增设车站，兼顾通勤功能。

3. 干线网建设与支线网规划相结合，规划连接人口密集地区的支线

一是在重点区域，如通州区，通过规划建设八通线、6号线、平谷线、7号线的支线，形成城市轨道交通局域网。二是规划建设4号线在大兴区内、5号线和17号线在昌平区内、15号线在顺义区内的支线。三是对于北京运输效率较低的放射线，如房山线、昌平线、亦庄线等，可考虑规划建设支线。

4. 优先建设骨架网、基本网与适时建设特殊线路相结合，重视建设时序合理化

明确城市轨道交通网络的功能层级。骨架网应由"两轴、两环、两纵、两横"8条线组成并尽快建成。其中，"两轴"是1号线+八通线和8号线及延长线；"两环"是2号线和10号线；"两横"是6号线及延长线和7号线及延长线；"两纵"是4号线和5号线+亦庄线。基本网应由"两轴、三环、六横、六纵+14号线"18条线组成并优先建成。其中，"两轴"是1号线+八通线和8号线及延长线；"三环"是2号线、10号线和13号线；"六横"是3号线及延长线、6号线及延长线、7号线及延长线、12号线及延长线、15号线及延长线、首都机场线及延长线；"六纵"是4号线、5号线+亦庄线、房山线+9号线+昌平线、16号线、17号线、大兴机场线及延长线。

（三）加强公共交通一体化建设，提高人们的出行效率

1. 城市公共交通与大交通一体化

对于城际交通，通常是由城市交通和铁路、公路、民航等大交通共同完成门到门的全程运输服务，两者互为补充关系。对于全程运输服务而言，大交通是"轴上"运输服务，而城市交通是"两端"交通。由于大交通运量大，因此需要大运量的城市公共交通来集疏散。

为了提高人们的出行效率，城市交通与大交通应在规划、建设和运营方

面实现一体化。一是基础设施无缝衔接。大交通规划部门与城市交通规划部门会商，在火车站、机场、汽车站规划中，将公交车站、城市轨道交通站等规划纳入其中，同步规划，实现城市交通规划尤其是公共交通与大交通在火车站、汽车站、机场无缝衔接，从而减少乘客的换乘时间。二是运输能力配套。城市交通尤其是公共交通运输能力主动应与大交通运输能力配套，从而减少乘客换乘等待时间。三是同步建设，同时运营。与火车站、机场和汽车站衔接的城市公交线路和城轨线路应与之同步建设，同时运营，从而方便乘客出行。四是运营时间一致。城市公共交通应与大交通的运营时间保持一致，保证乘客往来火车站、机场等对外交通枢纽。

2. 城市轨道交通与地面公交一体化

城市轨道交通与地面公交是城市公共交通的主要组成部分，既有替代关系，也有互补关系。随着城市及轨道交通规模的扩大，替代关系逐渐减弱，互补关系不断强化，使城市轨道交通成为主导，两者一体化的要求也越来越高。城轨交通和地面公交构成公共交通系统，需统一规划、同步建设和协同运营，以提高系统的整体效率、人们的出行效率和体现公共交通的机会公平。

对于长距离的城市交通，通常需要公交和城轨交通共同完成。为了提高人们的出行效率，公交与大城轨应在规划、建设和运营方面实现一体化。一是基础设施无缝衔接。在城轨站规划中，将公交车站规划纳入其中，同步规划，实现城市公交在城轨站无缝衔接，从而减少乘客的换乘时间。二是运输能力配套。城市公交线路及运输能力应主动与城轨交通能力配套，从而减少乘客换乘等待时间。三是同时运营。与城轨车站衔接的公交线路应与之同时运营，从而方便乘客出行。四是运营时间一致。城市公交与城轨交通的运营时间保持一致，保证乘客去城轨站或到达城轨站后有公交服务。

3. 市域（郊）铁路与城市轨道交通和地面公交融合

市域（郊）铁路是公共交通和城市综合交通体系的重要组成部分，主要功能是为城市或都市区提供通勤交通服务，应与城轨和公交融合发展。一

是地面公交应与市域（郊）铁路紧密衔接、运能配套、运营一致。二是市域（郊）铁路尽可能与地铁在主城区紧密衔接，并且把始发站设置在中心城区，如市域（郊）郊铁路S2线和怀密线的始发站设置在北京北站。三是地铁、公交和市域（郊）铁路的运营时间应协调一致。

北京已开通三条市域（郊）铁路（城市副中心线、S2线和怀密线），即将开通京承线，规划1000公里的市域（郊）铁路，市域（郊）铁路将在大都市区通勤中发挥越来越大的作用。因此，应将市域（郊）铁路纳入城市公共交通体系。

（四）设置多人共乘车道，优化潮汐路时空配置，提高道路交通效率

1. 设置多人共乘车道，提高高峰期道路交通效率

城市道路资源是稀缺的，尤其是在出行高峰时段。优化配置道路资源，能提高道路交通效率。设置公交专用道是有效提高道路交通效率的手段。在国外城市交通中，也常见设置多人共乘车道，特别是在放射干道的出行高峰时段。

北京的道路网呈"方格+环线+放射"形状，对于交通拥堵程度高的干线道路，建议在拥堵时段设置多人共乘专用车道，并严格进行交通执法，以提高道路通行效率。

2. 优化潮汐路时空配置，提高高峰期道路交通效率

职住分离是城市空间发展的一个趋势，因此，城市交通具有明显的方向性，早高峰时段向心通勤，晚高峰时段离心通勤。为了充分利用道路资源，提高道路交通效率，设置潮汐路是有效的方法。

北京的城市形态具有"中心+外围"的特点，而且随着城市规模不断扩大和疏解非首都功能的实施，就业城区化和居住外围化的趋势越来越明显，由此带来了高峰时段放射道路拥堵不堪，道路交通效率和服务水平低下。为此，北京通过设置潮汐路来解决这一问题，收到了良好的效果。为了提高道路通行效率和城市交通服务水平，建议利用大数据识

别道路交通在某些时段是否具有单向性,把对于具有单向性交通的干道设置为潮汐路。

(五)建设智慧交通城市,服务人们高效出行

与城际交通相比,城市交通具有距离短、频次高、方式多、运量大等特点。城市交通距离一般小于50公里,交通出行成为日常活动,交通方式包括轨道交通、地面公交、私家车、网络车、电动车、自行车等。大量的人流产生巨量的信息流,包括空间信息、时间信息和出行者信息等。2019年末,北京常住人口达到2153.6万人,全市机动车保有量为636.5万辆,全年公共交通客运总量为71.3亿人次。巨大的交通需求需要智慧交通提供精准的交通供给和与之匹配动态交通管理。

智慧交通的使命是让城市交通更加安全和高效。以大数据为基础、以新一代信息技术集成为内核的智慧交通为交通拥堵、交通安全、交通污染等问题提供新的解决方案,对提高城市交通效率,减少交通事故,降低环境污染程度,提升交通管理及出行服务的信息化、智慧化、社会化、人性化水平具有决定性的作用。

北京应着力建设智慧交通城市,助力智慧城市和"四个中心"建设。北京智慧交通系统由一个大数据中心、多个智慧功能平台、多个管理系统构成,并逐步完善功能。一个大数据中心为智慧交通大数据中心;多个智慧功能平台为智慧交通运行监测平台、智慧交通应急联动平台、智慧交通辅助决策平台、智慧交通信息服务平台、智慧交通运维管理平台;多个管理系统为智慧出租车管理系统、智慧停车管理系统、交通诱导系统、高速公路管理系统、重点车辆监管系统、便民服务支撑系统、交通事故管理系统和勤务巡防管理系统等。

(六)公共交通服务均等化,充分体现城市交通公平

城市公共交通是典型的准公共物品,具有公益性,应均等化,从而体现公共交通的机会公平和结果公平。北京作为我国的首都,在公共交通服务均

等化方面走在全国的前列，但是与公共交通网络全民覆盖还有一定距离，为此需扩大公共交通的覆盖范围，使任何一位市民在500米范围内至少有一条公共交通线路。

第一，加快轨道交通建设。中心城区加密与连接新城相结合，规划建设穿越中心城区的长大干线；线路贯通与站点优化相结合，优化站点设置；干线网建设与支线网规划相结合，规划连接人口密集地区的支线；优先建设基本网与适时建设特殊线路相结合，重视建设时序合理化；以通勤功能为核心，充分利用既有铁路资源发展市域（郊）铁路。

第二，加密地面公交线路。一是扩大郊区与中心城区公共交通和城乡公共交通的覆盖范围，实现村村通公共交通；二是扩大以轨道交通站为节点的公交线路覆盖范围，实现轨道交通站3公里范围内社区全覆盖。

第三，提高弱势群体公共交通服务水平。提供园车、校车服务，为老弱病残等弱势群体提供定制公共交通服务。

参考文献

［1］安健、张栋、姚广铮、孙玲：《服务导向型公共交通快速通勤系统发展——以北京市为例》，《城市交通》2015年第3期，第24~33页。

［2］陈洪亮：《北京城市用地与交通发展现状分析》，《北京规划建设》2009年第3期，第43~45页。

［3］戴帅、陈艳艳、刘小明：《北京市公共交通一体化规划研究》，《规划师》2007年第11期，第8~11页。

［4］郭春安：《北京市城市轨道交通网络规划及发展对策》，《中国铁路》2000年第2期，第24~28、5页。

［5］韩秀丽：《生态城市——绿色北京的建设发展》，《科教文汇》2016年第26期，第184~185页。

［6］李艾芳、宛素春、王淑芬：《北京旧城改造与交通发展》，《北京工业大学学报》2001年第1期，第68~71页。

［7］林正：《建设北京快速公交系统，实现城市交通可持续发展》，《城市公共交

通》2004年第2期，第15~17页。
[8] 刘桂生：《北京城市道路交通建设与发展》，《城市道桥与防洪》2003年第1期。
[9] 刘启琛：《市郊铁路在北京城市公共交通中的地位及其发展途径》，《地铁与轻轨》1998年第4期，第16~22页。
[10] 刘小明：《科学推进北京交通发展　努力建设"公交城市"》，《城市交通》2009年第6期，第1~7页。
[11] 刘璇亦：《建设北京BRT系统，构建可持续发展的城市交通模式》，《城市道桥与防洪》2007年第5期，第10~13、4页。
[12] 罗曼：《北京绿色交通发展研究》，华北电力大学硕士学位论文，2013。
[13] 毛保华、郭继孚、陈金川、贾顺平：《北京城市交通发展的历史思考》，《交通运输系统工程与信息》2008年第3期，第6~13页。
[14] 钱连和、全永燊、王晓明、金东星：《北京城市交通发展回顾》，《北京规划建设》1999年第5期，第17~20页。
[15] 邵莉：《浅谈城市轨道交通现状及未来发展策略》，《北方交通》2012年第8期，第96~98页。
[16] 宋湛：《20世纪50年代北京城市公共交通的恢复与发展》，《北京党史》2006年第4期，第51~53页。
[17] 孙伟川：《多元化成为公交发展趋势》，《商用汽车新闻》2013年第27期，第2页。
[18] 《提升北京地铁网络化运营服务水平》，搜狐网，https://www.sohu.com/a/105678978_120802。
[19] 佟钦智：《绿色·人文·科技——从北京公交新貌看城市客车发展》，《商用汽车》2005年第8期，第34~35页。
[20] 王建宏：《紧扣城市交通发展提倡绿色交通理念——2011北京国际城市轨道交通建设运营及装备展览会亮点纷呈》，《金属加工》（热加工）2011年第23期，第7页。
[21] 王毅：《4号线：北京城市轨道交通发展的新榜样》，《综合运输》2009年第10期，第85~87页。
[22] 王毅：《奥运引领北京交通发展》，《综合运输》2004年第6期，第34~37页。
[23] 魏星：《北京市城市公交信息化发展问题研究》，首都经济贸易大学硕士学位论文，2016。
[24] 温宗勇、李伟、董明、甄一男：《铁龙雄蟠通四方，燕京旧貌换新颜——北京城市轨道交通发展调查实录》，《北京规划建设》2012年第5期，第154~167页。

［25］筱林：《京沪穗城市轨道交通发展综述》，《综合运输》2006年第7期，第16~20页。

［26］徐涛：《北京城市交通发展战略与公交价格改革》，《北京物价》1998年第4期，第19~21页。

［27］杨柳：《北京城市轨道交通现状及快速发展动因分析》，《城市发展研究》2009年第5期，第64~69页。

［28］杨晓庆：《公交优先及公交车发展专题之二　以小见大：从北京公交招标看我国城市客车的发展趋势》，《商用汽车》2005年第5期，第36~37页。

［29］张静、金辰虎：《关于北京建设立体化城市轨道交通网的思考》，《城市轨道交通研究》2001年第3期，第11~13、22页。

［30］张文良、张东明：《北京城市轨道交通发展之路——访北京市地铁运营有限公司原副总经理李耀宗》，《北京党史》2010年第5期，第49~52页。

［31］张燕友：《推动首都轨道交通高质量发展》，《中国城市报》2020年1月6日第14版。

［32］戢晓峰：《城市公共交通系统出行信息需求分析》，《综合运输》2008年第3期，第61~63页。

［33］朱海勇：《北京城市轨道交通发展时空特征分析》，《北京联合大学学报》（自然科学版）2015年第1期，第41~46页。

借鉴篇

Reference Section

B.11
日本交通发展对中国的启示

陈娟 李明真*

摘　要： 日本是亚洲第一个完成工业化并建成完善的现代化综合交通网的发达国家。在日本，交通运输已超越传统概念和边界，是政治稳定、经济社会可持续发展和生态环境平衡的战略性要素，是决定经济发展和国家竞争力的关键领域。结合二战后日本的经济发展，本报告将日本的交通发展历程划分为三个主要阶段，即高速化的交通基础设施建设、综合交通运输发展和支撑经济增长的交通运输服务，从中梳理出日本的交通发展特征，包括结合国土开发进行管理，"自上而下"发展、倡导综合交通，"以人为本"和运输市场的公平竞争。从日本不同的交通运输方式发展现状来看，公路运输一直是

---

* 陈娟，北京交通大学经济管理学院讲师，研究方向为项目评价理论与方法、技术战略与管理。李明真，北京交通大学经济管理学院博士研究生，研究方向为运输经济、产业经济。

日本主要的运输方式，尤其是在货物运输中，公路卡车的运输分担率在90%以上；日本的客运铁路包括国铁、新干线、私铁和地下铁等，近几年来动量占日本全社会客运量的80%左右；民航的客货运量增幅也十分明显，国际旅客占比不断提高，国际货物运输量已经超过日本国内；此外，日本海岸线曲折，拥有众多的优良港湾，内航船舶的货运量远远高于铁路货运水平，是排名第二的主要货运方式。最后，结合日本的交通发展历程、现状和趋势，为我国交通强国建设提供经验借鉴，包括建立健全交通运输法律法规体系、改革交通运输体制、重视市场和政府之间的关系以及以创新驱动发展。

关键词： 综合交通 国土开发 日本

一 日本交通发展历程

二战前，为加快国内工业的发展，日本在工业化初期就建成了密集的铁路干线网络。1872年，日本开通了东京新桥和横滨之间的铁路，这是日本的第一条铁路。此后东海道线（东京—神户）、山阳线（神户—北九州）、东北线（东京—青森）、山阴线（京都—北九州）等主要铁路干线陆续建成，作为支撑日本经济、社会的大动脉，对加快日本的工业化进程发挥了重要作用。

第二次世界大战结束后，日本政府将重心转移到国内的经济建设上。随着日本经济的快速复苏，国内外的运输需求增长十分迅猛。以铁路、公路和港口等为代表的交通基础设施出现紧张状况。为尽快解决这一问题，日本政府明确提出将交通运输作为国民经济基础产业，结合国土开发计划进行交通基础设施的规划、建设。

二战后，日本交通规划发展大致经历了以下三个主要阶段。

(一)经济复兴:高速化的交通基础设施建设(1945~1975年)

由于战争中日本的基础设施遭受严重破坏,二战后日本的经济发展以恢复性建设开始,以钢铁、石化等原材料为重点的重化工业以及以汽车、造船、家用电器为特色的加工工业迅速发展,形成了东京、横滨、名古屋等"环太平洋"工业城市经济带。随着国内经济不断复苏,日本的对外贸易开始快速发展,1975年,日本一跃成为继美国之后的第二大经济体。这一时期,为了满足经济发展对货物的大规模运输需求,日本大力发展高速公路;铁路交通方面,建设了新干线,实现了铁路电气化。表1为1950~1975年日本制定的经济政策、国家发展规划和主要交通发展政策。

表1 1950~1975年日本制定的经济政策、国家发展规划和主要交通发展政策

时间段	经济政策	国家发展规划	主要交通发展政策
1950~1955年	"经济独立五年计划"(1955年)	《综合国土开发法》(1950年)	《道路运输法》(1951年);《道路车辆法》(1951年);《关于改善道路法的特殊措施的法律》(1952年);"第一个五年道路改善计划"(1954年)
1956~1960年	"新的长期经济计划"(1958年)	《首都地区发展法》(1956年)	《机场发展法》(1956年);《日本高速公路公司法》(1956年);《国家高速公路法》(1957年);"第二个五年道路改善计划"(1959年);《道路交通法》(1960年)
1961~1965年	"国民收入加倍计划"(1961年);中期经济计划(1964年)	"国家综合发展计划"(1962年)	"第三个五年道路改善计划"(1961年);《日本铁路建设公共公司法》(1964年);"第四个五年道路改善计划"(1964年)
1966~1970年	社会经济"第五个五年发展道路计划"(1967年);"新的经济和社会发展计划"(1970年)	《城市规划法》(1968年);"(第二次)综合国家发展计划"(1969年)	内阁批准建设规划"国家发展高速公路"(1966年);"第五个五年道路改善计划"(1967年);《全国新干线铁路建设法》(1970年);"第六个五年道路改善计划"(1970年)
1971~1975年	"基本经济社会计划"(1973年)	《国家土地利用规划法》(1974年)	《内阁关于"综合运输"的决定》(1971年);《促进城市单轨铁路建设法》(1972年);"第七个五年道路改善计划"(1973年)

资料来源:OHTA, K., "The Development of Japanese Transportation Policies in the Context of Regional Development," *Transportation Research Part A General*, 1989, 23 (1): 91-101。

结合经济政策和国家发展规划，日本以高速化为目标，进行了大规模的高速公路网和新干线高速铁路网建设。公路交通方面，20世纪50年代后期，日本积极推进公路建设，根据日本法律，公路分为国家高速公路、国家普通公路、都道府县公路和市镇村公路。20世纪60年代以后，日本汽车工业高速发展，带动了日本高速公路的发展，1963年，名神高速公路通车；1969年，东名高速公路通车。到1987年，日本的高速公路通车里程为3000多公里。铁路交通方面，主要表现为新干线的建设和日本铁路的电气化发展。1964年10月，日本东海道新干线开通，时速达220公里，成为当时世界上时速最高的铁路；1966年11月，山阳新干线开始修建；1975年3月，新大阪站、冈山站和博多站先后完工通车。日本的新干线装有自动控制装置，超过规定时速，列车会自动修复到正常速度，遇上暴风雨和地震等自然灾害，列车也会自动慢行或停车，从而实现了高速安全运行。此外，船舶运输也是日本重要的交通运输方式之一，在战后日本经济高速发展时期，内陆海运一度成为日本最主要的货运方式。1965年日本不同交通方式客运、货运周转量情况如表2所示。从客运周转情况来看，铁路占66.7%。接着为汽车，占31.6%；从货运周转情况来看，客船/海运占比最高，为43.3%，接着为铁路和汽车，分别占30.7%和26.0%。

表2　1965年日本不同交通方式客运、货运周转量情况

	总量	汽车(%)	铁路(%)	客船/海运(%)	航空(%)
客运周转量（亿人次公里）	1863	31.6	66.7	0.9	0.8
货运周转量（亿吨公里）	3825	26.0	30.7	43.3	—

资料来源：《日本概况——地域交通产业》。

（二）经济调整期：综合交通运输发展（1975～2000年）

20世纪80年代第二次石油危机后，日本的经济发展速度大大降低，由于之前人口和产业过度转向城市，地区空间结构失衡，不同城市间的干线运

输能力不强，此外，由于货物运输过分依赖汽车运输，交通阻塞情况日益严重，环保问题也日益突出，这对日本的交通基础设施建设和运输业发展提出了更高的要求。

在此基础上，日本政府提出了运输转型的构想，即把货运过分依赖汽车运输转向发展铁路和沿海运输的物流政策。1980年，日本政府颁布了《基于长期展望下的综合交通政策的基本方向》，其基本思路是在现有交通发展的基础上重点发展综合交通，配合国家开发计划，实现各种交通方式的合理分工，从汽车社会向涉及大宗的综合交通运输的交通体系转移，以充分满足社会经济发展的现实需求，并营造良好的交通运输和社会生活环境。

1999年，日本交通省发布了《日本运输经济报告》，针对21世纪的要求以及日本未来经济和社会的变化，对交通运输政策进行调整，包括构建城市间高速干线运输体系、发展和充实城市快速运输体系、提升和完善现代物流和强化对外交通关系。

2000年初，日本运输省提出《21世纪初日本综合交通政策的基本方向》，核心内容包括：（1）以机动性的革命促进经济社会的变革，整合和建设交通运输设施，提高运输服务水平，建立跨越陆海空的综合交通运输体系；（2）摆脱对汽车社会的过度依赖和不利影响，强化大量性交通，合理规制汽车适用范围，进一步开发新技术；（3）应用信息技术促进交通运输系统智能化；（4）完善和活用既有交通基础设施。

交通网络的建设和完善加强了日本各地区之间的联系，从而促进经济快速发展。这一时期，日本实现了高速公路网和新干线网的扩建改造，东北新干线（东京—盛冈）、上越新干线（东京—新潟）、秋田新干线（盛冈—秋田）、北陆新干线（东京都—大阪市）等线路相继开通，1997年北陆新干线开始运营，东京到长野仅需1小时19分，借助冬奥会的发展契机，长野趁机打造冰雪产业集群，建成著名的"国际滑雪小城镇"。高速公路建设方面，日本建成了由高速汽车交通连接起来的全国性干线公路。1997年正式通车的东京湾海底隧道与海桥公路，成为当时世界上最长的海底汽车隧道与海上大桥，大桥的建设总投资为1.44万亿日元，并引进了企业等民间资金，

创新了日本高速公路的融资方式。截至1998年，日本公路全长116万公里，汽车拥有量超过7000万辆，大约每10个人拥有4辆汽车，汽车运输十分方便。此外，日本海运业的发展支撑了日本的主要进出口货物运输，其中外航船主要运输原油、木材、铁矿石和煤炭等原料及制品，内航船被用来运输石油、钢铁、水泥等，为了提高运输效率，日本的油船和集装箱不断大型化。日本的航空运输业也得到了快速发展，形成了以东京机场为中心，北到札幌，西到大阪、福冈，南到那霸的国内航线网，并成为地区性国际航运中心。2000年日本不同交通方式客运、货运周转量情况如表3所示。其中汽车运输成为日本最主要的交通运输方式，分别占客运周转量和货运周转量的66.97%和54.15%，铁路的客货周转量占比大幅下降，这是因为日本的汽车运输十分发达，可以实现"门到门"运输，航空的客运周转量占比从1965年的0.8%增长到2000年的5.63%。

表3　2000年日本不同交通方式客运、货运周转量情况

	总量	汽车(%)	铁路(%)	客船/海运(%)	航空(%)
客运周转量（亿人次公里）	14200	66.97	27.11	0.30	5.63
货运周转量（亿吨公里）	5780	54.15	3.81	41.87	—

资料来源：《日本统计年鉴2010》。

（三）21世纪：支撑经济增长的交通运输服务

进入21世纪，日本的产业结构由加工工业向高新技术产业转化，将一般基础产业、一般加工工业向国外转移，资本和技术输出以及服务贸易的比重不断提高，现代服务业以及新型第三产业在社会经济中的作用进一步增加。2001年，日本对经济和社会组织结构进行改革，在原有运输省、建设省、北海道开发厅和国土厅的基础上合并成立了国土交通省（MLIT），业务范围包括国土计划、河川、都市、住宅、道路、港湾、政府厅舍的建设与维

持管理等，2008年，国土交通省新设观光厅。

2003年发布的《日本运输政策白皮书》指出，日本国土交通省的使命是通过制定政策，提供运输服务，从而实现五大目标：实现快乐的生活；增强全球竞争力；保障国家安全；保护并创造美丽的环境；提高地区多样性。

2013年，日本通过《交通政策基本法》，针对交通政策制定相关措施，包括：（1）保障国民生活必不可缺的交通手段，尽可能满足人们的通勤和货物的畅通运输；（2）实现老人、残疾人及孕妇等群体在日常生活中的畅通运输；（3）提高各种交通运输方式的准时性、速达性和便捷性；（4）提高面对大规模灾害交通机能的应对和恢复水平；（5）减少交通带来的环境污染与破坏；（6）完善综合交通运输体系；（7）促进交通运输及相关企业健康发展；（8）增强交通运输业及旅游业的国际市场竞争力；（9）加强区域内交通网及运输枢纽建设；（10）实现交通与旅游支柱产业融合；（11）促进交通新技术新手段的应用；（12）加强国际技术交流与合作。《交通政策基本法》的制定经历了20多年，在法律层级上属于仅次于宪法的基本法律，规定了国家和地方政府及其他相关主体在政策实施过程中的责任与义务，强调政府在交通发展中的主导作用，明确了自上而下的交通发展之路。

2015年，日本国土交通省发布了《日本国土交通旅游白皮书》，阐释了日本经济与土地、基础设施、交通和旅游管理之间的关系，应以存量效应最大化为目标进行基础设施管理和采用新技术建设交通网络，同时介绍了国土交通省各部门的政策趋势，包括进行适应时代需求的国土交通管理，成为旅游国家，促进区域振兴，打造舒适的生活空间，建设具有竞争力的经济与安全舒适的社会。

2015年日本不同交通方式客运、货运周转量情况如表4所示。与2000年相比，汽车的客运周转量占比大幅下降，而铁路运输成为日本最主要的客运方式，航空的客运周转量占比也在不断提高。从货运周转量情况来看，汽车运输的占比略有下降，铁路和客船/海运的货运周转量占比上升，通过运输高附加值的货物，航空货运市场份额不断提高。

表4　2015年日本不同交通方式客运、货运周转量情况

	总量	汽车(%)	铁路(%)	客船/海运(%)	航空(%)
客运周转量（亿人次公里）	5902	12.10	72.42	0.53	14.94
货运周转量（亿吨公里）	4073	50.17	5.28	44.29	0.26

注：由于调查方法等变化，2010年统计口径发生变化。
资料来源：《日本统计年鉴2020》。

二　日本交通发展特征

（一）结合国土开发的综合管理

自1950年《综合国土开发法》的制定，日本十分注重交通基础设施与国土开发利用的密切关系，并把交通基础设施作为主导区域开发的基础和重点。高速公路和新干线铁路的建设，不仅构建了日本的高速交通网络，也为国土面积狭小的日本扩大发展空间、均衡发展奠定了基础。随着经济环境和人们思想意识的巨大转变，日本的国土政策从国土开发转向国土管理和保护，交通运输的可持续发展成为日本交通规划的重点。

（二）自上而下的交通发展

从日本社会经济与交通发展历程来看，政府在交通发展中起着决定性作用。在交通规划的制定中，日本政府利用法律手段规范交通的发展方向。2013年日本制定的《交通政策基本法》是仅次于宪法的基本法律，明确了国家在综合交通政策措施制定和实施过程中的责任和义务，其中地方政府负有制定和实施与本地区自然经济社会发展相适应的交通政策的责任和义务。在运输市场的发展过程中，日本在市场竞争的基础上加大了政府介入力度，从而提高了运输系统的整体效率和运输资源配置效率。

(三)倡导综合交通发展

日本是最早发展综合运输的国家之一,早在1955年制定的"经济独立五年计划"中,日本就提出了"综合交通体系"的概念。二战结束后,日本建立了高速化的交通基础设施,在此基础上结合国家的发展规划,开始重点发展综合交通运输体系,20世纪70年代,日本经济计划厅设立了综合运输问题研究会,80年代后,日本政府相继颁发了《基于长期展望下的综合交通政策的基本方向》、《日本运输经济报告》和《21世纪初日本综合交通政策的基本方向》,明确了日本综合交通运输发展的政策方向和建设目标。

(四)"以人为本"的发展理念

日本的交通运输发展始终以满足国民运输需求为主要目标,提供优质高效的运输服务。"以人为本"的发展理念体现如下。(1)坚持公共交通优先的客运原则。为了确保高质量、高效率的交通系统和实现社会公平,日本大力发展轨道交通,满足居民必要的出行需求和减少城市拥堵。(2)交通工具的人性化设计。日本《交通政策基本法》要求交通基础设施发展实现老人、残疾人、孕妇及携带哺乳婴儿的家长等群体在日常生活及社会生活中的顺畅通行,为此,日本提供了诸多个性化的交通配套工具,例如,日本地铁设置了妇女专用车厢。(3)注重资源节约和环境保护。环境省是日本环境保护综合管理部门,在交通污染减排、环境保护方面,环境省与国土交通省之间通过良好的分工协作、密切配合共同实现交通绿色发展。1979年,日本首次颁布了《节约能源法修正案》,此后又相继颁布了10多部环境法案,通过立法实现了日本交通资源的节约和环境改善。

(五)促进运输市场的公平竞争

处理好市场与政府之间的关系,维护交通运输市场的公平是日本交通运输发展的成功经验。主要有如下两点。(1)完善交通法规和政策体系。为

了维护市场发展的正常秩序，日本颁布了《防止不公正竞争法》《禁止垄断法》《中小企业现代化促进法》等，对交通运输企业和相关主体做出一定的要求。（2）充分发挥市场在运输资源配置中的作用。日本政府始终坚持建设开放、统一的市场体制，通过市场激活运输企业的活力，实现运输市场的高效运行。

三 日本交通发展现状

（一）公路

由于公路四通八达，现代化水平高，公路运输一直是日本最主要的运输方式，尤其是在货物运输中，从2010年起，公路卡车的运输分担率一直在90%以上。为了解决货运过分依赖汽车运输和由此带来的环境问题，日本政府提出发展铁路和沿海运输的物流政策。从表5可以看出，截至2017年，日本的公路里程为128万公里，其中高速公路为0.9万公里，普通公路为6.6万公里，都道府县公路为14.3万公里，市镇村公路为106.2万公里；从货运来看，与2010年相比，2015年，日本的货运量和货运周转量分别下降了4.3%和16.0%，达到了最低水平。但从2016年开始又呈现逐年上升趋势；从客运来看，虽然2015~2017年日本客运量出现小范围的上升，但客运占比不断下降，主要原因是日本发达的轨道交通充分满足了国民的出行需求，机动车出行需求下降。

表5　日本公路里程、客货运量、客货周转量及占比情况

	2010年	2015年	2016年	2017年
公路里程（万公里）	121.0	127.7	127.8	128
货运量（万吨）	448019.5	428900.0	437782.2	438124.6
货运周转量（百万吨公里）	243150	204316	210314	210829
客运量（百万人）	6241	6031	6035	6085

续表

	2010 年	2015 年	2016 年	2017 年
客运周转量（百万人公里）	77677	71443	70119	69815
货运占比（%）	91.59	91.28	91.44	91.51
客运占比（%）		21.46	19.77	19.58	—

注：客（货）运占比是指机动车运输量占机动车、铁路、内航和航空总运输量的比重。
资料来源：《日本统计年鉴2020》。

图1为日本机动车保有量情况，日本的货车保有量在逐年下降，这与政府的物流发展规划密切相关。公共汽车、特种车辆和两轮驱动车数量略有上升，变化不大。私家车保有量略有上升，日本的汽车制造业十分发达，国民的汽车拥有率也很高，每100个人中有59个人拥有汽车，而中国只有19个人。同时，发达的城市轨道交通解决了城市的交通拥堵问题，在2018年的全球交通拥堵排名中，日本东京的拥堵程度为41%，低于中国重庆、珠海，因此，私家车不仅可以满足日本国民的个性化出行需求，而且比较便利。

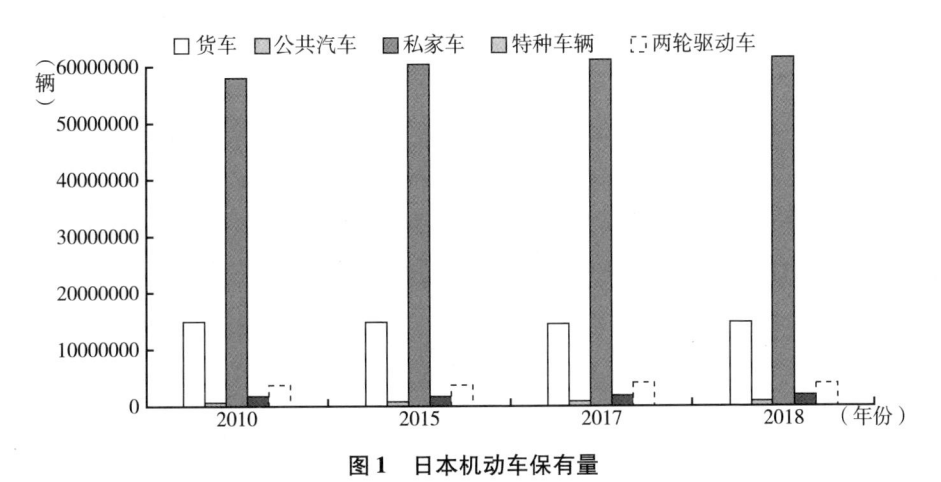

图1 日本机动车保有量

资料来源：《日本统计年鉴2020》。

虽然机动车的数量不断增加，但日本的交通事故数量逐年下降，图2为2010~2019年日本交通事故情况，2010年，日本发生交通事故72.6万件，

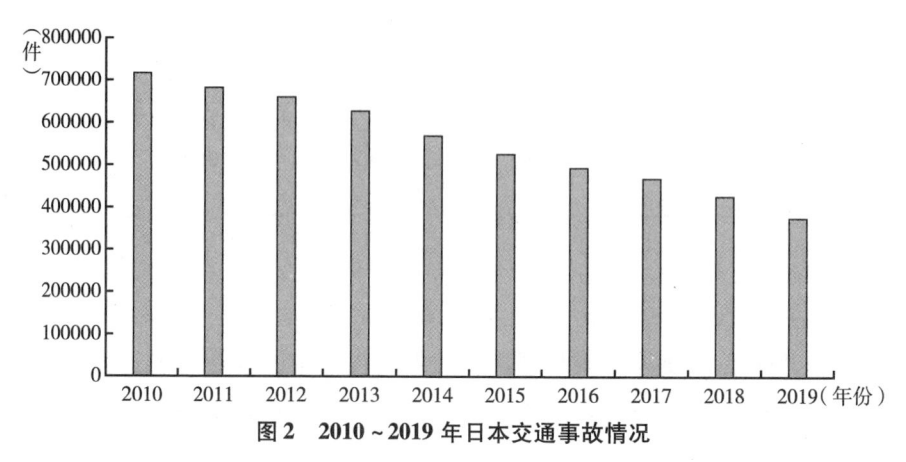

图 2　2010～2019 年日本交通事故情况

资料来源：日本国土交通省统计数据。

2019 年为 38.1 万件，这与日本大力发展道路信息化、智能化密切相关。日本政府在全国主要的公路干线布置了 VICS（道路交通信息和通信网络），以提高道路交通的安全性和通畅性、改善道路环境为目的，不仅缓解了道路拥堵程度，而且大大降低了日本交通事故发生的可能性。与未配备 VICS 车辆相比，配备车辆可以缩短 15% 的驾驶时间，其被认为是世界上最成功的道路交通信息提供系统[1]。

（二）铁路

日本的客运铁路包括国铁[2]（Japan Railway，JR）、新干线（隶属于 JR）、私铁[3]、地下铁和其他（Local 线、"新交通"[4] 和有轨电车），密集的铁路网络满足了日本国民的大部分出行需求。从表 6 中可以看出，截至

---

[1] 《最成功的道路交通信息系统，走进日本 VICS》，搜狐网，https：//www.sohu.com/a/150350167_176571。
[2] 主要是指普通铁路。
[3] 主要指私人企业修建的铁路，功能主要是实现大城市和近郊的通勤客运，以大阪为首的关西都市圈的私铁有近铁、阪急、阪神、京阪、南海等。此外，名古屋有名铁，福冈有西铁。
[4] 在一些城市会有一些特殊的轨道交通，比如单轨铁路、无人驾驶的胶轮车线路、悬挂式铁路等，如果要给它们一个通称，那么就是"新交通"。这些线路往往并不承担主要运输任务，而常兼任旅游观光功能。

2017年,日本的铁路运营里程为16976.4公里,与2010年的20140.3公里相比,下降近16%;2015~2017年,日本的铁路客运量占总客运量的8成左右,铁路货运水平也在不断提高,但并不明显。

表6 日本铁路运营里程、客货运量、客货周转量及占比情况

	2010年	2015年	2016年	2017年
运营里程(公里)	20140.3	16704.4	12835.4	16976.4
货运量(万吨)	4362.8	4321.0	4408.9	4517.0
货运周转量(百万吨公里)	20398	21519	21265	21663
客运量(百万人)	22669	24290	24598	24973
客运周转量(百万人公里)	393466	427486	431799	437363
货运占比(%)	0.89	0.92	0.92	0.94
客运占比(%)	77.96	79.63	79.82	—

资料来源:《日本统计年鉴2020》。

图3为2016年日本铁路部门收入占比情况,其中日本的铁路部门收入98%以上来自客运收入,货运收入占比仅为1.84%。客运收入中,国铁的

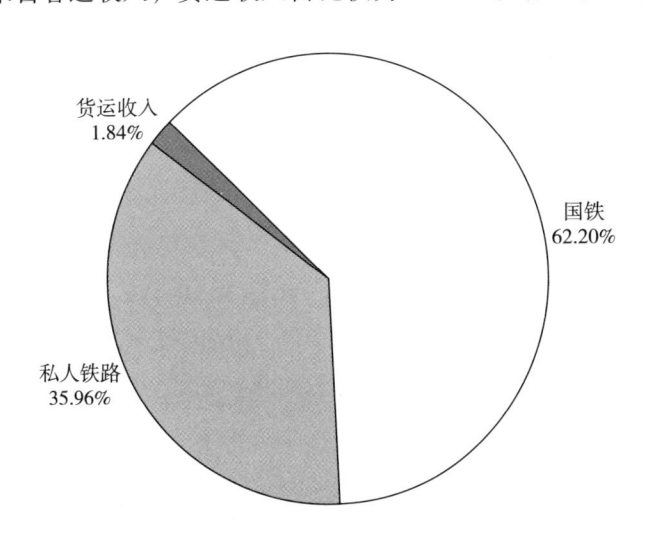

图3 2016年日本铁路部门收入占比情况

资料来源:《日本统计年鉴2020》。

占比最高。私人铁路占比为35.96%。日本的私人铁路主要由大型私人公司运营，大多数分布在大都市区近郊，提供通勤服务，具有较强的盈利能力。

（三）民航

便捷的高速网络与日本民航业之间的竞争十分激烈。表7为日本民航客货运量情况。2010~2017年，日本民航的国内货运量基本保持在1000000吨左右，国际货运量增幅明显。

表7　日本民航客货运量情况

单位：万吨，亿人次

		2010年	2015年	2016年	2017年
货运量	国内	100.4	101.4	100.5	99.9
	国际	131.0	148.0	170.4	187.7
客运量	国内	82	96	98	102
	国际	13	19	21	22

注：在进行货运量统计时，其中航空货运量包括航空邮件量。
资料来源：《日本统计年鉴2020》。

图4为2019年日本民航国际旅客和国际货物运输占比情况。从国际旅客来源来看，来自中国的旅客数量最多，占17.9%，接着是韩国，占6.8%，来自亚洲其他国家的旅客占43.9%，接着是美洲、太平洋和欧洲国家。从国际货物运输情况来看，日本与中国的民航货物运输最为频繁，占比为22.9%，亚洲其他国家和美洲分别占34.2%和24.8%。作为日本的主要关键邻国，中国已经成为日本最大的国际民航旅客来源国和国际民航货物运输国家。

（四）海运

为了转移公路机动车运输量，发展多式联运，日本将内航船舶运输

(a) 国际旅客

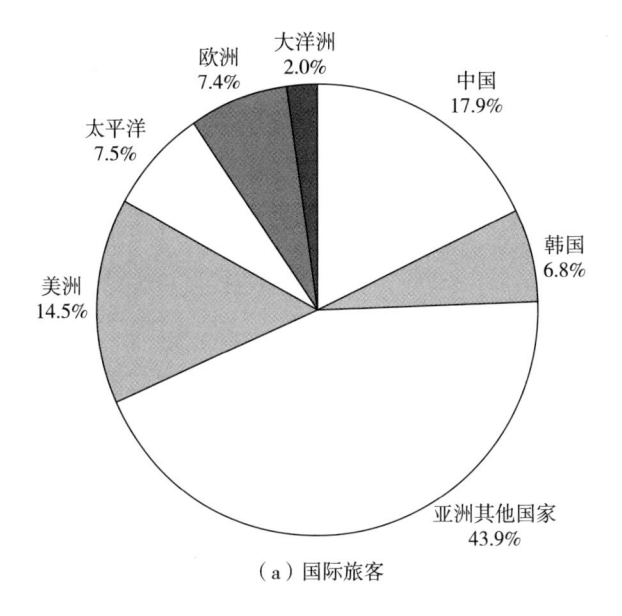

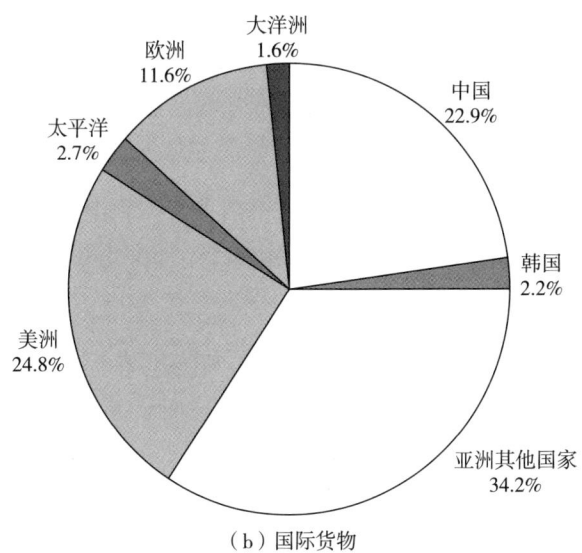

- 大洋洲 2.0%
- 欧洲 7.4%
- 太平洋 7.5%
- 美洲 14.5%
- 中国 17.9%
- 韩国 6.8%
- 亚洲其他国家 43.9%

(b) 国际货物

- 大洋洲 1.6%
- 欧洲 11.6%
- 太平洋 2.7%
- 美洲 24.8%
- 中国 22.9%
- 韩国 2.2%
- 亚洲其他国家 34.2%

图 4　2019 年日本民航国际旅客和国际货物运输占比情况

资料来源：《2019 年日本航空运输统计年报》。

作为物流业发展的重要方向之一。在日本，内航船舶运输的货运量远远高于铁路货运量，是排名第二的主要货运方式。从表 8 中可以看出，

2015～2017年,日本的内航船舶货运量略有下降,但货运占比基本保持在7.6%左右。

表8 日本内航船舶客货运量、周转量及占比情况

	2010年	2015年	2016年	2017年
货运量(万吨)	36673.4	36548.6	36448.5	36012.7
货运周转量(百万吨公里)	179898	180381	180438	180934
客运量(百万人)	85	88	87	—
客运周转量(百万人公里)	3004	3139	3275	—
货运占比(%)	7.50	7.78	7.61	7.52

资料来源:《日本统计年鉴2020》。

日本海岸线曲折,拥有众多的优良港湾,与之配套的相关服务业也在全方位发展,已经构筑起包括仓储、运输、贸易、代理和保险等多种服务业于一体的港湾服务产业体系。截至2019年,日本拥有5个国际战略港湾、18个国际港口和102个重要港口,这使日本的对外经济联系十分密切。2016年,日本较大的三家船运公司日本邮船(NYK)、商船三井(MOL)和川崎汽船(Kline)宣布合并常规集装箱业务,合并后的业务占到全球市场份额的7%左右,位居行业第6。2019年,日本出口610085个标准集装箱、进口616635个标准集装箱,与上一年度业务量基本持平。此外,日本政府高度重视通过技术开发建设21世纪未来港湾,大力发展港航智能运输系统(ITS),在一定程度上解决了信息服务、安全服务、港口堵塞和环境恶化等问题。

四 日本交通未来发展趋势

2014年,日本政府制定并公布了《日本2050国土构想》,关于日本的交通蓝图,构想中明确指出,"交通作为经济社会发展的基石,要充分考虑国民对交通运输的实际需求,适应时代发展的需要,不断完善政策规划"。

（一）交通体系发展的整体目标

为了形成与自然和谐相处的运输系统，同时考虑到国土开发规划、安全和环境，日本政府明确了未来交通发展的三大目标。

（1）加强通向世界特别是亚洲的国际交通基础设施建设，确保日本的国际航线和海上航线运行。

（2）形成一个更加高效、快捷的国内运输系统，同时与地区交通网络相连接。在全国范围内形成"一日"交通网络，从而进一步提高全国各大城市之间一日游的可能性。

（3）结合不同运输方式的特征，提高运输系统抵御自然灾害的能力，降低环境污染程度，创建和谐的交通运输系统。

（二）完善国际交通运输体系建设

随着全球化时代的到来，预计往返日本以及日本国内涉及商务活动和旅游的人和物的数量将急剧增加。进行"东亚一日游交通圈"的国际系统开发十分重要。

（1）促进具有国际规模和功能的机场跑道的建设发展，同时加强新的东京国际机场和关西国际机场以及中部国际机场的第二阶段建设。

（2）在东京湾和大阪湾等四个主要地区开发高水准的国际海运集装箱码头。提供世界一流服务，包括24小时服务、全球化的收费系统和自动化运营。

（3）提供全面的服务并改善CIQ（海关、出入境、检疫）功能。对国内各个区域的中心机场进行维护，形成一个主要以亚洲为中心的国际网络。

（4）为了使这些机场和港口成为日本与世界交流的门户，要加强建设连接机场和港口等区域运输基地的高标准公路和高速铁路，必要时开发符合国际集装箱标准的道路。

（三）改善国内交通运输系统

以形成"国家一日游交通圈"和"区域半天交通圈"为目标发展国内交通运输系统。

（1）道路交通。以高标准公路网为重点，促进国家高标准公路和区域高标准公路的发展，消除公路运输的瓶颈。推广TDM（交通需求管理），包括考虑不同道路的停车、乘车等。在全国范围内部署VICS，引入自动驾驶的实际应用。

（2）轨道交通。形成结合新干线和传统铁路的高速铁路网络。促进区域内其他城市与中心城市的轨道系统建设。引入高品质的电车、地铁、单轨铁路和超导磁悬浮列车。

（3）机场。开发新机场，应对往返东京地区的国内航班需求的增长。提高偏远岛屿机场、通勤机场和直升机机场的使用率。改善机场与道路交通和火车连接的通达性。

（4）港口。根据地区物流的实际情况，优先发展港口运输，并将其作为多式联运和陆路运输的基础。促进码头（包括轮渡码头和游船码头）的发展。建立偏远岛屿港口和支持当地生活和工业的港口。

此外，对于围绕提供无障碍的交通设施、改善现有交通设施，实现各种运输方式的合作等，也提供了未来的发展方向。

五　日本交通发展对中国交通强国建设的借鉴

日本是世界交通运输业最发达的国家之一。通过梳理日本交通规划发展的历程、现状，主要交通运输方式的发展现状和未来发展趋势，为我国交通强国建设提供经验借鉴，包括建立健全交通运输法律法规体系、改革交通运输体制、重视市场和政府之间的关系以及用创新驱动发展。

（一）建立健全交通运输法律法规体系是交通强国建设的保障

在日本的交通发展过程中，日本政府十分注重及时颁布、制定、修订与交通运输发展相配套的法律法规，并尽可能地以立法的形式确定下来，并且尽量细化相关内容，使交通运输的管理、运行和参与各方在实践中有章可循、有法可依，从而为巩固交通运输发展成果提供有力的保障。因此，建立健全我国的交通运输法律法规体系是实现交通强国建设的重要保障，可以涉及具体的交通政策、不同运输方式的发展规划、有关机构的设置和变更以及管理者和交通参与人的责任和义务等，都可以以立法的形式在法律条文中体现。

（二）交通强国建设需要配套的交通运输体制

一是加强交通运输管理体制建设，解决交通运输多头管理、效率不高的问题。交通强国建设涉及多种运输方式和多部门的共同发展，可以将不同运输主体的交通运输管理职能进行整合，进行统一管理。同时，可以参照日本国土交通省的业务范围，将国土资源开发、城乡规划建设和旅游资源开发等职能进行融合，实现共同规划、一体发展。二是完善交通管理运行机制，明确事权。事权包括中央事权、地方事权和中央与地方共有事权。日本《交通政策基本法》以法律的形式明确了交通发展过程中国家和地方政府的权利和责任，在交通强国建设中，我国可以根据交通运输网络特点和规律，明确中央和地方政府的事权，并辅以配套措施，从而落实规划。

（三）交通强国建设需要重视政府和市场之间的关系

日本政府十分关注对不同交通基础设施的规划、建设和投资，同时也十分重视市场在交通运输资源配置中发挥的重要作用，例如日本的《道路运输法》规定对客运企业，而不是客运线路发放执照，班次和发车时间由企业制定并向道路运输备案局备案即可；而对于道路运输中出现的违法行为，由政府监管。借鉴日本交通运输管理中政府与市场之间的关系定位，我国的交通强国建设要处理好政府和市场的关系，明确交通运输有关部门的职能定位和边界，同时加大简政放权力度，发挥市场在交通运输资源配置中的重要作用。

（四）用创新驱动加快交通强国建设

《交通强国建设纲要》强调要更加注重由依靠传统要素驱动向更加注重

创新驱动转变。早在1968年，首台以小型计算机为核心的智能交通控制系统在日本首都高速公路投入使用。此后日本政府不断提高智慧交通信息服务水平，大大减少了城市的交通拥堵问题，同时加强与企业联合共同发展智慧交通产业。随着我国5G+北斗的建设，我国的交通强国建设也要注重与新技术的结合，尤其是推进大数据、云计算、人工智能、5G、物联网等技术与交通行业的深度融合，用创新驱动引领交通运输行业高质量发展。

参考文献

[1] 樊东方、石静远：《日本交通运输管理体制的特征及其借鉴》，《工程研究——跨学科视野中的工程》2013年第4期，第443~452页。

[2] 黄民、张建平主编《国外交通运输发展战略及启示》，中国经济出版社，2007。

[3] 罗萍：《日本交通运输发展的政策理念及启示》，《综合运输》2007年第12期，第71~73页。

[4] 王济钧、田芳、刘玥彤：《美国、欧盟、日本和俄罗斯交通发展变迁规律研究》，《中国市场》2019年第13期，第4~12、29页。

[5] Marcus Enoch, Hideki Nakamura, "Transport Policy and Organization in Japan," *Transport Reviews*, 2008, 28 (2).

[6] OHTA, K., "The Development of Japanese Transportation Policies in the Context of Regional Development," *Transportation Research Part A General*, 1989, 23 (1): 91-101.

B.12 英国交通发展对中国的启示

陈娟 孙宁*

摘　要： 英国是第一次工业革命的发源地，并且诞生了世界上第一条铁路。本报告首先按照英国交通发展时间顺序分为三个阶段：第一阶段，英国多种交通方式并存但存在激烈的竞争，随后英国政府开始重视综合交通的发展；第二阶段，政府开始制定相关政策并进行综合交通初探；第三阶段，英国进行综合交通运输深度实践，从中梳理出英国的交通发展政策和路线，并总结出英国交通发展的三个特征，即技术驱动、以人为本和公私并存。从英国不同的交通运输方式发展现状来看，英国交通运输网络体系完整，公路方面伤亡人数减少、公路里程不断增加，2019年英国的公路总长估计为24.71万英里（相当于397668902.4米），比2005年增加了5916英里（相当于9520879.104米）；英国铁路以"高密度、大运量"为特征，旅客周转量从2007年的485.11亿人公里增长到2014年的622.97亿人公里；民航客运自2000年以来的近20年间整体增长了63.5%；航运方面，英国集装箱港口2018年的吞吐量比2012年增加了50%。最后，英国的交通发展历程、现状和趋势为我国交通强国建设提供经验借鉴，如加强通勤交通建设和发挥交通市场机制等。

---

* 陈娟，北京交通大学经济管理学院讲师，研究方向为项目评价理论与方法、技术战略与管理。孙宁，北京交通大学经济管理学院硕士研究生，研究方向为运输经济、产业经济。

关键词： 综合交通　技术驱动　公私并存　英国

一　英国交通发展历程

英国交通发展按照时间顺序分为三个阶段：第一阶段，英国多种交通方式并存但存在激烈的竞争，随后英国政府开始重视综合交通的发展；第二阶段，政府开始制定相关政策进行综合交通初探；第三阶段，英国进行综合交通运输深度实践，从一个较长的时间段规划综合交通的发展。

（一）多种交通方式并存（20世纪60年代以前）

按照时间顺序，英国早期交通方式依次为航运、铁路、公路和民航，并最终形成多种交通方式并存的运输格局。

1. 航运的发展历程

海洋既是天然的国防屏障，又开启了英国的贸易交往，在英国的交通发展中起到重要的作用。作为"海上强国"，英国有着悠久的航运发展史，商船航运起步于15世纪中叶，这一时期出现了大量从事海运贸易的公司。18世纪初，英国绝大部分地区距离通航内河不过15英里（相当于24140.16米），通航河流总里程约为960英里（约相当于1544970.24米），1758～1820年，英国议会通过165项"运河法"，开启了运河的兴建工程，1830年，英国通航河流总里程接近4000英里（约相当于6437376米）。至此，英国已大体形成了一个沟通各大内河、连接内地各大经济区并由四大港口通向海外市场的国内水运网。然而由于运河网缺乏标准化以及传统船只牵引动力不足，仅通过兴建运河，英国的航运具有一定的局限性。

第一次工业革命中蒸汽动力的使用为英国航运业进一步发展提供了技术支撑。1788年，船用蒸汽机制成；1802年，第一艘实用汽船"丹达斯"号汽船试航成功；到1828年，汽船数量增长到338艘。从1840年开始，大规

通过三年时间，重点建设开发地区的少数汽车专用道，以及解决城市内的交通堵塞问题。

用五年时间建造800英里左右（相当于1287475.2米左右）的全国骨架道路，其中大部分建设高速公路。

但计划提出之后，由于政府经济困难，把投资重点放在支持基础产业设施建设上，而道路建设计划暂缓施行。1951年之后，经济发展以及汽车数量的增多使英国城市道路不堪重负，道路建设的压力日益增大，议会中要求增加道路投资计划的呼声越来越高，1955年，政府扩大了道路建设计划的规模。1958年12月，英国第一条高速公路——仅有8英里（相当于12874.752米）的绕行英格兰普雷斯顿的公路建成通车，经济效益得到了广泛的认可。

4. 民航的发展历程

第一次世界大战后的局势使英国意识到民航业的巨大发展潜力，战争使铁路被严重破坏，剥夺了从前使用的交通工具，但是飞机发挥着重要的作用。1919年，英国政府颁布《空中航行条例》，该条例授权从5月1日起开始民航飞行，紧接着一些小型民航公司陆续成立，但由于运营成本高昂再加上1921年金融危机的影响，小型民航公司不堪重负，1922年，政府成立了民用航空运输补贴委员会（Civil Air Transport Subsidies Committee），决定将小型民航公司进行合并，建立英国帝国航空公司（Imperial Airways），在其成立初期为其补贴100万英镑，并承诺未来同样提供支持。随后一段时间，英国民航客货运量迅猛发展，英国成为航空运输发展的先驱者，从1919年8月到1924年3月，英国航空公司共运送了近35000名乘客。

（二）综合交通运输初探（20世纪60年代至90年代末）

20世纪以来，英国航运、铁路、公路和民航四种交通运输方式并存且出现了相互之间激烈竞争的局面，使部分运输方式出现衰退趋势，不利于国家整体的交通运输业发展。为使各种交通方式优势互补、综合发展，需要实现工具之间的运输协作,以及建立一体化运输网络系统。由此,英国开始进行综合交通运输的理论探索和政策实践。

20 世纪 60 年代,英国运输理论家 W. Williams 将综合运输定义为使两种或两种以上运输工具在最优利用的基础上相互结合,实现旅客或货物的直达运输。Beeching(1963)指出,完整意义的"协作"必须以各种运输方式能够实现最佳利用为基础。1975 年,英国出版了《综合交通规划》(*Comprehensive Transport Planning*)一书,使用了"综合交通"这一概念。

1990 年,英国大城市官方协会(Association of Metropolitan Authorities)提出采用综合方法来改善交通状况,并概括交通一体化包含四个方面的内容:各级管理部门权限的一体化,不同运输方式发展策略的一体化,新建基础设施、管理既有设备及调整基础设施价格等策略的一体化,交通规划与土地利用的一体化。主要目标有资源的有效利用,增强交通的可达性,提高交通安全性,增加社会效益和经济效益。

1998 年 7 月,英国工党发布了运输新政白皮书《交通运输的新政策纲领:为了每一个人的利益》(*A New Deal for Transport:Better for Everyone*),白皮书中引用英国前首相 John Prescott 关于综合交通政策的论述:制定一项综合运输政策代表了方向上的重大转变,我们不只是想防止交通问题变得更糟,实际上是想让交通运输中的人和货物变得更好。白皮书主要从更综合的公共交通,追求无缝连接的旅程,地方公路一体化、主干道一体化和加强机场和港口一体化建设四个部分切入,突出一体化运输的重要性以及描绘了英国一体化运输发展的前景。其战略目标包括:充分发挥各运输方式的技术经济特性,构建全国范围内的一体化交通运输系统;优先发展公共交通;重视环境保护和运输安全等。

虽然英国政府发布运输新政白皮书等提升交通的便捷性和安全性,然而在 1999 年 10 月 5 日,一列闯红灯的列车与迎面驶来的列车在伦敦帕丁顿车站相撞,造成 3 人死亡,50 人受伤。这一重大铁路交通事故引发了公众对铁路旅客运输业的信任危机,事后分析报告显示,如果铁路网和机动车辆安

装了铁路控制系统,这起事故就完全可以避免。此后,英国政府致力于在交通战略把控的基础上重视对交通技术的探索。

(三)综合交通运输深度实践(21世纪初至今)

2000年,英国交通运输部发布了《英国2000~2010年交通运输发展战略:10年运输规划》,英国开始从一个较长的时间段规划综合交通的发展,该规划致力于充分发挥交通运输的作用,建立一个现代化、安全、高质量的网络,更好地满足人们的需求,并为个人、家庭、社区和企业提供更多的选择,为英国城市复兴和乡村振兴做出贡献。交通投资方面,10年来,公共和私人投资大幅增加,总额达1800亿英镑,所有的交通方式都受益。综合交通研究方面,英国采用"多模态研究"(Multi-modal Studies)方式,不再采用从前专注于单一解决方案的旧方法,而是着眼于所有交通和交通管理模式可能做出的贡献——包括道路、铁路、公共汽车和轻轨,以及步行和骑车,全面审视运输问题,并提供各种运输方式都能发挥作用的解决方案。

2004年7月英国综合运输委员会出台了运输政策白皮书《英国交通运输业的未来》。白皮书从政策层面对英国交通运输业的现状进行了总结,并提出了未来30年的发展战略及规划思路,即围绕"长时期持续投资""提高运输管理质量""提前做好运输规划"三个关键主题制定,目标是要在满足运输需求和提高生活质量之间取得平衡。针对每种交通方式也制订了相应的计划,如航运方面提出为应对全球航运业不断发展的趋势,计划增加港口个数,重点发展集装箱和滚筒业务,提高英国集装箱运输在国际上的竞争力。

2019年1月,英国政府科学办公室发布了《前所未有的交通运输变革——流动的未来》,旨在为未来推进一体化的综合交通运输系统发展提供决策参考。关于综合交通系统建设,其强调要将交通运输看作一个完整系统,而不是松散连接的模式,资金、运营和战略等层面需要充分整合,然而决策层面由于不同的地方表现出截然不同的旅游行为,即使是规模相似的城镇也可能有截然不同的旅游行为和需求,因此分散化的决策有利于把握城镇和农村地区的机会，通过交通服务提供广泛的社会福利，如就业、健康等，最大限度地实现政府的发展目标。

二 英国交通发展特征

综观英国交通的发展历程，可以总结出发展过程中的三大特征：技术驱动的发展战略、以人为本的运营理念以及公有制和私有制并存的所有制格局。

（一）技术驱动

历次工业革命都是对技术的更新换代，在技术升级的同时也会影响交通业的发展。18世纪中叶，英国引领了第一次工业革命的浪潮，蒸汽机开始被广泛使用。在交通领域蒸汽机的应用主要促进了航运业的发展和铁路业的兴起：①对航运业的牵引动力进行升级改造，大大提高了船只的速度与效率，使英国航运业走出瓶颈期，发展更进一步；②蒸汽机的使用拉开了世界铁路发展的序幕，英国成为铁路建设的领路人。目前，新一轮的科技革命催发了大数据、智能化的发展，英国同样借助技术的力量大力发展交通业，英国在智能交通领域的研究一直处于世界前列，比如交通信号灯控制系统、交通信息网络平台系统等，伦敦作为拥堵问题严重的城市之一，开发了一套拥堵收费系统，以缓解交通高峰时期道路拥堵不堪的情况。

（二）以人为本

英国交通的发展尊崇以人为本的理念。铁路建设中，形成了铁路站场高密度的布局，并深入城市中心城区，成为城市公共交通的重要组成部分和大都市区居民通勤的重要支撑；公路建设中，2014年发布的"道路投资计划：2015~2020"（Road Investment Strategy：2015 to 2020）中将增加步行道和自行车通行道、减少交通事故伤亡人数以及减少噪声污染作为目标；民航发展中，政府的目标是使航空服务总体满意度达到90%，为让乘客享受到最好

的服务相应拟定了《乘客约章》(Passenger Charter),约章的愿景是确保所有乘客共享经济增长带来的好处。

(三)公私并存

英国交通发展经历过公有制与私有制的互相转换,最后形成公有制和私有制并存的所有制格局,市场机制一直是英国交通建设发展的核心。航运方面,英国对于港口的管理实行比较松散的管理体制,英国政府认为港口是一个自由竞争的产业,政府过多的市场干涉反而会对港口发展产生消极影响,所以政府主要负责港口整体的规划、税收、安全、环保等方面;铁路方面,1994年,英国开始推行"网运分离"的私有化改革措施,把具有自然垄断性的国家铁路网基础设施与具有市场竞争性的铁路客货运输分离开,组建国家铁路路网公司和若干个客运公司、货运公司,实行分类管理;民航方面,英国政府通过私有化改革将英国机场集团公司出售给私人投资者,使不同的机场隶属于不同的主体和运营者,促进航空业市场竞争,保障行业的创新性发展。

三 英国交通发展现状

英国交通运输网络体系完整,无论是英国各城市之间、城市内部还是与欧洲大陆和世界其他地区之间均有海陆空多种运输方式连接,快捷且高效。

(一)公路

继1946年政府首次制订全国高速公路网络发展计划后,2014年11月,英国政府宣布实行"道路投资计划:2015~2020",计划在2015~2020年,投资150亿英镑以改良100多条主干道路,预防至少2500人因为交通网络发生的伤亡情况,增加1300英里(相当于2092147.2米)公路里程,关注交通网络中的自行车通行道路并致力于减少噪声的影响,这是英国政府首次制定长期道路投资策略。

目标执行方面：①公路交通网投资，2016～2017年，英国政府已投资20亿英镑进行道路建设及维修，且另外投资10亿英镑对道路网进行建设；②预防交通事故伤亡，如图1所示，2015年之后，英国交通伤亡人数呈直线下降趋势，虽然2019年略有回升，整体上还是下降，但是距离2500人的目标还是有一些距离；③增加公路里程，根据统计数据，2019年，英国的公路总长估计为24.71万英里（相当于397668902.4米），比2005年增加了5916英里（相当于9520879.104米），呈现波动上升的趋势。在2010～2017年，公路货运周转量和客运周转量从搜集到的数据来看波动较小，比较稳定（如表1所示）。从整体上看，英国道路交通计划目标执行情况较好，在一些领域进行了改善。

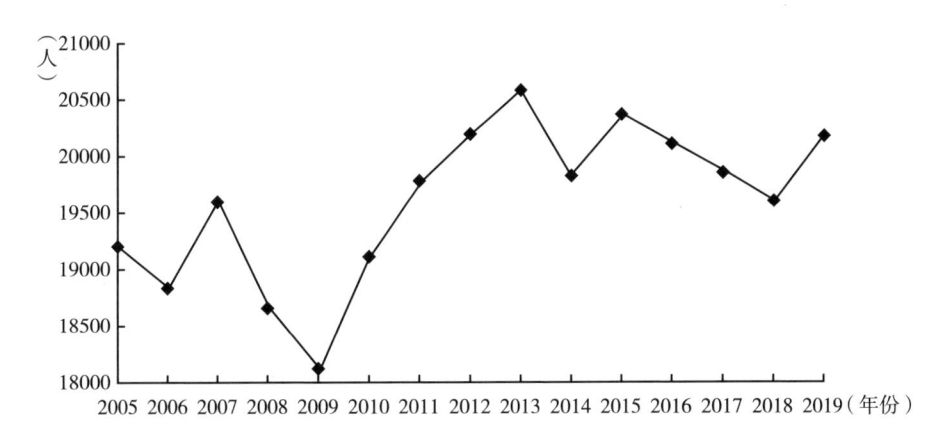

图1 2005～2019年英国交通伤亡人数

资料来源：Department for Transport Statistics。

表1 英国公路里程数、公路货运周转量和公路客运周转量

年份	公路里程数(英里)	公路货运周转量 （亿吨公里）	公路客运周转量 （亿人公里）
2010	244978	1538.3	7100.0
2011	245004	—	—
2012	245373	—	6944.4

续表

年份	公路里程数（英里）	公路货运周转量（亿吨公里）	公路客运周转量（亿人公里）
2013	245728	—	6879.8
2014	245827	1525.9	7036.7
2015	245879	1697.7	7070.1
2016	246510	—	—
2017	246709	1518.2	7184.8

注：1英里相当于1609.344米。

资料来源：Department for Transport Statistics，World Road Statistics。

然而英国公路里程增长速度很难与小汽车的增长速度相提并论，私人小汽车的快速增长使英国公路的拥堵问题日趋严重，2017年8月，在英国萨默塞特的M5高速公路上，因两辆货车相撞造成了严重的交通堵塞，停滞的车流长达36英里（相当于57936.384米），道路工人花了15个小时才完成疏通工作，整个堵塞事件大约造成240万英镑的损失，英国交通拥堵的严重性可见一斑。为缓解交通拥堵状况，英国政府主要采取直接收费（如拥堵收费政策）和间接引导（如建立智慧交通系统）两种措施，它们对于缓解交通拥堵产生一定的成效，图2为2015年4月开始统计的

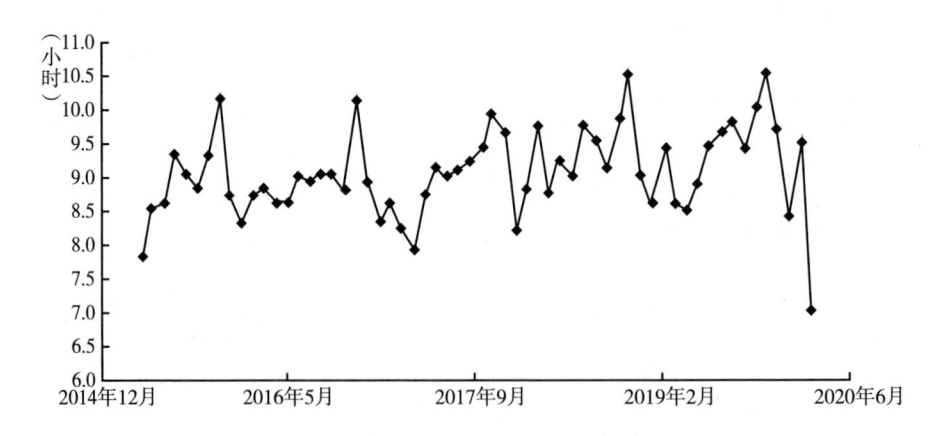

图2 英国道路路网平均延误时间情况

资料来源：Source：Highways England National Traffic Information Service（NTIS）。

模汽船公司成立，标志着汽船运输业的起步。远洋运输技术革命使航运业快速发展，但是随着20世纪30年代民航业的快速发展，航运与民航出现激烈的竞争，1958年，航空客运量首次超过海运客运量，加上两次世界大战的影响，英国航运进入衰退期。

2. 铁路的发展历程

英国具有悠久的铁路发展史，工业革命后，蒸汽机技术在交通领域的应用把英国首先带入铁路时代。1804年，Trevithick制成了第一台蒸汽机车，奠定了技术基础。1825年，世界上第一条铁路——全长37英里（相当于59545.728米）的斯托克顿开往达林顿铁路正式通车，牵引动力方面大部分使用蒸汽机，但仍有部分路段使用马力，到1830年第一条全线使用蒸汽机车牵引的铁路也是世界上第一条客货两用的铁路干线——全长31英里（相当于49889.664米）的利物浦—曼彻斯特铁路建成通车，标志着英国铁路建设领先全球。铁路运输对于制造业发展以及工业革命深化的优势逐渐显露，紧接着19世纪50年代英国的铁路建设到达高潮时期，英国政府核准授权超过400项铁路建设项目，这时政府在铁路建设中存在基础设施建设者和铁路运营服务者的双重身份，截至1880年，主要线路基本建成，1928年，路网规模达到32565公里的历史最高水平，极大地促进了国内经济的繁荣。

早期铁路由于受到没有实质性的竞争，在财务上获得了较大成功，然而这种成功是短暂的。20世纪后半叶，受世界大战的影响以及汽车运输主宰了交通的发展，铁路运输开始衰退，客流量逐渐下降，路网规模不断缩小，铁路不再是一个有利可图的行业，英国政府开始考虑私有化改革以扭转铁路衰退的局面，激发铁路市场的活力。

3. 公路的发展历程

自第一次世界大战以来，英国产业发展日渐依赖道路交通，1946年，政府开始制订全国高速公路网络发展计划，其成为改造英国社会经济地理的理论支撑之一。该计划共分为三个阶段。

利用两年时间对受到战争破坏的道路网进行维修改造。

英国道路路网的平均延误时间情况（是将个别路段的观测行驶时间减去推算的"自由流量"行驶时间计算而成的），可以看到平均延误呈现波动变化，虽然从2019年11月英国道路的平均延误时间直线下降，但是很大一部分原因是受新冠肺炎疫情的影响，有鉴于此，英国的道路拥堵治理还需进一步制定细化措施。

（二）铁路

20世纪90年代初期的铁路私有化浪潮推动铁路网发展出现转折，《1993年铁路法》拉开了英国铁路私有化的序幕。

国家铁路网（铁道线路、车站、信号、桥梁、隧道等）方面，由国家路网公司进行规划设计、统一管理，形成了铁路站场高密度的布局，并深入城市中心地区，成为城市公共交通的重要组成部分和大都市区居民通勤的重要支撑，例如，大伦敦中心城区分布着大大小小的20个火车站，苏格兰最大城市格拉斯哥都市区人口仅有200余万人却分布着180座火车站，据统计，英国全国人口约有1/3工作或居住地点与铁路距离不超过500米，并且英国铁路年发送量达到17亿人次，表2显示的2006~2018年英国铁路运营里程、客运量和货运量的变化趋势，可以看到，铁路客运量在2017年有小幅度的回落，但是总体上呈现直线上升趋势，这种"高密度、大运量"使铁路成为城市公共交通的重要组成部分。

表2 英国铁路运营里程、客运量和货运量

年份	运营里程（公里）	铁路客运量（百万人）	铁路货运量（百万吨）
2006	14353	1145	21919
2007	14484	1218	21265
2008	14494	1266	21077
2009	14482	1259	19171
2010	14506	1356	18576
2011	14506	1462	20974
2012	14504	1503	21467

续表

年份	营运里程(公里)	铁路客运量(百万人)	铁路货运量(百万吨)
2013	14504	1588	22401
2014	14506	1656	22143
2015	14552	1718	19342
2016	14491	1731	17053
2017	14548	1708	17167
2018	14634	1759	17206

资料来源：Department for Transport Statistics。

铁路的运营权方面，下放给私有企业，实现特许经营，使铁路运营市场能够充分竞争，保障英国铁路不断进行创新性发展，最终形成公有制和私有制共存的格局，对于铁路的发展有所改善。

（三）民航

英国目前是欧洲第一、全球第三的航空强国，拥有欧洲最大的航空交通系统。所有的航空公司和大多数机场均为私营企业。英国共有60多家民用机场，其中35个机场年客流量在10万人次以上，主要包括伦敦希斯罗机场、盖特威克机场、曼彻斯特机场、伯明翰国际机场、格拉斯哥机场、爱丁堡机场、纽卡斯尔机场等。

客运方面，英国民航的个性化服务以及快速便捷吸引了大量的英国通勤者以及游客，从图3中可以看出人们对于航空客运服务的需求显著增长，2018年，英国全部机场抵离旅客达到2.92亿人次，除了2008年、2009年由于金融危机的影响，民航客运量呈现小幅滑动外，其余年份旅客数量稳定上升，2017~2018年，乘客数量增加了2.7%，自2000年以来的近20年间整体增长了63.5%。

货运方面，航空业对于英国发展对外贸易以及经济发展具有十分重要的影响，航空业发展提高了英国与世界的连通性，促进了更加自由开放的贸易往来，同时，航空货运也与人们日常生活息息相关，在网上购买的许多商品

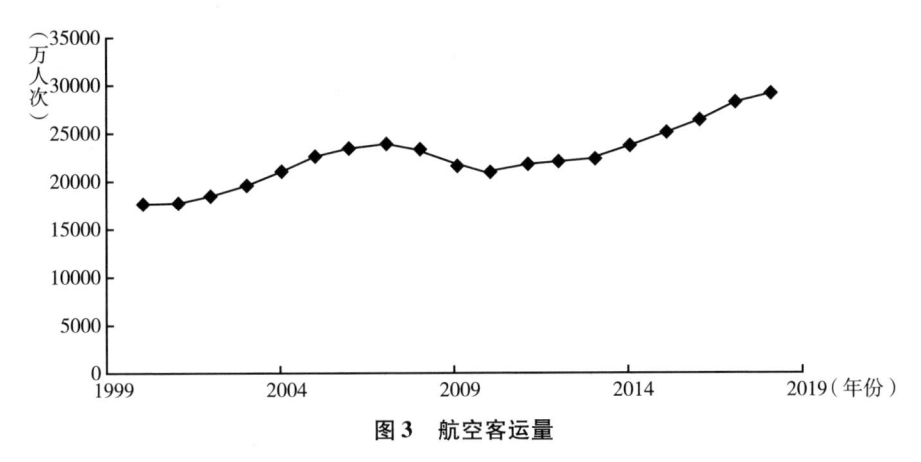

图3 航空客运量

资料来源：Department for Transport Statistics。

通过航运方式运输。如图4所示，2018年，航空货运吞吐量达到263万吨，2000~2018年，货物吞吐量增长了14%，除了2018年出现轻微下滑外，2013年以来，货运吞吐量呈现直线上升趋势。

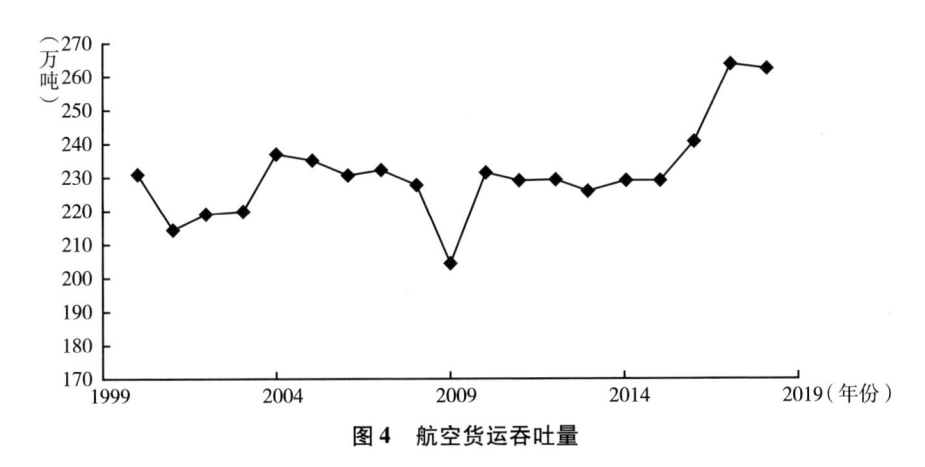

图4 航空货运吞吐量

资料来源：Department for Transport Statistics。

（四）航运

1997年，英国新政府上台，为振兴航运业制定了一系列相应政策，涉及采用船舶吨税制以及加强机场和港口一体化建设等，这些政策对增强英国

航运业竞争力产生了一定的积极影响。

近年来，海运几乎承担了英国95%的对外贸易运输，英国共有200多个港口，其中100个为重要商业港口，52个港口年吞吐量在100万吨以上，图5为2008~2018年英国集装箱港口吞吐量，可以看到2012年之后港口吞吐量呈现直线上升态势，2018年比2012年吞吐量增加了50%，反映出英国贸易交往的繁荣度。

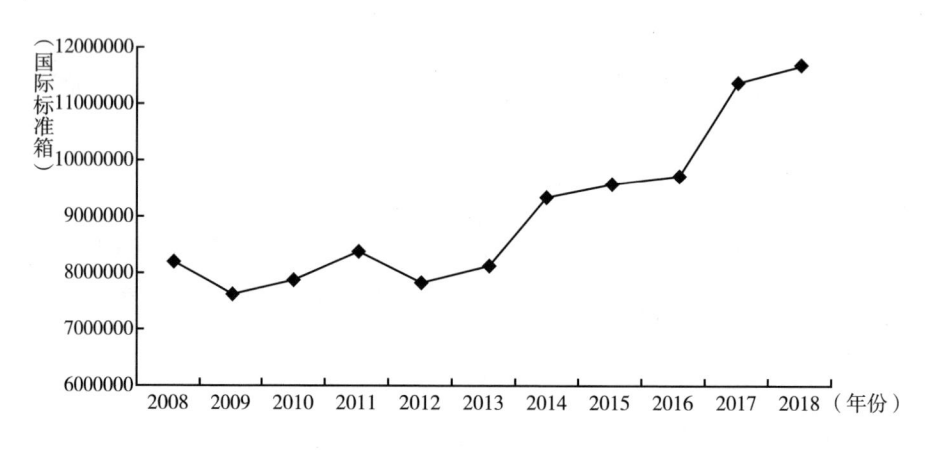

图5　2008~2018年英国集装箱港口吞吐量

资料来源：World Bank。

航运业从20世纪60年代的衰退到如今的复兴，一方面由于政府的重新重视，将水路运输作为综合交通发展的一环进行规划，形成完整的交通网络体系；另一方面在于技术的进步使港口运输实现"既多又快"的目标，比如从英国多数港口往欧洲主要海港如阿姆斯特丹、布鲁塞尔、巴黎、汉堡等的货物可一天到达，到马赛、法兰克福和米兰的货物可两天到达，促进了英国对外贸易的繁荣发展。

四　英国交通未来发展趋势

新一轮科技革命为交通赋能，促进先进信息技术与交通运输深度融合。在交通的自动化、电气化和数字化应用方面，英国一直走在前列。

（一）交通技术自动化

英国对于交通自动化技术的推进可谓不遗余力，英国政府采取政策支持、专项基金、试点示范项目等一系列措施助力自动化发展，实现全球范围内的自动驾驶中心的目标。

参照2018年美国汽车工程师学会（Society of Automotive Engineers）把道路机动车辆自动化系统的简化产业分为5个等级，分别为：驾驶辅助（一个主要控制功能的自动化）、部分自动化驾驶（两个或多个主要控制功能的自动化，可以一起使用）、有条件的自动化驾驶（车辆可以在某些交通或环境条件下控制所有关键安全功能）、高度自动化驾驶（无须人工控制）和完全自动化驾驶。英国交通部部长Chris Grayling于2018年在国家预算演讲中预计，第一辆四级高度自动化驾驶汽车会在2021年进入英国市场，终极目标是五级完全自动化驾驶，即只需输入目的地，汽车可在无人协助的情况下由出发地驶入目的地。英国咨询机构ABI研究公司于2018年同样预计，到2025年，自动驾驶汽车的出货量将达到800万辆，并且这些汽车的自动驾驶技术级别将达到3级、4级和5级。

除了自动驾驶汽车外，英国也在致力于研究测试自动驾驶火车和公交车。2017年，英国相关报告指出如果大规模推广自动驾驶火车，不但能让火车运营更高效，降低火车延迟的概率，而且对英国这种人力成本较高的国家来说，还能节省不少运营成本，估计每年能为铁路行业减少3.4亿英镑以上的开支。2018年，英国第一辆自动驾驶火车成功完成首次运行，从英格兰东部的彼得伯勒驶出，经过伦敦，开往英格兰南部的霍舍姆。对于自动驾驶公交，Transport Systems Catapult在2017年预计，2025年具备连接和自动化能力的公交车将占到全球销量的79%。

（二）交通能源电气化

电气化是世界交通运输行业变革的一种主要方式，有助于实现国际对于二氧化碳减排的目标，主要的应用形式包括中长途旅行运输的电动和混合动力汽车和电动和混合动力飞机以及短途出行的电动自行车和无桩电动滑板车。

2018年1~10月，英国电池电动和插电式混合动力电动汽车的销量增长到所有新车销量的2.4%，快速增长的原因，一方面是电动汽车的使用成本下降。2010~2017年，许多电动汽车使用的锂离子电池的平均成本从1000美元/千瓦时降至209美元/千瓦时。另一方面是电动汽车的能量密度有所提高并且充电基础设施更加完善。

目前，电动和混合动力飞机的发展处于正在开发的概念机阶段，计划将于2020年投入使用。这将有助于实现欧盟委员会的"航空飞行2050愿景"的环境目标，其中包括减少75%的二氧化碳排放，减少90%的氮氧化物（NOx）排放以及减少65%的噪声。

电动自行车更加便捷并且适合短途旅行，据统计，英国24%的路程在2英里（相当于3218.688米）以下，56%低于5英里（相当于8046.72米），77%低于10英里（相当于16093.44米），在这种情形下，电动自行车的使用潜力巨大。并且随着电池成本继续下降和销量增加，规模经济会使生产成本进一步降低，届时电动自行车出行将在城市交通中占据相当大的比例。

电动滑板车是用电辅助的脚踏滑板车，使用车载电池。无桩电动滑板车配备了手机应用程序，可以随身携带或放在任何地方，同样适合于短途旅行。目前，在英国的人行道或公路上使用电动滑板车是违法的，但许多国家，例如荷兰，完整的基础设施已经到位，使电动滑板车很好地融入交通系统。

（三）交通系统数字化

早在2008年金融危机期间，英国就开始进行数字改革，2009年发布的《数字英国》（*Digital Britain*）白皮书和2017年的《英国数字战略》（*UK Digital Strategy*）是英国数字化布局的两大纲领性文件。在交通领域中，数字化应用包括实时态势感知、交通需求预测、基础设施和车辆预防性诊断、实时数据更新和可视化等方面，有利于交通网络协调流畅运行。英国对于交通大数据是开放的,对这些数据的分析和优化具有重要的经济价值和社会意义。伦敦交通局的公开数据每年为经济贡献9000万英镑至1.3亿英镑,在伦敦交通开放数据库中,超过600个英国的旅游应用程序都是由这些数据驱动的,并且超过42%的伦敦人使用这些应用程序。

五 英国交通发展对中国交通强国建设的借鉴

交通强国建设的前提是营造一个良好的行业生态。本报告通过梳理英国交通发展的历程、现状、特征以及未来趋势四个方面,发现英国搭建的交通战略布局、运营理念以及制度环境等促进了交通发展的良性循环和维持了良好生态,值得我国在交通发展建设中参考学习。

(一)加强通勤交通建设

改革开放以来,我国政府逐渐加大交通基础设施投资力度,在高速铁路、高速公路以及民航运输的建设和网络格局方面取得了突出的成就。近年来,随着技术创新的不断升级以及"互联网+"等新模式的出现,我国短途出行领域开始迅速发展,网约车、共享单车等的出现显著提高了城市居民的出行便利性,基本解决了居民出行"最后一公里"问题,然而随着中国城镇化发展逐步迈入"都市圈"和"城市群"时代,市郊铁路作为连接郊区与大都市区的城市轨道交通方式仍存在突出短板,包括站点布局不尽合理、运行组织效率较低、管理体制机制僵化等。

英国铁路年发送量达到17亿人次,其中近一半均是服务于大都市区的通勤交通,是城市公共交通的重要组成部分。伦敦作为世界上市郊铁路最发达的城市之一,线网总长达3071千米。伦敦市郊铁路共计16条,具有分布均匀、线网密度高的特点,将中心城区、近郊区和远郊区连接起来。

随着我国城市化进程的不断深入,市郊铁路有着巨大的建设需求,对于完善城市轨道交通而言具有重要的意义,因此,一方面在决策进行新一轮基础设施建设投资时要做好市郊铁路的安排和规划工作;另一方面创新市郊铁

路的运营管理模式,可以借鉴英国铁路的"网运分离"的运营模式,以提升运营效率。

(二)发挥交通市场机制

在世界不断放松交通运输行业管理体制的大背景下,以及我国提出进行行政管理体制改革之后,我国交通业开始进行市场化尝试,比如公路建设领域引入了竞争机制,逐渐形成了公路建设市场;城市公共交通服务供给侧提供主体和方式逐步多样化,初步形成了政府主导、社会参与的公共服务供给体系。然而在推行的过程中仍存在一系列问题,比如存在市场主体行为不规范、相关法规体系尚不健全、政府和市场职责边界不清晰、公共资源配置效率低等。

市场机制一直是英国交通建设发展的核心,有比较规范的市场化发展政策,航运方面,英国对于港口的管理实行比较松散的管理体制;铁路方面,1994 年,英国开始推行"网运分离"的私有化改革措施,铁路运营公司如果无法满足政府在安全和经济上的要求,就会被撤销特许经营权;民航方面,英国政府将英国机场集团公司出售给私人投资者,使不同的机场隶属于不同的主体和运营者,促进航空业市场竞争。

要正确处理好政府和市场的关系,形成互利共赢的公有制和私有制共存的局面,对于行业的灵活性和创新性发展都有重大意义。因此,一方面要健全相关法规体系,规范市场化建设是一项长期的任务,应努力提升行业的质量和效率,强化全面质量管理等监管措施;另一方面要建立优胜劣汰、竞争有序的信用机制,使市场发挥最大的效益,促进行业不断发展。

参考文献

[1] 陈善亮、毛保华、丁勇:《英国交通一体化政策与我国的对策》,《交通科技》2004 年第 1 期,第 63~66 页。

［2］《对自动驾驶最为狂热的英国，进展得如何了?》，搜狐网，https：//www.sohu.com/a/191218015_670965。

［3］蒋中铭：《从英国铁路发展看交通强国建设》，《综合运输》2019年第1期，第104～109页。

［4］沈琦：《"18世纪交通革命"：英国交通史研究的新方向》，《光明日报》2018年6月18日第6版。

［5］《四、交通运输业的技术革新》，灵感家网站，http：//www.lingganjia.com/view/118190.htm。

［6］《英报告建议发展自动驾驶火车》，新华网，http：//www.xinhuanet.com//tech/2017-02/08/c_1120430242.htm。

［7］《英国经济及产业情况》，中华人民共和国商务部网站，http：//www.mofcom.gov.cn/article/tongjiziliao/sjtj/xyfzgbqk/201905/20190502866379.shtml。

［8］《英国力推无人驾驶自动驾驶汽车有望2021年上路》，环球网，https：//m.huanqiu.com/article/9CaKrnK6SIO。

［9］《英国因堵车一年损失90亿英镑　政府呼吁加强治理》，环球网，https：//finance.huanqiu.com/article/9CaKrnK5xPR。

［10］禹庚：《英国铁路交通现状及政府对策》，《中国铁路》2003年第4期，第57～60、10页。

［11］张宏波、纪永波：《英国沿海港口的发展与启示》，《港口经济》2008年第1期，第58～59页。

［12］"A Time of Unprecedented Change in the Transport System," https：//assets.publishing.service.gov.uk/government/uploads/system/uploads/attachment_data/file/780868/future_of_mobility_final.pdf.

［13］Beeching G., *Beeching Report The Reshaping of British Railways*, 1963.

［14］"Electric Vehicle and Alternatively Fuelled Vehicle Registrations, October 2018 and Year-to-Date," SMMT, https：//www.smmt.co.uk/vehicle-data/evs-and-afvs-registrations/.

［15］"Electric Vehicles Outlook 2018, Bloomberg New Energy Finance," BNEF, https：//bnef.turtl.co/story/evo2018?utm_source=EM1&utm_medium=email&src=EM1&link=txtfreereport.

［16］"Flightpath 2050：Europe's Vision for Aviation," European Commission, https：//ec.europa.eu/transport/sites/transport/files/modes/air/doc/flightpath2050.pdf.

［17］Great Britain Dept. of the Environment, *The Regions*, *A New Deal for Transport：Better for Everyone：the Governments' White Paper on the Future of Transport* (Stationery Office, 1998).

［18］Lorenz, T., "Electric Scooter Charger Culture Is out of Control," https：//www.

theatlantic. com/technology/archive/2018/05/ charging – electric – scooters – is – a – cutthroat – business/560747/.

[19] "Market Forecast for Connected and Autonomous Vehicles, 2017," Transport Systems Catapult, https://assets. publishing. service. gov. uk/government/uploads/system/uploads/attachment_ data/file/642813/15780_ TSC_ Market_ Forecast_ for_ CAV_ Report_ FINAL. pdf.

[20] Quain, J. R., "Electric Bikes and Scooters Are Here to Save the World! But Here's the Thing... Digital Trends," https://www. digitaltrends. com/cool – tech/smart – cities – contend – with – benefits – and – headaches – of – e – bikes – and – e – scooters/.

[21] Rutherford, D., "Overturning Conventional Wisdom on Aircraft Efficiency Trends, International Council on Clean Transportation," https://www. theicct. org/blogs/staff/overturning – conventional – wisdom – aircraft – efficiency – trends.

[22] "Table NTS0308, Average Number of Trips by Trip Length and Main Mode: England, 2017," Department for Transport, NTS0308, 2018.

[23] "The Beginnings of British Commercial Aviation," https://www. centennialofflight. net/essay/Commercial_ Aviation/britain/Tran18. htm.

[24] "The Future of Transport: A Network for 2030," Department for Transport, 2004.

[25] "Transport—The 10 Year Plan," Department for Transport, The Stationery Office, 2000.

B.13
美国交通发展对中国的启示

陈 娟 张贵喜*

摘 要： 美国是世界上交通运输发展最迅速、路网发展最为完善、交通基础设施最完备的国家之一，多种交通方式共同构成的路网提高了美国的客运和货运效率，扩大了各类商品和资源的流通范围，改变了美国人民的生活方式，促进了美国经济的快速发展。本报告将美国的交通发展历程划分为四个主要阶段，即运河大发展阶段、铁路时代的到来、公路运输大发展阶段以及综合运输发展阶段，从中梳理出美国交通发展的特征，包括安全至上、注重创新发展及重视基础设施建设。从美国不同的交通运输方式发展现状来看，美国的航空产业发展较好，美国依然是全球最大的航空市场；铁路里程不断减少；公路里程不断增加。最后结合美国的交通发展历程、现状和趋势，为我国交通强国建设提供经验借鉴，包括发展可持续交通、完善交通相关法律体系以及重视交通基础设施的养护工作。

关键词： 综合运输 基础设施养护 美国

一 美国交通发展历程

美国是世界上交通运输发展最迅速、路网发展最为完善、交通基础设施

---

* 陈娟，北京交通大学经济管理学院讲师，研究方向为项目评价理论与方法、技术战略与管理。张贵喜，北京交通大学经济管理学院硕士研究生，研究方向为运输经济、产业经济。

最完备的国家之一,多种交通方式共同构成的路网提高了美国的客运和货运效率,扩大了各类商品和资源的流通范围,改变了美国人民的生活方式,促进了美国经济的快速发展。1966年10月15日,美国国会通过一项法案成立了美国交通部,1967年4月1日,美国交通部正式成立,交通运输是美国实现世界主导地位和政治军事目的的重要手段。美国交通运输的快速发展是以水运作为开始的。最开始作为被殖民国家,与宗主国之间的贸易和人口流动主要依靠水路运输来完成,阿巴拉契亚山脉的阻隔使美国东部沿海与内陆之间经济文化交流极不方便,国家内部的交通设施非常落后,因此造成国内市场范围非常狭窄,经济增长缓慢。

(一)运河大发展时期

美国成立初期,货物运输主要依赖内陆水运,19世纪之后,人工河道的开挖成为发展的重点,19世纪20~30年代,运河开始快速发展,其中全长364英里(相当于585801.216米)的伊利运河成为当时的标志性工程,是当时美国重要的航运线路,这条运河也给纽约带来了新的机会。人们发现伊利运河能够在很大程度上降低货物的运输成本,促进货运的发展,因此又引发了对运河的大规模建设。对水路运输大规模、有针对性的投资使运河发展迅速,使美国内陆地区被连接起来,国内开始出现统一的市场雏形,可以说运河和沿海运输使美国的经济获得了第一次大规模的开发。

(二)铁路时代的到来

美国铁路的快速发展是促进美国工业革命和现代化的重要因素。之前美国铁路发展主要是为了给水运提供服务,连接美国两条重要河流,充当船舶的替代品,并没有在全国范围内形成网络系统。但19世纪中期之后大规模的铁路基础设施投入以及不断创新的铁路机车发展促进了美国铁路的发展。铁路相对于水路运输来说能够翻山越岭,速度快,载重大,在这个过程中,人们逐渐发现铁路能够克服汽船和运河的种种不足。

美国铁路基础设施投入从1828年修筑第一条从巴尔的摩到俄亥俄的铁路

开始,这也是第一条蒸汽动力的铁路,当时整条铁路只有 13 英里(相当于 20921.472 米),1830 年,这条铁路的建成标志着美国"铁路时代"的到来,投入使用标志着美国正式进入了铁路国家的行列。美国铁路发展速度远超当时的欧洲,1840 年,美国铁路的运营里程仅次于当时的英国,达到 2820 英里(相当于 4538350.08 米)。真正的铁路设施大规模建设从 19 世纪 60 年代开始,将东部、中西部的中央地带与旧金山相连,是"从伊利运河建成以来美国历史上运输工程的一项最高成就"。太平洋铁路建成之后,美国又陆续建成了几条重要的横贯大陆铁路(如大北铁路、南太平洋铁路等),圣菲铁路也在 1881 年通车,形成四通八达的铁路网络并进入各大城市,为经济持续发展创造了有利的条件。19 世纪下半期,美国铁路建设速度不断创造纪录;19 世纪末期,美国铁路长度超过 20 万英里(相当于 321868800 米);到 1914 年,美国铁路里程已经达到 22 万英里(相当于 354055680 米),相当于全世界铁路总长度的 1/3,美国是当时世界上拥有铁路里程最长的国家。20 世纪初,美国铁路革命基本宣告完成,在全国范围内形成了统一的铁路网,美国铁路建成里程最多时达到 41 万公里,也促进形成了美国统一市场。

(三)公路运输大发展阶段

二战之后,军备要求全国范围内大城市间构建高速公路网络,同时汽车生产量及保有量显著增加也要求发挥公路的基础设施作用,增加公路运输量,发挥干线公路的作用。

在这个阶段,美国政府和相关部门对交通运输的发展主要采用资助扶持等激励手段。1916 年 7 月 11 日,伍德罗·威尔逊总统签署"联邦公路资助法案",1944 年制定联邦公路辅助法案,即关于战后美国对主干公路建设的辅助办法,1956 年,美国总统艾森豪威尔联合国会通过了《联邦资助公路法案》,以促进就业为导向确立了高速公路的发展框架,并正式提出"国家州际公路系统"的概念,这一法案规定州际高速公路由联邦政府和州政府按照 9∶1 出资,其中联邦资金由"联邦公路信托基金"提供,这个基金提供的资金的一部分来自机动车燃油税;另一部分来源于大

型车辆的销售税和使用税等。1966年，立法又明确规定，州际公路至少要修建4车道，且取消一切平面交叉路口，允许将符合标准的道路、桥梁、隧道都纳入州际公路系统。在此期间，美国州际公路建设驶入快车道，平均每年新增约2000千米，这种态势一直延续到1980年才基本结束，促成了美国近4.6万英里（相当于74029824米）的联邦州际公路的建成。通过大规模公路基础设施投资以促进就业，为国民提供更多的就业岗位。

高速公路网是美国公路网主骨架，州际公路里程就占高速公路总里程的84%。从公路网系统来看，州际公路里程仅占公路网总里程的1.1%，但承担了1/4的交通量，其单位里程承担的交通量是公路网中其他公路的27倍。州际公路系统发挥了巨大的作用，较好地使美国成为"车轮上的国家"。

20世纪80年代，美国的公路网建设基本完成，公路在美国运输体系中逐渐居于主导地位，在客运和货运方面都占据重要地位。公路的快速发展，极大地提高了公路运输在运输体系中的地位，经济社会发展对公路的依赖程度进一步提高。

（四）综合运输发展阶段

此阶段是以可持续发展为目标的综合运输发展阶段，这由1991年国会通过的《美国地表运输联运及效率法案》（又称"冰茶法案"）主导，冰茶法案明确指出，未来30年公路建设的重点是完善公路与航空、铁路、水运各种交通方式之间的衔接，促进多式联运发展，加强对现有公路的质量检验、维护保养，不断提高公路管理水平，减少交通事故，确保交通安全，减少噪声污染。1998年在冰茶法案的基础上又制定了美国21世纪运输平等法案（又称"续茶法案"）。"冰茶法案"与"续茶法案"标志着美国的国家交通运输发展认识的革命性转变。各种交通问题使美国认识到应当充分发挥公路、铁路、水运、航空与管道等多种运输方式的各自优势，并通过紧密衔接与配合大力发展公共交通系统，用高科技提高现有交通运输系统效率，使交通运输发展走上可持续发展之路。

2000年9月，美国运输部制定并颁布了2000～2005年美国交通运输战略规划，明确了交通运输发展的各项战略目标，其中环境战略目标的主要内容是减少运输过程中的污染现象，包括运输对自然环境和人文环境的污染，逐步实现交通环境的可持续发展。《国家运输科技发展战略》规定，美国交通产业结构或交通科技进步的近期目标是提高运输系统结构的完善性，使国家运输基础设施新增通行能力，通过建立高效和灵活的运输系统，确保运输系统的畅达、综合、高效和灵活等，从而建立安全、高效、充足和可靠的运输系统，其性质是环境友善的。美国交通运输政策的核心是"大交通"，采用的是铁路、公路、水路、航空等各种运输方式统一并由美国运输部进行综合管理的方式，通过政策的导向调整各种运输方式的力量，大力发展综合运输。

二 美国交通发展特征

美国由航空、公路、水路、铁路等交通方式所构成的完善而庞大的交通系统连接了美国各地，四通八达的交通网促进了各地经济的快速发展，具有以下特征。

（一）安全至上

2005年，美国联邦政府通过《安全、可承担、灵活、高效、公平运输法案》，其中实现交通安全是实施交通规划的八个目标中非常重要的一个，也是最新一轮综合交通规划最引人关注的主题。从1966年起，美国联邦公路管理署就联合国家道路交通安全管理署、联邦机动载运交通安全委员会等部门，制定了多个交通安全规划法案和指导理论，如道路安全法案、"道路安全战略计划"等。各州交通厅也从不同方面，如工程、法律、教育和紧急医疗救助方面制定交通安全规划。从1997年开始，美国运输部每5年发布一次战略计划，到2020年已颁布了7个"战略计划"。这些战略计划是美国最新的国家交通发展纲领文件，描绘了美国运输部的使命，是对未来几年美国交通整体

发展方向的主要判断和导向性文件。在二十几年的战略计划中，美国不断强调交通安全的发展理念和价值目标，把安全放在第一位。

（二）注重创新发展

美国交通科技创新的核心是美国各个大学的交通研究机构、国家研究中心以及学会（协会），是科技创新的动力和源泉所在。美国在交通创新发展方面投入大量资金和人才，据统计，1995年，美国交通研发经费就达到了总研发经费的20%，远远高于同时期日本的0.7%、中国香港的0.4%，同时与交通科技创新有关的法律（包括陆上综合运输效率法案、信息自由法、知识产权法、政府采购法等）为交通科技创新提供了强大的法律保障。美国交通运输的创新发展使美国在现有的交通基础设施运营的条件下，能够应用现代化的科学技术和管理手段，最大限度地提高交通运输的效益，促进国民经济健康可持续发展。

可以说，美国的交通发展史就是一部交通技术发展史。第一次科技革命使美国开凿运河；第二次科技革命使美国铁路得到迅速发展，也使美国的经济从农业经济逐渐转型为工业经济，促进了美国贸易的快速发展。21世纪以来，美国将更多的前沿技术用于交通运输行业，促进交通运输行业创新发展，不断提高交通出行的安全性和可靠性，同时将交通运输对能源消耗、自然环境和建筑环境的影响降到最小，以实现交通运输的可持续发展。

（三）重视基础设施建设

美国交通基础设施发展较早，因此面临年久失修的情况，随着交通流量的增加，美国交通拥堵情况更加恶化，因此更加重视对交通基础设施的建设，高速公路方面也要求各级政府和私营部门增加资金以解决大量需求的积压问题。2014年，美国总统奥巴马就提出一项为期4年、斥资3000亿美元的基础设施建设计划；现任总统特朗普上任后又出台一项1万亿美元的基础设施建设计划，主要用于铁路和公交系统、港口、机场、水路、供水和污水处理系统、能源基础设施、公共原住民土地等方面支出。美国运输部基础设施许可改进中心不断推进改革，以加快环境审查和重大基础设施项目的许可，同时改善环境和社区成果，加强机构间的协调。

三 美国交通发展现状

目前，美国仍拥有世界上最发达、最完善的交通运输体系。在美国建设完善的综合运输体系过程中，各种交通运输方式也在不断发展。

（一）公路

美国由联邦公路管理局负责管理全国公路、桥梁和隧道的建设、维护和保护。截至2018年，美国公路里程变化情况如图1所示。

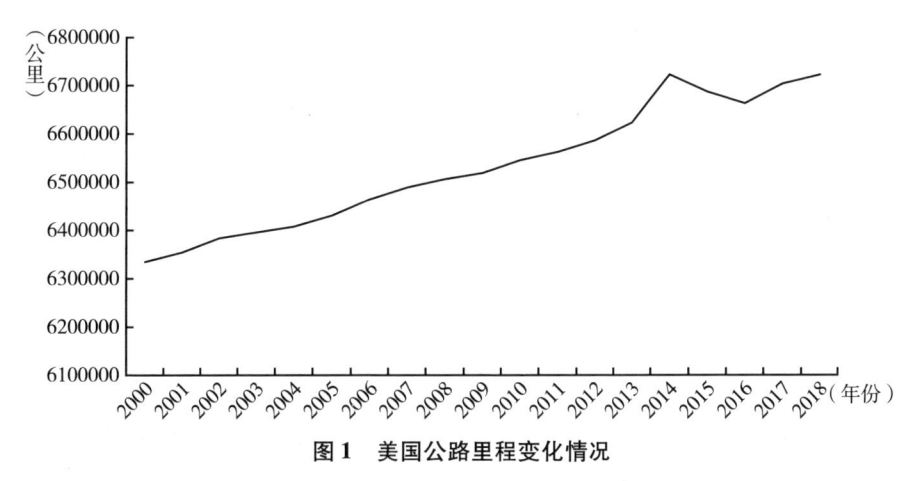

图1 美国公路里程变化情况

资料来源：美国运输部。

由图1可知，2014年之前，公路里程逐步增长，在2014年达到最高，之后在2016年有所回升，这可能与美国《快速法案》的颁布实施有关，2015年12月4日，第一部涉及为地面交通基础设施规划和投资提供长期资金确定性的联邦法律《修复美国陆地运输法案》（即《快速法案》）颁布，《快速法案》授权在2016~2020财政年度为公路、公共交通、机动车运输安全、危险材料安全、铁路以及研究、技术和统计等项目提供

3050亿美元。

2018年，美国公路旅客周转量为6244.77亿人公里，如图2所示，2007年迅速增长，之后有所下降，但从2011年开始又有逐步回升的趋势，这与美国的交通出行方式有关，因其小汽车保有量非常高，选择自驾出行的人非常多。美国公路客运里程变化情况如图3所示。

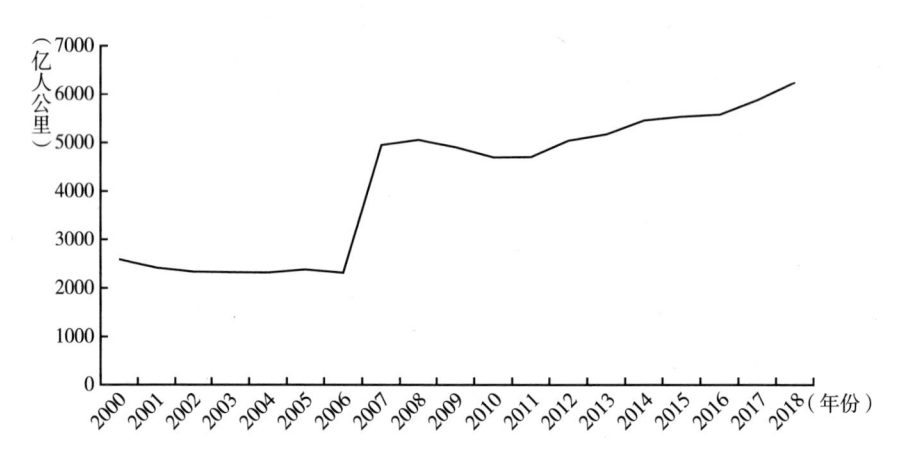

图2 美国公路旅客周转量变化情况

资料来源：美国运输部。

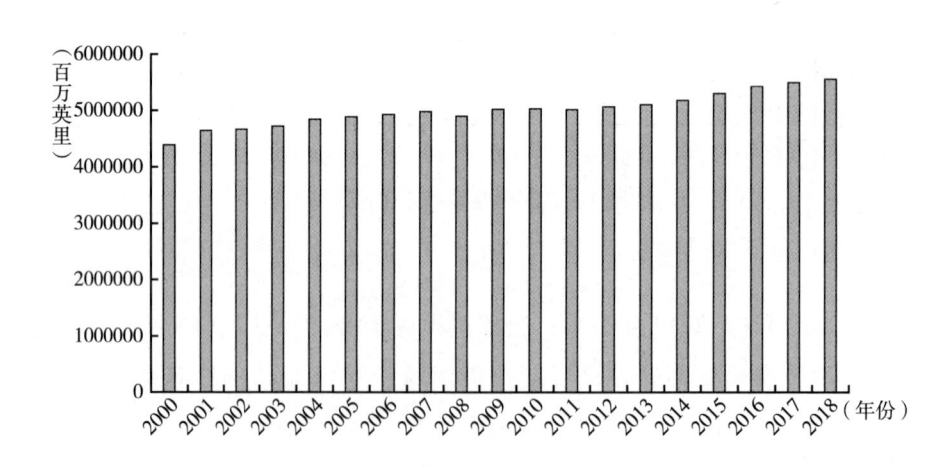

图3 美国公路客运里程变化情况

资料来源：美国运输部。

（二）铁路

截至2018年，美国铁路运营里程为183858公里，相比2000年的196742公里，降低7%（如图4所示）。截至2020年6月，美国铁路货运网运行里程近14万英里（相当于225308160米），被广泛认为是世界上最大、最安全、最具成本效益的货运系统。与其他主要运输方式相比，铁路业主每年花费近250亿美元来维持和增加系统的运力。自1967年美国联邦铁路管理局成立以来，促进高速铁路和其他城际客运服务的发展一直是其工作的重要组成部分。美国联邦铁路管理局主要通过颁布、实施和执行安全法规来完成这一任务，选择性投资以完善全国铁路网。

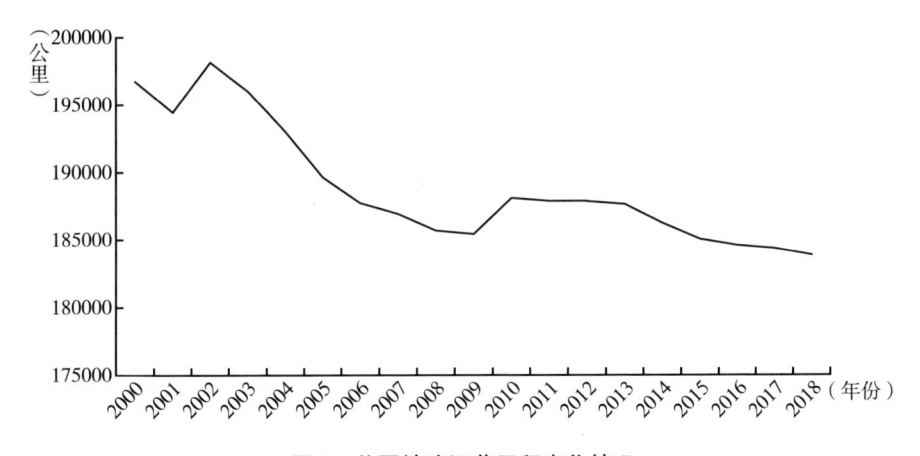

图4　美国铁路运营里程变化情况

资料来源：美国运输部。

美国有600多条货运铁路在运营。7条"Ⅰ级"铁路（2018年收入至少为4.9亿美元）里程大约占货运铁路里程的68%，员工数量占员工总数的88%，员工收入占总收入的94%。每条Ⅰ级铁路在多个州运营，铁轨有数千英里（1英里相当于1609.344米）长。非Ⅰ类铁路（也称短途铁路和区域铁路）的规模范围从每月处理几车货物的小型业务到接近Ⅰ类规模的多州业务，每年的收入加起来有几十亿美元。

由图5可知，重轨铁路的运输里程在美国占比是最高的，通勤铁路紧随其后，城际/Amtrakh以及轻轨铁路运输里程相对较低，但总体来看，除重轨铁路的运输里程有所下降外，其他均呈现稳定缓慢增长的趋势，2018年，铁路客运里程比2000年增加了28%。铁路旅客周转量变化幅度很小，从2000年的89.7亿人公里变化到2018年的102.37亿人公里，这与美国民众选择出行交通方式的特点有关。

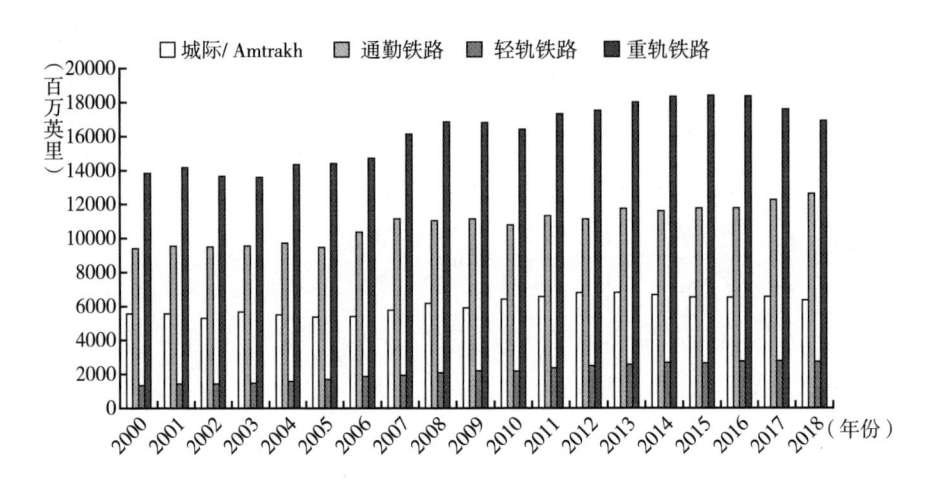

图5 美国铁路运输里程变化情况

资料来源：美国运输部。

（三）航空

美国是全球最大的航空运输市场，同时也是支线航空大国，支线航空主要用于连接枢纽及其附近的城市，各州政府对州内支线航空也给予补贴，鼓励航空发展，美国联邦航空局发布的《国家一体化机场系统计划（2019~2023）》指出，近5年来，由于经济状况不佳、燃油价格上涨等，美国通用航空飞行活动减少了2%；从2000年以来的数据计算，则减少了34%。2000~2018年，美国航空运输客运里程呈现波动增长的趋势，2007~2009年有所下降，之后逐步回升（如图6所示）。

美国机场数量从2000年的19281个增加到2019年的19636个，其中用

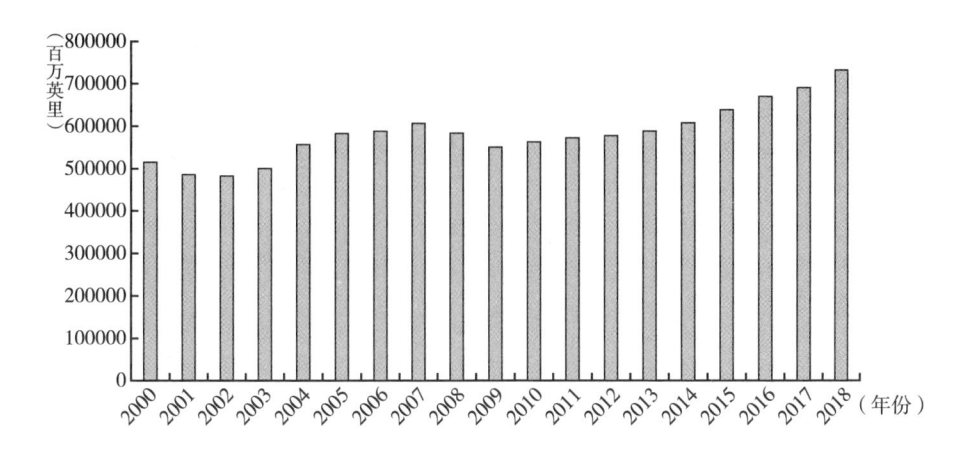

图6 美国航空运输客运里程变化情况

资料来源：美国运输部。

于公共使用的机场数量从2000年的5317个减少到2019年的5080个，用于私人使用的机场数量从2000年的13964个增加到2019年的14556个（如图7所示）。

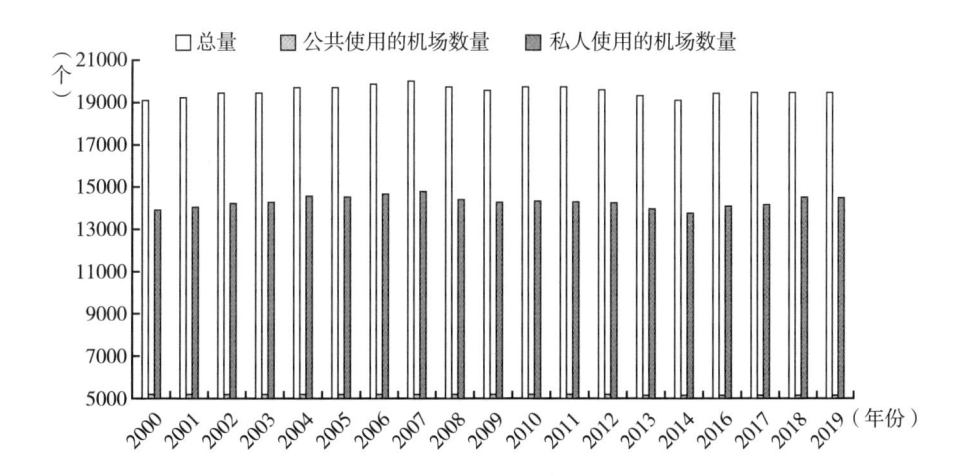

图7 美国机场数量变化情况

注：2015年数据缺失，2018年的数据为修订后的数据。
资料来源：美国运输部。

美国航空旅客周转量增长速度较稳定，2018年，旅客周转量为11755.07亿人公里，相比2000年的8297.75亿人公里增长41.7%。2019年，美国的航空客运量达到92643.7万人，相比2002年的61277.8万人增长51.2%（见图8）。

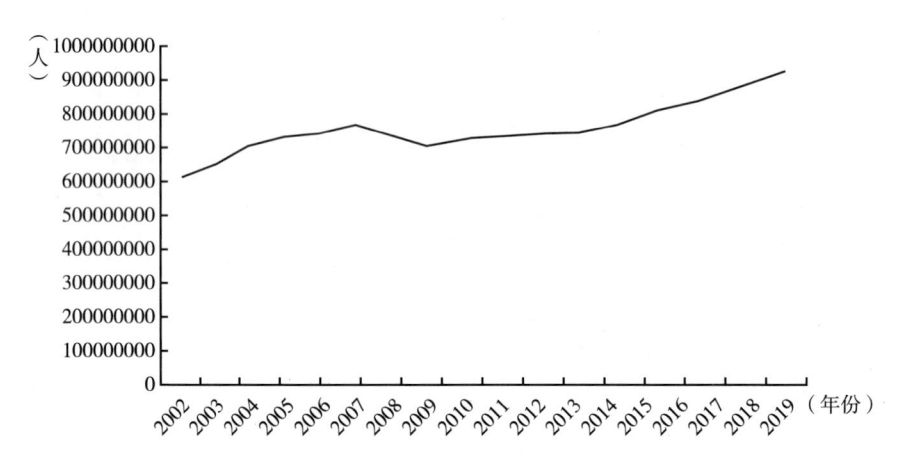

图8 美国航空客运量变化情况

资料来源：美国运输部。

（四）水运

2018年，美国水运营业收入达到45950百万美元，但是，2000~2018年，美国的水运航道里程几乎没有发生变化，保持在40234千米左右。2020年6月，美国交通部部长赵小兰宣布拨款950万美元以用于美国的海洋公路建设。美国交通部海事管理局根据"美国海洋公路计划"向全国8个海洋公路项目拨款950万美元以用于改善通航水道，并扩大现有的水路货运服务范围，以减少道路拥堵情况，并帮助周边社区和地区实现经济复苏。

自2016年以来，美国交通部海事管理局为美国海洋公路计划提供了3380万美元的拨款。共有18个符合条件的海洋公路项目获得了资金援助，以进一步改善运输系统和维护国家安全，增加国家的战略海运资源，并在发生灾害或国家出现紧急情况时提供替代运输方式。美国水路客运里程从

2015年开始变化幅度趋于稳定。图9显示了2000~2018年美国水路客运里程变化情况。

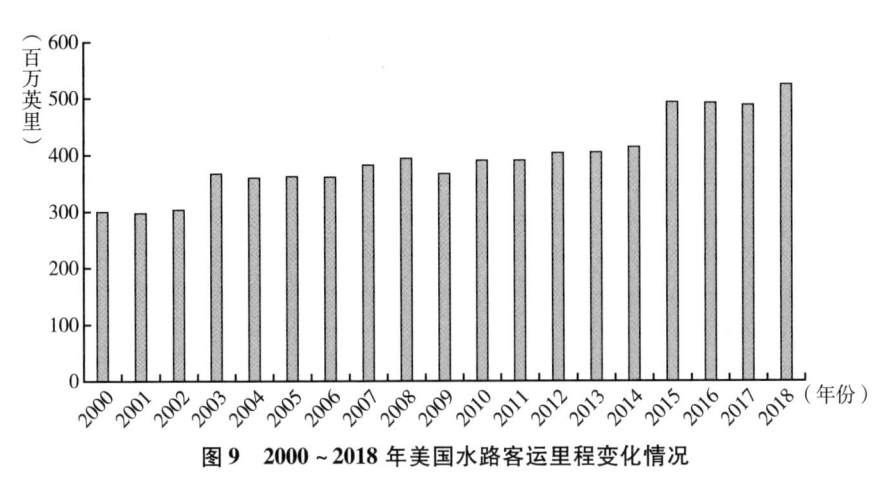

图9 2000~2018年美国水路客运里程变化情况

注：1英里相当于1.609344千米。
资料来源：美国运输部。

四 美国交通未来发展趋势

经济的快速发展，对交通运输也不断提出新的要求，美国未来交通发展具有以下新的趋势。

（一）发展智能交通

2020年3月，美国交通部发布《智能交通系统战略规划2020~2025》（以下简称"ITS战略"），大力支持使用智能交通系统（Intelligent Transportation Systems，ITS）的创新技术，包括自动驾驶系统、数据交换、频谱利用率、人工智能/机器学习、网络安全、新兴技术等六大方面。通过联合办公室和合作伙伴的领导，美国交通部开展并资助了前沿技术领域的研究与开发且对每一代ITS进行评估。近30年以来，这些措施不断提高地面交通的安全性、效率和可达性，从而挽救更多生命、改善出行体验、提高经

济效益。目前，美国是全球范围内应用智能交通系统最为成功的国家之一，逐步建立起一个领先世界的国家层面的技术型交通运输基础设施体系，成为经济增长和全球竞争力的引擎。

（二）加快多式联运

在经济全球化的背景之下，美国多式联运发展充分发挥了各交通方式的比较优势，形成了完善的多式联运集疏运体系，在原有的发达的交通基础设施网络的基础上，发展多式联运。在美国运输部每隔5年制定的交通战略规划中，1996年就将多式联运定义为美国交通系统的特征之一，后来的几次战略规划也均将多式联运作为主要发展内容，而且要通过发展多式联运来减少能源的消耗，发展可持续交通。同时为了进一步推动多式联运发展，美国政府颁布多项多式联运政策和放宽运输市场管制的政策，促进一大批适应多式联运发展的市场主体出现。美国工业化发展带来的物流需求结构转变使美国交通发展面临日益趋紧的资源和环境约束，对运输物流提出了多样化、安全、方便、快捷等更高质量的要求，同时提升运输和物流效率也是经济发展的必然要求。因此，在未来发展中，应以多式联运为战略主导，发挥各种交通运输方式的比较优势，以提高整体运输效率，为美国继续保持经济优势、推动全球化进程和进行国际贸易提供有力支撑。

五 美国交通发展对中国交通强国建设的借鉴

交通强国建设需要不断学习，不断进步，本报告通过梳理美国交通发展的历程、特征、现状以及未来趋势四个方面，发现美国颁布的相关交通战略、未来发展理念等促进了交通运输业的快速发展，值得我国在交通发展建设中参考学习。

（一）发展可持续交通

随着中国城市化的大规模推进，小汽车越来越普遍，城市交通拥堵和空气污染问题越来越严重，也越来越受到人们的关注和重视。交通的可持续发展应当是中国交通发展的未来方向，应把通过发展高质量的公交出行系统作为交通可持续发展的基础，高质量的公共交通可以承担大量机动化出行任务，降低私人小汽车的出行比例。同时建立以人为本的城市出行空间，建立绿色出行交通方式（如自行车等）和实现城市公共交通系统的良好衔接，促进城市交通体系一体化发展。随着科学技术的进步，新的交通工具和新的出行模式也应得到迅速推广，如电动自行车和共享单车，这些新的出行模式将极大推动可持续交通发展。

（二）完善交通相关法律体系

我国经济正处于增长阶段，对人和货物移动的交通需求持续高速增长，促进我国交通运输事业快速发展。快速发展也带来超常规的挑战，带来各种交通安全、环境污染与能源消耗问题，成为影响我国社会经济发展进程和可持续发展的重大战略问题。因此，在交通运输发展政策制定目标上，应支持社会经济发展与改善居民生活质量并重，在经济快速增长的同时，更需要注重支持经济的健康发展并予以持续关注，同时关注社会居民中的弱势群体。在交通运输发展政策制定原则上应坚持因地、因时制宜与整体统筹协调原则及可持续发展原则。美国在交通基础设施方面已构建了较为完善的法律法规体系，对技术设施建设资金筹措、分配、使用方面的规定较为细致，可操作性较强，未来，我国也可出台针对各种交通方式投融资的专项法规，详细规定发展资金的不同来源，包括国家财政拨款、公路使用者税收收入、车辆通行费、个人或企业投资、贷款、社会集资等的筹集、分配、使用事宜以及各投资主体出资比例等内容。完善我国相关法律法规体系，有利于建立稳定的资金来源和提升科学管理水平，促进我国交通事业健康发展。

（三）重视交通基础设施的养护工作

美国交通运输快速发展的原因在于对交通基础设施投资的大力支持，以及运输技术的创新发展，并最终扩大了市场规模和促进经济快速增长，但目

前大部分交通基础设施如高速公路、铁路都面临年久失修的问题，需要大量资金投入。因此，借鉴美国发展经验，我国目前在公路、铁路建设方面投入大量资金，但是需要意识到，建设运营只是一部分，在公路、铁路的充分发展后，应尤其重视交通基础设施的养护工作。根据实际情况制订周密的养护计划，延缓使用寿命，充分发挥交通基础设施的优势，减少后续的资金投入，促进交通运输可持续发展。

参考文献

[1] 岑晏青、周伟：《我国公路建设任重道远——美国公路发展历程给我们的启示》，《交通世界》2003年第4期，第24~27、16页。

[2] 李峰：《指导美国未来交通运输事业的"冰茶法案"简介》，《综合运输》1994年第8期，第36~39页。

[3] 李晔、张红军：《美国交通发展政策评析与借鉴》，《国外城市规划》2005年第3期，第46~49页。

[4] 刘鹏飞：《美国交通运输政策的演变》，《交通企业管理》2003年第6期，第18~19页。

[5] 《美国公路发展历程的启示》，《公路运输文摘》2003年第5期，第40~45页。

[6] 史子然、杨云峰：《美国的高速公路管理体制》，《国外公路》2000年第1期，第2~9页。

[7] 王辉：《美国交通科技创新体系及对我们的启示》，《中国软科学》2000年第4期，第52~57页。

[8] 王卫、过秀成、孔哲、金璟：《美国城市交通规划发展与经验借鉴》，《现代城市研究》2010年第11期，第69~74页。

[9] 杨雪英：《美国未来交通运输发展趋势及思路》，《工程研究——跨学科视野中的工程》2017年第2期，第117~124页。

[10] 袁瑜：《美国公路发展政策及资金来源研究》，《交通标准化》2018年第3期，第9~17页。

B.14
构建高质量铁路网 服务海南自贸港建设

高明明*

摘　要： 海南是我国最大的经济特区，具有实施全面深化改革和试验最高水平开放政策的独特优势。按照国家部署要求，到21世纪中叶，海南将全面建成具有较强国际影响力的高水平自由贸易港。铁路作为国民经济大动脉、大众化交通工具和重大民生工程，是海南省构建现代化综合交通基础设施网络的重要组成部分。本报告系统梳理了海南省社会经济和交通发展特征，详细分析了铁路发展面临的形势和要求，结合国内外自由贸易港发展的经验借鉴和铁路发展中存在的问题，提出了高质量构建海南省铁路网的五项重要举措，即提升路网覆盖及通达水平，加强对外铁路通道建设，优化岛内铁路客运网布局，完善岛内铁路货运系统，分阶段分步骤做好实施工作。

关键词： 海南　自由贸易港　铁路网

海南是我国最大的经济特区，位于我国南端，北隔琼州海峡与广东相望，西临北部湾与越南相对，南依南海与菲律宾、文莱和马来西亚为邻。海南省的陆地面积为3.54万平方公里（与台湾地区面积相当），海域面积约

---

* 高明明，中国铁路设计集团有限公司交通运输规划研究院副总工程师，正高级工程师。

为200万平方公里。全岛轮廓近椭圆形,长轴为东北至西南向,长约290公里,西北至东南宽约180公里,岛屿海岸线总长1823公里。相隔陆岛的琼州海峡宽约18海里,是陆岛间的"海上走廊"。

铁路作为国民经济大动脉、大众化交通工具和重大民生工程,是海南省构建现代化综合交通基础设施网络的重要组成部分。环岛高铁、粤海轮渡等线路在海南省经济社会发展中发挥了重要作用。为贯彻落实习近平总书记提出的关于推动海南经济特区全面深化改革开放、建设海南中国特色自由贸易港的指示精神,按照《中共中央国务院关于支持海南全面深化改革开放的指导意见》《海南自由贸易港建设总体方案》等部署要求,需要加快构建对外通道强、内部运输畅、贯通南北、衔接东西的现代化铁路运输网络,为打造交通运输改革开放试验区、交通强国建设先行区提供重要的基础保障。

一 社会经济及交通特征

(一)社会经济特征

2018年,海南省常住人口为934万人(约为台湾地区人口的40%),人口密度为264人/公里^2,城镇人口比重为59.1%,略低于全国平均水平(59.6%),且主要集中在海南岛;实现GDP 4832亿元,居全国第28位,按可比价计算,同比增长5.8%;人均GDP为51955元,为全国平均水平的81%,同比增长4.8%,总体上属欠发达地区。三次产业结构之比为20.7∶22.7∶56.6,与全国的7.2∶40.7∶52.2相比,农业与以旅游业为主的第三产业所占比例较大,工业基础较为薄弱。2018年,海南省共接待国内游客7501万人次,国际游客126万人次,旅游总收入为950亿元,对GDP贡献率约为19.7%。海南旅游客流相对集中在12~2月,"候鸟型"旅游特征明显,其中海澄文、大三亚接待过夜旅游人数占全省的72.7%,东部地区占13.6%,西部地区占7.9%,中部地区占5.8%。

（二）综合交通特征

目前，海南初步形成了铁路、公路、航空、水运共同发展的综合交通运输体系。铁路方面，已形成"一环一线一渡二支"的路网格局，运营里程为1033公里（其中高铁为653公里，占63.2%），路网密度为2.9公里/百公里^2，铁路县市覆盖率为58%；公路方面，形成以"田字形"高速公路为主骨架，以国省道为干线，县乡道相连、辐射全岛的公路网格局；航空方面，形成了以海口美兰机场和三亚凤凰机场两大干线国际机场为主，以博鳌支线机场、离岛的三沙永兴机场为辅的格局；水运方面，已形成以海口港、洋浦港、八所港、三亚港和清澜港为主的"四方五港"格局，全岛港口资源整合正在全力推进。

（三）运输服务特征

客运方面，2018年，全社会旅客发送量为1.5亿人次，以公路运输为主，占62.3%；航空、水运分别占12.8%、5.8%；自2011年东环高铁开通以来，铁路客运量逐年增加，2018年达到2958万人次，占19.1%，年均增长16%，其中省内为2847万人次，占96%。货运方面，2018年，全社会货运量为2.2亿吨，以公路运输为主，占54.6%；以水运为辅，占40.4%；航空最少，占0.2%；铁路货运发送量为1068万吨，占4.8%，以省内发送为主，占96%；近年来，海南铁路货运量呈现总量偏小、稳中有升的发展特征，2011年以来，年均增长率约为6%。

二 面临的发展形势要求

（一）运输需求特征

按照国家赋予海南"三区一中心"（全面深化改革开放试验区、国家生态文明试验区、国际旅游消费中心、国家重大战略服务保障区）的战略定位和逐步探索、稳步推进建设中国特色自由贸易港的总体要求，持续深化改革，培育贸易新业态、新模式，坚持发展服务型、开放型、生态型经济。

根据海南的相关发展规划，人口与经济方面，预计2020年，海南省人口达到996万人，GDP达到5190亿元，其中服务业占比为58%，人均GDP达到5.5万元；至2035年，海南省人口达到1312万人，人均GDP达到国内先进水平。城镇规划方面，海南将构建"一环、两极、多点"的城镇空间结构，着力打造海澄文一体化综合经济圈、大三亚旅游经济圈，不断优化城镇空间布局。产业方面，形成由旅游业、现代服务业、高新技术产业主导的产业体系；着力构建"两圈四组团"的旅游格局，预计2035年，接待过夜旅游人数超过1.1亿人次，仍以南北两极为主，其中西部、中部接待过夜旅游人数占比分别提升到2035年的14%、16.5%。交通方面，随着综合交通体系的不断完善，海南全社会客货运量持续快速增长，全社会客运量由2018年的1.5亿人次增至2035年的3.6亿人次，旅游、商务客流特征明显；全社会货运量由2018年的2.2亿吨增至2035年的3.3亿吨，伴随海南产业结构调整，岛内大宗物资运输减少，轻便化、快捷化运输成为发展趋势。

（二）对铁路的发展要求

铁路作为国民经济大动脉，对服务国家重大战略实施、保障和改善民生、引领带动地区发展尤其是进行旅游资源开发利用、绿色出行等方面意义重大。基于海南地理特征，对照海南发展特色，一是要求提升琼州海峡铁路通行能力和效率，对接粤港澳大湾区、北部湾城市群等，加强区域合作交流互动；二是要求利用好岛内既有铁路资源，满足市域（郊）客流出行需求；三是要求规划新建线路，进一步提升铁路覆盖率，强化"两圈四组团"之间的沟通联系；四是要求创新铁路运输服务产品，提升铁路服务质量；五是按照实施公转铁、降低全社会物流成本的总体要求，加快构建完善的货运服务体系，推动区域绿色发展。

三 国内外发展经验借鉴

（一）对标自由贸易港

中国香港、新加坡和迪拜是国际公认的较为成功的自由贸易港，2018

年，GDP 分别达 3630 亿美元、3642 亿美元、1084 亿美元；服务业发达，GDP 分别占 92.7%、74.8%、79.8%；交通运输体系完善，港口集疏运水平高，集装箱吞吐量分别为 1959 万 TEU、3660 万 TEU、1495 万 TEU。三个地区作为自由贸易港普遍经历了由运输与贸易紧密结合的海港型最初阶段、以出口加工区为代表的工业型中间阶段，并处于现在的港城一体融合发展的综合型阶段。海南 2018 年的 GDP（730 亿美元）为中国香港、新加坡 20 世纪八九十年代的水平，为迪拜 10 年前的水平，港口发展服务形式相对单一，集装箱吞吐量为 214 万 TEU，处于自由贸易港的初级阶段（海港型）。三个地区海港型阶段的主要任务是优化产业结构，实施优惠关税政策，强化交通基础设施建设，尤其是实现与港口等对外交通衔接一体化。

（二）对标地理类似区域

日本、中国台湾与海南在地形地貌上较为相似（均为岛屿性，以山地为主），两个地区经济比较发达（日本的 GDP 为 4.7 万亿美元，中国台湾为 0.57 万亿美元），日本、中国台湾三次产业结构之比分别为 1∶30∶69、2∶35∶63，服务业、工业水平远高于农业。从经济发展水平、产业结构、铁路网规模、客货运结构等方面与海南进行对比发现，海南地区经济发展水平相当于日本 20 世纪 60 年代、中国台湾 20 世纪 80 年代水平。在那个经济发展阶段，日本制造业正向国际转移，新技术不断涌现，开启了以新干线为代表的高速铁路建设，串联重点城市，开发沿线经济，提升铁路服务质量，形成了目前以新干线为骨干的"鱼刺型＋大东京都市圈"路网格局（运营里程为 2.8 万公里，其中新干线为 2765 公里）；中国台湾从 20 世纪 80 年代也开始逐渐进入转型阶段，经济增速从以前 10% 的高速增长阶段进入 6%~7% 的中速增长阶段，产业发展转向技术知识密集型，着手进行西部干线铁路电气化改造，建设东部干线铁路，筹划建设西部高速铁路，强化西部人口与城市密集地区的交通走廊，全岛形成了目前"一环一线"的路网格局（运营里程为 1546 公里，其中高速铁路为 350 公里）。截至 2018 年底，海南铁路网规模（运营里程、密度）为 1033 公里、2.9 公里/百公里^2，低于日本（2.8 万公里、7.4 公里/百公里^2）、中国台

湾（1546公里，4.3公里/百公里^2）；铁路客运市场份额为19.1%，远低于日本（79.8%）、中国台湾（46.3%）；货运结构相似，均以公路运输为主，铁路货运市场份额为5%，高于日本（0.9%）、中国台湾（0.1%）。

（三）发展经验借鉴

习近平总书记强调，海南自由贸易港是中国特色的自由贸易港。海南是相对独立的地理单元，偏离国际主航线，自身缺乏足够的发展腹地，不适宜大规模发展加工贸易。要充分发挥改革开放先行先试的优势，紧密结合海南的资源条件和现实基础，聚焦发展旅游业、现代服务业和高新技术产业，引进全球高端生产要素，打造具有国际竞争力的开放型生态型服务型产业体系，进一步夯实实体经济基础。因此，海南未来发展不以转口贸易和加工制造为重点，海南自由贸易港将由海港型初级阶段直接过渡到第三阶段（实现贸易信息化、多产业融合发展、港城一体化）。在这个过程中，海南宜借鉴国内外先进经验，按照海南省的海南岛作为一个城市的理念，整体进行谋划，围绕产业和港口布局，加大交通基础设施投入力度，完善综合交通体系，做好中国特色自由贸易港功能分区，采用"港城一体"的发展模式。

通过与国际自贸港基础设施发展的对标，对海南铁路发展有以下启示。一是需要按照海南岛作为一个城市的思路对铁路网进行整体、超前规划，提升铁路市场份额，支撑新时代海南产业转型升级。二是需要扩大铁路覆盖范围。按照海南的地理环境，串联主要经济据点和对外交通设施，适当扩大和增加铁路网规模和体量，支撑海南城镇体系构建和旅游布局。三是需要提升服务质量。围绕战略要求、区位优势，提升对外通道铁路服务水平，强化岛内南北主轴出行品质；依托海南旅游产业优势，创新经营模式，提升服务质量。四是需要补齐发展短板。充分利用既有铁路资源升级改造的契机，满足市域（郊）客流出行需求；以整合港口资源为契机，补强港区铁路集疏运短板，推进多式联运发展，做好"最后一公里"衔接，促进港城融合。

四 铁路发展存在的问题

对标国际经验和服务海南建设自由贸易港、构建现代综合交通运输体系的总体要求,区域铁路发展还存在不平衡不充分问题。具体如下。

(一)海南岛内路网覆盖不均衡,密度偏低

2018年底,海南省铁路运营里程为1033公里,密度为2.9公里/百公里^2,从铁路覆盖面积角度看,与地理位置相似的中国台湾、日本有一定差距,路网规模偏小、密度偏低。从覆盖城市人口集中区域看,"一环一线一渡二支"路网覆盖了沿海的海口、三亚、文昌、琼海等11个县市,中部地区五指山、屯昌、定安等7个县市尚未覆盖,并呈现"沿海强,中部弱"的布局。

(二)铁路骨干作用未凸显,市场份额低

海南省对外交通客运以航空运输为主(铁路仅占5%),货运以跨海滚装为主(铁路仅占3%);岛内交通客货运输均以公路运输为主(铁路在客货运输市场中分别占19%、5%),与国家调整运输结构、减少公路运输量、增加铁路运输量的要求不匹配。

(三)运输服务质量难提高,品质不高

一是跨海出行时间长。对外交通主要依靠粤海铁路、轮渡,海况良好情况下跨海时间为90分钟,易受天气影响,服务品质不高。二是区域内客流服务水平有待提高。随着海澄文经济圈、大三亚旅游圈不断发展,内部组团市域(郊)客流将占铁路总运量的23%,既有运输缺乏公交化市域(郊)列车服务,难以满足未来旅客出行需求。

五 构建高质量路网的主要举措

全面落实党中央、国务院对海南提出的"三区一中心"战略定位,需

要在用好既有路网的基础上，尊重客观发展规律，按照规划适度超前、实施恰当合理、形态互联互通、品质安全高效、理念智能绿色的原则，优化调整路网布局，提高路网灵活性，提升铁路运输市场份额，并做好长远规划与分步实施的衔接。

（一）提升路网覆盖及通达水平

聚焦发展要求，立足铁路实际，海南省需要进一步扩大路网规模，构建层次分明、功能清晰、覆盖岛内主要人口聚集地及旅游度假区的铁路网络，实现省域中心城市（海口、三亚）间、省域中心城市与区域中心城市（儋州、琼海）间"1小时交通圈"。对标国际自由贸易港的发展，2035年，岛内铁路客运市场份额需要提升到35%左右，海澄文一体化综合经济圈与大三亚旅游经济圈南北向通道客运市场份额需要提升到50%左右；铁路货运结构进一步优化，进出岛运量稳步提升，货运市场份额需要提高到3%左右。海南岛内铁路网在"一环一线二支"既有路网的基础上，逐步向"田字形"路网格局转变，总规模达到1700公里。逐步完善综合交通体系，有力支撑海南自由贸易港建设。

（二）加强对外铁路通道建设

在既有粤海轮渡基础上，研究建设跨海高速轮渡，衔接湛江至海安高铁，形成海南对外快速通道。跨海高速轮渡主要承担进出岛的高速客流量；既有粤海轮渡主要承担进出岛普速客流和货物运输。同时，结合琼州海峡两岸交通需求及海底地形、地质、水深等建设条件，预留建设跨海固定式通道的条件。

（三）优化岛内铁路客运网布局

未来海南岛内主要客运走廊依然呈现南北走向，从能力上看，既有东环、西环高铁可满足运输需求；从服务品质上看，东环高铁里程为284公里，全程旅行时间最快为1.8小时，西环高铁里程为345公里，全程旅行时间最快为2.8小时，时间较长，不利于两极同城化协同发展，服务品质有待提升；从长远发展看，岛内县市覆盖率偏低（61%），尤其中部地区尚无铁路，不利于全岛整体协调发展。

因此，为强化南北两极客运主轴，扩大路网覆盖范围，对接固定跨海铁路通道规划，预留未来发展空间，应尽快研究南北向高速铁路新通道。建议规划海南中线高铁，覆盖中部的定安、屯昌、琼中、五指山、保亭，提高铁路网覆盖率，提升铁路市场份额。中线高铁线路长约247公里（旅行时间为0.9小时），主要承担进出岛的高速客流、中部雨林组团的旅游客流，以及海口与三亚间的快速、直达客流。同时为提高路网灵活性，加强东西海岸城市间的交流，规划儋州至琼海铁路，与海南中线高铁实现互联互通，线路全长为120公里。为强化铁路与机场、港口等对外交通系统的衔接，规划三亚新机场支线（12公里）、洋浦支线（60公里）等，形成以"环岛高铁+中线高铁"为骨架、以"东西向铁路+支线"为补充的衔接高效客运网络。

（四）完善岛内铁路货运系统

基于海南产业布局，以海南既有西环货线为干线，在既有昌八、叉石支线基础上，规划建设马村港支线（20公里）、洋浦支线（客货兼顾），发挥马村港、洋浦港的集疏运功能；海南铁路物流主要服务建材、农产品等传统运输品类，除此之外，重点争取医药、食品、农副产品等物流运输，积极培育战略新兴产业市场，布局以海口南为主（二级物流基地），以洋浦为重点（三级物流基地），八所、三亚西、儋州、石碌、崖城（配送中心）多点辐射的三级物流体系，最终构建"干线运输+集疏运体系+物流基地+市内配送"的绿色现代物流网络。

（五）分阶段分步骤做好实施工作

目前，海南经济体量较小，人流、物流、资金流、信息流不足，短期内难以一蹴而就，建成高水平的自由贸易港，必须久久为功，循序渐进，既"慢不得"，也"急不得"。《海南自由贸易港建设总体方案》提出，分两个阶段推进海南自由贸易港建设。2025年前，要着力打基础、补短板、强弱

项；2035年前，要全面推进各项政策落地，实现各类要素便捷高效流动。

因此，铁路的发展应在充分管好用好既有铁路资源基础上，以需求为导向，以"补短板、搭跳板、上台阶"为阶段工作重点，区分轻重缓急，科学把握项目建设时序、建设标准，先期实施运输急需、条件具备的项目，为区域提供便捷、安全、顺畅的运输服务。2020年，聚焦补短板，充分利用、发挥好既有铁路资源的作用，提升海澄文、大三亚经济圈内部交通出行效率；2025~2030年，立足搭跳板、上台阶，强化海南对外通道服务能力，推动海南融入国家高铁网，支持洋浦港做优做强，打造儋州—洋浦成为功能一体、协同发展的综合交通枢纽；2035年，实现铁路客货运增量目标，建成具有世界先进水平的海南自由贸易试验区和中国特色自由贸易港。

参考文献

[1] 符正平、王海平、史欣向、郑蕴：《探索建设中国特色自由贸易港》，《中国港口》2018年第5期，第1~3页。

[2] 《何立峰：在海南建设中国特色自由贸易港 引领更高层次更高水平开放型经济发展》，中国共产党新闻网，http://cpc.people.com.cn/n1/2020/0602/c64094-31731940.html。

[3] 李思奇、武赟杰：《国际自由贸易港建设经验及对我国的启示》，《国际贸易》2018年第4期，第27~33页。

[4] 赵晋平、文丰安：《自由贸易港建设的价值与趋势》，《改革》2018年第5期，第5~17页。

Abstract

In the report of the 19th National Congress of the Communist Party of China, General Secretary Xi Jinping clearly proposed to build a modern and powerful socialist country, and regarded building a powerful transportation country as an important national development strategy. The construction of a strong transportation country is one of the important supports and masters of building a modern and powerful socialist country. In order to promote the construction of a strong transportation country, in September 2019 the State Council formulated and issued the "Outline for Building a Strong Transportation Country". Building a strong transportation country is the need to meet and serve the people, to ensure the development of the national economy, to seize the opportunities of the world's scientific and technological revolution, to occupy the commanding heights of transportation development, and to promote the high-quality development of transportation construction.

In 2019, the transportation economy was operating steadily, and the investment in fixed assets in transportation was 3216.4 billion, a year-on-year increase of 2.2%. The mileage of high-speed rail operations, expressway mileage, and inland waterway mileage are maintained at the world's first level. As of the end of 2019, the railway operating mileage was 139000 kilometers, ranking second in the world; the high-speed rail operating mileage reached 35000 kilometers, accounting for about 2/3 of the world's total high-speed railway mileage; the highway mileage was 5.0125 million kilometers, ranking second in the world; the freeway mileage reaches 149600 kilometers, ranking first in the world; the navigable mileage of inland waterways is 127300 kilometers, ranking first in the world. There are 238 civil aviation airports, with an airport density of 0.248 per 10,000 square kilometers. We have a total of 507 airports, ranking 14th in the world.

In the passenger transport market, the attractiveness of high-speed rail, civil aviation and rail transit continues to increase. Among them, the turnover of operating passengers was 3534.906 billion person-kilometers in 2019, of which railways accounted for 41.6%, an increase of 4% over the previous year; civil aviation accounted for 33.1%, an increase of 9.3% over the previous year; the turnover of highway passenger transport decreased by 4.6% from the previous year; the passenger volume of rail transit was 23.878 billion people, accounting for 18.7% of the total urban passenger transport.

In the freight market, a green and efficient modern logistics system has been initially formed. In 2019, the commercial freight turnover volume was 19404.456 billion ton-kilometers, of which waterways accounted for 53.6%, an increase of 5% over the previous year; highways accounted for 30.7%, which was a decrease from last year; the railway freight turnover volume was 3007.1 billion tons of highways. An increase of 4.4% over the previous year; the turnover of civil aviation cargo was 26.32 billion ton-km, an increase of 0.3% over the previous year. In addition, the traditional freight forwarding and modern logistics industry have been integrated and developed. In 2019, the express business revenue was 749.8 billion yuan, and the express business volume was 63.52 billion pieces, an increase of 25.3% over the previous year. Among them, the express delivery services of Guangdong, Zhejiang and Jiangsu Development ranks among the top three in the country.

Over the past 40 years of reform and opening up, China's transportation construction has made considerable progress, with remarkable results in transportation construction. The improvement of the transportation infrastructure network has accelerated, the level of transportation services has been further improved, the level of innovation in transportation technology has been significantly enhanced, the management system has been gradually improved, the governance capacity has been significantly improved, the efficiency of traffic safety management and processing has improved, and traffic congestion has been effectively alleviated. Whether it is transportation infrastructure, the quality of transportation services, or the technological innovation and management capabilities of the transportation industry, China's transportation development is already at the forefront of the world and has become a major transportation country, but there is still a certain gap between the goal of a strong transportation country.

The book is divided into four sections: the first is the general report, the second is the index section, the third is the capital development section, the fourth is the reference section. The general report summarizes the background and strategic significance of the "Outline for Building a Strong Transportation Country", and summarizes the construction achievements of China's transportation industry in terms of facilities, technology, management and services since the reform and opening up. The study found that the marginal contribution of traditional transportation industry on the macro economy is declining, and new types of transportation driven with smart technologies will play the role of a new macroeconomic engine.

The index section is based on the nine development goals for building a strong transportation country proposed in the "Outline for Building a Strong Transportation Country", and constructs an index system for the development of a strong transportation country in China, including 9 first-level indicators and 47 second-level indicators. The powerful country development index has conducted comprehensive research, measurement research, classification index research, regional comparison research and mass satisfaction research. The study found that the top two provinces and cities in the infrastructure index are Shanghai and Tianjin; the top two provinces and cities in the transportation equipment index are Beijing and Heilongjiang; the top two provinces and cities in the transportation service index are Guangdong and Zhejiang The top two provinces and cities in the science and technology innovation index are Beijing and Jiangsu; the top two provinces and cities in the traffic safety index are Yunnan and Jiangsu; the top two provinces and cities in the green development index are Jiangsu and Shanghai; The top two provinces and cities in the cooperation index are Jiangsu and Shandong; the top two provinces and cities in the talent team index are Liaoning and Sichuan; the top two provinces and cities in the governance level index are Yunnan and Beijing.

The Capital Development section systematically expounds the progress, existing problems and countermeasures of Beijing as the capital in various fields of building a powerful transportation country from four aspects: facilities, technology, management, and services. The study found that the modernization of Beijing's transportation facilities is mainly reflected in the scale and quality of Beijing's infrastructure and transportation equipment; Beijing's transportation technology innovation is developing in a sustainable direction of modernization, intelligent transportation, cleanliness and high-quality services; Beijing's construction of a strong transportation country The comprehensive management capability of Beijing needs to be improved, and information technology should be further used to improve the level of urban traffic management; Beijing's traffic services have realized the diversification and individualization of the supply, and the overall service level has been effectively improved.

The reference section combed the development history and characteristics of transportation planning in Japan, the United Kingdom, and the United States, and summarized the development status and future development trends of major transportation modes. And then it focuses on high-quality construction of the railway network of Hainan Province, serves the construction of Hainan Free Trade Port, and provides ideas and suggestions for the construction of China's transportation power.

Keywords: Traffic Power; Development Index of the Traffic Power; Regional Development; Urban Transportation

Contents

I General Report

B.1 Trends and Prospects of Building a Powerful Transportation
　　Country in China　　　　　　　　　　　　　　*Lin Xiaoyan, Li Da* / 001

　　Abstract: This report summarizes the background and strategic significance of the "Outline for Building a Powerful Transportation Country", and summarizes the construction achievements of China's transportation industry in terms of facilities, technology, management and services since the reform and opening up. The study found that China's transportation industry in 2019 shows the trend of improving quality and efficiency; in 2020, the construction of China's transportation power will show an intelligent upgrade trend; the marginal contribution of the traditional transportation industry to the macro economy tends to decline, and the new type of transportation driven by intelligent technology will play the role of the new engine of the macro economy.

　　Keywords: Traffic Power; Transportation Industry; Intelligent

II Index Section

B.2 Comprehensive Research on the Development Index of
　　China's Traffic Power　　　　　　　　　　　　　*Liu Tieying, Li Da* / 017

　　Abstract: This report describes the theoretical basis related to the development of a strong transportation country and the evaluation method of the transportation power index. The theory of the relationship between transportation and economic development, transportation economic theory, and system theory provide the theoretical basis for the study of the transportation power index. The index evaluation method is directly applied to the construction and evaluation of the traffic power index. In addition, this section introduces the indicator system, including 9 first-level indicators and 47 second-level indicators, including infrastructure index, transportation equipment index, transportation service index, technological innovation index, traffic safety index, green development index, open cooperation index, talent team index, and governance level index.

Keywords: Traffic Power; Index Evaluation; Traffic Power Index

B. 3 Research on the Measurement of China's Traffic Power Index

Liu Tieying, Wu Xiaofeng and Li Da / 036

Abstract: This report introduces the calculation of the traffic power index and the statistics of the indicators included in each index. The analytic hierarchy process is used to calculate the weight of each indicator; the extension analysis method and the fuzzy comprehensive evaluation method are selected to calculate the traffic power index; in order to improve the scientificity and reliability of the results, the calculation results of the two methods are converted into a percentile score, and a comprehensive evaluation result is obtained through weighted average. Finally, the paper performs descriptive statistical analysis on the index data contained in the nine major indexes of infrastructure, transportation equipment, transportation services, technological innovation, traffic safety, green development, open cooperation, talent team, and governance level, and conducts a provincial analysis on each index. It provides a basis for the next step in analyzing the development of powerful transportation countries.

Keywords: Traffic Power; Traffic Power Index; Analytic Hierarchy Process; Matter-element Extension; Fuzzy Comprehensive Evaluation

Contents

B.4 Report on the Classification Index of China's Inter-provincial

Transportation Powers *Liu Tieying, Zhang Guixi* / 113

Abstract: The report in this chapter calculates the nine major indexes and ranks them separately, further clarifies the differences in the development of each index in different provinces, cities and regions and its reasons, and proposes improvement measures. The study found that the top cities in the infrastructure index are mainly concentrated in the economically developed eastern regions such as Shanghai and Beijing; the characteristics of the transportation equipment index are similar to this; the regional differences in the transportation service index are relatively even, and the leading cities such as Guangdong and Zhejiang Provinces have outstanding overall performance in terms of transportation service quality; the scientific and technological innovation index is still leading in eastern regions such as Beijing, Jiangsu and other provinces and cities, but there is a large gap between provinces and cities within the region; in terms of traffic safety index, the leading provinces and cities have higher numbers of safety regulations and traffic safety patents than other provinces and cities; Eastern provinces and cities led by Shanghai, Jiangsu, and Zhejiang rank in the lead in the green development index; in terms of open cooperation index, There is a big gap between regions, and the eastern region is far ahead of other regions; the northeast region has developed better in the talent team index; the western region is far ahead of other regions in terms of governance index.

Keywords: Traffic Power; Classification Index; Regional Differences

B.5 Regional Comparative Report of China's Provincial

Transportation Powers *Liu Tieying, Zhao Wei* / 158

Abstract: From the perspective of region, this paper makes a detailed comparison and analysis of the existing indexes according to the traffic development of eastern, central, western and northeastern regions. This report finds that the overall transportation development level of the eastern region is better than the national average, but the talent team needs to be improved; the transportation development level of the central region is relatively unsatisfactory, and the special central region needs to establish a sense of openness and cooperation and make full use of the "Internet + Transportation"; the level of traffic infrastructure in the western region still needs to be improved; the northeast region should focus on improving the level of traffic safety.

Keywords: Traffic Power; Economic Zone; Regional Comparison

B.6 Research on the Mass Satisfaction of China's Traffic Power Construction

Liu Tieying, Li Mingzhen, Sun Ning, Zhang Guixi, Zhao Wei and Li Da / 197

Abstract: This report measures the satisfaction of the masses in the construction of a powerful transportation nation in China. From the three perspectives of completeness of basic equipment, intelligent environmental protection and greening, and modernization of the governance system, the key issues are analyzed, and the final ranking of each index is analyzed, and comprehensive satisfaction is evaluated on this basis. The research results show that the top 5 provinces and cities in terms of infrastructure satisfaction include Yunnan, Jiangsu, Guangxi Zhuang Autonomous Region, Zhejiang and Beijing; the top 5 provinces and cities in terms of smart environmental protection satisfaction include Yunnan, Jiangsu and Guangxi Zhuang Autonomous region, Zhejiang Province and Beijing; the top 5 provinces and cities in terms of governance system satisfaction include Yunnan Province, Qinghai Province, Jiangsu Province, Guangxi Zhuang Autonomous Region and Xinjiang Uygur Autonomous Region. Further select the top five provinces (cities) and autonomous regions in terms of comprehensive satisfaction, namely Yunnan, Jiangsu, Guangxi, Zhejiang and Beijing, to elaborate on the construction and development of a powerful transportation country and the satisfaction of the people.

Keywords: Traffic Power; Intelligent Environmental Protection; Satisfaction Evaluation

III Beijing Section

B.7 Beijing's Traffic Infrastructure Construction Report
　　Zhou Yuhui, Zhu Zixuan, Fan Dongxuan and Yilizhati Aireti / 229

Abstract: This report introduces the achievements, problems and countermeasures of Beijing's traffic infrastructure construction. With the process of urbanization in Beijing, the traffic in Beijing has sprung up from nothing, from weak to strong, from line to network, and has realized a multi-layer public transport service system with rail transit as the framework and ground bus as the support. However, there are still some problems to be solved, such as, the efficiency of urban traffic operation needs to be improved, the design of public transportation facilities is not conducive to the continuous improvement of travelers' satisfaction, and the collaborative operation and platform management of the integrated transportation system have a large room for improvement. Put forward the following countermeasures: Beijing should accelerate the construction and improvement of integrated transportation system, coordinated operation and management system and mechanism, improve the ability of road construction plan, improve the urban road network layout, traffic infrastructure spatial structure optimization, achieve intelligent maintenance for key equipment and infrastructure, increasing investment in transportation facilities, improve the level of traffic safety protection and so on.

Keywords: Transportation Infrastructure; Transportation Equipment; Intelligent Transportation; Beijing

B.8 Beijing's Traffic Technology Construction Report

Zhou Yuhui, Fan Dongxuan / 259

Abstract: This report introduces the achievements, problems and countermeasures of Beijing's traffic technology construction. Led by the investment in the 2008 Olympic Games infrastructure, Beijing's transportation technology innovation has made great strides and is developing towards the sustainable direction of modern, intelligent, clean transportation and of quality service. The technical progress of transportation supports the high-quality development of Beijing. The safe and intelligent movement of logistics and passenger flow has promoted the economic transformation and upgrading of the capital and The Beijing-Tianjin-Hebei region. However, the promotion and popularization of transportation electrification technology transformation, the intelligent operation of the whole rail transit and the normalization of the last shift connection of large transportation hubs are still the key points and difficulties of urban transportation technology in Beijing today. Put forward the following countermeasures: Beijing should make efforts to promote clean energy and renewable energy in the field of traffic driven alternative technology, perfect the new Beijing traffic infrastructure, adhere to the "bus priority", rail transit in Beijing transit operations in backbone play a good role, advice in Beijing south railway station and Beijing north station such as iron station to open fixed high-speed bus and between China and Pakistan, at the same time, Beijing traffic industry association should play the role of technical guidance, etc.

Keywords: Traffic Technology; Scientific and Technological Innovation; Integrated Transportation System; Beijing

B.9 Beijing's Traffic Management Construction Report

Wu Hao, Zhu Zixuan and Fan Dongxuan / 279

Abstract: This report introduces the achievements, problems and countermeasures of Beijing's traffic management construction. Through combing the development process of Beijing traffic management construction, it is found that: great progress has been made in the construction of traffic management in Beijing, but there are still problems in comprehensive traffic management regulations that are not yet complete, management systems need to be improved, management policies need to be precise, management technologies need to be innovated, traffic safety and emergency management need to be strengthened, and comprehensive governance capabilities need to be improved and other issues. The following countermeasures and suggestions are put forward: Beijing should further build a comprehensive urban transportation system, use information technology to improve urban traffic management, strengthen urban traffic safety management, improve urban traffic emergency management, and improve urban traffic comprehensive management capabilities.

Keywords: Traffic Management; Comprehensive Management; Management System; Management Policy

B. 10　Beijing's Traffic Service Construction Report
　　　　　　　　　Wu Hao, Zhou Qing, Xu Jinlan and Yilizhati Aireti / 330

Abstract: This report introduces the achievements, problems and countermeasures of Beijing's traffic service construction. Since the founding of the People's Republic of China, especially since the reform and opening up, Beijing's transportation services have achieved diversification and individualization, effectively alleviating ground traffic congestion, and committed to improving the overall service level. However, there is still a lot of room for improvement in terms of transportation service quality, information level, and integration level. Based on the results of the transportation power index research, this chapter puts forward policy recommendations for vigorously developing public transportation, optimizing the space-time allocation of urban rail transportation resources, and building a smart transportation city in response to existing problems, and provides a reference path for the strategic positioning of Beijing's construction of the "four centers".

Keywords: Transportation Service; Public Transportation; Smart Transportation; Beijing

IV Reference Section

B. 11　Enlightenment of Japanese Transportation Development

　　　to China　　　　　　　　　　*Chen Juan, Li Mingzhen* / 379

Abstract: Japan is the first developed country in Asia to complete industrialization and build a complete modern comprehensive transportation network. In Japan, transportation has surpassed traditional concepts and boundaries, it's the strategic element of political stability, sustainable economic, social development, ecological environment balance, and the key area that determines economic development and national competitiveness. Combining Japan's economic development after World War II, this report divides Japan's transportation development process into three main stages: high-speed transportation infrastructure construction, comprehensive transportation development, and transportation services that support economic growth. The characteristics of transportation development include the integration of land development and management, "top-down" development, advocacy of integrated transportation, "people-oriented" and fair competition in the transportation market. From the current situation of different modes of transportation, road transportation has always been the most important mode of transportation in Japan. Especially in the transportation of goods, the transportation share rate of road trucks is more than 90%; Japan's passenger railways include national railways and new Main lines, private railways, which have accounted for about 80% of Japan's total passenger traffic in recent years; the growth of passenger and freight in civil aviation is also very obvious, the proportion of international passengers is increasing, and the volume of international cargo transportation has exceeded that of Japan; in addition, Japan has a tortuous coastline and has many excellent harbors, the freight volume of domestic ships is much higher than that of railway freight, and it is the second major freight method. Finally, combining the history, current situation and trends of transportation in Japan, put forward suggestions include establishing and improving a system of transportation laws and regulations, reforming the transportation system, attaching importance to the relationship between the market and the government, and using innovation to drive development.

Keywords: Comprehensive Transportation; Land Development; Japan

B. 12　Enlightenment of the British Transportation Development
　　　　to China　　　　　　　　　　　　　*Chen Juan, Sun Ning* / 399

Abstract: Britain was the birthplace of the first industrial Revolution and gave birth to the world's first railway. This report, first of all, according to the British transportation development according to the time sequence is divided into three stages: the first stage, the various transportation means to coexist but there is fierce competition, the British government attaches great importance to the comprehensive traffic development, since the second stage, the government began to formulate relevant policies in comprehensive transportation, and the third phase of the depth of the comprehensive transportation practice, to tease out the traffic development policy and route, and summarizes the traffic development three characteristics: technology-driven, people-oriented and public-private coexist. From the perspective of the development status of different transport modes in the UK, the transport network system in the UK is complete with a decrease in road accidents and a continuous increase in road mileage. In 2019, the total road length in the UK is estimated to be 247100 miles, 5916 miles more than that in 2005. British railway is characterized by " high density and large volume ". Passenger turnover increased from 48.511 billion passenger-km in 2007 to 62.227 billion passenger-km in 2014. In the two decades since 2000, passenger traffic has grown by 63.5% overall; In terms of shipping, the throughput of UK container ports increased by 50% in 2018 compared with 2012. Finally, combining with the development process, current situation and trend of transport in Britain, it provides experience and reference for the construction of China's transport power, including strengthening the construction of commuter transport and giving play to the transport market mechanism.

Keywords: Integrated Transportation; Technology Drives; Public-Private Coexistence; Britain

B.13 Enlightenment of U. S. Transportation Development to China *Chen Juan, Zhang Guixi / 419*

Abstract: The United States is one of the countries with the fastest development of transportation, the most complete road network development, and the most complete transportation infrastructure in the world. The road network formed by multiple modes of transportation has improved the efficiency of passenger and freight transportation in the United States and expanded various types of transportation. The circulation of commodities and resources has changed the way of life of the American people and promoted the rapid development of the American economy. This report divides the U. S. transportation development process into four main stages: the canal development stage, the arrival of the railroad era, the road transportation development stage, and the comprehensive transportation development stage. From these, the characteristics of U. S. transportation development, including safety first, focus on Innovative development and infrastructure construction. From the perspective of the development status of different transportation modes in the United States, the aviation development in the United States is relatively good and remains the world's largest aviation market; railway mileage continues to decrease; highway mileage continues to increase. Finally, based on the history, current situation and trends of transportation development in the United States, it provides experience and reference for the construction of China's transportation power, including the development of sustainable transportation, the improvement of transportation-related legal systems, and the attention to the maintenance of transportation infrastructure.

Keywords: Integrated Transportation; Infrastructure Maintenance; U. S.

B. 14 Constructing High Quality Railway Network to Serve the Hainan Free Trade-Port *Gao Mingming* / 435

Abstract: As the largest special economic zone in China, Hainan has the unique advantages of comprehensively deepening reform and testing the highest level of opening-up policy. According to the requirements of national deployment, by the middle of this century, a high-level free trade port with strong international influence will be built in an all-round way. As the artery of the national economy, the popular means of transportation and major livelihood projects, the railway is an important part of the construction of modern comprehensive transportation infrastructure network in Hainan Province. This report systematically combs the characteristics of social economy and transportation development in Hainan Province, analyzes the situation and requirements of railway development in detail, and puts forward five important measures to build Hainan railway network with high quality based on the experience of domestic and foreign free trade port development and problems in railway development.

Keywords: Hainan; Free Trade-port; Railway Network

社会科学文献出版社

皮 书

智库报告的主要形式
同一主题智库报告的聚合

✤ 皮书定义 ✤

皮书是对中国与世界发展状况和热点问题进行年度监测,以专业的角度、专家的视野和实证研究方法,针对某一领域或区域现状与发展态势展开分析和预测,具备前沿性、原创性、实证性、连续性、时效性等特点的公开出版物,由一系列权威研究报告组成。

✤ 皮书作者 ✤

皮书系列报告作者以国内外一流研究机构、知名高校等重点智库的研究人员为主,多为相关领域一流专家学者,他们的观点代表了当下学界对中国与世界的现实和未来最高水平的解读与分析。截至2020年,皮书研创机构有近千家,报告作者累计超过7万人。

✤ 皮书荣誉 ✤

皮书系列已成为社会科学文献出版社的著名图书品牌和中国社会科学院的知名学术品牌。2016年皮书系列正式列入"十三五"国家重点出版规划项目;2013~2020年,重点皮书列入中国社会科学院承担的国家哲学社会科学创新工程项目。

权威报告·一手数据·特色资源

皮书数据库
ANNUAL REPORT(YEARBOOK) DATABASE

分析解读当下中国发展变迁的高端智库平台

所获荣誉

- 2019年，入围国家新闻出版署数字出版精品遴选推荐计划项目
- 2016年，入选"'十三五'国家重点电子出版物出版规划骨干工程"
- 2015年，荣获"搜索中国正能量 点赞2015""创新中国科技创新奖"
- 2013年，荣获"中国出版政府奖·网络出版物奖"提名奖
- 连续多年荣获中国数字出版博览会"数字出版·优秀品牌"奖

成为会员

通过网址www.pishu.com.cn访问皮书数据库网站或下载皮书数据库APP，进行手机号码验证或邮箱验证即可成为皮书数据库会员。

会员福利

- 已注册用户购书后可免费获赠100元皮书数据库充值卡。刮开充值卡涂层获取充值密码，登录并进入"会员中心"—"在线充值"—"充值卡充值"，充值成功即可购买和查看数据库内容。
- 会员福利最终解释权归社会科学文献出版社所有。

数据库服务热线：400-008-6695
数据库服务QQ：2475522410
数据库服务邮箱：database@ssap.cn
图书销售热线：010-59367070/7028
图书服务QQ：1265056568
图书服务邮箱：duzhe@ssap.cn

社会科学文献出版社 皮书系列
SOCIAL SCIENCES ACADEMIC PRESS (CHINA)
卡号：313811828859
密码：

S 基本子库
SUB DATABASE

中国社会发展数据库（下设 12 个子库）

整合国内外中国社会发展研究成果，汇聚独家统计数据、深度分析报告，涉及社会、人口、政治、教育、法律等 12 个领域，为了解中国社会发展动态、跟踪社会核心热点、分析社会发展趋势提供一站式资源搜索和数据服务。

中国经济发展数据库（下设 12 个子库）

围绕国内外中国经济发展主题研究报告、学术资讯、基础数据等资料构建，内容涵盖宏观经济、农业经济、工业经济、产业经济等 12 个重点经济领域，为实时掌控经济运行态势、把握经济发展规律、洞察经济形势、进行经济决策提供参考和依据。

中国行业发展数据库（下设 17 个子库）

以中国国民经济行业分类为依据，覆盖金融业、旅游、医疗卫生、交通运输、能源矿产等 100 多个行业，跟踪分析国民经济相关行业市场运行状况和政策导向，汇集行业发展前沿资讯，为投资、从业及各种经济决策提供理论基础和实践指导。

中国区域发展数据库（下设 6 个子库）

对中国特定区域内的经济、社会、文化等领域现状与发展情况进行深度分析和预测，研究层级至县及县以下行政区，涉及地区、区域经济体、城市、农村等不同维度，为地方经济社会宏观态势研究、发展经验研究、案例分析提供数据服务。

中国文化传媒数据库（下设 18 个子库）

汇聚文化传媒领域专家观点、热点资讯，梳理国内外中国文化发展相关学术研究成果、一手统计数据，涵盖文化产业、新闻传播、电影娱乐、文学艺术、群众文化等 18 个重点研究领域。为文化传媒研究提供相关数据、研究报告和综合分析服务。

世界经济与国际关系数据库（下设 6 个子库）

立足"皮书系列"世界经济、国际关系相关学术资源，整合世界经济、国际政治、世界文化与科技、全球性问题、国际组织与国际法、区域研究 6 大领域研究成果，为世界经济与国际关系研究提供全方位数据分析，为决策和形势研判提供参考。

法律声明

"皮书系列"(含蓝皮书、绿皮书、黄皮书)之品牌由社会科学文献出版社最早使用并持续至今,现已被中国图书市场所熟知。"皮书系列"的相关商标已在中华人民共和国国家工商行政管理总局商标局注册,如LOGO( )、皮书、Pishu、经济蓝皮书、社会蓝皮书等。"皮书系列"图书的注册商标专用权及封面设计、版式设计的著作权均为社会科学文献出版社所有。未经社会科学文献出版社书面授权许可,任何使用与"皮书系列"图书注册商标、封面设计、版式设计相同或者近似的文字、图形或其组合的行为均系侵权行为。

经作者授权,本书的专有出版权及信息网络传播权等为社会科学文献出版社享有。未经社会科学文献出版社书面授权许可,任何就本书内容的复制、发行或以数字形式进行网络传播的行为均系侵权行为。

社会科学文献出版社将通过法律途径追究上述侵权行为的法律责任,维护自身合法权益。

欢迎社会各界人士对侵犯社会科学文献出版社上述权利的侵权行为进行举报。电话:010-59367121,电子邮箱:fawubu@ssap.cn。

社会科学文献出版社